Georg Langenhorst

Trialogische Religionspädagogik

Georg Langenhorst

Trialogische Religionspädagogik

Interreligiöses Lernen zwischen
Judentum, Christentum und Islam

HERDER

FREIBURG · BASEL · WIEN

© Verlag Herder GmbH, Freiburg im Breisgau 2016
Alle Rechte vorbehalten
www.herder.de
Umschlaggestaltung: Verlag Herder
Satz: Barbara Herrmann, Freiburg
Herstellung: CPI books GmbH, Leck
Printed in Germany
ISBN 978-3-451-31592-3

Inhalt

III. Trialog im Kontext
Positionierungen im interreligiösen Lernfeld

Ausblick

Hinführung

Anlass, Ziel und Absicht des Buches

»I am a Jew!«
»I am a Muslim!«
»I am a Christian!«

Am 20. Februar 2015 nimmt die Süddeutsche Zeitung ein Foto auf die Titelseite: Im Vordergrund drei große so beschriftete Plakate, im Hintergrund die Kopenhagener Synagoge, dazwischen ein Meer von Kerzen und Blumen. Die Hintergründe?

Am 7. Januar 2015 verüben zwei islamistische Attentäter einen terroristischen Anschlag auf die Redaktion der Satirezeitschrift ›Charlie Hebdo‹ in Paris und töten dabei elf Menschen, darunter Muslime. Zwei Tage später dringt ein weiterer Attentäter in einen Pariser Supermarkt für koschere Lebensmittel ein und erschießt dort vier jüdische Mitarbeiter und Kunden. Wie selten zuvor geht ein Aufschrei durch die Weltöffentlichkeit, ein kollektives Bekenntnis gegen religiös-fundamentalistische Gewalt. Gerade auch zahllose muslimische Organisationen verurteilen den Terrorakt im Namen ihrer Religion aufs Schärfste.

In Deutschland findet vor allem eine Protestaktion größte Beachtung: Führende deutsche Vertreterinnen und Vertreter[1] des Judentums, des Islam sowie der evangelischen und katholischen Kirche veröffentlichen ein »Manifest: Drei Religionen für den Frieden«, in dem sie einerseits gemeinsam »jede Form von Gewalt im Namen der Religionen« verurteilen als »Angriff

---

[1] Für das Judentum: *Charlotte Knobloch* (Präsidentin der Israelitischen Kultusgemeinde München und Oberbayern) sowie *Stephan Kramer* (ehemaliger Generalsekretär des Zentralrates der Juden in Deutschland); für den Islam: *Aiman Mazyek* (Zentralrat der Muslime in Deutschland); für die evangelische Kirche: *Wolfgang Huber* (ehemaliger Bischof von Berlin und Ex-Ratsvorsitzender der Evangelischen Kirche in Deutschland); für die katholische Kirche: *Alois Glück* (Zentralkomitee der deutschen Katholiken).

auf die Freiheit des Denkens, des Glaubens und unserer gemeinsamen Werte von Toleranz und Nächstenliebe«. Andererseits betonen sie die innere Bezogenheit dieser drei Religionen: »Christen, Juden und Moslems vereint der Glaube an die Nächstenliebe, an unsere Verantwortung vor Gott und an die Verständigung zwischen allen Menschen.« Zudem liefern sie eine *theologische Begründung* für den gemeinsamen Kampf »für Toleranz gegenüber Andersgläubigen«: »Bibel, Thora und Koran sind Bücher der Liebe, nicht des Hasses.«[2] Dieses Manifest wird an zahllosen Gotteshäusern aller beteiligten Religionen plakatiert, begleitet von Friedensgebeten.

Nur einen Monat später, am 14. Februar 2015, kommt es in direkter Verbindung zu den genannten Terrorakten zu einem weiteren islamistischen Anschlag in Europa, dieses Mal eben in der dänischen Hauptstadt Kopenhagen. Ziel ist eine Diskussionsveranstaltung zum Themenfeld ›Kunst, Blasphemie und Meinungsfreiheit‹, an welcher der angesichts seiner Mohammed-Karikaturen umstrittene schwedische Karikaturist *Lars Vilks* teilnimmt. Ein dänischer Dokumentarfilmer wird erschossen, mehrere Polizeibeamte werden verletzt. In der Folgenacht ereignete sich ein weiterer Anschlag auf die Kopenhagener Synagoge, bei der ein jüdischer Wachmann getötet wird. Wiederum solidarisieren sich weite Teile der Weltgemeinschaft mit den Opfern, darunter erneut explizit die führenden muslimischen Verbände und Institutionen. Und in diesem Zusammenhang druckt die SZ jenes Foto vom Platz vor der Synagoge ab: Menschen verdeutlichen mit Kerzen und Blumen ihre Trauer und Solidarität. Und mitten hineingestellt jene drei großen Plakate: »I am a Jew!«, »I am a Muslim!«, »I am a Christian!«.

Das Benennen der eigenen religiösen Identität als Jude, als Christ oder als Muslim wird quer durch unterschiedlichste Medien zum Appell für eine gemeinsame Besinnung auf ein friedliches Miteinander. Die KINDERZEIT, die Seite für Kinder im Wochenmagazin DIE ZEIT, widmet sich angesichts der An-

---

[2] www.evangelisch.de/gemeinsames-manifest-von-christen-juden-und-muslimen-gegen-gewalt.

schläge im Januar 2015 in ihrer Ausgabe vom 22.01.2015 explizit dem Thema »Frieden Schalom Salam«[3]. Dargestellt wird, dass Judentum, Christentum und Islam »dieselben Wurzeln« haben und gemeinsam dem Frieden verpflichtet sind. Drei in Deutschland lebende Kinder zwischen 9 und 12 Jahren erzählen stellvertretend – und stark redaktionell stilisiert – von ihrer Religion mit dem Ziel des besseren gegenseitigen Verstehens.

Auffällig wie nie zuvor: Provoziert durch fundamentalistische Terrordrohungen schließen sich die drei Religionen Judentum, Christentum und Islam – zumindest in Europa – enger zusammen. Sie betonen öffentlich und öffentlichkeitswirksam ihre Gemeinsamkeiten, ihr Eintreten für Toleranz und Frieden, aber auch ihre *religiöse Verbundenheit*. In einer zunehmend säkularer werdenden Gesellschaft lässt sich letztlich nur gemeinsam erweisen, dass der Monotheismus mehr ist als ein Relikt rückwärtsorientierter Aufklärungsverweigerung. Die Zeit scheint reif zu sein für eine tiefgreifende *Besinnung auf gemeinsame Wurzeln,* gemeinsame *Werte* und gemeinsame *Handlungsoptionen,* gerade angesichts von ungelösten Konflikten und fundamentalen Herausforderungen. Zumindest im Blick auf die öffentliche Bedeutung von Religion, auf die gesellschaftliche Wahrnehmung und den politischen Diskurs bestätigt sich die von *Christoph Gellner* formulierte Einsicht: »Religiös sein bedeutet heute unausweichlich interreligiös zu sein.«[4]

Das aber zieht entscheidende (religions-)pädagogische Konsequenzen nach sich: Spätestens seit dem islamistischen Terrorangriff auf das World Trade Centre in New York am 11.09.2001 gilt ›interreligiöses Lernen‹ als ein vordringliches Desiderat für Erziehung und Bildung, und das gleich doppelt,
– einerseits im Blick auf das Zusammenleben der konfliktüberladenen Weltgesellschaft insgesamt,
– andererseits als zentrales Lernfeld im deutschsprachigen Raum mit seinen spezifischen Bedingungen.

---

[3] DIE ZEIT, Heft 4, 22.01.2015, 39.
[4] *Christoph Gellner:* Der Glaube der Anderen. Christsein inmitten der Weltreligionen (Düsseldorf 2008), 10.

Die Verständigung zwischen den Religionen wird längst sowohl von Seiten der Politik und der Kultur als auch aus dem Binnenraum der Religionen selbst als eine der wichtigsten Aufgaben unserer Zeit bezeichnet.

Interreligiöse Aufbrüche in der Religionspädagogik

Die christliche Religionspädagogik hatte diese Notwendigkeit schon zuvor erkannt und in ersten Ansätzen konzeptionell vorangetrieben, seitdem aber ihre Bemühungen um interreligiöse Lernstrategien ganz allgemein »als Antwort auf die Situation der multireligiösen Gesellschaft«[5] vehement verstärkt. Die Pluralität der Weltanschauungen und Religionen ist eine Realität, mit der die meisten Kinder und Jugendlichen in ihrer ganz alltäglichen Lebenswelt konfrontiert werden: in der Nachbarschaft, im Sportverein, in den Kindertagestätten und Schulen, im Stadtbild, in den Medien. *Multireligiosität* ist ein *Faktum,* das für die nachwachsenden Generationen mehr und mehr selbstverständlich ist. Wie man mit dieser Vielfalt umgeht, ist hingegen unklar. Der Umgang mit Pluralität, gerade auch mit religiöser Pluralität – ausgespannt zwischen den Polen der Fähigkeit zu Identität auf der einen und Verständigung auf der anderen Seite – muss gelernt werden.

Folgerichtig sind in den letzten Jahren *zahlreiche Publikationen* über interreligiöses Lernen erschienen: Lese- und Handbücher[6], Einführungen[7], Buchreihen[8], eine ständig wachsende

---

[5] *Monika Tautz:* Interreligiöses Lernen im Religionsunterricht. Menschen und Ethos im Islam und Christentum (Stuttgart 2007), 65.

[6] *Peter Schreiner/Christoph Th. Scheilke* (Hrsg.): Interreligiöses Lernen. Ein Lesebuch (Münster 1998); *Peter Schreiner/Ursula Sieg/Volker Elsenbast* (Hrsg.): Handbuch interreligiöses Lernen (Gütersloh 2005).

[7] Vgl. *Werner Haußmann/Johannes Lähnemann* (Hrsg.): Dein Glaube – mein Glaube. Interreligiöses Lernen in Schule und Gemeinde (Göttingen 2005); *Karl-Josef Kuschel:* Leben ist Brückenschlagen. Vordenker des interreligiösen Dialogs (Ostfildern 2011); *Friedrich Schweitzer:* Interreligiöse Bildung. Religiöse Vielfalt als religionspädagogische Herausforderung und Chance (Gütersloh 2014).

[8] Vgl. nur: Pädagogische Beiträge zur Kulturbegegnung (EB-Verlag Ham-

Zahl von Dissertationen[9] zu einzelnen Aspekten, eine Fülle von Lernhilfen für Schule und Gemeinde[10], ganz zu schweigen von Einzelaufsätzen oder Arbeiten über die Beziehungen des Christentums zu den einzelnen Weltreligionen[11]. Zudem wurden zahlreiche Initiativen gegründet und vorangetrieben, welche den Dialog, die Verständigung und die Anbahnung von Gemeinsamkeiten auf unterschiedlichen Ebenen fördern.

›Interreligiöses Lernen‹ hat sich so als fester Bestandteil von Religionspädagogik und Religionsdidaktik, in Lehr- und Bildungsplänen sowie in Schulbüchern konstituiert. Diese Etablierung kann gleichwohl den Eindruck erwecken, als sei die Diskussion bereits weitgehend geführt, als sei ein befriedigender Stand erreicht, als sei der Diskurs gesättigt, und als gelte es nun – angesichts einer stagnierenden Debatte[12] – ausschließlich,

---

burg); Religionspädagogische Gespräche zwischen Juden, Christen und Muslimen (Verlag Frank & Timme, Berlin).

[9] Vgl.: *Barbara Asbrand*: Zusammen Leben und Lernen im Religionsunterricht. Eine empirische Studie zur grundschulpädagogischen Konzeption eines interreligiösen Religionsunterrichts im Klassenverband der Grundschule (Frankfurt a. M. 2000); *Clauß Peter Sajak*: Das Fremde als Gabe begreifen. Auf dem Weg zu einer Didaktik der Religionen aus katholischer Perspektive (Münster 2005); *Christoph Knoblauch*: Interreligiöser Dialog beginnt an den Wurzeln. Religionsunterricht und Religious Studies auf der Suche nach interreligiösem Verständnis. Eine Analyse und empirisch-explorative Vergleichsstudie beider Konzeptionen (Ostfildern 2011); *Lucas Graßal*: Wie Religion(en) lehren? Religiöse Bildung in deutschen religionspädagogischen Konzeptionen im Licht der Pluralistischen Religionstheologie von John Hick (Berlin 2013).

[10] Etwa: *Karlo Meyer*: Weltreligionen. Kopiervorlagen für die Sekundarstufe 1 (Göttingen 2008); *Aline Kurt*: Kinder lernen Weltreligionen kennen: Unterrichtsmaterialien zu den fünf großen Religionen (Kempen 2011); *Anke Rölleke*: Weltreligionen: Erste Begegnungen mit Christentum, Islam, Judentum, Hinduismus und Buddhismus (Kempen 2013); *Eckhard Lück/Olga Ziegler*: Trialog der Religionen. Stationenarbeit zu Judentum, Christentum und Islam (Hamburg 2013); *Kirstin Jebautzke/Ute Klein*: Lernwerkstatt Weltreligionen. Judentum – Christentum – Islam – Buddhismus – Hinduismus (Hamburg 2013).

[11] Grundsätze aus katholischer Sicht klärt: *Andreas Renz*: Die katholische Kirche und der interreligiöse Dialog. 50 Jahre »Nostra aetate«: Vorgeschichte, Kommentar, Rezeption (Stuttgart 2014).

[12] Vgl. *Bernhard Dressler*: Interreligiöses Lernen – Alter Wein in neuen

die erzielten Einsichten auf eine immer breitere Basis zu stellen[13] oder in die Praxis der unterschiedlichen Lernfelder[14] und Lebensbereiche umzusetzen.

Gegen solche Tendenzen zu einer vorschnellen Zufriedenheit versuchen allein im deutschen Sprachraum gleich mehrere Initiativen und Projekte eine tiefergehende interreligiöse Verständigung in Praxis und Theorie voranzutreiben:

- im Blick auf den inzwischen schon breit etablierten, jedoch ständig zu neuen Herausforderungen gerufenen jüdischchristlichen Dialog[15];
- im Blick auf den noch jungen, aber politisch brisanten Dialog von Christentum und Islam[16];
- im Versuch, mit der ›komparativen Theologie‹ einen Ansatz zu entwickeln, der sich nicht als »Theologie für den Dialog« versteht, sondern als dynamische Theologie »aus dem Dialog heraus«[17].

Schläuchen? Einwürfe in eine stagnierende Debatte, in: Zeitschrift für Pädagogik und Theologie 55 (2003), 113–124.

[13] Einige Publikationen verstärken in ihrem rein wiederholenden Charakter diesen Eindruck. Vgl. z. B. *Hartmut Rupp/Stefan Hermann* (Hrsg.): Bildung und interreligiöses Lernen. Jahrbuch für kirchliche Bildungsarbeit 2012 (Stuttgart 2012); *Philipp Thull/Hamid Reza Yousefi* (Hrsg.): Interreligiöse Toleranz. Von der Notwendigkeit des christlich-muslimischen Dialogs (Darmstadt 2014).

[14] Vgl. *Gesa Bertels/Manuel Hetzinger/Regina Laudage* (Hrsg.): Interreligiöser Dialog in Jugendarbeit und Schule (Weinheim 2013); *Frieder Harz:* Interreligiöse Erziehung und Bildung in Kitas (Göttingen 2014); *Elisabeth Dieckmann/Clauß Peter Sajak* (Hrsg.): Weißt du, wer ich bin? Initiativen und Projekte für das interreligiöse und interkulturelle Lernen (Berlin 2014).

[15] Vgl. *Reinhold Boschki:* Ein besonderes Verhältnis – eine neue Haltung. Das Judentum in der Sicht einer komparativ-inspirierten Religionspädagogik, in: *Rita Burrichter/Georg Langenhorst/Klaus von Stosch* (Hrsg.): Komparative Theologie: Herausforderung für die Religionspädagogik. Perspektiven zukunftsfähigen interreligiösen Lernens (Paderborn 2015), 71–88.

[16] Vgl. z. B. die Buchreihe Theologisches Form Christentum – Islam (Verlag Friedrich Pustet Regensburg); *Stephan Leimgruber:* Lernprozess Christentum und Islam, herausgefordert durch die komparative Theologie. Stationen – Erträge – Perspektiven, in: *Burrichter/Langenhorst/von Stosch* (2015), 193–209.

[17] *Klaus von Stosch:* Komparative Theologie als Hauptaufgabe der Theo-

Bei all dem wird überdeutlich, dass der Container-Begriff ›Interreligiöses Lernen‹ einer Binnendifferenzierung bedarf, die de facto fast stets erfolgt, auf der Oberfläche aber kaum gekennzeichnet wird. Das primär behandelte Feld interreligiösen Lernens in unserem Kulturkontext betrifft die brisanten *Beziehungen der abrahamischen Geschwisterreligionen* von *Judentum, Christentum und Islam.* Vor allem ihr Miteinander und Gegeneinander, ihre Gemeinsamkeiten und Unterschiede, ihre Möglichkeiten und Grenzen eines verbindenden religiösen und sozialen Handelns stehen im Zentrum dessen, was interreligiöses Lernen in Schulen, Gemeinden, in Politik, Kultur und Gesellschaft bestimmt.

Gewiss, Hinduismus, Buddhismus, chinesische Religionen, Naturreligionen und andere spielen nicht nur weltweit eine wichtige Rolle, sondern finden sich durchaus auch in Randregionen und Nischen unserer Gesellschaft. Ihre ästhetischen und spirituellen Angebote wirken für viele durchaus verlockend. Im Blick auf die kulturelle wie religiöse Breitenwirkung bleiben sie jedoch eher Randphänomene. Zwar gibt es durchaus beachtliche Unternehmungen eines christlich-buddhistischen[18] oder eines christlichen-hinduistischen[19] Dialogs (um nur zwei derartige Projekte zu benennen), aber sie bleiben als Spezialfelder wenigen Fachleuten vorbehalten. Grundlegende Studien und religionspädagogische Bündelungen auf aktuellem Stand liegen – zumindest im deutschen Sprachraum – nicht vor.

---

logie der Zukunft, in: *ders./Reinhold Bernhardt* (Hrsg.): Komparative Theologie. Interreligiöse Vergleiche als Weg der Religionstheologie (Zürich 2009), 15–33, hier 27.

[18] Vgl. z. B. *Michael von Brück/Whalen Lai:* Buddhismus und Christentum. Geschichte, Konfrontation, Dialog (München [2]2000); *Martin Rötting:* Interreligiöses Lernen im buddhistisch-christlichen Dialog (St. Ottilien 2007); *Barbara Lukoschek:* Ethik der Befreiung. Engagierter Buddhismus und Befreiungstheologie im Dialog (Paderborn 2013).

[19] Vgl. *Katharina Ceming:* Einheit im Nichts. Die mystische Theologie des Christentums, des Hinduismus und Buddhismus im Vergleich (Augsburg 2004). Sehr gute Praxismaterialien in: *Michael Landgraf:* Fernöstliche Religionen. Einführung – Materialien – Kreativideen (Stuttgart 2015).

Der Befund ist eindeutig: Interreligiöses Lernen aus christlicher Perspektive bedeutet in unserem derzeitigen Kulturkontext in erster Linie (nicht ausschließlich!) die Begegnung mit dem *nahen Fremden,* mit den Religionen, die den Eingottglauben teilen: mit Judentum und Islam. Die Beziehungen dieser drei monotheistischen, dieser drei prophetischen Religionen stehen im Zentrum der Wahrnehmung und Diskussionen, ausgespannt zwischen den Polen von gewohnt und anders, selbst und fremd, gemeinsam und trennend. In der Theologie hat sich ein Begriff für die systematische Erforschung der Beziehung dieser drei Religionen eingebürgert, der auf eine lange Tradition zurückblicken kann: *Trialog.* Schon 1983 konnte der jüdische Theologe *Pinchas Lapide* zum »brüderlich-redlichen Trialog« aufrufen, vor allem im Interesse »unserer heutigen Glaubwürdigkeit«[20] als an Gott Glaubende.

Trialog von Judentum, Christentum und Islam

Die Notwendigkeit dieser Forderung griff *Hans Küng* in seiner Studie »Das Judentum« (1991) auf.[21] Sein Schüler, der Tübinger Theologe *Karl-Josef Kuschel,* etablierte diesen Begriff in seiner 2007 erschienenen Basisstudie über »Juden, Christen, Muslime. Herkunft und Zukunft« als Leitbegriff und Grundprinzip künftigen theologischen Denkens. Aus Ehrfurcht vor Gott, aus Achtung vor der anderen religiösen Tradition, in Respekt vor den andersgläubigen Menschen, im Wissen um die faktische Pluralität des Nebeneinanderexistierens geht es im Trialog von Judentum, Christentum und Islam darum, einen *Weg immer besserer gegenseitiger Kenntnis* zu beschreiten. Dabei ist stets beides zu beachten: Verbindendes *und* Trennendes. Trialog strebt nie eine Suche nach dem kleinsten gemeinsamen Nenner

---

[20] *Pinchas Lapide:* Das jüdische Verständnis vom Christentum und Islam, in: *Martin Stöhr* (Hrsg.): Abrahams Kinder. Juden – Christen – Moslems (Frankfurt a. M. 1983), 1–28, hier: 26.
[21] Vgl. *Hans Küng:* Das Judentum (München/Zürich 1991), 38: »Notwendigkeit eines › Trialogs‹ von Juden, Christen und Muslimen«.

der Beteiligten an, sondern die umfassende Beachtung der jeweils beiden Geschwisterreligionen. In Kuschels Worten: »Bei der Darstellung einer Religion gilt es, immer auch die Perspektive der je Anderen im Blick zu behalten, Kritik an Anderen stets mit Selbstkritik zu verbinden, Lernprozesse ausgewogen einzufordern.«[22]

An die Angehörigen aller drei Religionen ergeht so der Auftrag: Fördert ein »stärkeres Wahrnehmen der Präsenz des je Anderen«! Treibt ein »Kennenlernen-Wollen von Wurzeln und Wirklichkeiten« voran! Intensiviert das gegenseitige »Einladen und Teilnehmen, kurz: ein interreligiös vernetztes Denken und Handeln«[23]! Der jüdische Rabbiner *Jonathan Magonet* betont die Dringlichkeit dieser Forderungen, finden sich doch in allen drei Religionen Vorurteile, verzerrte Bilder und oft jahrhundertelang, auch in den jeweiligen heiligen Schriften geronnene, weiterhin wirkmächtige Stereotype. Er schreibt: »Der interreligiöse Dialog erfordert, dass wir den ›Anderen‹ in seiner Eigenheit wahrnehmen und nicht nur die Projektionen, die wir ihm auferlegen, so sehr wir auch daran hängen mögen und so sehr unsere jeweiligen Schriften sie auch bestätigen mögen.«[24] Dabei gilt es neu »*Anders*glaubende als Anders*glaubende*«[25] zu entdecken, als Menschen, die sich nicht primär durch Differenz auszeichnen, sondern verbunden sind in der grundlegenden Beheimatung einer auf Gott vertrauenden gläubigen Weltsicht.

2008 wurden diese unterschiedlichen Vorgaben aufgegriffen und erstmals unter den programmatischen Begriff der »trialogischen Religionspädagogik«[26] gestellt. Sowohl der Begriff als auch das Programm sind seitdem vielfach übernommen und auf unterschiedlichen Ebenen ausgestaltet worden. Interreligiö-

---

[22] *Karl-Josef Kuschel:* Juden, Christen, Muslime. Herkunft und Zukunft (Düsseldorf 2007), 28.
[23] Ebd., 29.
[24] *Jonathan Magonet:* Abraham – Jesus – Mohammed. Interreligiöser Dialog aus jüdischer Perspektive (Gütersloh 2000), 112.
[25] *Christoph Gellner:* Der Glaube der Anderen (2008), 11.
[26] *Georg Langenhorst:* Trialogische Religionspädagogik. Konturen eines Programms, in: Religion an höheren Schulen (51) 2008, 289–298.

ses Lernen muss heute im »Blick auf die gesellschaftliche Relevanz, die religionsgeschichtlichen Zusammenhänge und die religionstheologischen Perspektiven« vor allem als »das trialogische Lernen«[27] verstanden werden, schreibt der katholische Religionspädagoge *Clauß Peter Sajak*.

Genau hier setzt dieses Buch ein: Was soll das sein, ein *trialogisches Lernen?* Wie konturiert sich eine *trialogische Religionspädagogik* als reflexive Begleitwissenschaft von Prozessen des interreligiösen Lernens *zwischen* Juden, Christen und Muslimen sowie *angesichts* von Judentum, Christentum und Islam? Was verbindet sie mit anderen Ansätzen interreligiösen Lernens, wo gewinnt sie ihr eigenes Profil – im theoretischen Diskurs, in den unterschiedlichen Praxisfeldern vor Ort? Diese Fragen strukturieren das vorliegende Buch.

Je intensiver die Einarbeitung in das Thema voranschritt, umso mehr wurde dabei deutlich: Ein solches Unternehmen lässt sich nicht standortfrei betreiben. Wie interreligiöses Lernen allgemein, lebt der Trialog von klarer, transparent vorgegebener *Positionierung.* Von einer (vermeintlichen) Metaperspektive aus oder aus (vorgeblich) objektiver Distanz lässt sich ein solcher Entwurf nicht konzipieren. Deshalb sei von vornherein klargestellt: Die hier vorgelegte Version einer trialogischen Religionspädagogik entstammt erstens einer *christlichen Sicht,* die sich freilich darum bemüht, den Trialogpartnern Judentum und Islam gerecht zu werden und soweit wie möglich ihre Traditionen und Positionen mit aufzunehmen, zu bedenken und fruchtbar werden zu lassen. Zweitens aber entwickelt sie dabei eine explizit *katholische Perspektive,* erneut im Versuch, evangelische Optionen und Stimmen dem Eigenverständnis nach mit aufzugreifen. Diese Beheimatung, diese Sichtweise wird sich immer wieder zeigen. Gerade deshalb ist eine transparente Benennung der Position so wichtig. Zugleich ergibt sich daraus

---

[27] *Clauß Peter Sajak:* Interreligiöses Lernen im schulischen Religionsunterricht, in: *Bernhard Grümme/Hartmut Lenhard/Manfred L. Pirner* (Hrsg.): Religionsunterricht neu denken. Innovative Ansätze und Perspektiven der Religionsdidaktik (Stuttgart 2012), 223–233, hier: 223.

die Einladung und Aufforderung zum Diskurs, zu Anknüpfung und Widerspruch, zur Konzeption von authentischen Bausteinen und Entwürfen einer trialogischen Religionspädagogik aus evangelischer, jüdischer und muslimischer Sicht.

Zunächst geht es in dieser trialogischen Pionierstudie darum, den Stand des gegenwärtigen interreligiösen Lernfeldes auszuloten: Welche Begriffe und Ansätze haben sich etabliert? Wie tauglich erscheinen sie im Licht einer differenzierten Prüfung? Welche Reichweite zielen sie an? Wie bestimmen sie praktische Lernprozesse vor Ort? Vor dem damit entworfenen Spektrum geht es im folgenden Schritt darum, Profil, Programm und Reichweite des trialogischen Lernens und der trialogischen Religionspädagogik zu skizzieren. Dann ändern sich Stil, Ebene und Perspektive der Ausführungen: Der Blick auf einerseits zentrale, andererseits exemplarische Praxisfelder soll veranschaulichen, welcher religionspädagogische Gewinn durch eine Beachtung des Prinzips trialogischer Sensibilität möglich wird.

I. Interreligiöses Lernen

Konturen eines etablierten religionspädagogischen Feldes

>»Dialog ist gut, Ehrlichkeit ist besser.«[1]
>(*Feridun Zaimoglu* 2015)

>»Zu den Pantheisten, den eifrigen Vertretern der Ökumene,
>die jeden tolerieren, der irgendwann irgendwas für Gott nimmt,
>die Sonne, den Mond, den Wind, Allah, Vischnu, Buddha,
>wen immer, zählte ich mich nie.«[2]
>(*Sibylle Lewitscharoff* 2006)

>»… nicht das Klischee des interreligiösen Dialogs,
>bei dem sich alle an den Händen halten und doch jeder meint,
>dass er die Weisheit gepachtet hat und der andere bitte schön
>erst einmal seine selbstkritischen Hausaufgaben erledigen soll«[3].
>(*Navid Kermani* 2015)

Der Begriff und die Konzeption des ›interreligiösen Lernens‹ sind noch relativ jung. Vor 40 Jahren hätte die Suche nach Erläuterungen zu diesem Stichwort kaum substantielle Ergebnisse zu Tage fördern können. Heute zählt interreligiöses Lernen hingegen zu den in Praxis und Theorie fest etablierten religionspädagogischen Feldern. Blicken wir deshalb zunächst auf einige wenige Leitlinien und Entwicklungsschritte der religionspädagogischen Auseinandersetzung um den Umgang mit anderen Religionen.

---

[1] KNA, Bonn 05.10.2015. Interview mit Feridun Zaimoglu. www.katholisch.de/aktuelle-artikel/Dialog-ist-gut- Ehrlichkeit-ist-besser.
[2] *Sibylle Lewitscharoff:* Consummatus. Roman (München 2006), 85.
[3] »Religion ist eine sinnliche Erfahrung«. Gespräch mit Navid Kermani, in: SZ, 20.08.2015, 37f.

1. Entwicklungsschritte einer religionspädagogischen Leitdisziplin

Zentrale Einsichten über die Entwicklungen des religionspädagogischen Umgangs mit anderen Religionen werden deutlich, wenn wir die beiden Ausgaben eines bestens etablierten katholischen Standardwerks zum Thema vergleichen. Es ist unter den programmatischen Titel »Interreligiöses Lernen« gestellt, beide Varianten verfasst vom ehemaligen Münchner Religionspädagogen *Stephan Leimgruber* – die erste aus dem Jahr 1995, die zweite von 2007. Der epochale Pluralisierungsschub in diesem Zeitraum hinterließ deutliche Spuren.

1.1 Interreligiöses Lernen im Pluralisierungsschub der Postmoderne

Als 1995 die erste Fassung von »Interreligiöses Lernen« erschien, war das Buch etwas in seiner Art Neues und Erstes. Denn ganz grundsätzlich galt und gilt der von *Friedrich Schweitzer* formulierte Befund: »Interreligiöse Fragen gehören nicht zu den traditionellen Themen der Religionspädagogik.«[4] Die pädagogische Auseinandersetzung mit anderen Religionen wurde in einer vormodernen und modernen Lebenswelt kaum als aktuell dringende Aufgabe erkannt. Wenn Pluralität zum Thema wurde, dann entweder als Auseinandersetzung mit einer nicht-gläubigen Weltsicht oder in ökumenisch konturierter Perspektive als Blick auf die verschiedenen christlichen Konfessionen. Erst in den zunehmenden Pluralisierungsschüben der Postmoderne drängte sich die Beachtung der Vielfalt der Religionen in das religionspädagogische Blickfeld, zunächst im Blick auf den Umgang mit dem Judentum, dann mehr und mehr in der Auseinandersetzung mit dem Islam.

Als Pionierarbeit hatte der evangelische Religionspädagoge *Johannes Lähnemann*, Wegbereiter auf diesem Feld, bereits

---

[4] *Friedrich Schweitzer:* Interreligiöse Bildung (2014), 31.

1986 zwei Bände über »Weltreligionen im Unterricht«[5] vorgelegt, 1998 gefolgt von einem systematisierenden Blick auf die »Evangelische Religionspädagogik in interreligiöser Perspektive«[6]. Diese Werke blieben – zumindest zunächst – eher in Insiderkreisen bekannt, wiesen eine starke, aus heutiger Sicht einseitige Stofforientierung auf und wurden angesichts ihrer konfessionellen Konzentration vor allem im evangelischen Bereich rezipiert. Ein katholisches Pendant fehlte lange Zeit; so wie eine umfassende evangelische Überblicksdarstellung zum interreligiösen Lernen weitere 16 Jahre auf sich warten lassen sollte[7]. Lähnemanns Bände waren einer von ihm neu konzipierten »Didaktik der Weltreligionen« verpflichtet, der es überhaupt erst einmal darum ging, fremde Religionen wertschätzend im christlichen Religionsunterricht zum Thema zu machen. Dazu diente – neben Sach- und Begriffsklärungen – die grundlegende Orientierung an einer Befähigung zu Austausch und konstruktiver Begegnung mit Anderen. Begriff und Konzeption des »interreligiösen Lernens« sollten sich erst mit Beginn der 1990er Jahre herausbilden.

Stephan Leimgrubers Buch aus dem Jahr 1995 präsentiert somit den ersten Versuch, unter »Berücksichtigung der veränderten gesellschaftlichen Situation und der neueren religionspädagogischen Diskussion« eine »›interreligiöse Didaktik‹ aus katholischer Warte«[8] anzudenken. Was man vor 20 Jahren kaum ahnen konnte: Die zu berücksichtigende gesellschaftliche Situation änderte sich rasant. Interreligiöses Lernen wurde zum Schlagwort, zum Programm, zur Aufgabe, der man sich weit über die Grenzen des Religionsunterrichts zuwenden sollte und musste. Die Pluralisierung innerhalb unserer Gesellschaft schreitet immer weiter voran, abzulesen an der Zusammenset-

---

[5] *Johannes Lähnemann:* Weltreligionen im Unterricht. Eine theologische Didaktik für Schule, Hochschule und Gemeinde, 2 Bde. (Göttingen 1986).
[6] *Ders.:* Evangelische Religionspädagogik in interreligiöser Perspektive (Göttingen 1998).
[7] Vgl. *Friedrich Schweitzer:* Interreligiöse Bildung (2014).
[8] *Stephan Leimgruber:* Interreligiöses Lernen (München 1995), 11.

zung der Schülerinnen und Schüler in den Klassen. Die aktuellen Migrationsbewegungen und Flüchtlingsströme, vorwiegend aus muslimischen Ländern, fördern diese Tendenzen zusätzlich. Die Weltpolitik wird mehr denn je von zumindest auch religiös geprägten Konflikten und Kriegen bestimmt. Umgekehrt wird auf zahlreichen Ebenen versucht, den Austausch zwischen den Religionen weiter voranzutreiben. Kein Wunder also, dass der Versuch einer »Überarbeitung« des damaligen Buches zu einer völligen Neukonzeption werden musste. Was sich allein in den zwölf Jahren von 1995 bis 2007 verändert hat, wodurch sich folglich auch die beiden Fassungen von Leimgrubers »Interreligiöses Lernen« unterscheiden, lässt sich im Vergleich leicht aufzeigen:

1. Interreligiöses Lernen hat sich tatsächlich vom peripheren Randthema zu einem der zentralen Grundbereiche der Religionspädagogik entwickelt. Aus dem schmalen 158-Seiten Buch im Kleinformat ist ein 352-Seitenbuch im Großformat geworden, verbunden im Hauptanliegen, »interreligiöses Lernen im Zeichen der Begegnung und des Dialogs darzustellen«[9]. Grundsätzlich formuliert: Umfang und Format von interreligiösem Lernen haben sich drastisch verändert.

2. Dieser Mehr-als-Verdoppelung im Umfang entspricht die Sichtung der Fachliteratur: Konnte der 1995er Band auf eine Bibliographie noch ganz verzichten und sich mit 179 Anmerkungen begnügen, so wurde 2007 ein umfangreicher und dichtbedruckter Dokumentationsapparat notwendig. Unzählige Aufsätze, Studien und Untersuchungen waren in den zwölf Jahren erschienen, mussten eingearbeitet, ausgewertet, in den Duktus aufgenommen werden.

3. Wenn man das Cover der beiden Bände vergleicht, wird der programmatische Wandel deutlich. 1995 reichten sechs im Schwarzweißfoto präsentierte Kinder unterschiedlicher Hautfarbe aus, um das ›farbige Gesicht unserer Schulen‹ bildlich darzustellen. Im Jahr 2007 tummeln sich hunderte

---

[9] *Stephan Leimgruber:* Interreligiöses Lernen. Neuausgabe (München 2007), 15.

buntgekleidete menschliche Figuren unterschiedlichster Herkunft, Hautfarbe und Kultur auf dem Titelbild. Wer sich vor Augen stellen will, was ›Pluralisierungsschub‹ heißt, wird im Vergleich dieser Titelbilder erkennen, was sich in den letzten Jahren in unserer Gesellschaft verändert hat.

Ein genauer Blick auf die Entwicklungen *seit* der Publikation der nun auch schon wieder fast zehn Jahre alten aktuellen Ausgabe von 2007 würde gewiss die weitere exponentiell voranschreitende Ausweitung des Feldes eindrücklich belegen, wobei die Begriffe und Konzeptionen weiterhin mit einer beträchtlichen Unschärfe und unterschiedlichen Schwerpunktsetzungen verwendet werden. Weitgehend etabliert hat sich seitdem die Unterscheidung zwischen einem interreligiösen Lernen im *weiteren* und im *engeren* Sinne[10]. Während interreligiöses Lernen im weiteren Sinne *jegliches* Lernen *über* andere Religionen bezeichnet, meistens in medialer Vermittlung, betont interreligiöses Lernen im engeren Sinne die zentrale Bedeutung des direkten Lernens *zwischen* den Religionen, basierend auf Zusammenleben, Austausch, Begegnung, Dialog, gegenseitiger Verständigung.

Friedrich Schweitzer schlägt in seiner 2014 erschienenen Monographie vor, eher von »interreligiöser Bildung« als von ›interreligiösem Lernen‹ zu sprechen. So könne man besonders darauf verweisen, dass »auch interreligiöse Aufgaben und Themen zur Bildung« zählen, und dass es dabei »immer auch um das eigene Selbst und dessen Bildung geht«. Zudem würden nun mit diesem Begriff »auch Qualitätsansprüche erhoben«[11]. All diesen Vorgaben hat sich das Feld des interreligiösen Lernens aber immer schon gestellt. Nichts davon ist neu. Der Begriff ›interreligiöse Bildung‹ klingt zwar seriös und wissenschaftsorientiert, wird hier aber bewusst nicht übernommen.

---

[10] Erstmals so bei *Ulrich Kropač*: Religiöse Pluralität als religionsdidaktische Herausforderung, in: *Christoph Böttigheimer/Hubert Filser* (Hrsg.): Kircheneinheit und Weltverantwortung (Regensburg 2006), 471–486, hier: 483.

[11] *Friedrich Schweitzer*: Interreligiöse Bildung (2014), 33.

›Lernen‹ ist der weitere, umfassendere, offenere Begriff, der gerade im interreligiösen Feld die tatsächlich erfolgenden Prozesse besser abbildet.

Die zugrundeliegenden Begriffe sind dabei nicht leicht zu fassen, sondern Gegenstand eines kaum überschaubaren, breit ausdifferenzierten Feldes von Definitionen, Perspektiven und Umschreibungen. Hier findet sich ein unübersichtlicher ›Theorienüberschuss‹, der zu Vereinfachungen zwingt. Im Folgenden werde ich also weder der (Über-)Komplexität der Fachdiskussionen gerecht, noch füge ich den Theorien eine weitere hinzu. Ich entwerfe schlicht möglichst konsensfähig formulierte Verständnisgrundlagen für die anschließenden Ausführungen:

- Unter *Lernen* soll demnach die prozesshafte – vorübergehende oder dauerhafte – Veränderung von Einstellungen, Kenntnissen, Kompetenzen, Verhaltensweisen oder Handlungsmustern aufgrund von Erfahrungen verstanden werden. Erfahrungen erwachsen ihrerseits aus der untrennbaren Verbindung von Erlebnis und verarbeitender Reflexion. Diese selbst- oder fremdgesteuerten Erfahrungen können sich auf Einzelne beziehen, aber auch auf Gemeinschaften. Sie können gewonnen werden vor allem aus Begegnung mit, Beziehung zu und Reflexion über Menschen, aber auch Gegenständen aus der Natur oder mit menschengemachten Medien.

- *Religiöses Lernen* bezieht sich spezifisch auf solche Prozesse, die entweder unmittelbar religiöse Inhalte betreffen oder sich in einer die naturwissenschaftliche Beweisbarkeit transzendierenden ›gläubigen‹ Wirklichkeitssicht realisieren.

- *Interreligiöses Lernen* im weitesten, hier angenommenen Sinn richtet den Blick auf Prozesse der Beschäftigung mit anderen Religionen, sei es durch Auseinandersetzung mit Erscheinungsformen, Zeugnissen oder Medien, sei es in konkreter mitmenschlicher Begegnung und Austausch.

Lernen kann sich in besonderer, absichtsgeleiteter Form in Prozessen von Erziehung und Bildung ereignen. Zu beiden Begriffen ließen sich ganze Bibliotheken füllen. Hier muss erneut folgende Charakterisierung genügen:

– *Erziehung* ist vor allem der von Erwachsenen vorgenommene Einfluss auf Prozesse der Selbstwerdung von Heranwachsenden. Erwachsene initiieren, planen und steuern Lernprozesse, um die Heranwachsenden in die geltenden Normen, Werte, Kenntnisse und notwendigen Kompetenzen der ihnen zugedachten Gesellschaft einzuführen. Eltern, Großeltern und in der Elementarbetreuung Tätige sind deshalb die vorrangigen Subjekte von Erziehungsprozessen. De facto enthalten aber fast alle pädagogischen Beziehungen und Handlungen – zumindest auch – erzieherische Elemente. Nicht nur Kinder und Jugendliche, auch Erwachsene können Objekte von Erziehungsmaßnahmen werden (›Straferziehung‹, ›Umerziehung‹, …), immer aber handelt es sich um hierarchisch klar getrennte Beziehungen von Erziehenden (›Subjekt‹) und zu Erziehenden (›Objekt‹). Mit zunehmendem Alter werden Heranwachsende mehr und mehr zu selbstverantwortlichen Subjekten von Erziehungsprozessen, schließlich zielt Erziehung darauf ab, sich selbst überflüssig zu machen. Ihr Anspruch ist immer an zeitlichen und funktionalen Grenzen orientiert.

– Ganz anders bei *Bildung:* Bildung ermöglicht die ständig wachsende, aber nie abgeschlossene Selbstgestaltung, Selbstverfügung und Selbstverantwortung des einzelnen Subjekts. Ihr Ziel ist die Autonomie und Mündigkeit des Einzelnen, seine reflexionsgesteuerte Fähigkeit zu umfassender Kompetenz, zu vernunftgeleiteter Differenzierung, verantworteter Kritik und selbstgewähltem Engagement. Hauptträger von Bildungsprozessen sind Institutionen wie Schule und Universität, aber auch religiöse Gemeinschaften und Kultureinrichtungen aller Art. Gegen ein rein konstruktivistisches Verständnis, demzufolge das Kind oder der Jugendliche aus sich heraus stets »in der Lage ist und danach strebt, Selbstbildungsprozesse durchzuführen«, so dass es »in seinen Interessen, Erkenntnissen und Theorien, seinen Selbststeuerungsprozessen und seiner Entwicklung von Problemlösungen möglichst wenig von den Interessen der Erwachsenen beeinflusst werden sollte«, wird hier ein »*ko-konstruktivisti-*

scher Ansatz« vorgelegt: Demzufolge wird das Kind (und der Jugendliche) zwar als »zur Selbstbildung fähig« verstanden, für die »konkreten Bildungsprozesse als Wirklichkeits- und Sinnkonstruktionen« ist es jedoch – diesem Verständnis zufolge – bleibend »auf die Anleitung und Begleitung anderer Menschen angewiesen«[12]

Für unsere Fragestellung zentral: *Interreligiöses Lernen* umfasst unterschiedlichste Aspekte sowohl von *Erziehung* als auch von *Bildung.* Eine einseitige Festlegung auf den Bildungsbegriff verstellt eher den Blick für die Komplexität der angesprochenen Ebenen, als dass sie ihn schärft. Deshalb bleibt es in diesem Buch bei der aus guten Gründen gewählten Wortwahl.

1.2 Von ›Weltreligionen im Unterricht‹ zur ›interreligiösen Kompetenz‹

Die aktuelle pädagogische Diskussion hat einen neuen Leitbegriff ins Zentrum des didaktischen Diskurses gestellt: den der *Kompetenz.* Sämtliche Bereiche des Lernens – innerschulisch wie außerschulisch – werden neu dahingehend befragt, welche spezifischen Kompetenzen in den jeweiligen Lernprozessen geweckt und gefördert werden. Bevor eine interreligiöse Zuspitzung der Fragestellung möglich wird, stellt sich die grundlegende Frage: Was ist das überhaupt, ›*religiöse* Kompetenz‹[13]?

Nach langjähriger Abwägung haben sich sechs grundlegende Dimensionen zur Umschreibung von ›religiöser Kompetenz‹ als zentral erwiesen[14], wohl wissend, dass der technisierend-funktionale Begriff als solcher umstritten ist und bleibt, schon weil sich geistige, erst recht geistliche Lernprozesse nicht restlos analytisch zergliedern und definitorisch verfügbar machen lassen:

---

[12] *Matthias Hugoth:* Handbuch religiöse Bildung in Kita und Kindergarten (Freiburg i. Br. 2012), 112f.

[13] Vgl.: *Gabriele Obst:* Kompetenzorientiertes Lehren und Lernen im Religionsunterricht (Göttingen [4]2015).

[14] Eng angelehnt an: *Hans Mendl:* Religionsdidaktik kompakt. Für Studium, Prüfung und Beruf (München 2011), 68. Evangelische Kompetenzmodelle diskutiert *Friedrich Schweitzer* (2014), 151f.

- Zuallererst zu nennen ist die *Wahrnehmungskompetenz*, also die Fähigkeit, religiös bedeutsame Phänomene überhaupt wahrnehmen und beschreiben zu können. Hier geht es um die Weckung und gezielte Förderung der religiösen Sensibilität, schließt Wahrnehmung doch die Fähigkeit von Mitgefühl, von *Empathie* mit ein.

- Daran schließt sich die *Begriffskompetenz* an, mithin die Fähigkeit, religiöse Glaubens- und Lebenszeugnisse verstehen und sprachlich fixieren zu können. Hier geht es um die kognitiv erfasste und sprachlich umgesetzte religiöse Inhaltlichkeit.

- Im Kern wird so die religiöse *Deutungskompetenz* angestrebt, die Fähigkeit, in religiösen Fragen rational begründet urteilen zu können. Hier geht es um die religiöse Urteilsfähigkeit, die letztlich unabdingbare Voraussetzung zu religiöser Mündigkeit und Selbstbestimmung ist.

- Erreicht werden kann dieses Ziel aber nur, wenn gegen alle Tendenzen zur religiösen Sprachlosigkeit die religiöse *Ausdruckskompetenz* geschult wird. Hier geht es um die Fähigkeit, in religiösen Fragen sprachlich, ästhetisch und ethisch handeln und das Leben gestalten zu können.

- Über diese Applikationskompetenzen, also die Grundfähigkeiten der praktischen Anwendung des erworbenen Wissens, eröffnen sich Felder, in denen die religiöse *Partizipationskompetenz* erworben werden kann. Hier geht es um die Fähigkeit, an religiöser und gesellschaftlicher Praxis begründet teilzunehmen im Sinne einer religiös motivierten Lebensgestaltung.

- All das wird ermöglicht durch, fördert umgekehrt betrachtet aber auch die religiöse *Kommunikationskompetenz*. Abschließend geht es hier um die Fähigkeit, sich untereinander oder mit anderen über religiöse Fragen, Streitpunkte und Überzeugungen verständigen zu können.

Damit werden anspruchsvolle Zielsetzungen benannt, die je nach Lernalter und Lerngruppe ganz realistisch zu erden sind. Vielfach wird man sich mit niedrigschwelligen Umsetzungsversuchen begnügen müssen. Und es kann gar nicht genug betont werden, dass sich keineswegs alle Bereiche religiösen Lernens im Sinne von Kompetenzen beschreiben lassen. Als Grundraster dessen, was gerade Kinder und Jugendliche religiös lernen können, taugt diese sechsfach ausgespannte Matrix jedoch durchaus.

Relativ neu ist der Versuch, mit dem Begriff der ›interreligiösen Kompetenz‹ eine Präzisierung des bildungstheoretischen Standortes der expliziten Lernprozesse angesichts der Vielfalt der Religionen zu erzielen. Implizit finden sich schon seit einigen Jahren Versuche, derartige spezifisch interreligiöse Kompetenzen zu beschreiben. *Matthias Vött* konzentriert sich in seiner 2002 erschienenen Dissertation über »Interreligiöse Dialogkompetenz« auf diejenigen Erwachsenen, die ganz konkret in Dialogunternehmungen tätig sind, verbleibt dabei weitgehend auf der sehr grundsätzlich bestimmten bipolaren Anforderungsstruktur von »Verständigungsfähigkeit« und »Identitätsfindung«[15]. *Johannes Lähnemann* beschreibt 2005 vier grundlegende Kompetenzen[16], die jedoch noch »sehr allgemein formuliert sind«[17] und so nur wenig rezipiert wurden. *Katja Baur* legte 2007 einen Band vor, der sich im Untertitel dem Anspruch stellt, gleich ein ganzes »Kompendium zur interreligiösen Kompetenzbildung«[18] vorzulegen, sich jedoch bei näherem Hinsehen eher als unsystematische Aneinanderreihung unterschiedlicher interreligiös ausgerichteter Lehr- und Lernbausteine präsentiert.

Anders in *Stephan Leimgrubers* Standardwerk zum interreligiösen Lernen von 2007. Er schlägt die Differenzierung von sechs interreligiösen Kernkompetenzen vor, im Wissen, dass sie sich »nicht in jedem Fall trennscharf voneinander unterscheiden lassen«[19]. Die Nähe zu dem von Hans Mendl vorgelegten allgemeinen Kompetenzmodell ist augenscheinlich

---

[15] *Matthias Vött:* Interreligiöse Dialogkompetenz. Ein Lernprogramm für den muslimisch-christlichen Dialog (Frankfurt a. M. 2002), 300.
[16] Vgl.: *Johannes Lähnemann:* Kompetenzen und Standards interreligiösen Lernens, in: Handbuch interreligiösen Lernens (2005), 409–421.
[17] *Friedrich Schweitzer* (2014), 151.
[18] *Katja Baur* (Hrsg.): Zu Gast bei Abraham. Ein Kompendium zur interreligiösen Kompetenzbildung (Stuttgart 2007).
[19] Vgl. *Stephan Leimgruber* (2007), 99. Die Darstellung der Kompetenzen ebd., 100f., hier modifiziert.

und hilfreich. Wie also lässt sich ›interreligiöse Kompetenz‹ ausbuchstabieren? Als

- *interreligiöse ästhetische Kompetenz* – die Fähigkeit zur achtsamen Wahrnehmung von Zeugnissen, Phänomenen und Personen anderer Religionen;
- *interreligiös inhaltliche Kompetenz* – die Fähigkeit zum kognitiv-begrifflichen Verstehen anderer Religionen, ihrer Glaubenssysteme, Überzeugungen und Traditionen;
- *anamnetische Kompetenz* – die Fähigkeit zu religiösem Lernen durch (mit-)geteilte Erinnerung, die in Religionen, die sich auf historische Ereignisse und Schriften berufen, besonders bedeutsam ist;
- *interreligiöse Frage- und Ausdruckskompetenz* – die Fähigkeit, sich aus Neugier, mit Hintergrundwissen und in Einfühlung auf andere Religion zuzubewegen und über eine dafür angemessene Sprache zu verfügen;
- *interreligiöse Kommunikationskompetenz* – die Fähigkeit, in religiöse Dialoge einzutreten und eine dafür erforderliche, noch einmal anders profilierte angemessene Sprachfähigkeit einzubringen;
- *interreligiöse Handlungskompetenz* – die Fähigkeit, mit oder in Hinblick auf die Angehörigen anderer Religionen spirituelle, ethische oder soziale Projekte und Aktionen zu gestalten.

In altersgemäßer Stufung gilt es, so Leimgruber, diese interreligiösen Kompetenzen zu wecken, anzuregen und zu fördern.

Erst jüngst erschienen Studien, die sich explizit und intensiv der genauen Auseinandersetzung mit dem Begriff der interreligiösen Kompetenz widmen. Der evangelische Religionspädagoge *Joachim Willems* umschreibt sie als »Kompetenz im Umgang mit interreligiösen Überschneidungssituationen, also solchen Situationen, in denen unterschiedliche Beteiligte jeweils durch Religionskulturen geprägte Deutungs-, Verhaltens- und Zuschreibungsmuster sowie emotionale und evaluative Muster zur Anwendung bringen«[20]. Er unterscheidet dabei die »inter-

---

[20] *Joachim Willems:* »Interreligiöse Kompetenz«, wirelex, www.bibelwissenschaft.de/stichwort/100070/

religiöse Deutungs- und Urteilskompetenz« von der »interreligiösen Partizipations- und Handlungskompetenz« sowie von »interreligiös relevanten Kenntnissen«[21]. Das einerseits zu spezifisch auf konkrete *Begegnungs*situationen zugespitzte, andererseits so allgemein gefasste Raster von Willems erwies sich jedoch als so wenig spezifisch, dass die Rezeption seiner Vorschläge bis heute eher gering bleibt.

Zeitgleich mit Ansätzen von *Max Bernlochner*[22] legte die katholische Religionspädagogin *Mirjam Schambeck* ein Buch vor, das sich explizit dem Thema stellt. Sie unterstützt das Anliegen der von Leimgruber formulierten Kompetenzen, fragt jedoch kritisch nach, inwieweit es sich dabei tatsächlich »um Kompetenzen handelt«. Sind es nicht eher Formulierungen von »Bildungsstandards« oder offen formulierten »Dimensionen«[23]? Wo kommen hier die Subjekte religiösen Lernens in den Blick, von denen her eine Formulierung von Kompetenzen erfolgen sollte? Sie schlägt ihrerseits folgende erste Begriffsbestimmung vor: Interreligiöse Kompetenz kann man verstehen als »Bündel von Fähigkeiten und Fertigkeiten, von Einstellungen und Haltungen, um angemessen mit dem Religionsplural umzugehen und eine eigene, begründete und verantwortungsvolle Position zu Religion angesichts des Religionsplurals einzunehmen«. Diese Kompetenz dürfe man dabei nicht auf eine reine Problemlösungsstrategie reduzieren, vielmehr gelte es, sie im umfassenden »Horizont interreligiöser Bildung«[24] zu verorten. Es handele sich um zu erwerbende »Fähigkeiten und Fertigkeiten,

---

[21] *Ders.:* Interreligiöse Kompetenz. Theoretische Grundlagen – Konzeptualisierungen – Unterrichtsmethoden (Wiesbaden 2011), 168.

[22] *Max Bernlochner:* Interkulturell-interreligiöse Kompetenz. Positionen und Perspektiven interreligiösen Lernens im Blick auf den Islam (Paderborn u. a. 2013). Vgl. auch: *Frank van der Velden/Harry Harun Behr/Werner Haußmann* (Hrsg.): Gemeinsam das Licht aus der Nische holen. Kompetenzorientierung im christlichen und islamischen Religionsunterricht der Kollegstufe (Göttingen 2013).

[23] *Mirjam Schambeck:* Interreligiöse Kompetenz (Göttingen/Bristol 2013), 75.

[24] Ebd., 56.

die Menschen in die Lage versetzen, angesichts und in einer bestimmten religiösen Tradition eine verantwortete und begründete Position zu Religion auszubilden, die pluralitätsbewusst anerkennt, dass Religion nur im Plural vorkommt«[25].

Diese erste Bestimmung wird später konkretisiert. Interreligiöse Kompetenz wird nun grundsätzlich definiert als »*Diversifikations- und Relationskompetenz*«, also als Fähigkeit, einerseits »Eigenes und Fremdes zu unterscheiden«, andererseits »Eigenes und Fremdes miteinander in Beziehung zu setzen und miteinander zu vermitteln«[26]. Diese Unterscheidungsfähigkeit auf der einen und In-Beziehungssetzungsfähigkeit auf der anderen Seite zerfällt noch einmal in drei Bereiche[27]:

– den *ästhetischen* Kompetenzbereich,
– den *hermeneutisch-reflexiven* und *hermeneutisch-kommunikativen* Kompetenzbereich,
– sowie den *praktischen* Kompetenzbereich.

Die drei Felder wären erneut aufzugliedern in einzeln zu erwerbende Teilfähigkeiten. All diese Einzelkompetenzen lassen sich in unterschiedlichen Niveaus erwerben, abhängig von Alter, sozialer und geografischer Situation, Bildungsstand oder dem Grad religiöser Prägung.

Max Bernlochner verweist in seinem Ansatz auf die innere Verwobenheit von inter*kulturellen* und inter*religiösen* Lernprozessen. Während die interkulturelle Kompetenz auf die »Erkenntnisse der interkulturellen Forschungen« zurückgreife und insgesamt das »Lernen am Differenten als positive Heraus-Forderung« im Wissen um die jeweils nur relative »Verortung in ihrer Kontextgebundenheit« begreife, müsse spezifisch interreligiöse Kompetenz herausarbeiten, »dass sich religiöse Existenz am Un-Bedingten festmacht«[28]. Der Doppelbegriff der im Titel seiner Arbeit aufgegriffenen »interkulturell-interreligiösen Kompetenz« könne auf diese doppelte wissenschaftliche Ver-

---

[25] Ebd., 174.
[26] Ebd.
[27] Vgl. ebd., 177ff.
[28] *Max Bernlochner* (2013), 160.

ortung, doppelte Lebenswirklichkeit und doppelte Zielausrichtung aufmerksam machen. Eine strukturierte und genaue Auflistung oder Begründung der sich daraus ergebenden Einzelkompetenzen und ihrer möglichen Erreichbarkeit liefert Bernlochner nicht.

Insgesamt bleibt festzuhalten, »dass die religionspädagogische Diskussion zu interreligiöser Kompetenz noch nicht zu abschließenden Ergebnissen geführt hat«[29], und dass dem Begriff deshalb weiterhin – trotz aller inzwischen erfolgten Klärungsschritte – eine gewisse »Diffusität«[30] anhaftet, die sich in unterschiedlichem Sprachgebrauch niederschlägt. Die Durchsetzung eines Standardmodells ist noch nicht absehbar. Überhaupt stellt sich die Frage: Helfen derartige Kompetenzmodelle? Sie stellen ein ausgefaltetes Begriffs- und Anspruchsreservoir zur Verfügung, das ist ihr Verdienst. Diese Strukturierungen werden auch in dieser Studie übernommen. Weitere Erwartungen an die Konzeptionalisierung und Durchführung von interreligiösen Lernprozessen sollte man an sie aber nicht stellen, schon deshalb, weil »sich (inter-)religiöses Lernen nicht vollständig in messbaren Kompetenzen erschöpfen kann«[31]. Der Wert gerade interreligiöser Kompetenzmodelle muss sich in der Praxis erst noch erweisen.

Doch nachgefragt: Wenn von interreligiösem Lernen die Rede ist, dann fast stets – mehr oder weniger reflektiert – in Verbindung mit dem Begriff ›Dialog‹, gegebenenfalls als ›Dialogkompetenz‹. Die Beziehung der Religionen untereinander, die angezielten konkreten Begegnungen, die zu konzipierenden Lernprozesse sollen ›dialogisch‹ gestaltet sein, so der implizite Anspruch. Aber: Taugt dieser Begriff? Überzeugt das damit vorausgesetzte Programm, um interreligiöse Lernprozesse

---

[29] *Friedrich Schweitzer* (2014), 154.
[30] *Mirjam Schambeck* (2013), 55.
[31] *Peter Schreiner:* Zur Diskussion um interreligiöse Kompetenz. Anmerkungen zu aktuellen Konzeptionen und Projekten, in: *Herbert Stettberger/ Max Bernlochner* (Hrsg.): Interreligiöse Empathie lernen. Impulse für den trialogisch orientierten Religionsunterricht (Berlin 2013), 63–72, hier: 71.

adäquat zu beschreiben? Es lohnt sich, dieser Frage breiten Raum einzuräumen.

2. Dialog als Grundparadigma?

Kaum ein Leitbegriff der zeitgenössischen Religionspädagogik stößt auf mehr zustimmende Beipflichtung. Gegen Dialog kann man eigentlich gar nichts haben. Dialogisch zu sein, das heißt ja aufgeschlossen, kommunikativ offen, zeitgenössisch wach zu sein. So muss man heute religionspädagogisch arbeiten, keine Frage. Und mit welchen Partnern wähnt sich die Religionspädagogik nicht alles im Dialog: mit anderen Religionen; der allgemeinen Pädagogik und Schulpädagogik; mit der Entwicklungspsychologie; mit der empirischen Sozialforschung; mit den anderen Fachdidaktiken; mit den Naturwissenschaften; mit allen Sparten der Kunst ... Eine zeitgenössische Religionspädagogik, die sich nicht dialogisch versteht, die nicht im Dialog stünde mit ihren Bezugswissenschaften und den Künsten, das scheint völlig unmöglich zu sein.

Umgekehrt findet sich als ständiger Nebenton der selbsterklärten Dialogoffenheit das Klagelied, dass man die Religionspädagogik als Partner oft genug nicht ernst nehme, nicht so anerkenne, wie man sich das wünschen würde. So bleibt der folgende Doppeleindruck: Einerseits ist die gegenwärtige Religionspädagogik eine Wissenschaft, die sich selbst als dialogisch definiert, die Dialoge anbietet, die auch dialogisch-rezeptiv arbeitet. Andererseits jedoch kehrt oft genug Ernüchterung ein, wenn man diese Parameter bei den erwünschten Dialogpartnern überprüft. Dialoge bleiben einseitig, Rezeptionswege verlaufen primär in eine Richtung. Angebote werden kaum entsprechend aufgegriffen oder wenn, dann unter anderen Vorzeichen als erwartet. Zeit für eine kritische Selbstüberprüfung!

2.1 Dialog: Annäherungen an einen Leitbegriff

Dialog, darunter versteht man »das Geschehen des Gesprächs, in welchem der Andere als er selbst zu Wort kommt wie ich selbst«, ein »sprachlich verfasstes interpersonales Mitteilungs- und Austauschgeschehen«, eine Weise des »voraussetzungsfreien, auf unmittelbare Begegnung zielenden Umgangs des Menschen mit dem Menschen, bei dem keiner den anderen als Mittel missbraucht«[32], so einige Definitionen aus den fachspezifischen Beiträgen zur Neuausgabe des Lexikons für Theologie und Kirche. *Karl Rahner* und *Herbert Vorgrimler* betonen in ihrem Eintrag zu »Dialog« im »Kleinen Theologischen Wörterbuch« zudem, Dialog setze »voraus, dass beide Teile voraussetzen und anstreben, etwas vom anderen lernen zu können«[33]. Dialog, so betont auch der muslimische deutschsprachige Dialogpionier *Abdoljavad Falaturi,* verlangt nach der beidseitigen Bereitschaft, »den anderen annähernd so zu verstehen und zu begreifen, wie jener sich selbst versteht und [...] empfindet«[34]. Dialog als »Form, Stil und Qualität der Kommunikation, als Akt, Haltung und Kultur«[35] ist also nicht nur eine einseitige Programmatik, sondern setzt eine von beiden Seiten zumindest *ähnliche Begegnungs- und Kommunikationswilligkeit und -fähigkeit* voraus.

Geprägt wurde dieses zeitgenössische, schon seit der griechischen Philosophie entwickelte Verständnis von Dialog maßgeblich von den Arbeiten der jüdischen Religionsphilosophen *Martin Buber* (1878–1965) und *Emmanuel Lévinas* (1905–1995). Martin Buber legte 1923 seine wirkmächtige Abhandlung zur Philosophie des Dialogs vor: »Ich und Du«.

---

[32] »Dialog«, in: Lexikon für Theologie und Kirche, Bd. 3 (Freiburg i. Br. [3]1995), 191–194.

[33] *Karl Rahner/Herbert Vorgrimler:* Kleines Theologisches Wörterbuch (Freiburg i. Br. 1975), 81.

[34] *Abdoljavad Falaturi:* Der Islam im Dialog. Aufsätze (Hamburg [5]1996), 156.

[35] *Reinhold Bernhardt:* Ende des Dialogs? Die Begegnung der Religionen und ihre theologische Reflexion (Zürich 2005), 19.

Er ist davon überzeugt, dass das Ich sich immer nur im Verhältnis zum Du dialogisch entwickelt und entfaltet. Dabei unterscheidet er weitsichtig drei verschiedene, real immer wieder anzutreffende Spielarten dessen, was Dialog ganz praktisch bedeuten kann. In rhetorisch versierter Zuspitzung führt er aus:

- Einerseits gibt es den *»dialogisch verkleideten Monolog«*, bei dem »mehrere im Raum zusammengekommene Menschen auf wunderlich verschlungenen Umwegen jeder mit sich selber reden und sich doch der Pein des Aufsichangewiesenseins entrückt dünken« können.

- Daneben kann man andererseits den *»technischen Dialog«* in vielerlei Spielarten identifizieren, »der lediglich von der Notdurft der sachlichen Verständigung eingegeben ist«.

- Dem gegenüber besteht der ›*echte Dialog*‹ daraus, dass »jeder der Teilnehmer den oder die anderen in ihrem Dasein und Sosein wirklich meint und sich ihnen in der Intention zuwendet, dass lebendige Gegenseitigkeit sich zwischen ihm und ihnen stifte«[36].

Buber ist sich dabei bewusst: Ein echter Dialog zwischen Vertretern unterschiedlicher Religionen kann nicht das Ziel einer *Verständigung* haben, als komme man neu zu gemeinsamen, nun erstmals ausgehandelten, vorher noch nicht ausgebildeten Grundüberzeugungen. Das Ziel liegt auf einer anderen Ebene: im besseren *Verstehen* des Gesprächspartners. Buber zufolge ist eine Verständigung »auf der argumentativen Ebene [...] nicht möglich, aber man kann die Andersheit des je Anderen zu verstehen suchen«[37].

Während Buber – ganz und gar der ›Moderne‹ verpflichtet – mit dem dialogischen Prinzip auf echte Begegnung und wirkliches Verstehen der Positionen und Überzeugungen unter-

---

[36] *Martin Buber:* Das dialogische Prinzip (Heidelberg 1962), 166. (Hervorhebung GL) Vgl. die Aufzählung unterschiedlicher Formen von »Scheindialogen« bei *Abdoljavad Falaturi:* Der Islam (1996), 160f.

[37] So *Karl-Josef Kuschel:* Martin Buber – seine Herausforderung an das Christentum (Gütersloh 2015), 206.

schiedlicher Partner abzielt, betont Lévinas in seiner ›Philosophie der Begegnung‹ die bei aller Annäherung bleibende Fremdheit des Anderen. Sein in die ›Postmoderne‹ führender Ansatz betont die grundlegende Asymmetrie jeglicher Begegnung. Zweierlei verbindet die Ansätze dieser beiden Dialog-Denker: die nachdrückliche Betonung der Dringlichkeit von Dialog sowie die Überzeugung, dass jeder echte Dialog zum Ort transzendentaler Öffnung wird. Zunächst bestätigt Lévinas: »Der Dialog ist die Nicht-Gleichgültigkeit des *Du* für das *Ich*.« Es geht also um weit mehr als nur um »eine Art und Weise des Redens«. Lévinas weiter: Dialog »*ist* die Transzendenz«, genauer: »Das Sprechen im Dialog ist nicht eine der möglichen Formen der Transzendenz, sondern ihr ursprünglicher Modus. Mehr noch, sie bekommt erst einen Sinn, wenn ein Ich Du sagt. Sie ist das *Dia* des *Dia*logs.«[38] *Durch* den Dialog wird Transzendenz realisiert.

Dieses doppelt gewichtete Verständnis wurde für die Hauptströme zeitgenössischer Theologie und Religionspädagogik zentral: Erst im Dialog lässt sich Identität aufbauen und gestalten. Im Zwischenraum einander offen und ehrlich zugewandter Kommunikation ereignet sich zugleich ein Geschehen, in dem Transzendenz erfahrbar und Gott spürbar wird.

2.2 Dialog als Schlüsselbegriff zeitgenössischer Theologie

In der katholischen Theologie der 1960er und 1970er Jahre diente der Dialogbegriff als Synonym für das neu gewonnene Selbstverständnis: Theologie wurde begriffen als ›Dialog mit der Welt von heute‹. Das Zweite Vatikanische Konzil rückte diese Perspektive in den Mittelpunkt. Vor allem die Pastoralkonstitution »Gaudium et Spes« betont mehrfach die »Verbundenheit, Achtung und Liebe gegenüber der ganzen Menschheitsfamilie«, sodass die Kirche »mit ihr in einen Dialog

---

[38] *Emmanuel Lévinas:* Dialog, in: *Franz Böckle* (Hrsg.): Christlicher Glaube in moderner Gesellschaft, Teilband 1 (Freiburg i. Br. 1981), 61–85, hier: 78.

eintritt über all« die »verschiedenen Probleme«[39] (GS 3). Sie leitet zu einem »wahren und fruchtbaren Dialog« (GS 56) an, einem Dialog »geführt einzig aus Liebe zur Wahrheit« (GS 92), der »unsererseits niemanden« (ebd.) ausschließt. Für die Fragestellung des Miteinanders der Weltanschauungen und Religionen zentral: Das Dekret über die Missionstätigkeit »Ad Gentes« betont noch einmal nachdrücklich, dass es dabei um einen »Dialog mit nichtchristlichen Religionen und Kulturen« (AG 34) geht, explizit auch ganz grundsätzlich »mit den Nichtchristen« (AG 41).

Kaum ein Zufall, dass die katholische Kirche 1964 ein eigenes ›Sekretariat für Nicht-Christen‹ einrichtete! Und aufschlussreich, dass diese Einrichtung 1988 den neuen Namen ›Päpstlicher Rat für den Interreligiösen Dialog‹ erhielt! 1991, also gut 25 Jahre nach dem Konzil, veröffentlichte dieser ›Rat‹ ein Grundlagenpapier unter der Überschrift »Dialog und Verkündigung«, das zahlreiche Impulse von »Gaudium et Spes« aufgriff, aber noch einmal weiterführte und konkretisierte.[40] Das maßgebliche Verständnis von Dialog im Kontext von Pluralität und Religionsbegegnung wird hier definiert als Summe aller, »positiven und konstruktiven interreligiösen Beziehungen mit Personen und Gemeinschaften anderen Glaubens, um sich gegenseitig zu verstehen und einander zu bereichern [...] im Gehorsam gegenüber der Wahrheit und im Respekt vor der Freiheit«[41]. Christen müssten deshalb – so führt das Dokument aus – »mit einer offenen Einstellung in den Dialog mit den anderen Anhängern treten«, diesen durchaus das Christentum verständlich zu machen versuchen, sich aber umge-

---

[39] Texte des Zweiten Vatikanischen Konzils werden zitiert nach: *Karl Rahner/Herbert Vorgrimler* (Hrsg.): Kleines Konzilskompendium. Sämtliche Texte des Zweiten Vatikanums (Freiburg i. Br. 1966).

[40] Vgl. auch schon 1984 die Erklärung: »Dialog und Mission. Gedanken und Weisungen über die Haltung der katholischen Kirche gegenüber den Anhängern anderer Religionen.«

[41] Päpstlicher Rat für den Interreligiösen Dialog (Hrsg.): »Dialog und Verkündigung«, in: Sekretariat der Deutschen Bischofskonferenz (Hrsg.): Verlautbarungen des Apostolischen Stuhl Nr. 102 (Bonn 1991), 9.

kehrt »selbst befragen lassen«[42]. Es gehe in Dialogen darum, »offen und aufnahmebereit« zu sein, »gemeinsam zur Wahrheitsfindung beizutragen«, um die »Bereitschaft, sich selbst durch die Begegnung verwandeln zu lassen«[43]. Dialog zeige sich dabei auf vier verschiedenen, aber aufeinander verwiesenen und miteinander verknüpften Ebenen, durchgängig in äußerst idealistischer und harmonistischer Weise beschrieben:

– als »Dialog des *Lebens,* in dem Menschen in einer offenen und nachbarschaftlichen Atmosphäre *zusammenleben wollen,* indem sie Freud und Leid, ihre menschlichen Probleme und Beschwernisse miteinander teilen«;

– als »Dialog des *Handelns,* in dem Christen und Nichtchristen für eine umfassende Entwicklung und Befreiung der Menschen *zusammenarbeiten*«;

– als »Dialog des *theoretischen Austausches,* in dem Spezialisten ihr Verständnis ihres jeweiligen religiösen Erbes vertiefen und die gegenseitigen Werte zu *schätzen lernen*«;

– schließlich als »Dialog der *religiösen Erfahrung,* in dem Menschen, die in ihrer eigenen religiösen Tradition verwurzelt sind, ihren *spirituellen Reichtum teilen,* z. B. was Gebet und Betrachtung, Glaube und Suche nach Gott oder dem Absoluten angeht«[44].

Explizit wird bei all dem betont: »Die Kirche ermuntert zum interreligiösen Dialog«, ja: sie sieht ihn als wahrhaftigen »Teil des von Gott ausgehenden Heilsdialogs«[45]. Stärker kann man sich kaum positionieren!

Bereits ein Jahr zuvor hatte Papst Johannes Paul II. in seiner Enzyklika »Redemptoris missio« (1990) den interreligiösen Dialog als Komplementärmodell zur Mission gekennzeichnet. Ihm »öffnet sich ein weites Feld und er kann vielfältige Formen und Ausdrucksweisen annehmen«[46]. Papst Bene-

---

[42] Ebd., 18.
[43] Ebd., 25.
[44] Ebd., 22 (Hervorhebungen GL).
[45] Ebd., 41.
[46] *Johannes Paul II.:* Redemptoris Missio. Über die fortdauernde Gültigkeit

dikt XVI. bestätigte in vielen Ansprachen und Begegnungen diese dialogfreundliche Linie seiner Vorgänger. Nur ein Beispiel: 2005, im Begleitprogramm zum Weltjugendtag in Köln, traf er sich mit führenden Vertretern muslimischer Gemeinschaften. Nachdrücklich betonte er hier: »Der interreligiöse und interkulturelle Dialog [...] darf nicht auf eine Saisonentscheidung reduziert werden. Tatsächlich ist es eine vitale Notwendigkeit, von der zum großen Teil unsere Zukunft abhängt.«[47] Papst Franziskus setzt diese Linie fort: Der »interreligiöse Dialog ist eine notwendige Bedingung für den Frieden in der Welt und darum auch eine Pflicht für die Christen wie auch für die anderen Religionsgemeinschaften«[48], schreibt er 2013 in seinem Apostolischen Schreiben »Evangelii gaudium«. Dazu bedürfe es einer »Haltung der Offenheit in der Wahrheit und in der Liebe«[49].

Dialog als bipolares Spannungsgeschehen von Mitteilen des Eigenen auf der einen und Verstehen des Anderen auf der anderen Seite ist seit dem Zweiten Vatikanischen Konzil zu einem grundlegenden Paradigma der katholischen Kirche[50] sowie des Theologietreibens allgemein geworden: Dialog ist ein »*zwingendes* Grundmuster praktisch-theologischer Kommunikation«[51], so formuliert das Lexikon für Theologie und Kirche.

---

des missionarischen Auftrags. Verlautbarungen des Apostolischen Stuhls Nr. 100 (Bonn 1990), Nr. 57.

[47] In: Predigten, Ansprachen und Grußworte im Rahmen der Apostolischen Reise von Papst Benedikt XVI. nach Köln angesichts des XX. Weltjugendtags. Verlautbarungen des Apostolischen Stuhls Nr. 169, hrsg. vom Sekretariat der Deutschen Bischofskonferenz (Bonn 2005), 76.

[48] *Papst Franziskus:* Die Freude des Evangeliums. Das Apostolische Schreiben »Evangelii gaudium« über die Verkündigung des Evangeliums in der Welt von heute (Freiburg i. Br. 2013), Nr. 250, 271.

[49] Ebd.

[50] Vgl. z. B.: »Dialog als Auftrag der Kirche«, in: Sekretariat der Deutschen Bischofskonferenz (Hrsg.): Leitlinien für das Gebet bei Treffen von Juden, Christen und Muslimen. Eine Handreichung der deutschen Bischöfe (Bonn ²2008), 23ff.

[51] »Dialog«, in: LThK, Bd. 3, Sp. 196.

Mehr noch: Die »Dialog-Verwiesenheit hat ihren letztlichen Grund im Wesen des christlichen Glaubens«[52].

Ohne Dialog keine ihrem Anspruch auf Zeitgenossenschaft gerecht werdende moderne Theologie, keine gegenwarts- und zukunftsbedeutsame Religionspädagogik, keine Zeitgenossenschaft! Diese Prozesse waren bahnbrechend, weichenstellend, zukunftsermöglichend – und sind unumkehrbar. Gleichzeitig werden im Gefolge der Buber'schen Mahnungen und angesichts allzu optimistischer Erwartungen die Grenzen deutlich: Dialog ist »auch und nicht zuletzt Leiden am Anderen und an der von ihm ausgehenden Infragestellung eigener Gewissheiten«[53], erkennt der in interreligiösen Verständigungsversuchen versierte evangelische Theologe *Reinhold Bernhardt*. So unverzichtbar die Kategorie ›Dialog‹ für eine zeitgemäß agierende Theologie ist, sosehr bedarf es einer präzisen Analyse, was damit im konkreten Fall gemeint ist und wo die Chancen und Grenzen der so bezeichneten Prozesse liegen.

Dialogfähigkeit wird so als eine jener zentralen Kompetenzen angeführt, die im Religionsunterricht erworben werden kann und soll. Die bis dato letzte umfassende Erklärung der deutschen Bischöfe zu diesem Schulfach, 2005 veröffentlicht unter dem Titel »Der Religionsunterricht vor neuen Herausforderungen«, hebt als eine der drei Hauptaufgaben des Religionsunterrichts hervor: »Der Religionsunterricht fördert die religiöse Dialog- und Urteilsfähigkeit«[54] der Schülerinnen und Schüler. Ähnlich formuliert die jüngste Denkschrift des Rates der Evangelischen Kirche in Deutschland »Religiöse Orientierung gewinnen« (2014): Als Grundzug religiöser Bildung wird hier die »dialogische Offenheit im Verhältnis zu anderen Konfessionen, Religionen und Weltanschauungen«[55] hervorgehoben.

---

[52] Ebd., 193.

[53] *Reinhold Bernhardt*: Ende des Dialogs? (2005), 81.

[54] Der Religionsunterricht vor neuen Herausforderungen, hrsg. vom Sekretariat der Deutschen Bischofskonferenz (Bonn 2005), 27.

[55] Religiöse Orientierung gewinnen. Evangelischer Religionsunterricht als Beitrag zu einer pluralitätsfähigen Schule. Eine Denkschrift des Rates der Evangelischen Kirche in Deutschland (Gütersloh 2014), 45f.

Unabhängig von dieser Selbstverpflichtung auf eine dialogische Ausrichtung oder sogar auf die explizit genannte Dialogfähigkeit von Theologie und Lehre haben sich gleich mehrere Richtungen einer ›*dialogischen Religionspädagogik*‹ entwickelt. Erneut zeigt sich hier freilich eine begriffliche Unschärfe im religionspädagogischen Sprachgebrauch. Ganz allgemein kann man mit dialogischer Religionspädagogik eine lebensweltlich und erfahrungsorientierte Religionspädagogik bezeichnen, die sich kontextuell und interkulturell versteht und sämtliche Formen der Öffnung zu Phänomen der Gegenwart integriert[56]. Bei *Helmut Peukert* wird dieser Ansatz verbunden mit einem politischen Impuls zur gesellschaftsverändernden und gerechtigkeitsfördernden Option[57]. Dialogische Religionspädagogik kann aber auch die interdisziplinäre Zusammenarbeit, die Chancen und Grenzen der Kooperation von Religionsunterricht mit anderen Schulfächern betonen[58]. Von ›dialogischem Religionsunterricht‹ ist schließlich auch hinsichtlich des spezifisch ökumenischen, konfessionell-kooperativen Religionsunterrichts die Rede[59].

Meistens wird das Schlagwort Dialog jedoch im interreligiösen Kontext aufgerufen.[60] Im engeren Sinne bezeichnet dieser Begriff das direkte Lernen *zwischen* den Religionen, realisiert

---

[56] Vgl. *Thorsten Knauth*: Religionsunterricht und Dialog. Empirische Untersuchungen, systematische Überlegungen und didaktische Perspektiven eines Religionsunterrichts im Horizont religiöser und kultureller Pluralisierung (Münster u. a. 1996).

[57] Vgl. *Helmut Peukert*: Bildung als Wahrnehmung des Anderen. Der Dialog im Bildungsdenken der Moderne, in: *Ingrid Lohmann/Wolfram Weiße* (Hrsg.): Dialog zwischen den Kulturen. Erziehungshistorische und religionspädagogische Gesichtspunkte interkultureller Bildung (Münster u. a. 1994), 1–14.

[58] Vgl. *Manfred L. Pirner/Andrea Schulte* (Hrsg.): Religionsdidaktik im Dialog – Religionsunterricht in Kooperationen (Jena 2010).

[59] Vgl. *Friedrich Schweitzer* u. a.: Dialogischer Religionsunterricht. Analyse und Praxis konfessionell-kooperativen Religionsunterrichts im Jugendalter (Freiburg i. Br. 2006).

[60] Vgl. *Martin Rötting*: Religion in Bewegung. Dialog-Typen und Prozess im interreligiösen Lernen (Berlin 2011).

in offener Kommunikation, basierend auf konkretem Zusammenleben, verstanden als unmittelbarer Austausch mit dem Ziel einer besseren gegenseitigen Verständigung.

2.3 Perspektiven einer dialogischen Religionspädagogik

Bei näherem Hinsehen relativiert sich freilich die fast schon inflationär betriebene Rede vom Dialog. Unübersehbar ist, dass dieser Begriff fast ausschließlich von der *einen* Seite des anvisierten Dialogs verwendet wird: von Seiten der christlichen Theologie und Religionspädagogik. Gewiss, es gibt Beispiele echter gelingender und gleichberechtigter Dialoge im Sinne Martin Bubers. Aber sie sind die Ausnahme. Oft genug bleibt die Einsicht: Die vermeintlichen Partnerdisziplinen oder die konkreten potentiellen Partnerinnen und Partner teilen das an sie herangetragene Dialog-Verständnis nur zum Teil oder gar nicht. »Was nützt es« – fragen stellvertretend die österreichischen Theologen *Clemens Sedmak* und *Peter Tschuggnall* –, »wenn wir uns bereit erklären zu einem Dialog, uns aber nicht vergewissern, ob mein Gegenüber die gleiche Auffassung darüber hat, was der ›Dialog‹ eigentlich soll?«[61] Oder verschärfend: Was nützt es, wenn es sich bei der einen Seite eines ›Dialogs‹ nur um imaginäre Partner handelt, denen ein einseitiges Angebot gemacht wird, zum Teil ohne ihr Wissen, ohne ihr Interesse, geschweige denn ihre Zustimmung?

Von vornherein liegt oft eine Schieflage der Interessen vor, die es zu benennen und zu korrigieren gilt. Das durchaus vorhandene Interesse von ›Dialog-Partnern‹ an christlicher Theologie, Religion oder Religionspädagogik steht meistens auf einer anderen Erkenntnis- und Motivationsebene als die eigene theologische oder religionspädagogische Begegnungsmotivation. Interesse aneinander und Gespräche miteinander bleiben

---

[61] *Clemens Sedmak/Peter Tschuggnall:* Sie haben nur ihre Zeichen. Semiotik – Literaturwissenschaft – Theologie (Anif/Salzburg 1998), 114.

ein sinnvolles Ziel, aber unter der klaren Vorgabe strukturell *unterschiedlicher* Erwartungen, Fragen und Standpunkte.

Kardinal *Karl Lehmann* stellte 1994 in seinem Grundsatzreferat bei der Herbstversammlung der Deutschen Bischofskonferenz über den »Dialog als Form der Kommunikation und Wahrheitsfindung in der Kirche heute« fest: Dialog »zielt auf das gemeinsame Finden und Anerkennen der Wahrheit. Ein Dialog ist also entschieden zielgerichtet und auf einen herzustellenden Konsens bezogen.«[62] Dialog bezeichnet ihm zufolge »einen Stil der Offenheit und Gesprächsbereitschaft in allen Lebenslagen«[63]. Überträgt man diese Äußerungen – bei Lehmann auf den binnenkirchlichen Umgang miteinander bezogen – auf den interreligiösen Bereich, werden die Grenzen sofort deutlich: »gemeinsames Finden und Anerkennen der Wahrheit«; »auf einen herzustellenden Konsens bezogen«; »Offenheit und Gesprächsbereitschaft in allen Lebenslagen« – solche Vorgaben würden jegliche Begegnungen und Lernprozesse zwischen den Religionen von vornherein mit viel zu hohen Ansprüchen belasten.

Der Begriff des Dialogs ist also zunächst als hilfreicher, zeitgeschichtlich strategisch unbedingt sinnvoll bestimmter Zielbegriff zu sehen. Sein künftiger Gebrauch sollte jedoch sehr bewusst, sehr differenziert und eher zurückhaltend erfolgen. Der Einsatz des Begriffs ›Dialog‹ verschleiert oft eher das Anliegen und die angezielten hermeneutischen Verfahren. Meistens geht es nicht um Begegnungen von ›fremd‹ und ›eigen‹, sondern um ein komplexes, in sich vielfach verwobenes Feld von Beziehungen und Interessen, die in jedem Einzelfall transparent aufzudecken sind.

Diese Differenzierung des inflationär herbeizitierten Dialog-Paradigmas führt gleich zu mehreren programmatisch entscheidenden Klärungen, gerade für das Feld interreligiösen Lernens. Wer immer eine Begegnung als Dialog deklariert, versucht da-

---

[62] *Karl Lehmann:* Vom Dialog als Form der Kommunikation und Wahrheitsfindung in der Kirche heute, hrsg. von der Deutschen Bischofskonferenz (Bonn 1994), 13.
[63] Ebd., 14.

mit diese Begegnung auf seine eigenen Vorstellungen festzulegen. *Die eigene* Begriffsbestimmung soll die Begegnung prägen. Das ist fast schon eine Anmaßung, häufig genug ganz unbewusst gesetzt. Ein wirklicher Dialog setzt jedoch voraus, dass im Vorhinein geklärt wird, ob das Gegenüber, ob die Dialogpartner die Erwartungen und Einstellungen zu dieser Begegnung überhaupt teilen. Wenn er oder sie ganz anderes erwartet, ganz andere Kommunikationsmuster einbringt, ganz andere Grenzen setzt, handelt es sich nicht um einen – im Buber'schen Sinne – ›echten Dialog‹. Die transparente, vorgängige oder zumindest begleitende Aufarbeitung der wechselseitigen Erwartungen und Möglichkeiten ist so Voraussetzung für jede ernsthafte Begegnung.

›Dialog‹ bleibt jedoch insofern eine grundlegende theologische Schlüsselkategorie, als dass sie die prinzipielle Verwiesenheit darauf betont, das eigene Selbstverständnis in Auseinandersetzung mit heutigen Wissenschaften, Künsten, Weltanschauungen und Religionen ständig neu zu überprüfen und zu formulieren. Karl Lehmann ist unbedingt beizupflichten: Eine dialogische Grundhaltung oder Grundpraxis ist »die einzige Methode, wie mit der« heutigen gesellschaftlichen »Vielfalt und den unvermeidlichen Pluralitäten umgegangen werden kann«[64]. Kirche und Theologie sind auf dieses Selbstverständnis, diesen Weg zur Wahrheitsfindung, diese Art des Umgangs nach innen und nach außen unumkehrbar verwiesen. Diese Vorgabe zieht eine entscheidende Konsequenz für die Religionspädagogik nach sich: Auch sie ist von ihrem *unverzichtbaren Selbstanspruch* her *dialogisch*. Dialogisch zu sein heißt, sich mit der Welt von heute auseinanderzusetzen. Dialog in diesem Sinne ist ein *Eigen*interesse theologischer und religionspädagogischer Selbstbesinnung und als solcher unverzichtbar. Interreligiös dialogisch zu sein, benennt primär einen unverzichtbaren *Selbst*anspruch christlicher Theologie: die eigene Religion zu bedenken und darzustellen im Wissen um die beiden monotheistischen Geschwisterreligionen Juden-

---

[64] Ebd., 15.

tum und Islam im Kontext der Existenz weiterer Weltreligionen.

Der von Martin Buber eingeführte Begriff der »*Vergegnung*« als Kategorie für das »Verfehlen einer wirklichen Begegnung«[65] mahnt allerdings von vornherein genauso zu Bescheidenheit wie der Hinweis von Lévinas im Blick auf bleibende Asymmetrien und nicht aufzulösende Fremdheit. Dialog als echten, gleichberechtigten Austausch von Partnern mit vergleichbaren Interessen, vergleichbaren Erwartungen und vergleichbarer Sprachebene wird man in der Religionspädagogik eher selten finden. Deshalb drei Perspektiven:

1. Im Bereich der Religionspädagogik, gerade auch im Blick auf interreligiöses Lernen sollte der Begriff Dialog selbstkritisch verwendet werden: sparsam und reflektiert.

2. Im religionspädagogischen Diskurs sollte stets eine kritische Prüfung vorgenommen werden, wer, wann, wo, und mit welchen Zielen und Machtansprüchen den Dialogbegriff verwendet.

3. Und schließlich: Der dialog*ische* Grundzug von Religionspädagogik als Wissenschaft und von interreligiösem Lernen als zentralem Teilbereich sollte weiter ausgebaut werden, aber eben im Wissen, dass es sich dabei um eine Charakterisierung des *Selbstverständnisses* handelt, nicht primär um eine Beschreibungskategorie von gleichberechtigter Begegnung und voraussetzungsgleichem Austausch.

Dialog? Dialogisch? Wir werden sehen, dass die Begriffe ›Trialog‹ und ›trialogisch‹ sich an diesen grundlegenden Verständnisbahnen orientieren werden.

Zeit zum Innehalten: Bevor es um die Ausbuchstabierung weiterer konkreter didaktischer und methodischer Details eines dialogisch ausgerichteten interreligiösen Lernens geht, muss ein ganzes Bündel an grundsätzlichen Zwischenfragen gestellt und beantwortet werden: Warum ›darf‹ ein christlicher Zugang zu den Religionen eigentlich dialogisch und tolerant konzipiert sein? Ist ein geschwisterlich-relativierendes Verständnis im Blick

---

[65] *Martin Buber* (1960), 6. Hervorhebung GL.

auf den Wahrheitsanspruch der eigenen Religion nicht prinzipiell ein Verrat an der eigenen Tradition? Welches Verständnis von Wahrheit und Wahrhaftigkeit liegt der Forderung nach Toleranz und dem Angebot von Dialog zugrunde? Und bildungspolitisch gewendet: Welches Modell religiöser Grundüberzeugungen liegt jenen Konzeptionen von Religionsunterricht zugrunde, die derzeit im deutschsprachigen Raum diskutiert werden?

3. Theologische Vergewisserung: Christentum und Weltreligionen

Dieses Fragebündel wird zwar in den meisten aktuellen interreligiösen Entwürfen reflektiert, immer wieder jedoch ohne eigene Positionierung. Dabei gehört es zur transparenten Kenntlichmachung eines jeden Ansatzes unverzichtbar hinzu, mit offenen Karten zu spielen. Hier reicht keineswegs eine bloße Problemskizze aus, hier geht es um die Offenlegung der eigenen Vorgaben, weil alle dann folgenden didaktischen Überlegungen von der eigenen und angezielten Überzeugung abhängen. Die »theologische Entscheidung für oder gegen bestimmte Modelle« ist in der Tat »keine Spielerei, sondern wesentliche Weichenstellung für einen interreligiösen Unterricht«[66], und deshalb transparent anzugeben. Zudem ist damit zu rechnen, dass sowohl Jugendliche[67] als auch Erwachsene in der Auseinandersetzung um den Umgang mit religiöser Pluralität unbewusst oder bewusst im Rahmen der entsprechenden Paradigmen argumentieren. Schon deshalb ist die theologische wie religionsdidaktische Diskussion dieser Vorstellungen unumgänglich. Dass »ein weitgehender Konsens« darüber bestehe, diese Modelle »zu verabschieden«[68], ist eine eklatante Fehlwahrneh-

---

[66] So mit Recht *Katja Baur,* in: *dies:* (Hrsg.): Zu Gast bei Abraham (2007), 26.

[67] Dazu *Max Bernlochner* (2013), 144f.

[68] *Anja Middelbeck-Varwick:* Theologische Grundlagen des Dialogs aus christlicher Perspektive, in: *Matthias Rohe* u. a. (Hrsg.): Handbuch Chris-

mung. Sehr wohl geht es hingegen darum, sie zu differenzieren, ihre Reichweite und Grenze realistisch abzustecken und die Option ständiger Modifikationen vor Augen zu haben.

Fünf Grundmodelle[69] wurden im Laufe der christlichen Ideengeschichte entwickelt und in sich weiter ausdifferenziert[70], mit denen man die Frage nach dem Wahrheitsanspruch der eigenen Religion in Bezug auf den Wahrheitsanspruch anderer Religionen verdeutlichen kann. Dabei gibt es gewiss Variationen, Übergänge und Mischpositionen, die sich nicht einfach zuordnen lassen. Dass diese Modelle jedoch »die entscheidenden Fragen einer Theologie der Religionen [...] eher verdecken als befördern«[71], kann nur dann passieren, wenn sie schablonenartig referiert werden, ohne ihre Tiefenstruktur zu beachten und ohne sich selbst zu positionieren. Im Sinne einer trialogischen Konzentration auf die monotheistischen Religionen Judentum und Islam werden alle aus christlicher Sicht vorgenommenen Konkretionen im Folgenden vor allem auf diese beiden Religionen bezogen.

3.1 Erstes Modell: Exklusivismus

Der Blick in die Geschichte der Ausbildung des theologischen Selbstverständnisses zeigt: Die römisch-katholische Kirche verstand und versteht ihren eigenen Wahrheitsanspruch zunächst exklusiv – ähnlich wie fast alle anderen christlichen Konfessio-

---

tentum und Islam in Deutschland. Grundlagen, Erfahrungen und Perspektiven des Zusammenlebens (Freiburg i. Br. 2014), 1089–1114, hier: 1105f.
[69] Vgl. dazu: *Karl-Josef Kuschel* (Hrsg.): Christentum und nichtchristliche Religionen. Theologische Modelle im 20. Jahrhundert (Darmstadt 1994).
[70] *Max Bernlochner* skizziert acht derartige Modelle, vgl.: *ders.* (2013), 260. *Perry Schmidt-Leukel* legt in anderer Unterscheidung sieben Modelle vor: drei Formen des Exklusivismus (95f.), zwei des Inklusivismus (137ff.) sowie zwei des Pluralismus (176ff.). Vgl. *ders.:* Gott ohne Grenzen (2005). Die hier vorgelegte, klar identifizierbare Fünfzahl schafft ausreichende Differenzierung.
[71] *Mirjam Schambeck:* Interreligiöse Kompetenz (2013), 32.

nen und andere Weltreligionen. Sie sieht sich als einzig legitime Vertreterin der Wahrheit, des Willens Gottes, als einzigen Weg zum Heil. Nur in ihr hat sich Gott im Vollsinn offenbart, nur ihre Heilswege führen Menschen zum ihnen bestimmten Ziel. *Extra ecclesiam nulla salus*[72] – außerhalb der Kirche kein Heil, in diesem dogmatischen Glaubenssatz bündelt sich diese Überzeugung, formuliert auf dem Vierten Laterankonzil im Jahr 1215. Über zwei Jahrhunderte später bestätigte und verschärfte das Konzil von Florenz (1442) diesen Satz noch einmal: »Niemand, der sich außerhalb der katholischen Kirche befindet, kann des ewigen Lebens teilhaftig werden, sondern er wird in das ewige Feuer wandern« (DH 1351)[73].

Die traditionelle Position ist eindeutig: Nur in der Kirche beheimatete christlich Gläubige haben Anteil an der ewigen Wahrheit und am Heil. Alle anderen leben in Unkenntnis, Verderbnis, sehen dem ewigen Höllenfeuer entgegen. Keine Ausnahme, wie der Konzilstext explizit benennt, das gilt für »Heiden, Juden, Häretiker und Schismatiker«[74]! Diese Position wurde später von den sich trennenden christlichen Großkonfessionen sogar in gegenseitiger Ausgrenzung zementiert. Sie erklärten in absoluter Selbstgewissheit: Kein Heil außerhalb der eigenen Kirche, sei sie evangelisch, katholisch oder orthodox! Klarer, ausgrenzender, abschließender, dialogverhindernder kann eine Position nicht sein.

Alle fünf hier vorgestellten Modelle des theologischen Umgangs mit Andersgläubigen sollen im Folgenden jeweils mit einem *Bild* verdeutlicht werden, schon um dem pädagogischen Prinzip der *Anschaulichkeit* Genüge zu tun. Ich greife dabei zurück auf die spätestens seit Platos Höhlengleichnis beliebte Gleichsetzung von Wahrheit oder Erkenntnis mit Licht. Mein

---

[72] Vgl. DH 802: *Heinrich Denzinger*: Kompendium der Glaubensbekenntnisse und kirchlichen Lehrentscheidungen, hrsg. von *Peter Hünermann* (Freiburg i. Br. [44]2014). Zitate hieraus fortan im Text, abgekürzt mit DH. Formulierung in Anlehnung an Cyprian von Karthago: »Una vero est fidelium universalis ecclesia, extra quam nullus omnino salvatur.«
[73] Satzbau leicht umformuliert.
[74] Ebd.

Bild für Gott als Quelle des Lichts, für Gott als Ursprung von
Erkenntnis, Wahrheit und Heil sei – religionstyplogisch weit
verbreitet und deshalb gut übernehmbar – die *Sonne*. Mein
Bild für die Erde als vieldimensionaler Lebenskontext der
Menschheit sei schließlich ein *Haus*, ausgestattet mit vielen
Zimmern und zahlreichen Fenstern. ›Oikos‹, das Haus, ist
ebenfalls als Grundbild jeglicher ›Ökumene‹, ein in der Religionsgeschichte bestens beheimatetes Grundbild.

Exklusivisten sehen die Beziehung von Licht und Haus so: Es
gibt eine einzige strahlende Lichtquelle, deren Helligkeit das
Haus erfüllt. Aber das Licht dringt nur in *ein* Fenster hinein.
Alle anderen Fenster sind geschlossen. Nur der eine Raum –
der des Christentums – ist erleuchtet. Nur das eine Fenster steht
offen, geöffnet durch das Erlösungswerk Christi in Tod und
Auferweckung. Alle anderen Räume, die Lebensbereiche aller
Menschen anderer Religionen oder Überzeugungen, sind stockfinster.

Maßgeblich zum Verständnis des Exklusivismus wird die
Antwort auf die Frage: *Warum* ist nur dieser eine Raum erhellt?
Nicht, weil hier Menschen lebten, die besser oder klüger wären
als die Menschen in den anderen Räumen. Es ist nicht ihr Verdienst, dass gerade dieses Fenster offen ist. Vielmehr hat die
Lichtquelle selbst – rätselhaft und unhinterfragbar – sich diesen
einen Raum als Ort, dieses eine Fenster als Zugang erwählt. Exklusivisten sprechen also keineswegs sich selbst zu, bessere
Menschen zu sein als andere, vielmehr verweisen sie auf den
unverfügbaren göttlichen Willen, auf seine Bestimmung. Unbestreitbar: Für diese Position lassen sich biblische Belegzitate heranziehen: Welche Selbstprädikationen Jesu übermittelt etwa
das Johannesevangelium? »Ich bin der Weg und die Wahrheit
und das Leben; niemand kommt zum Vater außer durch mich.«
(Joh 14,6) In diesem Sinne – als göttliche Verfügung – haben die
Exklusivisten von den Theologen der frühen Kirchengeschichte
bis hin zu dem großen reformierten Schweizer Theologen *Karl
Barth* im 20. Jahrhundert oder dem katholischen Systematiker
Thomas Ruster in unserer Zeit ihre (zumindest im Kern) exklusivistischen Ausführungen begründet.

Die von Rom eingesetzte Internationale Theologenkommission versucht in einem 2006 veröffentlichten offiziellen Arbeitspapier zu beschwichtigen. Der Kernsatz *Extra ecclesiam nulla salus* erhalte heute – im Lichte inklusivistisch gefärbter Theologien – »einen ursprünglichen Sinn zurück, nämlich die Mitglieder der Kirche zur Treue zu ermahnen«[75]. So stimmig die heutige Sinngebung sein mag: Damit wird man der langen Geschichte dieses Satzes genauso wenig gerecht wie seiner wohl tatsächlich ursprünglichen Bedeutung. Hier wird versucht, Traditionen passgenehm zurechtzubiegen. Die Herausforderungen des Exklusivismus gehen jedoch tiefer.

Exklusivismus, alleinige Vertretung von Wahrheit und Heilsweg: Wie lebt man, wenn man von dieser Wirklichkeitsdeutung tief durchdrungen ist? Nur mein Weg der richtige, alle anderen führen nicht nur in die Irre, sondern in das sichere Verderben? Menschen mit dieser Überzeugung *müssen* andere hineinziehen in die eigene Welt. Müssen versuchen, so viele andere wie möglich von der eigenen Wahrheit zu überzeugen. Der Weg sogar hin zu einer auch gewaltsamen Missionierung ist zwar nicht zwangsläufig, legt sich aber nahe. Ganz klar: So weit gehen Menschen unserer Zeit fast nie. Solche exklusivistischen Überzeugungen finden sich jedoch nach wie vor: bei sogenannten ›einfachen Gläubigen‹, bei Religionslehrerinnen und Religionslehrern, bei Pfarrern, im Episkopat, bei akademischen Theologinnen und Theologen.

Fragen wir *bildungstheoretisch* nach: Welche Form von Religionsunterricht kann einem exklusivistischen Weltbild entsprechen? Offensichtlich nur eine solche Form, die darauf hinarbeitet, dass so viele Schülerinnen und Schüler wie eben möglich im Religionsunterricht zu gläubigen Christen werden oder in ihrem bereits vorhandenen Glauben unangefochten bestätigt und bestärkt werden. Ziel eines auf dem Hintergrund der Exklusivismusvorstellung konzipierten Religionsunterrichts

---

[75] Internationale Theologenkommission: Das Christentum und die Religionen, Arbeitshilfen 136, hrsg. vom Sekretariat der Deutschen Bischofskonferenz (Bonn 2006), 35.

kann es nur sein, den Glauben weiterzugeben, unverfälscht, unmittelbar, auf breitest möglicher Basis. Kaum erstaunlich, dass solche Vorstellungen den traditionellen Religionsunterricht im 20. Jahrhundert tatsächlich auszeichneten, auch über die schon jahrhundertealte Tradition der normativ-deduktiven Katechismusdidaktik hinaus. Sowohl der ›materialkerygmatische Ansatz‹ im Gefolge *Josef Andreas Jungmanns* auf katholischer als auch die ›Evangelische Unterweisung‹ im Gefolge von *Gerhard Bohne* oder *Helmut Kittel* auf evangelischer Seite verfolgten bis in die 1960er Jahre hinein das Ziel ›Kirche in der Schule‹ zu realisieren, im Unterricht Verkündigung zu praktizieren. Sie gaben als Lehrziel eindeutig die ›gläubigen Schüler‹ vor. Aus der Position des Exklusivismus sind solche konzeptionellen und didaktischen Umsetzungen nur konsequent.

Was heißt das für interreligiöses Lernen? Der Blick auf die Weltreligionen hat in solchen Konzeptionen entweder gar keinen Platz, oder er erfolgt im Blick darauf, die Irrtümer dieser Religionen offenzulegen, um ihnen missionarisch erfolgreich begegnen zu können. Es kann höchstens darum gehen, »besser zu verstehen, wie [...] dem nichtchristlichen Dialogpartner das Evangelium«[76] besser und passgenauer verkündet werden kann. In dem modellhaft vorgestellten Haus, in dem dieser Vorstellung nach ausschließlich das Zimmer des Christentums erleuchtet ist, geht man in die anderen, die dunklen Zimmer bestenfalls, um die dort lebenden Menschen zu sich ins Licht zu ziehen. Kein Dialog, sondern Missionierung, Ignorierung oder Konfrontation: Diese Positionen galten aus christlicher Sicht für Jahrhunderte hindurch weitgehend unhinterfragt![77]

Kann es theologisch zu der bislang aufgezeigten Position überhaupt eine Alternative geben? Wäre nicht tatsächlich jede Aufweichung dieser Vorstellung Verrat an der Offenbarung,

---

[76] *Perry Schmidt-Leukel:* Gott ohne Grenzen (2005), 180f.

[77] Ausnahmen von dieser Tradition gab es freilich durchaus, am bekanntesten wohl Lessing mit seiner ›Ringparabel‹ in ›Nathan der Weise‹. Vgl. dazu: *Karl-Josef Kuschel:* Vom Streit zum Wettstreit der Religionen. Lessing und die Herausforderung des Islam (Düsseldorf 1998).

Verrat an Identität und Tradition, Verrat an der Wahrheit? Was aber ist dann mit folgenden bemerkenswerten Sätzen, von Papst Pius IX. 1864 formuliert:

- »Es steht jedem Menschen frei, diejenige Religion anzunehmen und zu bekennen, die man, vom Lichte der Vernunft geführt, für wahr erachtet.« (DH 2915)
- »Die Menschen können im Kult jedweder Religion den Weg zum ewigen Heil finden und das ewige Heil erlangen.« (DH 2916)
- »Wenigstens muss man gute Hoffnung für das ewige Heil all jener hegen, die sich überhaupt nicht in der wahren Kirche Christi befinden.« (DH 2917)
- »Der Protestantismus ist nichts anderes als eine unterschiedliche Form derselben wahren christlichen Religion, in der es ebenso wie in der katholischen Kirche möglich ist, Gott zu gefallen.« (DH 2918)

Was wir hier lesen, scheint dem Zeitgeist der Moderne entgegenzukommen: Jeder Mensch darf nach eigener Vernunft entscheiden, was wahr ist; auch andere Religionen führen zum Heil, zumindest darf man das hoffen; allen voran die evangelischen Christen gehen einen gleichberechtigten Weg ... Ja, wenn es denn so wäre! Tatsächlich werden die gerade benannten Sätze aber als *Irrtümer* verworfen und verurteilt. Formuliert sind sie nicht positiv, sondern *gegen* den um sich greifenden sogenannten ›Indifferentismus‹ mit der Pointe, dass jede und jeder, der so denkt, eben nicht mehr auf dem Weg der Wahrheit ist. Diese Verurteilungen des ›Indifferentismus‹ durch Papst Pius IX. aus dem Jahre 1864 bilden also den letzten, konsequent zu Ende gedachten und unüberbietbaren Schlusspunkt der exklusivistischen Überzeugungen innerhalb der katholischen Kirche.

Kurz innegehalten: Ein dogmatischer Glaubenssatz ist nach katholischer Lehre überzeitlich und uneingeschränkt gültig. Muss also jeder rechtgläubige Katholik bis heute so denken und glauben: Außerhalb der katholischen Kirche kein Heil!?

Dann wäre jeder Missionsdialog Heuchelei, jeder Anflug von Toleranz Verrat und Irrlehre. Dann müsste Religionsunterricht einzig und allein auf das Lehrziel der Formung gläubiger Schülerinnen und Schüler setzen und sich an diesem Kriterium messen lassen. Weltreligionen wären in ihrem Heilsanspruch zu widerlegen. Gilt all das bis heute? Blicken wir auf weitere Grundmodelle zur Frage nach Wahrheit, Erkenntnis und Heilsanspruch:

3.2 Zweites Modell: Skeptizismus

Manche Zeitgenossen würden sicherlich ein anderes Modell favorisieren, das des Skeptizismus. Die zugrunde liegende Skepsis bezieht sich ganz allgemein auf die Erkennbarkeit der Existenz einer letzten Wahrheit und kann weltanschaulich-philosophisch unterschiedliche Gewänder tragen, etwa in Formen des klaren Atheismus oder des Agnostizismus. In einem wäre man sich innerhalb dieser Position einig: Es gibt schlicht keine vom Menschen erkennbare ewige Wahrheit. Keine Wahrheit, keine sichere Erkenntnis, kein ›Heil‹! Im modellhaft vor Augen gestellten Bild von Haus und Sonne hieße das: Da ist keine Lichtquelle, folglich ist das ganze Haus in Düsternis getaucht. Fenster, ob offen oder geschlossen, lassen kein Licht herein, weil keines existiert. Innerhalb des Hauses tasten die Menschen sich mehr schlecht als recht voran. Ihre Würde und Größe besteht darin, diese Lichtlosigkeit zu erkennen, sich damit abzufinden und sich so gut wie eben möglich im dunklen Haus einzurichten.

Welche Konsequenzen hat eine solche Weltsicht für eine mögliche Konzeption des Religionsunterrichts? Für Menschen solcher Überzeugung ergibt sich die konsequente Schlussfolgerung, auf die Aufhebung jeglichen staatlich organisierten Religionsunterrichts zu drängen. Derartige Stimmen sind im gesellschaftlichen Diskurs tatsächlich zu hören und deswegen ernst zu nehmen. Tatsächlich ist die genannte Schlussfolgerung aber keineswegs die einzige Möglichkeit aus skeptizistischer Sicht: Religionsunterricht, egal in welcher Konzeption, schade nichts, ja: mag in der kindlichen Entwicklung sogar seinen unverzichtbaren Platz haben, kann man vor allem in agnostizistisch gefärbten Voten hören. Letztliches Ziel – neben einem Kennenlernen der kulturellen Prägungen und der ethischen Tradition – sei es jedoch, eine Gegenfolie zu schaffen, gegen die dann die skeptische Absetzung als notwendiger Emanzipationsprozess erfolgen könne ... Interreligiöses Lernen wird hier bestenfalls zu einem Austausch von Blinden über Farben. Sicherlich könne es nichts schaden, von einem dunklen Raum in den anderen zu stolpern, es sei letztlich aber völlig unwichtig.

Aus christlicher Sicht sind die genannten Überzeugungen genauso wie die daraus abgeleiteten Konsequenzen im Blick auf den Religionsunterricht inakzeptabel. Die Position des Skeptizismus spielt deshalb in der aktuellen religionspädagogischen Diskussion um den Religionsunterricht auch kaum eine Rolle. Da sowohl diese Überzeugung (oder Spielarten davon) als auch die Diskussion um die genannten Konsequenzen innerhalb der Gesellschaft, auch innerhalb von Kindertagesstätten, in Schulkollegien und an Universitäten jedoch präsent sind, darf diese Position im Spektrum der Möglichkeiten nicht fehlen. Für Christen letztlich herausfordernder ist jedoch das dritte Modell:

3.3 Drittes Modell: Relativismus

Im Zeitalter der Postmoderne und der Pluralität von Weltanschauungen auf dem breiten Markt der Möglichkeiten kommt dem dritten Modell mehr und mehr Bedeutung zu. Relativismus, das heißt: verschiedene Ansprüche auf Wahrheit oder Erkenntnis, divergierende Angebote von Heilswegen stehen nicht in Konkurrenz zueinander, ergänzen und relativieren sich vielmehr gegenseitig, bieten Möglichkeiten zur Auswahl, zur letztlich *freien Kombinierbarkeit*. Dem liegt folgende Überzeugung zugrunde: Alle Religionen seien in gewisser Hinsicht gleich – sei es im Ursprung, sei es im letzten Ziel, sei es im tatsächlichen Wahrheitsanspruch, sei es nur im illusionären Aufbauen von Vorstellungen, denen letztlich nichts entspricht. Solche relativistischen Positionen erfreuen sich zunehmend großer Beliebtheit, bei Schülerinnen und Schülern[78], Eltern, aber auch in den Lehrerkollegien der Schulen[79], auch der Hochschulen.

Im Modellbild von Sonne und Haus lässt sich diese Position wie folgt darstellen: Es gibt die Sonne als Lichtquelle noch, doch zum einen scheint sie durch viele Fenster hinein in das Haus, zum anderen gibt es weitere ebenso ergiebige Lichtquellen. Seien das andere Himmelskörper dort oben, sei das hier ein elektrisches Licht, dort eine Kerze, Fackel oder ein Feuer. Der Reiz dieser Vorstellung besteht in der Vorstellung einer *Vielfalt* der Lichtquellen. Die Chance liegt gerade darin, dass jede und jeder Einzelne für sich passende Lichter aussuchen kann, je nach Lebenslage und Laune, in beliebiger Mischung und Intensität.

Welche Konzeption von Religionsunterricht entspricht diesem relativistischen dritten Modell? Religionsunterricht wird hier nicht einfach überflüssig, bekommt jedoch ein ganz anderes Profil. Ohne eigenen Standort informiert er über die unterschiedlichen Traditionen, die wertfrei nebeneinandergestellt werden. Jede Schülerin und jeder Schüler soll allein für sich entscheiden können, was sie oder ihn überzeugt. Von den Lehrenden sind persönliche Äußerungen und Einschätzungen entweder nicht erwünscht oder offen in den Kontext von Vielstimmigkeit zu stellen. Solche Ansätze von Religionskunde sind zunächst vor allem in England entwickelt worden, wo der konfessionsfreie Religionsunterricht als ›religious education‹ inzwischen Standard ist. *Werner Haußmann* betont, dass der dort praktizierte ›multi-faith-approach‹ zwar weltanschaulich neutral erfolge, wohl aber anstrebe, »anderen Glaubensweisen mit

---

[78] Vgl. etwa: *Johannes A. van der Ven/Hans-Georg Ziebertz:* Jugendliche in multikulturellem und multireligiösem Kontext, in: RpB 35 (1995), 151–167. Hier werden die genauen Fragen und Antworten jedoch nicht aufgedeckt. So gesehen bleiben die Deutungen der Verfasser nicht überprüfbar.
[79] *Hans-Georg Ziebertz:* Religionspädagogik als empirische Wissenschaft (Weinheim 1994), 141–164.

Verständnis und Sympathie zu begegnen«[80], also über den kognitiven Zugang hinaus einen spirituellen wie affektiven Zugang zu ermöglichen.

Im Bild des Hauses gesprochen: Interreligiöses Lernen heißt hier, wertfrei und ohne orientierende Führung gemeinsam durch die unterschiedlichen Räume zu spazieren, unterschiedliche Lichterfahrungen als solche kennenzulernen im Vertrauen darauf, dass jede und jeder Einzelne für sich selbst das Passende finden oder kreativ kombinieren mag. In Deutschland wurde eine vergleichbare Konzeption vor allem im Land Brandenburg verwirklicht, wo seit 1996 das heftig umstrittene Schulfach LER (»Lebensgestaltung – Ethik – Religionskunde«)[81] eingerichtet wurde. Eine detaillierte Diskussion über diese Konzeption kann hier nicht erfolgen, sie müsste den spezifischen Kontext der ostdeutschen Bundesländer[82] berücksichtigen. Grundsätzlich lässt sie sich mit den in England realisierten Formen vergleichen, ohne mit ihnen identisch zu sein.

Was ist allgemein aus christlicher Sicht von derartigen Konzeptionen zu halten? Solche Positionen einer Relativierung auf der einen und Individualisierung auf der anderen Seite können auf den ersten Blick zahlreiche Vorteile aufzählen. Zunächst schulorganisatorisch: Hier müssen Schulklassen als Lerngemeinschaften nicht in religiöse Teilgruppen zersplittert werden, die nur mühsam in die Stundenpläne integriert werden können. Aber auch pädagogisch-politisch wirken solche Ansätze positiv: Hier scheinen Dialog und Toleranz in Form eines echten Begeg-

---

[80] *Werner Haußmann:* multi-faith-approach, in: Neues Handbuch religionspädagogischer Grundbegriffe (2002), 394. Vgl. *ders.*: Dialog mit pädagogischen Konsequenzen? Perspektiven der Begegnung von Christentum und Islam für die schulische Arbeit. Ein Vergleich der Entwicklungen in England und der Bundesrepublik Deutschland (Hamburg 1993).

[81] Zur umfangreichen Diskussion vgl. den Überblick in dem von *Werner Simon* verantworteten Themenheft »LER – kein Ende des Streits?«, rhs (45) Heft 4/2002, 197–250.

[82] In Brandenburg gehörten 2011 nur 20,3 % der Bevölkerung einer öffentlich-rechtlichen Religionsgemeinschaft an. Vgl. https://ergebnisse.zensus 2011.de.

nungslernens doch ideal verwirklicht! Hier nimmt man doch offensichtlich die Autonomie der Schülerinnen und Schüler ernst und ermöglicht ihnen eine freie, unvoreingenommene, individuell-konstruktivistische Wahl. Und mehr noch: Auch empirische Ergebnisse lassen sich als Argumentationsstärkung anfügen. Gerade von Jugendlichen wird der Wert ›Toleranz‹ »höher bewertet als in der gesamten Bevölkerung«[83] – so eines der heute immer noch validen Ergebnisse der Shell-Jugendstudie von 2002. 65 % der Befragten bejahten damals die Wichtigkeit dieses Wertes für ihre Lebensgestaltung – im Gegensatz zu nur 38 %, die den positiven Wert des »Gottesglaubens« für sich betonten.[84] Andere kennenzulernen, von ihnen Glaubwürdiges zu übernehmen, andere als solche gelten zu lassen – das klingt doch nach Erfüllung der Zeichen unserer Zeit!

Tatsächlich lassen sich aber durchaus Rückfragen formulieren[85]. Exemplarisch benannt:

– Ist das hier realisierte Idealbild der Toleranz, der Gleich-*Gültigkeit,* nicht letztlich doch ein Indiz für *Gleich*-Gültigkeit?
– Ist der mit solchen Vorstellungen verbundene Glanz von Zeitgemäßheit nicht letztlich ein Indiz für die *Vermeidung* von Verpflichtung und Verbindlichkeit und einer – im Wortsinn ›re-ligio‹ mitklingenden – Rückbindung?

---

[83] *Thomas Gensicke:* Individualität und Sicherheit in neuer Synthese? Wertorientierung und gesellschaftliche Aktivität, in: *Deutsche Shell* (Hrsg.): Jugend 2002. Zwischen pragmatischem Idealismus und robustem Materialismus (Hamburg 2002), 147.

[84] Werte nach: ebd., 143. Auffällig: 2010 sinkt der Zustimmungswert zur – freilich tendenziös formulierten – Vorgabe »Auch Meinungen tolerieren, denen man nicht zustimmen kann« von 65 % (2002) auf 54 %, von den Kommentatoren etikettiert als »zunehmend mäßige Bewertung der Toleranz in der Jugend.« Vgl. *Thomas Gensicke:* Wertorientierungen, Befinden und Problembewältigung, in: *Shell Deutschland Holding* (Hrsg.): Jugend 2010. Eine pragmatische Generation behauptet sich (Frankfurt a. M. 2010), 202f. Die Werte steigen 2015 leicht an: 56 % stimmen dieser Aussage nun zu. Vgl: *Shell Deutschland Holding* (Hrsg.): Jugend 2015. Eine pragmatische Generation im Aufbruch (Frankfurt a. M. 2015), 243.

[85] Vgl. dazu etwa: *Albert Biesinger/Joachim Hänle* (Hrsg.): Gott mehr als Ethik? Der Streit um LER und RU, (Freiburg i. Br. 1997).

- Tragen relativistisch zusammengefügte und marktgerechte Kombinationen ein einzelnes Leben hindurch, tragen sie eine Gemeinschaft?
- Überfordert man gerade Kinder und Jugendliche nicht maßlos, wenn man ihnen zumutet, eigene religiöse Identität ganz für sich allein entdecken, entfalten und verantworten zu müssen?
- Verfehlt man nicht den ureigenen Anspruch und Charakter von Religion, wenn man nur objektiv über sie informiert, so einfühlsam auch immer dies erfolgt?

Bei allem Respekt vor relativistischen Überzeugungen – sie verwickeln sich in den Fallstricken der postmodernen Multioptionsgesellschaft. Sie neigen zur Mundgerechtheit, Beliebigkeit und zur Absage an jegliche Verpflichtung. Der Relativismus stellt vor die folgende Alternative: Entweder man verabschiedet die Frage nach tragfähiger Wahrheit, oder man negiert die Möglichkeit substantiell begründeter Positionen.

Eine aufschlussreiche Beobachtung im Blick auf die Grundbedingungen interreligiösen Lernens: Im Rahmen relativistischer Konzeptionen findet gerade *kein Dialog* statt, der ja eigene Positionen voraussetzt. Hier wird ein existentiell bedeutsamer Austausch eher verhindert. Zudem wird das Einüben einer auch herausfordernden Toleranz verfehlt, weil die Voraussetzung davon eine eigene Überzeugung wäre, neben der andere Optionen bestehen könnten. Toleranz wird hier tendenziell dazu nivelliert, neben mir im Tiefsten *nicht* Wichtigem anderes, mir ebenfalls nicht Wichtiges gelten zu lassen – keine große Kunst! Die einer solchen Überzeugung entsprechenden Lernstrategien und Unterrichtskonzeptionen sind folglich – im Anschluss an *Folkert Rickers* – gerade »kein Unterrichtstyp interreligiösen Lernens, denn hier geht es in der Grundstruktur eigentlich nur um die phänomenologische Präsentation von Religionen«[86].

---

[86] So *Folkert Rickers:* Interreligiöses Lernen, in: *ders./Norbert Mette* (Hrsg.): Lexikon der Religionspädagogik (Neukirchen-Vluyn 2001), 874–881, hier: 875.

Also: Sind Relativismus und die von dort aus entwickelten Konzeptionen von Religionsunterricht aus christlicher Position zu unterstützen? In meinem oben skizzierten Verständnis lautet die Antwort eindeutig: Nein! So wenig wie skeptizistische Positionen entsprechen relativistische Perspektiven dem, was das christliche Verständnis von Wirklichkeit und von ihm aus konzipierten Religionsunterricht auszeichnet. Auch die deutschen Bischöfe beziehen in ihrer Denkschrift »Der Religionsunterricht vor neuen Herausforderungen« eindeutig Position: »In seinem Rationalitätsanspruch distanziert sich der kirchliche Glaube [...] von einem relativistischen Beliebigkeitspluralismus.«[87] Aber bleiben dann der Exklusivismus und seine deduktiven Unterrichtskonzeptionen die einzigen Optionen aus christlicher Perspektive?

3.4 Viertes Modell: Inklusivismus

Der große binnenchristliche Gegenentwurf zum über Jahrhunderte hindurch unhinterfragt geltenden Modell des Exklusivismus führt zu *Karl Rahner* (1904–1984). Geschickt greift dieser die Argumente klassischer Theologie auf, um sie von innen heraus zu reformieren, ja: zu revolutionieren. In seinem epochalen, später breit und differenziert entfalteten Aufsatz »Das Christentum und die nichtchristlichen Religionen« von 1961 führt er zunächst aus, das Christentum verstehe sich selbstverständlich »als die für alle Menschen bestimmte, absolute Religion, die keine andere neben sich anerkennen kann«[88]. Der argumentative Ausgangspunkt setzt also am klassischen Selbstverständnis des Exklusivismus an. Was aber, so Rahner weiter, sei mit jenen Menschen, die vom Christentum noch nie etwas gehört hätten? Seien auch sie alle schuldlos auf ewig verworfen? Nein, so

---

[87] Der Religionsunterricht vor neuen Herausforderungen (2005), 28.
[88] *Karl Rahner:* Das Christentum und die nichtchristlichen Religionen ¹1961, in: *ders.*: Schriften zur Theologie, Bd. 5 (Zürich 1962), 136–158, hier: 139. Seitenangaben im Text fortan nach dieser Ausgabe.

Rahner, »bis zu jenem Augenblick, in dem das Evangelium wirklich in die geschichtliche Situation eines Menschen eintritt, enthält eine nichtchristliche Religion [...] nicht nur Elemente einer natürlichen Gotteserkenntnis [...], sondern auch übernatürliche Momente aus der Gnade, die dem Menschen wegen Christus von Gott geschickt wird« (S. 143). Ein solcher Mensch aber könne ein »anonymer Christ« (S. 154) genannt werden, jemand also, der auch außerhalb des Christentums »von der Gnade und Wahrheit Gottes berührt« (S. 154) sein könne. Schlusspunkt der Argumentation: Wenn es folglich in einer Situation des faktischen »religiösen Pluralismus« auch eine solche »Christenheit anonymer Art« gebe, dann »wird sich die Kirche heute nicht so sehr als die exklusive Gemeinschaft der Heilsanwärter betrachten, sondern vielmehr als der geschichtlich greifbare Vortrupp [...] dessen, was der Christ als verborgene Wirklichkeit *auch außerhalb* der Sichtbarkeit der Kirche gegeben erhofft.« (S. 156, Hervorhebung GL)

Diese (hier äußerst gerafft dargestellte) Argumentation war tatsächlich der Durchbruch zu einem neuen christlichen Modell, das man »Inklusivismus« nennt, weil Menschen anderer Religionen in die Heilsgeschichte des Christentums inkludiert, also hineingenommen werden. Dieses Modell blieb nicht nur abgehobene Theologentheologie, sondern setzte sich als offiziell kirchliche Lehre durch, gegen die Last der jahrtausendealten Tradition. Das Zweite Vatikanische Konzil übernahm Rahners Vorstellung. Freilich nicht ohne Widersprüche. Unterschiedlich gewichtete Dokumente dieses Konzils zeichnen sich durch unterschiedliche Positionierungen, ja gegenläufige Aussagezüge aus. Durchaus finden sich Bestätigungen der exklusivistischen Tradition, so in der eher konservativ ausgerichteten Dogmatischen Konstitution über die Kirche: *Lumen Gentium.* In Absatz 14 heißt es dort: »Darum können jene Menschen nicht gerettet werden, die um die katholische Kirche und ihre von Gott durch Christus gestiftete Heilsnotwendigkeit wissen, in sie aber nicht eintreten [...] wollen.« Andere Passagen in diesem Dokument (LG 8, LG 16) deuten größere Öffnungen an, desgleichen Passagen aus der Pastoralkonstitution *Gaudium et*

Spes (GS 22).[89] Am deutlichsten wird die neue Position jedoch in der »Erklärung über das Verhältnis der Kirche zu den nicht-christlichen Religionen« *Nostra Aetate*. Nicht nur, dass hier Judentum[90], Islam und fernöstliche Religionen explizit benannt und gewürdigt werden, der Betrachtungsrahmen hat sich grundlegend geändert: Denn nun kann es tatsächlich wie folgt heißen:

> »Die katholische Kirche lehnt nichts von alledem ab, was in diesen Religionen wahr und heilig ist. Mit aufrichtigem Ernst betrachtet sie jene Handlungs- und Lebensweisen, jene Vorschriften und Lehren, die zwar in manchem von dem abweichen, was sie selbst für wahr hält und lehrt, doch nicht selten einen Strahl jener Wahrheit erkennen lassen, die alle Menschen erleuchtet.« (NA 2)

Mit dieser Erklärung – bis heute von konservativen Kreisen innerhalb der Kirche heftig bekämpft, von progressiven Kreisen begeistert rezipiert – hat sich der Inklusivismus als offizielle katholische Vorstellung etabliert. Gleichwohl bleiben exklusivistische Denkschemata und Argumentationsgänge innerhalb der katholischen Kirche, aber auch weit darüber hinaus existent. Mit Recht weist *Max Bernlochner* darauf hin: Es wäre völlig realitätsblind »exklusivistische Denkschemata aus dem Blick zu verlieren«, schon deshalb, weil sie »in der Praxis gelebten kirchlichen und schulischen Alltags weiterhin vorkommen und Schulunterricht und Kirchenpolitik nachhaltig beeinflussen«[91].

Verdeutlichen wir die Grundzüge des Inklusivismus am ›*Haus-Modell*‹: Wie im Exklusivismus gibt es auch hier nur eine Lichtquelle. Rätselhaft und schwach schimmernd taucht sie sämtliche Räume bereits in ein immer schon vorgegebenes

---

[89] Weitere relevante Textstellen sowie differenzierte Darstellung und Deutung in: *Joachim Zehner*: Der notwendige Dialog. Die Weltreligionen in katholischer und evangelischer Sicht (Gütersloh 1992), 21–64.

[90] Vgl. *Reinhold Boschki/Josef Wohlmuth* (Hrsg.): Nostra Aetate 4. Wendepunkt im Verhältnis von Kirche und Judentum – bleibende Herausforderung für die Theologie (Paderborn 2015).

[91] *Max Bernlochner*: Interkulturell-interreligiöse Kompetenz (2013), 144.

Dämmerlicht, das freilich der zusätzlichen Beleuchtung bedarf. Aber wie zuvor gibt es auch hier nur ein Fenster, durch das die wirksame Beleuchtung des Hauses möglich ist. Entscheidend: Im Gegensatz zum Exklusivismus kann man *innerhalb* des Hauses die Türen öffnen, so dass ein *Abglanz* des durch die Sonne erhellten Zimmers in andere Räume fällt; oder – mit dem Bild des Vatikanums gesprochen – ein »Strahl der Wahrheit«. Je näher sich ein Raum am Zimmer des Christentums befindet, umso mehr abgeblendetes Sonnenlicht erhellt ihn: Das gilt an erster Stelle für die ›Räume‹ der Juden und dann der Muslime. Aber auch entlegenere Zimmer können am Licht teilhaben, wenngleich nach wie vor dunkle Räume innerhalb des Hauses – bei geschlossenen Innentüren – denkbar sind. Inklusivismus heißt also: Hineinnahme in die eigene Sicht von Wahrheit. Die Überzeugung, dass das Christentum die zentrale und letztlich einzig gültige Religion bleibt, dass es nur eine Offenbarungsgeschichte gibt, dass das Licht der Sonne nur durch *ein* Fenster in das Haus fällt, wird dabei nicht angetastet.

Bevor wir auch dieses Modell noch einmal kritisch betrachten, zunächst ein Blick auf die zentralen religionspädagogischen Implikationen. Erst hier wird aus christlicher Binnensicht die *Möglichkeit zum interreligiösen Lernen* eröffnet. Religionsunterricht ist zwar nach wie vor konfessionell gebunden zu erteilen – weil das Christentum die einzige im Vollsinn wahre Religion bleibt –, aber andere Traditionen sind mit Respekt, oder erneut mit den Worten des Konzils selbst: »mit aufrichtigem Ernst« zu betrachten. Dabei lassen sich zwei grundlegende Ziele des interreligiösen Lernens innerhalb des Modells Inklusivismus unterscheiden: zum Ersten das respektvolle Kennenlernen dessen, was von der eigenen Tradition abweicht; zum Zweiten das Herausfiltern jener Strahlen der Wahrheit, welche diese Religionen mit dem Christentum verbinden, das Entdecken der »Samenkörner jenes Wortes und Strahlen jenes Lichtes«, das der eigenen Überzeugung nach »in Jesus Christus ihre einzige und unerreichbare Fülle gefunden«[92] habe.

---

[92] *Perry Schmidt-Leukel:* Gott ohne Grenzen (2005), 181.

Was in diesem Modell nach wie vor undenkbar bleibt, ist ein *offenes* interreligiöses Lernen in dem Sinn, dass bei anderen Traditionen Neues, in anderem Verständnis Wahres zu entdecken sein könnte. Die volle Wahrheit bleibt ja im Raum des Christentums verwirklicht, andere Traditionen können nur deren Abglanz enthalten. Im Bild des Hauses verdeutlicht: Man kann mit echtem Interesse die Tür des eigenen Zimmers öffnen, sich in die durchaus faszinierenden Zwielichter und Halbschatten der anderen, der fremden Räume begeben, um doch letztlich wieder in den eigenen Raum als helle Heimat zurückzukehren, offen interessiert an den Nebenbewohnern, aber letztlich gestärkt in der eigenen Beheimatung. Originäre, eigene, abweichende Wahrnehmungen des Lichtes und seiner Quelle sind dort nicht zu erwarten.

Im Rahmen dieser Vorstellung wurde das Thema der Weltreligionen in den letzten 30 Jahren in alle Grundlagen- und Lehrpläne für den Religionsunterricht aufgenommen. So betont schon der epochale Synodenbeschluss ›Der Religionsunterricht in der Schule‹ von 1974: Der Religionsunterricht »befähigt zu persönlicher Entscheidung in Auseinandersetzung mit Konfessionen und Religionen, mit Weltanschauungen und Ideologien und fördert Verständnis und Toleranz gegenüber der Entscheidung anderer.«[93] Ähnlich in dem 1996 von der deutschen Bischofskonferenz verabschiedeten Positionspapier ›Die bildende Kraft des Religionsunterrichts‹. Hier wird zunächst die »grundlegende Öffnung zu den anderen christlichen Konfessionen und die hierfür notwendige Dialogbereitschaft« betont. Analoges gelte dann aber auch »für das Gespräch mit dem Judentum und den nichtchristlichen Religionen.«[94] Der 1998 veröffentlichte ›Grundlagenplan für den katholischen Religionsunter-

---

[93] Unter 2.5.1 in: Der Religionsunterricht in der Schule. Ein Beschluss der Gemeinsamen Synode der Bistümer in der Bundesrepublik Deutschland (Bonn 1974), 30.
[94] Die bildende Kraft des Religionsunterrichts. Zur Konfessionalität des katholischen Religionsunterrichts. Die deutschen Bischöfe Nr. 56, hrsg. vom Sekretariat der Deutschen Bischofskonferenz (Bonn 1996), 76.

richt in der Grundschule‹ setzt so schon für die Grundschule die Vorgabe: »Ein tieferes Verständnis der eigenen christlichen Kultur soll zusätzlich durch eine Begegnung mit der Fremd- und Andersartigkeit anderer Religionen geweckt werden.«[95]

Als Verdeutlichung soll ein Blick auf den 2001 eingesetzten Lehrplan für Katholische Religionslehre an den bayerischen Realschulen dienen. Dort heißt es als idealtypische Zielvorstellung im Blick auf die Schülerinnen und Schüler:

> »In der Begegnung mit verschiedenen Kulturen und Religionen in unserer Gesellschaft erschließen sie sich einen Zugang zu grundlegenden Elementen anderer Weltanschauungen, Kulturen und Religionen. Dabei entwickeln sie zunehmend einen eigenen Standpunkt und werden befähigt, aus humaner und christlicher Motivation Menschen anderer Lebens- und Glaubensauffassungen mit Toleranz zu begegnen, sie zu achten und von ihnen zu lernen.«[96]

Vollzogen – theologisch wie didaktisch – ist hier also die radikale Wende von der Konfrontation und Ausgrenzung hin zur respektvollen Begegnung, ernsthaften Neugier und achtenden Wahrnehmung anderer Überzeugungen und Praktiken, nicht aber zur wirklichen Öffnung zu jenem interreligiösen Lernen, das auch das eigene Wahrheitsverständnis noch einmal zur Disposition stellen würde. Hier ist gerade nicht die Rede von jenem von Martin Buber skizzierten ›echten Dialog‹, der im Kontext von konzeptionell vorgeschriebener Konfessionalität – und nicht nur dort – in der Tat außerhalb der schulischen Umsetzungen bleibt. Im Grundlagenplan für die Grundschule wird ganz offen formuliert: Letztlich dient der Blick auf die Weltreligionen dazu, die ›eigene christliche Kultur‹ tiefer zu verstehen. Den Schritt über

---

[95] Grundlagenplan für den katholischen Religionsunterricht in der Grundschule, hrsg. von der Zentralstelle Bildung der Deutschen Bischofskonferenz (München 1998), 12.
[96] Lehrplan für Katholische Religionslehre an den bayerischen Realschulen. Jahrgangsstufe 5 mit 10 (München 2001), 49.

diese Vorgabe hinaus vollzieht das – binnenchristlich heftig umstrittene – fünfte hier vorzustellende Modell.

3.5 Fünftes Modell: (Theozentrischer) Pluralismus

Dieses fünfte Modell ist nicht zufällig im angelsächsischen Bereich entstanden, in dem die religiöse und weltanschauliche Pluralität schon viel eher alltägliche Realität war als in den deutschsprachigen Ländern. Zum Ansatzpunkt wurde eine Kritik an den inklusivistischen Vorstellungen, obwohl der epochale Fortschritt dieses Modells gegenüber allen exklusivistischen Positionen immer positiv hervorgehoben wird. Aber bleibt es nicht ein Ausdruck kultureller Überheblichkeit, der eigenen Tradition eben doch die letztlich alleinige Erkenntnis und Wahrheit und den einzigen voll legitimen Heilsweg zuzuschreiben? Alle anderen nur ein Abglanz des Christentums, nur von Seitenstrahlen schwach erhellt? Alle anderen bestenfalls ›anonyme Christen‹? Ein gedanklich vollzogener Perspektivenwechsel provoziert: Wie wäre es, wenn andere Religionen Christen genauso sähen, also als ›anonyme Muslime‹, oder als ›anonyme Hindus‹ – würden sich Christen nicht völlig zu Recht gegen solche Zwangseingliederungen energisch wehren? Karl Rahner und seine Schüler waren sich dieser Problematik freilich bewusst. Sie haben nie daran gedacht, den Begriff ›anonymer Christ‹ ganz konkret im interreligiösen Gespräch einzusetzen. Wie den Dokumenten des Zweiten Vatikanischen Konzils ging es ihnen einzig und allein um eine binnenchristliche neue Verständnismöglichkeit anderer Religionen. Die Anfrage bleibt trotzdem bestehen.

Vor allem zwei Namen stehen repräsentativ für die Ausarbeitung des Programms der sogenannten ›pluralistischen Religionstheologie‹[97], oder – anders benannt – des theozentrischen Plura-

---

[97] Vgl. aus der umfangreichen Diskussionsliteratur: *Reinhold Bernhardt:* Der Absolutheitsanspruch des Christentums. Von der Aufklärung zur pluralistischen Religionstheologie (Gütersloh 1990).

lismus: der des Engländers *John Hick* (1922–2012) sowie der des US-Amerikaners *Paul Knitter* (*1939). In den 1980er Jahren formulierten sie ihre seitdem viel diskutierten und feiner ausdifferenzierten Positionen. John Hick fragt 1987 wie folgt an:

> »Sobald man einräumt, dass es Heil tatsächlich nicht nur in der christlichen, sondern auch in den anderen großen religiösen Traditionen gibt, erscheint es willkürlich und unrealistisch, weiterhin darauf zu bestehen, das Christusereignis sei die einzige und exklusive Quelle des Heils für die Menschen. Wenn man anerkennt, dass Juden in und durch die jüdische Religion Heil erlangen, Muslime in und durch die muslimische Religion, Hindus in und durch die hinduistische Religion usw.: Kann dann das Beharren darauf, der Erlangung von Heil in diesen anderen Glaubenssystemen ein christliches Etikett anzuhängen, mehr sein als ein Relikt des alten religiösen Imperialismus der Vergangenheit?«[98]

Konsequente Schlussfolgerung bei Hick als anglikanischem christlichen Theologen: »Die christliche Tradition erscheint nun als eine von mehreren Heilsmöglichkeiten. [...] Wenn man also fortan behauptet, das Christentum biete bessere Bedingungen für die Transformation zur Gotteszentriertheit als die anderen Traditionen, muss man dies durch historische Beweise belegen.«[99] Etwas moderater formuliert der Katholik Knitter:

> »Können und müssen Christen auch weiterhin behaupten, dass Jesus von Nazareth tatsächlich und universal das Mysterium Gottes vermittelt [...], so schöpft er dieses Mysterium doch nicht aus. So gewiss Jesus *ein* Fenster ist, durch das wir auf das Universum des göttlichen Mysteriums schauen kön-

---

[98] *John Hick:* The Non-Absoluteness of Christianity, in: *ders./Paul Knitter,* The Myth of Christian Uniqueness. Towards a Pluralistic Theology of Religions (New York 1987), 16–36, hier: 22f. (Übersetzung GL) Vgl. *ders.:* Gott und seine vielen Namen [1]1980 (Frankfurt a. M. 2001).
[99] Ebd., 23.

nen und müssen, so kann es doch auch *andere Fenster* geben. Wenn man sagt, Jesus ist ganz Gott *(totus Deus),* so bedeutet das noch nicht, dass er das Ganze Gottes *(totum Dei)* hervorbringt.«[100]

Die Offenheit für den interreligiösen Dialog ergibt sich so aus dem Vertrauen heraus, selbst in der Wahrheit zu sein, diese aber niemals vollends ausschöpfen zu können. Vom Anderen lässt sich tatsächlich substantiell Neues über Gott, Heil und Wahrheit lernen, das die bisherige Sicht bestätigen, aber auch potentiell erweitern kann.

Für die Argumentation der Exklusivisten wurde anfangs das Jesus selbst zugeschriebene Zitat aus dem Johannesevangelium herangezogen: »Ich bin der Weg und die Wahrheit und das Leben«. Diese Aussage würde aus Sicht der pluralistischen Religionstheologie nicht kritisiert, wohl aber anders gedeutet: Ist damit zwangsläufig ausgesagt, dass Jesus der *einzige* Weg, die *einzige* Wahrheit, der *einzige* Zugang zum Leben ist? Die Fortführung des johanneischen Zitats: »niemand kommt zum Vater außer durch mich« müsste freilich als exklusivistische Engführung abgelehnt und im Licht anderer neutestamentlicher Aussagen relativiert werden. Gern zitiert wird dabei die – meistens aus dem Zusammenhang gerissene – andere Aussage Jesu aus dem Johannesevangelium »Im Haus meines Vaters gibt es viele Wohnungen« (Joh 14,2), als sei dies ein Hinweis auf eine von Jesus vorherbestimmte Berechtigung der Existenz unterschiedlicher Konfessionen oder Religionen. Das ist im Kontext absurd, auch wenn das aufgerufene Bild – wie etwa in meinem hier ausgeführten Modell von Haus und Sonne – zu dann aber ganz frei anschließenden Spekulationen Anlass geben kann.

Ernsthafter zu bedenken sind neutestamentliche Aussagen, in denen von einer künftigen Gemeinschaft vieler oder aller

---

[100] *Paul F. Knitter:* Nochmals die Absolutheitsfrage. Gründe für eine pluralistische Theologie der Religionen, in: Evangelische Theologie 49 (1989), 505–516. Vgl. *ders.:* Ein Gott – Viele Religionen. Gegen den Absolutheitsanspruch des Christentums [1]1985 (München 1988).

Menschen im Zeichen einer neuen Zeit die Rede ist. Im Blick auf die Segensverheißungen an Abraham – auf dessen Rolle im interreligiösen Verständigungsprozess noch intensiv einzugehen sein wird – führt das Matthäusevangelium das Jesuswort an: »Viele werden kommen von Osten und Westen und mit Abraham [...] im Himmelreich zu Tisch sitzen« (Mt 8,11). Abraham wird hier zur eschatologischen Integrationsfigur für die ›Heiden‹. Andere neutestamentliche Aussagen verstärken diese andere, öffnende Perspektive, so etwa jene über den universalen Heilswillen Gottes in 1 Tim 2,4, wo von Gott gesagt wird: »... er will, dass *alle Menschen* gerettet werden und zur Erkenntnis der Wahrheit gelangen«[101]. Deutet die Vorstellung eines universalen göttlichen Heilswillens nicht tatsächlich auf die Möglichkeit und Verpflichtung, auch Menschen anderer Religionen und Weltanschauungen in das System der eigenen Religion hineinzudenken?

Im Bild von Haus und Sonne wird die grundlegende Herausforderung dieses Modells deutlich: Erneut – wie bei Exklusivismus oder Inklusivismus, aber im entscheidenden (und oft übersehenen oder nivellierten[102]) Unterschied zum Relativismus – gibt es nur *eine* Lichtquelle. Ihr Licht dringt jedoch durch verschiedene Fenster ins Haus. Nach kritischer Selbstbetrachtung mögen Christen darauf beharren, dass ihr Fenster das größte sei, dass es das Licht am reinsten durchlasse, den besten Blick auf die Lichtquelle freigebe; aber ihr Fenster muss eben *nicht das einzige* sein. Zumindest denkbar wird so, dass der Blick

---

[101] Hervorhebung GL. Exegetische Reflexionen dazu bei: *Joachim Kügler/ Ulrike Bechmann:* Proexistenz in Theologie und Glaube. Ein exegetischer Versuch zur Bestimmung des Verhältnisses von Pluralitätsfähigkeit und christlicher Identität, in: Theologische Quartalschrift 182 (2002), 72–100.

[102] Immer dann, wenn zusammenfassend vom ›multireligiösen Modell‹ oder von undifferenziertem ›Pluralismus‹ die Rede ist (u. U. im Gegensatz zum ›monoreligiösen Modell‹, in dem Exklusivismus und Inklusivismus zusammengefasst werden). Etwa bei *Johannes A. van der Ven/Hans-Georg Ziebertz* (Hrsg.): Religiöser Pluralismus und interreligiöses Lernen (Kampen/ Weinheim 1994); *Mirjam Schambeck* (2013), 32ff.; *Friedrich Schweitzer* (2014), 99.

durch andere Fenster tatsächlich andere Aspekte in Bezug auf die Lichtquelle enthüllen könnte. Vielleicht ist die perspektivische Wahrnehmung der Sonne von verschiedenen Fenstern aus tatsächlich leicht verschieden. Trotzdem bleibt die Sonne immer die Sonne, die wir angesichts ihrer Strahlkraft und ihrer stetigen Positionalität sowieso nie ganz erkennen können. Zudem bleibt es auch in diesem Modell durchaus möglich, dass Fenster geschlossen sind, dass manche Räume dunkel bleiben. Gerade wegen der Vielfalt der Sonnenstrahlungen ist es so reizvoll, andere Menschen in das eigene Zimmer einzuladen und umgekehrt in ihre Zimmer zu gehen: Der Vergleich der Lichtwahrnehmungen fordert einerseits zur kritischen Selbstprüfung heraus, andererseits zu einer immer genaueren Annäherung an die *gemeinsame* Lichtquelle. Anders als im Modell des Inklusivismus: Im theozentrischen Pluralismus besteht explizit die Möglichkeit, in den anderen Räumen eine *substantiell neue* Erfahrung von Licht, eine qualitativ neuartige Einsicht über die Lichtquelle zu machen. So wäre interreligiöses Lernen hier bestimmt: In einem gegenseitigen offenen Suchen nach immer noch besseren, klareren Blicken auf die letzte, nie ganz und gar erschließbare Wirklichkeit.

Diese im Kern sowohl theozentrische als auch monotheistische Position belässt Gott also die letzte Unverfügbarkeit, reduziert jedoch den Anspruch einer jeglichen menschlichen Religion auf den Einzigkeits*zugang* zur Wirklichkeit Gottes. Kein Wunder deshalb, dass sich viele Theologinnen und Theologen und Vertreter der Amtskirchen mit der Anerkennung dieses theologischen Modells schwertun[103]. Tatsächlich werden zahlreiche traditionelle Grundkonzeptionen christlicher Theologie

---

[103] Ein Beispiel solcher Ablehnung aus katholischer Sicht: *Gerhard Ludwig Müller:* Die Einzigkeit der Heilsmittlerschaft Christi im Kontext des religiösen Pluralismus, in: *Raymund Schwager* (Hrsg.): Relativierung der Wahrheit? Kontextuelle Christologie auf dem Prüfstand (Freiburg i. Br. 1998), 156–185; vgl. auch: *Hans-Gerd Schwandt* (Hrsg.): Pluralistische Theologie der Religionen. Eine kritische Sichtung (Frankfurt a. M. 1998); *Gerhard Gäde:* Viele Religionen, ein Wort Gottes. Einspruch gegen John Hicks pluralistische Religionstheologie (Gütersloh 1998).

(Offenbarungsbegriff, Heilsgeschichte, Rechtfertigung, natürliche Gotteserkenntnis, Notwendigkeit von Sakramenten, ...) durch dieses Modell herausgefordert. Die theologische Diskussion hierzu ist noch nicht abgeschlossen. Absehbar nach knapp drei Jahrzehnten des Diskurses ist aber wohl, dass sich repräsentative Vertreterinnen und Vertreter *anderer* Religionen diesem Modell in keinem Fall anschließen könnten. Es bleibt weitgehend ein gedanklicher Alleingang von Theologen christlicher Provenienz, kaum angebunden an die kirchliche Tradition und die offiziellen Verlautbarungen. Schon diese Zwischenbilanz mahnt zu nüchterner Einschätzung.

Betrachten wir dieses Modell des theozentrischen Pluralismus aus religionspädagogischer Perspektive. Dabei wird deutlich: Ein voraussetzungslos *offenes, dialogisch orientiertes interreligiöses Lernen* ist/wäre wohl allein im Rahmen dieses pluralistischen Modells möglich. Zum einen, weil es sich dabei nicht um eine positionslose Perspektive handelt, also um rein subjektive, standortlose oder vorgeblich objektive religionswissenschaftliche Betrachtungen wie im Modell des Relativismus. Wie gesehen: Dialogische Begegnung und Auseinandersetzung setzen einen eigenen Standpunkt, eine eigene Beheimatung voraus. Austausch kann aber nur dann stattfinden, wenn man in aller Transparenz Eigenes in diesen Austausch einbringt. Möglich wäre echtes interreligiöses Lernen aber zum Zweiten, weil hier – im Gegensatz zum Modell des Inklusivismus – Lernen nicht nur in Bezug darauf erfolgen kann, was anders ist und als solches fremd bleibt, oder in Bezug darauf, was gemeinsam ist und das Eigene bestätigt, sondern in Bezug auf einen *echten und offenen Suchprozess nach letzten Wahrheiten, wirklichen Einsichten, tiefsten Erkenntnissen.*

Diese Vorgabe müsste nicht bedeuten, dass man bedingungslos eigene Überzeugungen zur Disposition stellt, wohl aber, dass man im Eigenen nicht schon die *ganze* Wahrheit sieht und die Erkenntnisse über Gott als abgeschlossen betrachtet. Ein diesem Modell verpflichteter Religionsunterricht wäre also weder zu denken in der Organisationsform der standortfreien ›religious education‹ oder des LER, noch im Modell der konfessionszentrierten Organisationsformen, die in Deutschland vorherrschen. Angezielt wäre hier ein interreligiös geöffneter Religionsunterricht, der sein christliches Profil bewahrt, zugleich aber wirklich offen ist für andere Einflüsse, ohne sich dadurch in seiner Identität bedroht zu sehen.

Das mag reizvoll klingen. Unklar bleibt jedoch zum einen, ob die hier vorausgesetzte pluralistische Glaubensüberzeugung existentiell wirklich lebbar ist. Empirische Erkenntnisse auf breiterer Basis dazu fehlen. Zum anderen ist ungeklärt, ob eine religionsdidaktische Umsetzung des damit skizzierten Modells tragfähig wäre. Ausgearbeitete Konzeptionen interreligiösen Lernens, die explizit auf einer pluralistischen Theozentrik basieren, liegen jedoch genauso wenig vor wie altersspezifisch ausdifferenzierte didaktisch-methodische Vorgaben für Lehr- und Lernprozesse im Kontext eines derart profilierten Religionsunterrichts.

3.6 Gegenprobe: Die Sicht der Anderen

Vor einer gründlichen religionspädagogisch-didaktischen Zwischenbilanz im Blick auf die Möglichkeiten und Wünschbarkeiten einer Umsetzung der religionstheologischen Modelle bedarf es jedoch zunächst noch einer weiteren mehrpoligen Vorüberlegung. Denn erstaunlich: Sosehr eine Darstellung dieser (hier aus katholischer Sicht formulierten und ausbuchstabierten) Modelle der Verhältnisbestimmung der Weltreligionen zum Standard interreligiös orientierter Studien gehört, so wenig erfolgt dort normalerweise die Gegenprobe. Dabei ist die Vergewisserung unerlässlich: Wie stehen denn die anderen Religionen und damit die anvisierten ›Dialog‹-Partner zur Frage des theologischen Stellenwertes der aus ihrer Sicht anderen Religionen, also etwa des Christentums? Erneut zeigt sich, dass die Vorgabe des ›Dialogs‹ allzu oft in der eigenen Vorstellungs- und Erwartungswelt verbleibt.

Vor eine Betrachtung der abrahamischen Geschwisterreligionen Judentum und Islam schiebt sich dabei eine näherliegende

Perspektive. Die Pluralität der Vorstellungen zeigt sich bereits im binnenchristlichen Feld. Vor dem Blick auf die anderen Religionen soll deshalb eine christlich-ökumenische Vergewisserung vorgenommen werden: Wie steht die evangelische Kirche zu diesen – bislang aus katholischer Perspektive dargestellten – Modellen? Wie positioniert sie sich im Blick auf den eigenen Heils- und Wahrheitsanspruch angesichts anderer Konfessionen und Religionen?

Auf der Suche: Evangelische Positionen

Die Position der evangelischen Kirche(n) ist ungleich schwerer zu fassen als die der katholischen Kirche, ist doch die »Frage nach dem theologischen Verständnis nicht-christlicher Religionen auf evangelischer Seite erst in der jüngeren Vergangenheit intensiver vorangetrieben worden«[104]. Zudem gibt es hier ja kein Lehramt, das markante Vorgaben setzen würde, die identitätsstiftende Klärungen betreiben könnten – oder auch die Gelegenheit böten, sich im theologischen Diskurs davon abzusetzen.

Zunächst finden sich weitgehende Parallelen zwischen den Entwicklungen im katholischen und im evangelischen Raum: Zuhauf finden sich grundsätzlich exklusivistische Äußerungen aus vergangenen Jahrhunderten. Sie werden in ihrer radikalen Ausschließlichkeit gegenwärtig jedoch nicht weiter verwendet. Gleichwohl neigt etwa die – innerprotestantisch heftig umstrittene[105] – umfangreiche Handreichung des Rates der Evangelischen Kirche Deutschlands über »Klarheit und gute Nachbarschaft. Christen und Muslime in Deutschland« aus dem Jahre 2006 eher zu Tönen der Abgrenzung und Selbstprofilierung. »Ausgeschlossen« sei es, das im Modus der Einladung und Bitte vorgetragene Bekenntnis zum dreieinigen Gott »zu verschweigen oder es Angehörigen anderer Religionen schuldig

---

[104] *Friedrich Schweitzer* (2014), 80.
[105] Vgl.: *Jürgen Micksch* (Hrsg.): Evangelisch aus fundamentalem Grund. Wie sich die EKD gegen den Islam profiliert (Frankfurt a. M. 2007).

zu bleiben«[106]; diese »Glaubensgewissheit an den dreieinen Gott« präge das Christentum über die »Ebene bloß menschlicher Gewissheiten«[107] hinaus. Bei allen Gemeinsamkeiten von Christentum und Islam würden »bei genauerer Betrachtung die Differenzen« überdeutlich. Auch die »Feststellung des ›Glaubens an den einen Gott‹ trage nicht sehr weit«, weil sich der evangelische Glaube nicht »mit einer ungefähren Übereinstimmung mit anderen Gottesvorstellungen begnügen«[108] könne. Deutlich ließen sich zwar durchaus Spuren oder Zeichen erkennen, »dass sich der Gott der Bibel auch Muslimen nicht verborgen« habe. Diese begründeten aber »keinen gemeinsamen Glauben und erst recht keine gemeinsame Verkündigung oder Frömmigkeitspraxis«[109].

Bei allem Aufruf zu respektvoller Wahrnehmung, bei aller Befürwortung von ehrlichem Dialog und Austausch, bei aller Betonung von gemeinsamem Bemühen um Frieden und Weltverantwortung wird die tendenzielle Ausrichtung an einer *Hervorhebung der Unterschiede* deutlich. Klare Bekenntnisse zu grundlegenden Gemeinsamkeiten, die sich katholischerseits etwa in den Texten des Zweiten Vatikanischen Konzils oder auch in späteren päpstlichen Äußerungen finden, werden in dieser Handreichung der EKD strategisch bewusst vermieden. Dass gerade Muslime in den westlichen Gesellschaften »kritische Anfragen«[110] zulassen müssen, ist klar, wird auch von der katholischen Seite immer wieder benannt. Diese Kritik aber von Anfang an zum grundlegenden Duktus des Positionspapiers zu machen, setzt einen besonderen Ton. Zahlreiche evangelische Theologen und Theologinnen haben diese »problematische[n] theologische[n] Weichenstellungen«[111] angefragt, die sich vor allem im fordernd-vorschreibenden Duktus des Papiers

---

[106] Klarheit und gute Nachbarschaft. Christen und Muslime in Deutschland. Eine Handreichung des Rates der EKD (Hannover 2006), 15.
[107] Ebd., 17.
[108] Ebd., 18f.
[109] Ebd., 19.
[110] Ebd., 21.
[111] *Ulrich Dehn:* Der christlich-islamische Dialog vor dem Hintergrund ge-

bestätigen. Dass etwa ein umgekehrter Kritikstrom von Muslimen an der Art des real bei uns gelebten Christentums nicht nur möglich, sondern auch gut begründet sein könnte, bleibt unbeachtet. Auch innerhalb der EKD gab es von Anfang an deutliche Kritik an den Grundaussagen und dem Duktus dieser Handreichung.

Wie eine (Teil-)Korrektur dieser Aussagen liest sich so der neueste interreligiöse Grundlagentext der EKD, 2015 veröffentlicht unter dem Titel »Christlicher Glaube und religiöse Vielfalt in evangelischer Perspektive«. Nun steht die Ausrichtung an einer »von Wertschätzung geprägten Toleranz« im Zentrum, konzentriert auf eine »Haltung, die von wechselseitigem Hinhören und Wertschätzung geprägt ist«[112]. Der Pluralismus der Religionen wird hier nicht nur ausdrücklich »bejaht«[113], sondern als »zentrale Aufgabe«[114] für die heutige Kirche und Theologie benannt.

Entscheidend im Blick auf die theologische Selbstpositionierung: Die EKD führt explizit aus, sie sei »keinem bestimmten religionstheologischen Modell verpflichtet«[115]. Nachdrücklich wird hervorgehoben, dass es angesichts der komplexen Grundstruktur des christlichen Glaubens keineswegs zwingend erforderlich sei, zwischen »Exklusivismus«, »Inklusivismus« oder »Pluralismus« wählen zu müssen.[116] Anders als die katholische Kirche, die sich weitgehend auf ein inklusivistisches Verständnis festlegt, unterlässt die evangelische Kirche also eine theologische Klärung ihrer Positionen. Ein Vorteil, weil man so der Komplexität der Fragestellungen gerechter wird, sich nicht festlegt und sich dadurch auch nicht angreifbar macht? Ein Nach-

---

samtgesellschaftlicher Veränderungen, in: Handbuch Christentum und Islam in Deutschland (2014), 1011–1038, hier: 1025.

[112] Christlicher Glaube und religiöse Vielfalt in evangelischer Perspektive. Ein Grundlagentext des Rates der Evangelischen Kirche in Deutschland (EKD) (Gütersloh 2015), 10.

[113] Ebd., 19.

[114] Ebd., 14.

[115] Ebd., 11.

[116] Ebd., 35.

teil, weil so die Klärung der eigenen grundlegenden Vorstellungen unterbleibt? Der Transparenz dient eine solche Verweigerung gewiss nicht, auch wenn sie dem mühsamen, sicherlich konfliktreichen Prozess einer Positionsklärung ausweicht.

Die darin deutlich werdende Haltung der EKD spiegelt sich auf der Ebene der weltweiten evangelisch-theologischen Diskussion im Rahmen des Ökumenischen Rates der Kirchen (ÖRK). Insgesamt gesehen, so der kritische religionstheologische Beobachter *Perry Schmidt-Leukel,* haben sich die evangelischen Kirchen »offiziell noch nicht zu einer inklusivistischen Haltung durchgerungen«, wahren entweder eine »religionstheologische Abstinenz« oder formulieren einen »gemäßigten oder einen unentschiedenen Exklusivismus«[117], demzufolge individuelle Heilsmöglichkeiten einzelner Menschen außerhalb des Christentums nicht ausgeschlossen werden oder schlicht offen bleiben. Angesichts von äußerst differenten theologischen Positionen im weiten Feld der zu integrierenden Sichtweisen innerhalb der unterschiedlichen Teilkirchen des ÖRK zeichnen sich so auch dessen offizielle Äußerungen durch eine »selbstauferlegte Zurückhaltung«[118] aus, müssen doch Aussagen zum »Dialogprogramm theologisch möglichst niedrig profiliert«[119] bleiben.

Diese Zurückhaltung auf offizieller Ebene ist nachvollziehbar, nicht jedoch die individuellen Konsequenzen. Bis in aktuelle Darstellungen hinein bleiben die meisten evangelischen Religionspädagoginnen und Religionspädagogen – nicht nur sie! – im Blick auf eine eigene, klar greifbare Positionierung zurückhaltend, benennen diese Problematik auch selbst. *Fünf* weitgehend gemeinsame *Eckpunkte* lassen sich erkennen:
– Wie die katholische Kirche waren auch die evangelischen Positionen jahrhundertelang von einem radikalen Exklusivismus geprägt, der eben explizit auch die katholische Kirche als Heilsweg, ja: jedwede individuelle Heilsmöglichkeit außerhalb der evangelischen Kirche ausschloss.

---

[117] *Perry Schmidt-Leukel:* Gott ohne Grenzen (2005), 109.
[118] *Reinhold Bernhard:* Ende des Dialogs? (2005), 45.
[119] Ebd., 46.

- Diese Position gilt heute für einen Hauptstrom evangelischen theologischen Selbstverständnisses nicht mehr.[120] Gleichwohl halten sich – deutlicher als in der katholischen Kirche – exklusivistische Vorstellungen als Unterstrom von Gläubigkeit und theologischer Reflexion.
- Abgelehnt wird fast unisono die Vorstellung eines Inklusivismus katholischer Argumentationsart.[121]
- Gleichwohl finden sich Aussagen dahingehend, dass »auch in anderen Formen der Religion überzeugende Ausdrucksformen humanen Selbstverständnisses, authentische Formen der Spiritualität und verantwortliche Gestaltungen ethischer Überzeugungen«[122] zu finden sind. Andere Religionen werden also wie im Katholizismus mit Respekt und Ehrfurcht betrachtet.
- Die Skizzierungen einer *eigenen* Begründung für eine dezidiert theologische Wertschätzung der Weltreligionen bleibt hingegen unscharf, sofern sie nicht pluralistisch argumentiert. Sie verweigert sich einer Einordnung in die oben genannten Modelle, zeichnet sich durch unterschiedliche theologische Argumentationsgänge aus.

Der evangelische Theologe *Joachim Zehner* untersuchte schon 1992 diesen Problemzusammenhang. Im Blick auf die Entwicklung hin zu den offiziellen Äußerungen des *Ökumenischen Rates der Kirchen* fasst er seine differenziert entfalteten Studien zusammen: Warum öffnet sich der Ökumenische Rat theologisch gesehen den Weltreligionen? Weil sie alle »das ›gemeinsame Erbe‹, die ›Königsherrschaft Gottes‹ verbindet«[123]. Eine theologisch-verbindende Weltsicht bestimmt also den Rahmen. Das Schlussdokument eines ersten Dialogtreffens von Vertretern des ÖRKs mit Vertretern des Islam hält programmatisch

---

[120] Vgl.: Christlicher Glaube und religiöse Vielfalt (2015), 28: Die reformatorische Lehre ist nicht »mit einem Exklusivismus des alleinigen Wahrheitsbesitzes« zu verwechseln.

[121] Vgl. etwa ebd.: »Solch gut gemeinte Inklusion […] entspricht aber nicht der evangelischen« Position.

[122] Ebd., 30.

[123] *Joachim Zehner*: Der notwendige Dialog (1992), 104.

fest: »Judentum, Christentum und Islam gehören nicht nur historisch zusammen; sie sprechen von demselben Gott, Schöpfer, Offenbarer und Richter.«[124] Wie aber begründet man dann die bleibend christliche Eigensicht? Anders als das Zweite Vatikanische Konzil wählt der ÖRK eine spezifisch christologische Sicht, wird doch primär »von der der ganzen Welt in Christus zugewendeten Liebe Gottes aus argumentiert«[125]. Überzeugt diese Argumentation? Als hermeneutisch präziser Begriff scheint das vieldeutige Bildwort ›Liebe‹ völlig untauglich. Es verschleiert eher, als dass es Blicke und Positionen schärft.[126]

Die christliche Identität werde den Erklärungen des ÖRK zufolge gewahrt – so Zehner weiter, weil »für Christen Jesus Christus, die ›besondere Botschaft‹ des Evangeliums, maßgebend bleibt. […] Er tritt in Beziehung zu den Heilswegen der Menschen anderer Religionen, verliert dabei jedoch nichts von seiner Besonderheit.«[127] Präziser werden die Vorstellungen in den offiziellen Erklärungen des ÖRK nicht benannt. Vieles bleibt offen und unscharf, dem Ziel geopfert, die bleibende Bedeutung von Mission und Zeugnis auf der einen und die Notwendigkeit von Austausch und Verständigung auf der anderen Seite zu betonen. Zehner fragt zu Recht nach, ob hier nicht das urchristliche Theologumenon von der »universale[n] Gültigkeit« Jesu Christi unter der Hand aufgegeben werde. Auch im evangelischen Binnendiskurs zur Fragestellung wird immer wieder hervorgehoben: Eine wirkliche Schärfung der Position aus evangelischer Sicht, die mehr wäre als ein einzelner, letztlich konsequenzenfreier theologischer Entwurf, steht noch aus. Sie muss, so auch Friedrich Schweitzer, »weiter geklärt werden«[128].

---

[124] *World Council of Churches* (Hrsg.): Meeting in Faith. Twenty Years of Christian-Muslim Conversations (Genf 1989), 4.
[125] *Johannes Lähnemann:* Evangelische Religionspädagogik (1998), 129.
[126] Diese Kritik bezieht sich auch auf den ganz anders gewichteten Ansatz der katholischen Religionspädagogin *Mirjam Schambeck,* in dem »Liebe als Grund von Eigenem und Fremdem« ein theologisch tragfähiges Differenzmodell begründen soll. Vgl. *dies.:* Interreligiöse Kompetenz (2013), 111ff.
[127] *Joachim Zehner* (1992), 104.
[128] *Friedrich Schweitzer* (2014), 80.

Auffällig: Der Blick in die Praxis zeigt ein anderes Bild. Hier wird der Trialog von Judentum, Christentum und Islam sowohl von zahlreichen evangelischen Theologinnen und Theologen als auch von evangelischen Organisationen und Initiativen auf allen Ebenen massiv unterstützt und getragen. Wir werden sehen: Gerade in den Denkschriften der EKD zum Religionsunterricht finden sich schon früh klare pädagogische und didaktische Konzeptionen, die prägnant und zielgerichtet die praktischen Perspektiven des interreligiösen Lernens ausformulieren. Umso wichtiger wäre die transparenzfördernde Klärung des eigenen theologischen Standpunktes, von dem aus und auf den hin diese Positionen entwickelt werden.

Judentum: heilsuniversalistisch geöffneter Partikularismus

Schon innerhalb der einzelnen christlichen Konfessionen zeigen sich unterschiedliche Haltungen und Einstellungen zur theologisch begründeten Möglichkeit von Dialog, erst recht zwischen den Konfessionen. Nun weitet sich das Blickfeld: Wie sehen die anderen Religionen den eigenen Anspruch auf Wahrheit und die theologische Bedeutung der anderen Religionen? Der Blick auf trialogisches Lernen konzentriert diese Fragestellung auf die beiden Geschwisterreligionen Judentum und Islam. Aber selbst diese Konzentration führt in schwieriges Gelände: Gibt es jeweils *die eine* Position im Rahmen dieser Religionen? Muss man nicht – wie beim Blick auf das Christentum – mit mehreren miteinander konkurrierenden Modellen rechnen? Zudem ergibt sich von außen der Eindruck, dass diese Frage als solche in den beiden Religionen eine deutlich geringere Rolle spielt als im Christentum. Eine in vergleichbarer Breite entfaltete theologische Diskussion über den Stellenwert der jeweiligen Geschwisterreligionen scheint es dort nicht zu geben. Mit aller Vorsicht sei trotzdem der Versuch gewagt, jeweils zentrale Positionen von Judentum und Islam zu charakterisieren. Es können nur tastende Annäherungen sein, offen für Kritik und Korrektur vor allem aus den Religionen selbst.

Eines ist sofort ersichtlich: Die fünf oben benannten religionstheologischen Modelle lassen sich nicht auf die Hauptströme des Judentums übertragen. Als bewusst nicht missionierende Religion und Gemeinschaft sieht sich das Judentum als ›auserwähltes Volk‹ durchaus in einer exklusivistischen Gottesbeziehung, verbindet dieses Bewusstsein aber gerade nicht mit dem Anspruch, dadurch den einzigen Weg zum Heil ausschließlich für sich selbst zu postulieren. Es liegt so keinerlei »Wunsch vor, andere Menschen auf diesem Weg mitzunehmen« oder zu postulieren, »dass der jüdische Weg zum Heil alle Menschen zum Heil führen würde«[129], so die jüdische Theologin *Edna Brocke*. Diese enge Beziehung lässt sich mit dem Begriff des – wertneutral formulierten – *Partikularismus* bezeichnen, charakterisiert dieser doch die einzigartige, ausschließliche, eben nur auf diesen kleinen Teil der Menschheitsfamilie bezogene besondere Verbindung von Gott und Volk, und zwar zunächst völlig unabhängig von der Frage, ob die Mitglieder dieser Gemeinschaft religiös sind und einen Gottesglauben bekennen und praktizieren, obwohl sie dazu aufgerufen sind. Im Judentum herrscht weitestgehende Einigkeit darüber, dass für alle übrigen Menschen die Regeln der Tora nicht gelten.

Gleichwohl ist auch für diese Heil möglich, sofern sie sich an die noachidischen Gebote halten – dazu mehr im Ausblick dieses Buches. Hier entscheidend: Mit dem Bewusstsein der Partikularität verbindet sich im Judentum von Anfang an in religiöser Hinsicht eine *Funktion* für ›die Völker‹: Israel dient als Heilsmittler für das Heil der Anderen. Mit dem Motiv der »Völkerwallfahrt zum Zion« (Jes 2,2–5) wird eine auf ganz eigene Art inklusivistische eschatologische Perspektive eröffnet: Gott selbst hat es in der Hand, am Ende aller Zeiten auch alle anderen Menschen zu retten. Dabei kommt den anderen Menschen jedoch durchaus eine aktive Rolle zu: Ein biblischer Leit-

---

[129] *Edna Brocke:* Aus Abrahams Schoß? Oder weshalb es keine »abrahamitischen Religionen« gibt, in: Kirche und Israel 24 (2009), Heft 2, 157–162, hier 158.

gedanke liegt darin, dass »die Völker (von sich aus) erkennen könnten, dass Adonaj die lenkende Gottheit ist«[130].

Angesichts der Genügsamkeit dieser biblischen Gedanken finden sich in aktuellen jüdisch-theologischen Reflexionen offensichtlich nur wenige Ausführungen über die theologische Bedeutung von Christentum und Islam im Speziellen oder von anderen Weltreligionen überhaupt. *Michael Wolffsohn* hebt die grundsätzliche Gespaltenheit innerhalb jüdischen Denkens hervor: »Im Judentum gibt es seit jeher mindestens zwei Strömungen: eine partikularistische und eine universalistische.«[131] Diese beiden, in bestimmten Gruppierungen unterschiedlich stark betonten Pole lassen sich, wie gezeigt, auf biblischer Basis durchaus vereinbaren im ganz eigenen Modell eines heilsgeschichtlich geöffneten Partikularismus. Letztlich steht diese Frage jedoch nicht im Fokus der aktuellen jüdischen Diskussion. Der im Trialog engagierte Londoner Rabbiner *Jonathan Magonet* verweist im Jahr 2000 auf das »Fehlen einer eigenen, aktuellen theologischen Formel zur Bedeutung der anderen Religionen«[132]. Dieser Befund ist bis heute gültig.

Islam: integralistischer Exklusivismus

Weder im Koran noch in der muslimischen Theologie insgesamt finden sich einheitliche »Aussagen«, die klar festlegen, wie sich der Islam »den Juden und Christen gegenüber positioniert«[133], so der muslimische Theologe und Religionspädagoge *Mouhanad Khorchide*. Wie im Christentum, so gibt es auch hier unterschiedliche Vorstellungen. Dennoch lässt sich eine vorherrschende Tendenz benennen: Die Position der Hauptströme des Islam ist der des Judentums diametral entgegengesetzt. Im

---

[130] Ebd.

[131] *Michael Wolffsohn:* »Lumen Gentium« aus jüdischer Perspektive, in: Zur Debatte 4/2015, 24–25, hier: 24.

[132] *Jonathan Magonet:* Abraham – Jesus – Mohammed (2000), 126.

[133] *Mouhanad Khorchide:* Islam ist Barmherzigkeit. Grundzüge einer modernen Religion ¹2012 (Freiburg i. Br. 2015), 199.

Islam gipfeln die Traditionen der prophetischen Religionen, oder anders gesagt: Der Islam stellt eigener Auffassung zufolge die ursprüngliche Gottesoffenbarung wieder her. Judentum und Christentum werden als Religionen gewürdigt, in denen die im Kern von Anfang an immer gleichen echten Gottesoffenbarungen enthalten seien, aber in Verzerrung, Überdeckung, versehen mit Fremdbeimischungen.

Juden und Christen sind so durchaus als »Leute der Schrift« (etwa: Sure 3,65[134]) positiv ausgezeichnet gegenüber Nichtgläubigen. Ihre Schriften, Altes wie Neues Testament, sind authentisch prophetische Schriften, die deshalb ja auch im Koran ausführlich zitiert werden, freilich in Auswahl, Umdeutung und eigener Charakterisierung, die der ›Wiederherstellung der ursprünglichen Gottesbotschaft‹ dienen. Gleich doppelt kann der Islam Juden und Christen also religiös durchaus wertschätzen, da sie »mit der Religion Gottes zweimal ausgestattet wurden«. Einmal – wie alle Menschen als Geschöpfe Gottes – »von Natur aus und daher notwendigerweise und universell«; darüber hinaus jedoch spezifisch und herausgehoben aus allen anderen Menschen »durch die Gnade Gottes über ihre Propheten«[135], so der muslimische Theologe *Muhammad Abdul al Ra'uf.*

Aber eines ist klar: Sosehr die Traditionen von Judentum und Christentum aufgegriffen, absorbiert und eigens gedeutet werden; sosehr Juden und Christen durchaus als ›Gläubige‹ und ›Schriftbesitzer‹ gesehen und positiv charakterisiert werden können – *nach* der Wiederherstellung der reinen Lehre durch Gottes Offenbarung an Mohammed im Koran gibt es keinerlei objektiven Grund, sich nicht der einzigen wahren Religion, dem Islam, zuzuwenden. Der Islam versteht sich als »die alleinige, nun endgültig von Gott gewollte Religion«, alle anderen

---

[134] Suren werden im Text zitiert nach: Der Koran. Aus dem Arabischen übersetzt von *Max Henning* (Stuttgart 1991).

[135] *Muhammad Abdul al Ra'uf*: Judaismus und Christentum aus der Sicht des Islam, in: *Isma'il Raji al Faruqi* (Hrsg.): Judentum, Christentum, Islam. Trialog der Abrahamitischen Religionen (Frankfurt a. M. 1986), 41–51, hier 46.

haben »ihren universalen Anspruch verloren«[136]. Sure 2,62 lässt umgekehrt jedoch die Möglichkeit eines eschatologischen Heils bewusst offen: »die da glauben, und die Juden und die Nazarener [...] – wer immer an Allah glaubt und an den Jüngsten Tag und das Rechte tut, die haben ihren Lohn bei ihrem Herrn [...], und nicht werden sie traurig sein.« Gleichfalls wird betont: »Es sei kein Zwang im Glauben.« (Sure 2,256)

Umgekehrt wird immer wieder betont: Mohammed ist definitiv das »Siegel der Propheten« (Sure 33,40). Ausschließlich die ihm offenbarten Worte garantieren exklusiv und definitiv die abschließende Offenbarung. Nur im Koran findet sich die zentrale *Rechtleitung* durch Gott, nur hier ist der unverstellte Weg zum Heil möglich. Allein im Koran finden sich die Vorgaben für die maßgebliche »Leitung für die Menschen« und das »Zeugnis der Leitung und Unterscheidung« (Sure 2,185). Am Selbstverständnis einer »prinzipiellen Überlegenheit des Islam als der vollkommenen Religion gegenüber Judentum und Christentum«[137] gibt es also aus muslimischer Perspektive keinerlei Zweifel.

Unabhängig von den Versuchen einzelner muslimischer Theologen, diese Position zu öffnen[138]: Für die derzeit bestimmenden Hauptströme des Islam[139] ist eine Position außerhalb eines integralistischen Exklusivismus offensichtlich undenkbar. Die speziell muslimische Variante dieses Modells besteht darin, Judentum und Christentum in dieses Modell inklusivistisch zu *integrieren* – als beachtenswerte Vorstufen, die aber *nach* den Offenbarungen an Mohammed ihre religiöse Berechtigung auf

---

[136] Lexikon der Begegnung Judentum – Christentum – Islam (Freiburg i. Br. 2009), 541.

[137] *Karl-Josef Kuschel:* Juden, Christen, Muslime (2007), 88.

[138] Etwa *Mouhanad Khorchide* in: *ders.:* Islam ist Barmherzigkeit (2015), 208 u. a., der kontextabhängig exklusivistische, inklusivistische und pluralistische Positionen erkennt.

[139] *Perry Schmidt-Leukel* verweist darauf, dass es durchaus pluralistische Ansätze in Nebentraditionen des Islam gibt: Vgl. *ders.:* Gott ohne Grenzen (2005), 171. Nur vereinzelt gebe es solche Stimmen auch im Judentum, ebd., 173.

gegenwärtige und künftige Weiterführung verloren haben. Gleichwohl kommt nur ihnen das Recht zu, als in klar definierten Bereichen geschützte Minderheiten innerhalb des islamischen Machtbereichs leben zu dürfen. Als »Schutzbürger« *(Dhimmi)* wird ihnen der Schutz ihres Lebens, ihres Eigentums und einer begrenzten Religionsfreiheit eingeräumt, sofern sie verschiedene Abgaben als Tribut entrichten.[140] Sie dürfen als Schutzbefohlene in muslimischen Gesellschaften leben, solange sie sich an die Regeln der muslimischen Gesellschaft anpassen und gewisse Auflagen erfüllen[141].

Eine kleine vorläufige, und angesichts der Komplexität der Thematik gewiss nur tendenziell aussagekräftige *Bilanz* zur Frage der Einschätzung des *Heilsanspruchs* anderer Religionen:
- Die eine christliche Tradition erweist sich zumindest in ihren derzeitigen Vorgaben als inklusivistisch und dialogoffen (katholische Kirche).
- Die andere christliche Tradition ringt sich nicht zu einer klar formulierten gemeinsamen Position durch, ist in jedem Fall in ihren Hauptströmen aber ebenfalls offen für Dialog und Austausch (evangelische Kirche).
- Die dritte Position wird zumindest mehrheitlich bestimmt durch einen heilsgeschichtlich offenen Partikularismus (Judentum).
- Die vierte Position lässt sich als integralistischer Exklusivismus charakterisieren (Islam).
- All das wird angereichert durch zahlreiche andere Modelle innerhalb der jeweiligen Religionen, durch unterschiedliche Spielarten pluralistischer Vorstellungen und zahlreiche Mischungen und Überlappungen!

---

[140] Vgl. Lexikon der Begegnung (2009), 543.
[141] Dazu zählen: das Verbot, Glocken zu läuten, neue gottesdienstliche Gebäude zu errichten oder Anstoß zu erregen. Vgl. *Adel Theodor Khoury:* Das Ethos der Religionen und die Minderheiten, in: *Johannes Lähnemann* (Hrsg.): Das »Projekt Weltethos« in der Erziehung. Referate und Ergebnisse des Nürnberger Forums 1994 (Hamburg 1995), 175–191, hier: 185–188.

Angesichts dieses Panoramas wird die Dringlichkeit überdeutlich, bei vorgeblichen ›Dialogen‹ im Vorfeld oder im Prozess das jeweilige Verständnis von Austausch und Begegnung abzuklären und von da aus sehr realistisch die Reichweite der Verständigungsmöglichkeiten abzustecken. Die religionstheologischen Modelle sind nicht überholt, sie bedürfen der Differenzierung und Weiterentwicklung. An ihnen lassen sich die eigenen Positionen schärfen und klären, ohne die ein jeglicher Austausch seine Grundlagen überdeckt.

4. Grundzüge eines dialogischen interreligiösen Lernens

Wir haben gezeigt: Ein echtes, an den idealtypischen Anforderungen eines Dialogs orientiertes interreligiöses Lernen ist offenbar nur im Modell des pluralistischen Ansatzes möglich. Dieses verstößt freilich gegen das theologische Selbstverständnis der Hauptströme in Judentum und Islam und ist auch im Christentum umstritten. Umso dringlicher stellt sich auch aus christlicher Sicht die Frage: Ist ein am Modell des Pluralismus konzipierter Dialog einerseits überhaupt erstrebenswert? Ist ein so ausgerichteter interreligiöser Religionsunterricht aber andererseits überhaupt möglich? Mehrere religionspädagogisch motivierte, hier notwendig auf ein holzschnittartiges Profil verkürzte Anschlussüberlegungen[142] werden durch das Konzept interreligiösen Lernens im pluralistischen Verständnis angeregt – unabhängig von den möglichen, an anderer Stelle zu diskutierenden grundsätzlichen theologischen Anfragen in Bezug auf den theozentrischen Pluralismus.

---

[142] Rückfragen schon bei: *Karl Ernst Nipkow:* Ziele interreligiösen Lernens als mehrdimensionales Problem, in: *Johannes A. van der Ven/Hans-Georg Ziebertz* (Hrsg.): Religiöser Pluralismus und interreligiöses Lernen (Kampen/Weinheim1994), 197–232, bes. 223f.

4.1 Konsequenzen für ›interreligiöses Lernen‹

Erste Überlegung: Die religionspädagogische Forschung der letzten Jahrzehnte hat überzeugend und empirisch gut abgesichert nachgewiesen, in welchen Entwicklungsschritten sich die Formung moralischer und religiöser Vorstellungen bei Kindern und Jugendlichen vollzieht.[143] Das Vorstellungsmodell eines positionierten Pluralismus passt diesen Erkenntnissen zufolge eindeutig in individualbiographische Entwicklungsstufen, die erst im frühen Erwachsenenalter möglich werden. *James Fowler* – Vordenker dieser Entwicklungsmodelle – sieht erst auf der vierten Stufe überhaupt die Voraussetzung dafür, »sich seiner eigenen Bindungen bewusst«[144] zu werden und sich für andere Traditionen wirklich öffnen zu können. Die »Fähigkeit die mächtigsten Sinngehalte der eigenen Person oder der Gruppe zu sehen und in ihnen zu leben, aber gleichzeitig zu erkennen, dass sie relativ, partiell sind und die transzendente Realität nur mit unvermeidlicher Verzerrung begreifen«[145] – im Pluralismus grundlegend vorausgesetzt – schreibt Fowler gar erst wenigen Menschen ab der zweiten Lebenshälfte in der Stufe des »verbindenden Glaubens« zu. Man muss mit diesen Einschätzungen nicht im Detail übereinstimmen, um doch den einen Punkt festzuhalten: Wirklich offenes interreligiöses Lernen erfordert wesentliche vorhergehende Entwicklungsschritte, die Kinder und jüngere Jugendliche rein entwicklungspsychologisch nicht haben *können.*

Zweiter Reflexionsgang: Interreligiöser Dialog kann mit den Worten von *Hans-Georg Ziebertz* idealtypisch treffend formuliert werden als »die doppelte, reziproke Eigen- und Fremd-

---

[143] Vgl. *Friedrich Schweitzer:* Lebensgeschichte und Religion. Religiöse Entwicklung und Erziehung im Kindes- und Jugendalter (Gütersloh [4]1999); *Gerhard Büttner/Veit-Jacobus Dieterich:* Entwicklungspsychologie in der Religionspädagogik (Göttingen 2013).
[144] *James W. Fowler:* Stufen des Glaubens. Die Psychologie der menschlichen Entwicklung und die Suche nach Sinn [1]1980 (Gütersloh 2000), 200.
[145] Ebd., 216.

interpretation der eigenen und der anderen Religion«[146]. Schon die von den beteiligten Subjekten völlig abstrahierende Formulierung macht stutzig: Werden Kinder und Jugendliche je fähig und willig sein, schon ihre eigene Religion im Rahmen eines solcherart formulierten Idealanspruchs differenziert wahrzunehmen?[147] ›Das christliche Kind‹, ›die christliche Jugendliche‹, die auch noch ihren Glauben selbstbewusst benennen könnte, gibt es ja fast nicht mehr. Wie will man aber jemanden zum notwendigen Perspektivenwechsel auffordern, der kaum die eigene Perspektive wahrgenommen hat? Im Blick auf Kinder und Jugendliche ist nicht ein völlig überfordernder doppelter Perspektivenwechsel angesagt, eine erfolgreiche Förderung des Einfühlungsvermögens wäre schon viel. Der bereits im Jahr 2000 von *Barbara Asbrand* im Blick auf die Identitätsentwicklung ›vor‹ und ›im‹ Dialog formulierte Widerspruch bleibt unaufgelöst: »SchülerInnen sollen etwas im Dialog entwickeln, was zugleich als Voraussetzung für die Teilnahme an diesem Dialog vorhanden sein muss.«[148] Zu fragen bleibt also: Berücksichtigen Theorien des interreligiösen Lernens im pluralistischen Modell in angemessener Form die praktisch-realistischen Gegebenheiten der Kinder und Jugendlichen aus christlicher Tradition?

Dritte Rückfrage: *Inter*religiöse Konzepte könnten nur dort erfolgreich umgesetzt werden, wo zumindest ansatzweise Gegenseitigkeit herrscht. Aber lassen sich Kinder und Jugendliche der anderen Religionen auf eine derartige Einladung von christlicher Seite überhaupt ein? Können sie, dürfen sie sich – etwa als Muslime – aus ihrem Wahrheitsverständnis heraus auf ein Modell einlassen, das pluralistisch ausgerichtet ist? Fast alle institutionell verantwortlichen Vertreter anderer Religionen leh-

---

[146] So in *Johannes A. van der Ven/Hans-Georg Ziebertz:* Religiöser Pluralismus (1994), 158.

[147] Differenzierte Kritik an diesem Vorgehen bei: *Karlo Meyer:* Zeugnisse fremder Religionen (1999), 44–60.

[148] *Barbara Asbrand:* Zusammen leben und Lernen im Religionsunterricht (2000), 195.

nen solche Vorstellungen radikal ab. Einzelne Berichte von gelungenen offenen Gesprächen im Kontext von projektorientierten Idealbedingungen setzen diese Beobachtung nicht außer Kraft. Eine weitere Frage muss also an Theorien des interreligiösen Lernens im pluralistischen Modell gestellt werden: Werden dort auch die realistischen Gegebenheiten der meisten Kinder und Jugendlichen aus nicht-christlichen Traditionen berücksichtigt?

Schon 1994 verweist der evangelische Religionspädagoge *Karl Ernst Nipkow* angesichts der Herausforderung durch pluralistische Konzeptionen auf die Notwendigkeit, »Kinder zunächst im Umkreis jener Religion heimisch werden zulassen, die im geschichtlichen Kulturraum, in dem die Kinder leben, entstanden ist«[149]. Ziel des christlichen Religionsunterrichts im Kontext der deutschsprachigen Länder sollte es deshalb sein, ›*Identitätsfähigkeit*‹ im Kontext von Pluralität *mit christlichem Profil* anzustreben. Die muslimische Religionspädagogin *Tuba Isik* schließt sich dieser Argumentation im Blick auf den Islam an. Nur aus einer vorgängigen Beheimatung heraus könne eine »Differenzerfahrung des Ich-Du-Perspektivwechsels am Anderen«[150] fruchtbar werden. Erst *nach* der zentralen Beheimatung in der Kindheit könnten Schüler »in den weiterführenden Klassen« ein dann freilich notwendiges »Forum für ›kritische‹ Anfragen«[151] und Dialog sinnvoll gestalten. Als zentrale erste Kompetenzorientierung, die im islamischen Religionsunterricht erworben werden soll, wird so nicht zufällig genannt: »den Schülern ihren Glauben näher zu bringen«, verbunden mit der »Identitätsstärkung der Kinder«[152].

---

[149] *Karl Ernst Nipkow*: Ziele interreligiösen Lernens (1994), 226.
[150] *Tuba Isik*: Die Bedeutung des Gesandten Muhammad für den Islamischen Religionsunterricht. Systematische und historische Reflexionen in religionspädagogischer Absicht (Paderborn 2015), 248.
[151] Ebd., 281.
[152] *Yasemin Harter*: Wissensvermittlung und Kompetenzerwerb, in: *Gül Solgun-Kaps* (Hrsg.): Islam – Didaktik für die Grundschule (Berlin 2014), 185–195, hier: 187.

Dass dieses Profil von Identität in sich nicht statisch, sondern dynamisch gedacht wird und selbst in einer großen Spannbreite von innerer Pluralität und Öffnung zu äußerer Pluralität verankert ist, muss hier nur zur Vermeidung von Missverständnissen erwähnt werden. Prozesse der Beheimatung und die Auseinandersetzung mit ›Fremdem‹ können – und werden de facto sehr häufig – von Anfang an Hand in Hand erfolgen. Dabei sind aber gewiss unterschiedliche Schwerpunktsetzungen möglich. Identität kann also mit Recht verstanden werden als Ergebnis eines »dynamischen Gewebes«, das »aus einem fortlaufenden interpretativen Bezug auf den pluralen Kontext entsteht«[153].

Eine konzeptionelle Umsetzungsform des Ziels einer ›Identitätsfähigkeit‹ mit christlichem Profil im Kontext von Pluralität aber ist ein in der Praxis immer noch viel zu wenig realisiertes Modell. Hier geht es um ein offenes, respektvolles und pluralitätsbereites Kennenlernen der Weltreligionen aus christlicher Sicht, das immer mehr Elemente eines aus Konvivenz entstehenden Begegnungslernens und Austausches aufnimmt. Konfessionell konzentriert geht es also – mit *Clauß Peter Sajak* formuliert – darum, eine »katholische Didaktik der Religionen, in welcher der interreligiöse Dialog ein integraler Bestandteil religiösen Lernens darstellt«, überhaupt erst wirklich »zu entfalten«[154]. Bei allen bleibenden und frag-würdigen Unzulänglichkeiten bleibt das zuzuordnende religionstheologische Modell also das des Inklusivismus. Durchaus denkbar ist es dabei, dieses Modell mit dem evangelischen Theologen *Reinhold Bernhardt* im Sinne eines »mutualen Inklusivismus« zu denken, einer »Pluralität sich wechselseitig überlagernder inklusivistischer Religionsperspektiven«[155], innerhalb derer man den ande-

---

[153] *Hans-Georg Ziebertz:* Religiöse Identitätsfindung durch interreligiöse Lernprozesse, in: RpB 36 (1995), 83–104, hier: 94.

[154] *Clauß Peter Sajak:* Interreligiöses Lernen im konfessionellen Religionsunterricht? Auf der Suche nach einer katholischen Didaktik der Religion, in: RpB 48 (2002), 83–96, 83.

[155] *Reinhold Bernhardt:* Prinzipieller Pluralismus oder mutualer Inklusivismus als hermeneutisches Paradigma einer Theologie der Religionen?, in: *Pe-*

ren Religionen eine der eigenen Religion vergleichbare Perspektive zugestehen würde.[156]

Im evangelischen Bereich findet sich vor allem bei *Johannes Lähnemann*[157] ein dem Inklusivismus vergleichbares Konzept. Auch er richtet sich an der Vorgabe aus, interreligiöses Lernen im konfessionellen Religionsunterricht zu etablieren, in aller größtmöglichen Offenheit und dynamischen Dialogizität, aber aus bleibender christlicher Perspektive. Dem katholischen Ansatz eines schöpfungstheologisch oder christologisch begründeten Inklusivismus setzt Lähnemann dabei einen vor allem jesuanisch-ethisch (und darin ›evangelisch‹) begründeten Inklusivismus an die Seite, ohne diese Position freilich jemals explizit eindeutig zu benennen.[158]

Die damit angezielte Öffnung zum interreligiösen Lernen – sei es im Kontext von christlich orientiertem religiösen Lernen im Religionsunterricht oder in Begegnungen von Gemeinden oder Gemeinschaften – kann letztlich im eigentlichen Sinne nicht unter dem Begriff gegenseitigen echten ›inter-religiösen Lernens‹ subsumiert werden. Diese Problematik wurde bislang vor allem im Blick auf den Lernort Schule diskutiert. Das ›inter‹ könne dort primär »als eine den Unterricht leitende Intention verstanden werden«[159], so *Christian Grethlein* 2012. Insofern sei es verfehlt davon zu sprechen, das »Programm des interreli-

---

ter Koslowski (Hrsg.): Die spekulative Philosophie der Weltreligionen (Wien 1996), 17–31, hier: 23.

[156] Dieses Modell basiert freilich auf der Voraussetzung, dass die anderen Religionen inklusivistisch denken können. Diese Präsupposition ist – wie oben gezeigt – äußerst fraglich.

[157] Dass dieser Ansatz von pluralistischen Theoretikern nur als »Grenzfall«, als »Erfüllung« des Konzeptes von »Weltreligionen im Religionsunterricht« eingestuft wird, ist folgerichtig und konsequent, vgl. *Folkert Rickers* (2001), 879f.

[158] Eine eigene begründete Positionierung verweigert auch *Friedrich Schweitzer* (2014), der zwar Modelle referiert und kritisiert, die eigene Position aber nicht transparent benennt.

[159] *Christian Grethlein:* Interreligiöse Themen, in: *Martin Rothgangel/Gottfried Adam/Rainer Lachmann* (Hrsg.): Religionspädagogisches Kompendium (Göttingen [7]2012), 403–415, hier: 408.

giösen Lernens« löse aus religionspädagogischer Sicht »das Thema Weltreligionen im Religionsunterricht ab«[160], so *Folkert Rickers* im Lexikon der Religionspädagogik von 2001. *Stefan Leimgruber* spricht im Blick auf die realistischen schulischen Umsetzungsmöglichkeiten vorsichtiger von einem »subjektorientierten interreligiösen Lernen«[161] und entfaltet Ansätze zu konkreten Lernschritten[162]. Diese Zugänge sind in Bezug auf Schule realistischer als allzu hochschwebende theoretische Konstrukte eines vollendet ausgebauten ›interreligiösen Lernens‹. Schon 2002 konstatierte *Rudolf Englert,* dass »zwischen der eigentlich wünschenswerten und der gegenwärtig möglichen Qualität interreligiösen Lernens eine erhebliche Differenz besteht«[163], ein Befund, der sich problemlos auch auf die heutige Schule, Gemeindesituation und Gesamtgesellschaft übertragen lässt. Englert folgert daraus, dass dieser »eigentlich (von wem?) wünschenswerte«[164] Anspruch selbst noch einmal kritisch überprüft werden muss. In der Tat: Dieser Diskurs muss gerade in Zeiten islamistischer Terroranschläge und steigender Fluchtmigration von Muslimen nach Europa einerseits und der völlig selbstverständlich werdenden Präsenz des Islam in der Mitte unserer Gesellschaften andererseits neu geführt werden.

---

[160] So vorschnell und unrealistisch *Folkert Rickers* (2001), 877, freilich ergänzt um die Zusicherung: »ohne dass letzteres überflüssig würde«.

[161] *Stefan Leimgruber:* Die gesellschaftliche und religionspädagogische Bedeutung interreligiösen Lernens, in: *ders./Andreas Renz* (Hrsg.): Lernprozess Christen Muslime. Gesellschaftliche Kontexte – Theologische Grundlagen – Begegnungsfelder (Münster 2002), 5–16, hier: 10.

[162] Konkrete Unterrichtsschritte benennt etwa: *Werner Haußmann:* Wie lässt sich interreligiöse Erziehung in Lehrplänen und Schulbüchern für den konfessionellen Religionsunterricht verankern?, in: *Johannes Lähnemann* (Hrsg.): Interreligiöse Erziehung 2000. Die Zukunft der Religions- und Kulturbegegnung. Referate und Ergebnisse des Nürnberger Forums 1997 (Hamburg 1998), 325–334.

[163] So *Rudolf Englert* in: *Friedrich Schweitzer* u. a.: Entwurf zu einer pluralitätsfähigen Religionspädagogik (Gütersloh/Freiburg i. Br. 2002) 38.

[164] Ebd.

4.2 Lernziel Pluralitätsfähigkeit

Im Kontext der Postmoderne erhalten religiöse Lernprozesse eine eigene, zuvor in dieser Form noch nicht bestehende Signatur. Die Pluralität der Lebensentwürfe, Weltanschauungen und eben auch der Religionen zwingt zu neuen Verortungen, Zielbestimmen und Lernwegen. Die Denkschrift der EKD von 1994 über »Standort und Perspektiven des Religionsunterrichts in der Pluralität« hatte diese Perspektive schon früh erkannt und in ihrem Titel unter das prägnante Wortpaar gestellt: »Identität und Verständigung«[165]. In der Tat, darum geht es: In der vielfarbigen Lebenswelt der Gegenwart (und Zukunft) Identitätsfähigkeit zu fördern und *gleichzeitig* Verständigung zu ermöglichen; Prozesse der Beheimatung in einer – in diesem Fall der christlichen – Religion anzubahnen und auszubauen und im gleichen Zuge die Wahrnehmung und den Austausch mit anderen Religionen und Weltanschauungen voranzutreiben; sich selbst Chancen der eigenen religiösen Positionierung und Praxis zu erschließen, aber in ständiger Auseinandersetzung mit anders positionierten Entwürfen und Lebensformen.

Diese Perspektiven wurde 2002 in einem ökumenischen Projekt der katholischen Religionspädagogen *Rudolf Englert* und *Hans-Georg Ziebertz* in Kooperation mit ihren evangelischen Kollegen *Ulrich Schwab* und *Friedrich Schweitzer* in dem seitdem zum Schlagwort geronnenen Zielbegriff der ›Pluralitätsfähigkeit‹ gebündelt. Da Pluralität den gesellschaftlichen Kontext heutigen Lebens darstellt, müssen Menschen fähig sein, sich angstfrei, selbstsicher, entscheidungskompetent, selbstpositioniert, austauschbereit und kommunikationsfähig im Rahmen dieser Lebenswelt zu bewegen. Es geht, schreibt Rudolf Englert, darum, dass sich die bei den meisten Jugendlichen und Erwachsenen vorfindliche »›diffuse‹ bzw. unterscheidungsschwache« Einstellung im Umgang mit Pluralität »in Richtung

---

[165] Identität und Verständigung. Standort und Perspektiven des Religionsunterrichts in der Pluralität. Eine Denkschrift der Evangelischen Kirche in Deutschland (Gütersloh 1994).

›markanter‹ bzw. unterscheidungsstarker«[166] Einstellung verändere.

Diese Förderung der Pluralitätsfähigkeit betrifft auch das religiöse Lernen. 2002 benannten die vier Religionpädagogen sechs noch recht vage formulierte Aufgaben für eine pluralitätssensible Religionspädagogik[167]:

– Wahrnehmungsfähigkeit für die Religiosität der Menschen heute ausbilden
– Verfahren entwickeln, um Religiosität kommunikabel zu machen
– Sich in wachsendem Ringen um die Fähigkeit zum interkonfessionellen und interreligiösen Dialog bemühen
– Didaktische Strategien erarbeiten, wie sich »diffuse« in Richtung »markanter« Pluralität entwickeln lässt
– Die pro-vokative Qualität religiöser Überzeugungen herausarbeiten
– Seinen eigenen, den jeweiligen Verhältnissen angemessenen Weg entdecken.

Mit dem damit aufgerufenen Spektrum werden Aufgaben für interreligiöse Lernkonzeptionen skizziert, an denen immer noch gearbeitet wird. Noch einmal deutlich konkreter wird die neueste Denkschrift der EKD zum Religionsunterricht, 2014 veröffentlicht, bewusst in die Traditionslinie von »Identität und Verständigung« gestellt, aber nun aktualisiert angesichts der Entwicklungen der dazwischenliegenden 20 Jahre. Im Untertitel greift sie den Begriff der Pluralitätsfähigkeit explizit auf und überträgt ihn spezifisch auf die Aufgaben des schulischen Religionsunterrichts: »Evangelischer Religionsunterricht als Beitrag zu einer pluralitätsfähigen Schule«. Der Haupttitel der Denkschrift verweist auf die neue Zielbestimmung im Kontext einer immer unübersichtlicher werdenden, immer mehr zu eigener Positionierung nötigenden Gesellschaft: »Religiöse Orientierung gewinnen«.

---

[166] *Rudolf Englert* in: *Friedrich Schweitzer* u. a. (2002), 102.
[167] Ebd., 99f.

Wodurch bestimmt sich dieser Denkschrift zufolge Pluralitätsfähigkeit? Durch die »doppelte Orientierung an Gemeinsamkeit und Differenz«[168]. Diese Orientierung zielt nun nicht mehr primär auf die binnenchristliche Ökumene, sondern auf einen grundsätzlich pluralitätsfähigen Religionsunterricht, gerade hinsichtlich des Umgangs mit anderen Religionen. Pluralitätsfähigkeit wird als »zeitgemäße Konkretion religiöser Orientierung«[169] qualifiziert. In Absetzung von Überzeugungen einer gestuften Reihenfolge, derzufolge *zunächst* eine Beheimatung in der eigenen Religion, erst *danach* – etwa im Jugendalter – eine Verständigung über und mit anderen Religionen erfolgen könne, wird die Position klar gesetzt: Es gilt »beide Aufgaben *zugleich* wahrzunehmen, die Unterstützung von religiöser Identitätsbildung und von Pluralitätsfähigkeit.« Konsequenz: »Identität und Verständigung bezeichnen einen Prozess, der als Zusammenhang wahrgenommen werden muss.«[170] In trialogischer Perspektive interessant: Zwar müsse »konsequent zwischen ökumenischen und interreligiösen Beziehungen«[171] unterschieden werden, gleichwohl wird jedoch betont, dass die Zusammenarbeit auch einen »jüdischen oder islamischen Religionsunterricht«[172] explizit mit einschließen könne.

Erstmals greift die Denkschrift zu einem Kompetenzmodell, um die Zielvorgaben zur Förderung von Pluralitätsfähigkeit im Blick auf interreligiöses Lernen zu beschreiben. Der aufgelistete Katalog von dazu erforderlichen Teilkompetenzen[173] mag als gut anschlussfähiges Zwischenergebnis des oben bereits skiz-

---

[168] Religiöse Orientierung gewinnen. Evangelischer Religionsunterricht als Beitrag zu einer pluralitätsfähigen Schule. Eine Denkschrift des Rates der Evangelischen Kirche in Deutschland (Gütersloh 2014), 12.
[169] Ebd., 54.
[170] Ebd., 45.
[171] Ebd., 49.
[172] Ebd., 48. Die Beziehungen zu Judentum und Islam werden explizit betont: Vgl. ebd., 60f.
[173] Vgl. zum Folgenden – wortwörtlich übernommen – ebd., 70. Hervorhebungen GL.

zierten Suchprozesses um ein kompetenzorientiertes Lernpanorama dienen. Es geht um

- fachlich fundiertes, auf Religionen und Weltanschauungen bezogenes *Wissen*,
- die Fähigkeit, religiöse und weltanschauliche *Orientierungen* und *Verhaltensweisen* kontextuell zu deuten und zu verstehen,
- die Fähigkeit dazu, die *Perspektive* anderer Menschen zu übernehmen,
- *Einstellungen* und Verhaltensweisen im Sinne von Empathie, Toleranz, Respekt und Offenheit,
- das Bewusstsein eigener Orientierungen, im Blick auf *Gemeinsamkeiten* und *Unterschiede* hinsichtlich der Orientierungen anderer,
- religiöse *Urteilsfähigkeit*.

Diese im Blick auf Schule formulierten, in der Reichweite aber eher an selbstverantworteten Erwachsenen orientierten Formulierungen zielen letztlich ab auf eine »Handlungs- sowie Partizipationskompetenz«, auf eine »religiöse Dialogfähigkeit«, die »Ambiguitätstoleranz«[174] mit einschließt. Lernprozesse, die sich an diesen Zielen orientieren, müssen »prinzipiell dialogisch ausgerichtet« sein, »von Toleranz, Respekt und Anerkennung des anderen geprägt«, ohne »dass die Wahrheitsfrage deshalb ausgeklammert«[175] würde.

Eine analog argumentierende Erklärung von Seiten der katholischen Kirche findet sich bislang nicht. Auf vergleichbarer Ebene mit der Denkschrift der EKD wäre am ehesten das letzte offizielle Bischofswort zum Religionsunterricht. Doch es ist einerseits auch schon wieder zehn Jahre alt und konzentriert sich andererseits nicht in gleicher Form auf Pluralität. In »Der Religionsunterricht vor neuen Herausforderungen« (2005) wird man schon den Begriff der ›Pluralitätsfähigkeit‹ nicht finden. Sinngemäß sind aber auch hier zentrale Aussagen zu einem dialogischen Umgang mit anderen Religionen und Weltanschau-

---

[174] Ebd., 70f.
[175] Ebd., 85.

ungen in Fortsetzung einer schon zuvor skizzierten Linie aufgenommen. So soll es auch im katholischen Religionsunterricht zentral darum gehen, »die Positionen anderer Konfessionen, Religionen und Weltanschauungen zu erschließen«, um eine »gesprächsfähige Identität« und »echte Dialogbereitschaft« zu ermöglichen. Angestrebt wird »Gesprächsfähigkeit« und die »Entwicklung einer *starken* Gestalt von Toleranz«. Notwendig dazu sind »die Bereitschaft und Fähigkeit, die eigene Perspektive als begrenzte zu erkennen, aus der Perspektive anderer sehen zu lernen und neue Perspektiven dazuzugewinnen«. Die Ausführungen münden in den Satz: »Echte Dialogbereitschaft ist eine Kardinaltugend der pluralistischen Gesellschaft.«[176] Auch hier werden also die wesentlichen Ziele und Kompetenzen eines dialogisch ausgerichteten interreligiösen Lernens in aller Eindeutigkeit benannt und strategisch gestärkt.

4.3 Methodische Wege dialogorientierten Lernens

Je höher der Anspruch, umso komplizierter die Methoden der Umsetzung. Wo immer interreligiöses Lernen im engeren Sinne anvisiert wird, steht die persönliche *Begegnung* im Mittelpunkt. Immer wieder wird die »Begegnung« dabei als vermeintlicher »Königsweg«[177] interreligiösen Lernens betrachtet, wird »dialogisches Lernen« vor allem als ein »Lernen in der Begegnung und durch die Begegnung«[178] charakterisiert. Puristisch formuliert: Streng genommen sei nur dasjenige Lernen als *echtes interreligiöses Lernen* benennbar, welches das »Lernen von und mit Angehörigen anderer Religionen«[179] umfasse. Es gehe

---

[176] Alle Zitate: Der Religionsunterricht vor neuen Herausforderungen (2005), 29f.

[177] *Stephan Leimgruber:* Interreligiöses Lernen (2007), 101.

[178] *Johannes Lähnemann:* Religionsbegegnung als Perspektive für den Unterricht – Einleitende Thesen, in: *ders./Werner Haußmann:* Dein Glaube – mein Glaube (2005), 9–24, hier: 20.

[179] *Andreas Renz/Stephan Leimgruber:* Christen und Muslime. Was sie verbindet – was sie unterscheidet (München 2004), 9.

dabei um einen »dauerhaften Lernprozess«, der auf »langfristige Annäherung, auf wirkliche Veränderung«[180] gegenwärtiger Wahrnehmung und Praxis abzielt. Helfen diese Maximalformulierungen?

Gewiss ist es gut und fördernswert, konkrete Begegnungen von Menschen verschiedener Religionen anzuregen und direkte Erfahrungen in der Begegnung mit Gläubigen unterschiedlicher Konfessionen oder mit Räumen und Gebräuchen anderer Traditionen zu ermöglichen. Vor allem in Expertengesprächen, akademischen Spezialforen und in fachspezifisch ausgewiesenen Forschungsprojekten sind solche Begegnungen fruchtbar und notwendig – unabhängig von der im Einzelfall zu überprüfenden Frage, ob selbst diese Begegnungen den oben angeführten Ansprüchen an wahren Dialog auch nur im Ansatz erfüllen.

Immer wieder wird jedoch versucht, diese auf anderen Ebenen möglichen Vorgaben auch auf Prozesse des Alltagslernens zu übertragen, sei es in Schulen, Kirchengemeinden, in der Erwachsenenbildung oder auf politischer regionaler Ebene. Mit *Johannes Lähnemann* kann man dabei als Leitziel schulischer Bildung durchaus die Perspektive formulieren, dass »Schülerinnen und Schüler für eine Situation der Begegnung ausgerüstet werden«, in der »ein Hören aufeinander und Lernen voneinander möglich wird«[181]. Derartige ideal bestimmte Vorgaben lassen sich im alltagspraktischen Kontext jedoch bestenfalls ansatzweise, meistens aber nicht einmal so umsetzen. Beispiel Schule: Sosehr es inzwischen zumindest prinzipiell möglich sein mag, an den meisten Schulen christliche und muslimische Schülerinnen und Schüler zu Begegnungen und gemeinsamen Lernprozessen zu führen, so deutlich ist ja, dass alle anderen Religionen fast immer außen vor bleiben müssten, schon ein-

---

[180] *Folkert Rickers*: Interreligiöses Lernen, in: Jahrbuch der Religionspädagogik, Bd. 18 (Neukirchen-Vluyn 2002), 182–192, hier: 184.
[181] *Johannes Lähnemann*: Interreligiöses Lernen I: Islam, in: *Gottfried Bitter* u. a. (Hrsg.): Neues Handbuch religionspädagogischer Grundbegriffe (München 2002), 285.

fach deshalb, weil diese Schülergruppe nicht oder kaum in den Schulen präsent ist.

Der vermeintliche Dialog hätte also zumeist schon rein zahlenmäßig eine deutliche Schlagseite, wenn nicht gar substantielle Ausfallerscheinungen. Realistisch betrachtet hilft deshalb nur Nüchternheit: Unabhängig von der Frage, ob Schülerinnen und Schüler überhaupt als Experten ihrer Religion auftreten *wollen:* Nur an wenigen Schulen ist eine Begegnung mit jüdischen, hindiustischen oder buddhistischen Mitschülerinnen und Mitschülern möglich. Selbst wenn diese Bedingungen erfüllt werden, ist das zahlenmäßige Ungleichgewicht so erdrückend, dass man aus christlicher Sicht dem potentiellen Begegnungspartner eine Übersättigung zugestehen muss. Als Minderheit von zu vielen dialogwilligen Mitgliedern einer Mehrheitsreligion mit Begegnungserwartungen überhäuft zu werden, führt zu – völlig verständlichen – Abwehrreaktionen. Dieser Mechanismus greift keineswegs nur bei Schülerinnen und Schülern: Er findet sich auch etwa im Blick auf Begegnungen mit jüdischen Erwachsenen oder Rabbinern. Für unsere Fragestellung bleibt die zentrale Erkenntnis: Die Möglichkeiten der ›Begegnung‹ auf Schülerebene sind prinzipiell von absoluter Ungleichgewichtigkeit geprägt.

Hinzu kommt ein religionspädagogisch bislang zu wenig berücksichtigter Erfahrungswert: Die immer wieder beschworene Hochschätzung von ›Begegnung‹ geht meistens völlig selbstverständlich und unreflektiert davon aus, dass das Ergebnis von ›Begegnung‹ immer positiv sein müsse, mehr Verständnis bringe, näher zueinander führe. Sicherlich gibt es zahllose Beispiele für derartig gelingende Begegnung. Vor allem im interreligiösen Bereich darf aber nicht von einem Automatismus des ›Begegnung-fördert-Verstehen‹ ausgegangen werden. Im Gegenteil: Begegnungen können kontraproduktiv sein, Gräben vertiefen, ›Spaltungen‹ vorantreiben, Vorerfahrungen negativ bestätigen, Vorurteile bestärken oder überhaupt erst entstehen lassen. Die evangelische Religionspädagogin *Mirjam Zimmermann* teilt diese Bedenken. Erfahrungsgesättigt schreibt sie: nicht immer »ist die direkte Begegnung einer positiven Beziehung [...] nur zuträglich«[182]. Allzu oft können Begegnungen »insbesondere mit Jugendlichen anderer Religionen auch scheitern«[183]. Wo das Lernen an Medien ein neutrales oder positives Bild einer fremden Religion aufbauen kann, mag konkrete Erfahrung – bei bester didaktischer Vorbereitung und Durchführung – negativ besetzte Fremdheit überhaupt erst aufkommen lassen. Martin Bubers oben genauer konturierter Warnbegriff der potentiellen »Vergegnung« wird bei aller euphorischen und kurzschlüssigen Konzentration auf die Chancen des Begegnungslernens allzu häufig überhört.

Daraus folgt jedoch, dass – gerade im schulischen Kontext – ein an echtem Dialog orientiertes Begegnungslernen eher zu den Ausnahmefällen zählt. Die Überzeugung, dass eine »authentische Begegnung der Religionen nur über eine Begegnung direkt vor Ort, also im Religionsunterricht, präsenter Glaubensvertreter gewährleistet« werden könne, erweist sich schlicht als »pädagogischer Mythos«[184]. Als *Zwischenergebnis* lässt sich festhalten: Begegnungen sind ohne zu hohe Erwartungen, auf behutsame Weise und unter Wahrung mehrerer Vorsichtsregeln zu gestalten. Den ›Königsweg‹ interreligiösen Lernens am Lernort Schule bilden sie nicht.

Im Rahmen des konfessionellen Religionsunterrichts deutscher Prägung wird ein dialogisch geprägter Zugang zu interreligiösen Lernprozessen primär ein *medial vermittelter* sein. Das aber muss kein Nachteil sein und keineswegs ein weniger authentisches Lernen nach sich ziehen. Die in Schule völlig normale Art der Begegnung ist so zwar in der Tat eine »indirekte, mittelbare« – führt *Mirjam Zimmermann* aus, ergänzt jedoch sofort – »was nicht unbedingt eine weniger intensive Erfahrung sein muss«[185]. Der evangelische Religionspädagoge *Karlo*

---

[182] *Mirjam Zimmermann:* Interreligiöses Lernen narrativ. Feste in den Weltreligionen (Göttingen/Bristol 2015), 23.

[183] Ebd., 44.

[184] *Monika Tautz:* Interreligiöses Lernen im Religionsunterricht (2007), 160f.

[185] *Mirjam Zimmermann:* Interreligiöses Lernen narrativ (2015), 9.

Meyer hatte schon 1999 auf die zentrale Bedeutung der »Zeugnisse fremder Religionen im Unterricht«[186] hingewiesen. Ein durchaus authentisches »Zeugnislernen« anhand von »religiösen Artefakten«[187] anhand von »Kippa, Kelch und Koran«[188] bietet Chancen, die noch viel zu selten effektiv in die Praxis umgesetzt werden. Auch die interreligiösen Lernmöglichkeiten im Umgang mit literarischen Texten[189] sind noch kaum genutzt. Über »narrative Formen interreligiösen Lernens«[190] aus dem Bereich des Kinder- und Jugendbuchs, über Folien, Filme, DVDs, Sachtexte, Statistiken und Karten lässt sich durchaus fundiertes Wissen, echte Kenntnis und tiefe Einfühlung in die je andere Religion erwerben.

Eine kurze Zwischenbilanz: Interreligiöses Lernen hat sich in den letzten Jahren stark ausdifferenziert und profiliert. Die doppelpolige Ausrichtung auf Identitätsfähigkeit und Dialogfähigkeit markiert ein Lernfeld, das in präzise ausformulierten Kompetenzansprüchen seine spezifischen Bereiche und Methoden abgesteckt hat. Es baut einerseits auf systematisch-theologischen Vorgaben auf, an deren Verfeinerungen ständig gefeilt wird, und andererseits auf eindeutigen kirchlichen Aussagen, die die Dringlichkeit des Anliegens nachdrücklich betonen. Wie positioniert sich die *trialogische* Religionspädagogik in diesem Gesamtrahmen? Was sind ihre besonderen Aufgaben und Chancen? Wie bestimmen sich ihre Reichweite und Arbeitsweise? Wo liegen Grenzen, wo stellen sich Rückfragen? Diesem Fragebündel widmet sich der Hauptteil dieses Buches.

---

[186] Vgl. *Karlo Meyer:* Zeugnisse fremder Religionen im Unterricht. »Weltreligionen« im deutschen und englischen Religionsunterricht (Neukirchen-Vluyn 1999).

[187] Vgl. *Werner Haußmann:* Glaube gewinnt Gestalt – Lernen mit religiösen Artefakten, in: *ders./Johannes Lähnemann:* Dein Glaube (2005), 25–49.

[188] Vgl. *Clauß Peter Sajak:* Kippa, Kelch, Koran. Interreligiöses Lernen mit Zeugnissen der Weltreligionen (München 2010).

[189] Vgl. *Christoph Gellner/Georg Langenhorst:* Blickwinkel öffnen. Interreligiöses Lernen mit literarischen Texten (Ostfildern 2013).

[190] *Mirjam Zimmermann:* Interreligiöses Lernen narrativ (2015), 9.

II. Trialogisches Lernen
Begriff, Profil, Konkretionen

›Trialog‹ ist ein zunächst sperrig wirkendes Kunstwort, das sich über etymologische Sprachlogik hinwegsetzt, da ›Dialog‹ als ›Wechselrede‹ ja nichts mit der Zahl zwei zu tun hat, die dann auf drei/›tri‹ erweiterbar wäre. Es bezeichnet jedoch einen Sachverhalt, der in anderen Begriffen nicht gleichwertig erfasst wird. Mit ihm lassen sich die auf Begegnung, Austausch und Annäherung abzielenden Kommunikationen zwischen den drei monotheistischen Religionen Judentum, Christentum und Islam präzise benennen. Keineswegs handelt es sich dabei jedoch um eine »Neubildung«, die einem »Missverständnis«[1] entsprungen sei. Der Tübinger Judaist *Stefan Schreiner* hat im Sinne einer Plausiblisierung des Begriffs darauf hingewiesen, dass das Wort ›Trialog‹ in genau dem beschriebenen Sinn bereits mittellateinischen Ursprungs sei. Historisch betrachtet ließen sich »genügend Beispiele finden, die seine Verwendung zur Bezeichnung eines Gesprächs mit drei Beteiligten nicht nur zu belegen, sondern auch zu rechtfertigen geeignet sind«.[2]

Vor allem im angloamerikanischen Raum[3], aber keineswegs

---

[1] So irrtümlich: *Wolfgang Klausnitzer:* Voraussetzungen des Dialogs aus christlicher Sicht, in: *Philipp Thull/Hamid Reza Yousefi* (Hrsg.): Interreligiöse Toleranz (2014), 33–40, hier: 33.

[2] *Stefan Schreiner:* Trialog der Kulturen. Anmerkungen zu einer wegweisenden Idee, in: *Clauß Peter Sajak* (Hrsg.): Trialogisch lernen (2010), 18–24, hier: 19.

[3] Vgl. z. B. *Ignaz Maybaum:* Happiness Outside the State: Judaism, Christianity, Islam. Three Ways to God (Stocksfield 1980); *Fransis Edward Peters:* Children of Abraham. Judaism/Christianity/Islam (Princeton 1982); *Isma'il Raji al Faruqi* (Hrsg.): Trialogue of the Abrahamic Faiths (Beltsville 1982); *G. B. Grose/B. J. Hubbart* (Hrsg.): The Abraham Connections. A Jew, Christian and Muslim in Dialogue (Notre Dame 1994); *Bradford E.*

nur dort[4], findet sich der Begriff Trialog seit Beginn den 1970er Jahre als Fachterminus für die trilateralen Begegnungen von Judentum, Christentum und Islam – auffälligerweise zunächst programmatisch gerade bei nicht-christlichen Autoren. Schon 1973 entwarf der aus Wien stammende New Yorker jüdische Gelehrte *Ignaz Maybaum* die Vision eines zeitgenössischen Trialogs zwischen Juden, Christen und Muslimen[5]. Und wenig später, 1979, kennzeichnet etwa der US-amerikanische Muslim *Mahmud Awan* den »Trialog der abrahamitischen Glaubensbekenntnisse« als »ein günstiges Beginnen, das ausgedehnt werden muss«[6].

1988 konnte der Religionswissenschaftler *Kurt Rudolph* im Blick auf Juden, Christen und Muslime noch von einer »Erbgeschichte grössten Ausmasses« [sic!] schreiben, die tragischerweise »oft von den Gläubigen (bewusst oder unbewusst) nicht wahrgenommen«[7] werde. Der Befund hat sich seitdem grundlegend verändert. Spätestens seit den 1990er Jahren[8] ist der Begriff des Trialogs auch im deutschen Sprachraum als inzwischen eindeutig verwendeter Fachterminus etabliert. *Perry Schmidt-Leukel* kann 2005 in diesem Sinn allgemein von der »zunehmenden Einsicht in die Bedeutung des jüdisch-christlich-isla-

---

Hinze/Irfan A. Omar (Hrsg.): Heirs of Abraham. The Future of Muslim, Jewish and Christian Relations (New York 2005).

[4] In Israel gibt es seit 1998 einen explizit sogenannten ›Trialog‹ in Yad Vashem zwischen Palästinensern, Israelis und Deutschen. Vgl. *Henning Niederhoff:* Trialog in Yad Vashem. Palästinenser, Israelis und Deutsche im Gespräch [1]2006 (Berlin [3]2010).

[5] *Ignaz Maybaum:* Trialogue between Jew, Christian and Muslim (London 1973).

[6] *Mahmud Awan:* Die Glaubensgemeinschaft und die Weltordnung aus der Sicht des Islam, in: *Isma'il Raji al Faruqi* (Hrsg.): Judentum, Christentum, Islam. Trialog der Abrahamitischen Religionen (Frankfurt a. M. 1986), 121–137, hier 123.

[7] *Kurt Rudolph:* Juden – Christen – Muslime. Zum Verhältnis der drei monotheistischen Religionen in religionswissenschaftlicher Sicht, in: Judaica 44 (1988), 214–232, hier: 223.

[8] Schon 1983 spricht *Martin Stöhr* vom noch in Anführungsstriche gesetzten »Trialog«, in: *ders.* (Hrsg.): Abrahams Kinder. Juden – Christen – Moslems (Frankfurt a. M. 1983), Vorwort o.S.

mischen Trialogs«[9] reden. Ein weiteres Indiz für diese Entwicklung: Der Freiburger Herder-Verlag erweiterte sein 1997 publiziertes »Lexikon der jüdisch-christlichen Begegnung« 2009 zu einem »Lexikon der Begegnung Judentum – Christentum – Islam« und stellt den zweiten, auf den Islam gerichteten Teil explizit unter den Titel »Vom Dialog zum ›Trialog‹«[10]. Zwar ist hier vom ›Trialog‹ noch in Anführungszeichen die Rede. Gleichwohl wird deutlich, dass sich Begriff und Verwendung spätestens seit den ersten Jahren des 21. Jahrhunderts ganz offensichtlich durchgesetzt haben.

Der spezifische *Folgebegriff* einer ›*trialogischen Religionspädagogik*‹ ist hingegen relativ jung. Explizit wurde er im Jahre 2008 in einem unter diesem Titel gestellten Themenheft der – inzwischen eingestellten – Zeitschrift »Religionsunterricht an höheren Schulen« (rhs) in den religionspädagogischen Diskurs eingeführt.[11] Das dort erstmals mit diesem Begriff skizzierte *Anliegen* wurde freilich in verschiedenen anderen Unternehmungen zuvor bereits auf den Weg gebracht und entfaltet. Eine erste Spur führt zu interreligiösen Bemühungen auf verschiedenen Ebenen, die sich explizit unter das Zeichen und die Patenschaft Abrahams stellen.

1. Trialog im Zeichen ›abrahamischer Ökumene‹

In der Ausdifferenzierung des interreligiösen Gesamtlernfeldes wurde aus christlicher Sicht in den letzten Jahren immer deutlicher, dass unter diesem Gesamtbegriff zwei zwar oberflächlich untereinander verbundene, letztlich aber grundlegend verschiedene Lernbereiche angesprochen werden:
– einmal im Blick auf die prophetischen Geschwisterreligionen

---

[9] *Perry Schmidt-Leukel:* Gott ohne Grenzen (2005), 344.
[10] Vgl. Lexikon der Begegnung Judentum – Christentum – Islam (Freiburg i. Br. 2009).
[11] Vgl. *Georg Langenhorst:* Trialogische Religionspädagogik. Konturen eines Programms, in: rhs 51 (2008), 289–298.

Judentum und Islam das ›unvertraute Nahe‹, das ›fremde Ähnliche‹, das ›wiedererkennbare Unbekannte‹;
– dann im Blick auf Hinduismus, Buddhismus und andere fernöstliche Religionen das ›unvertraut Ferne‹, das ›fremde Andere‹, das ›ganz eigen Strukturierte‹.

Diese beiden – in sich noch vielfach untereinander ausdifferenzierten – Lernfelder gehen von völlig unterschiedlichen Erfahrungen aus, knüpfen an kaum vergleichbaren Lebensverankerungen an, zielen auf im Kern verschiedenartige Lernprozesse und -ergebnisse. Beide sind wichtig. Beide lassen sich verschränken. Beide fordern zu kritisch-reflexiver Selbstbesinnung und dialogischen Öffnung heraus. Gleichwohl ist es sinnvoll, sie in ihren unterschiedlichen Gewichtungen ernst zu nehmen.

Dieses Buch konzentriert sich auf die interreligiösen Lernprozesse im Blick auf die monotheistischen Religionen Judentum, Christentum und Islam, die keineswegs zufällig auch in den schulischen Bildungs- und Lehrplänen am meisten Beachtung finden. In unserem Kulturkontext kommt der Auseinandersetzung mit diesen Religionen und zwischen diesen Religionen – aus unterschiedlichen Gründen – Priorität zu. Als ›abrahamische Ökumene‹ (wir werden sehen: ein umstrittener Begriff[12]) bezeichnet man seit den 1990er Jahren die Bestrebungen, die gemeinsamen Wurzeln, Texte, Traditionen, Lebens- und Handlungsweisen sowie Zukunftsperspektiven zu betonen – ohne dabei die Unterschiede einzuebnen. Im Gegensatz zu davor dominierenden, rein deskriptiven, religionswissenschaflichen Charakterisierungen dieser drei Religionen wird mit diesem Begriff nun einerseits die historische Verflechtung betont, wird vor allem aber die *theologische Verbindung* zum zentralen Aspekt der Kennzeichnung.

Abraham
– als leiblicher Vater Ismaels und Isaaks (auf die sich Judentum und Islam jeweils in leiblicher Abkommenschaft beziehen),

---

[12] *Hans Küng* relativiert den Begriff bewusst durch den Vorsatz »eine Art«. Vgl. *ders.*: Der Islam (2004), 89: »eine Art ›abrahamischer Ökumene‹«.

- als geistig-religiöses Urbild des Christentums (so in der Theologie des Paulus),
- als Vater vieler Völker (Gen 17,4f.),
- als erster und grundlegender Empfänger des göttlichen Segens, der zwar in erster Linie an seine leiblichen Nachkommen vererbt wird, sich aber auch explizit als »Segen für die Völker« (Gen 12,2f.; 18,18; 22,18) versteht,
- als prophetischer Gottesknecht,
- als Urmodell von Aufbruch und Gottesgehorsam,
- als »Leitbild des Gottvertrauens«[13],
- als Vorbild von Gastfreundschaft

wird zum Kronzeugen einer Bezeugung der Verbundenheit des Glaubens von Juden, Christen und Muslimen an den einen Gott.[14]

Die Geschichten um Abraham bilden den ersten Erzählkranz der ›Vätergeschichte‹ im Buch Genesis (12–15). Über seinen Sohn Isaak wird er zum leiblichen Stammvater des Judentums. Er ist der Empfänger jener zentralen Verheißungen an Israel, denen bis heute grundlegende Bedeutung für Juden zukommt: der Verheißung von Volk und Land. Über seinen erstgeborenen Sohn Ismael wird er jedoch auch zum leiblichen Stammvater des Islam. Mit 69 expliziten Nennungen – in 25 der 114 Suren, insgesamt in rund 208 Versen – ist Abraham die nach Mose am zweithäufigsten im Koran erwähnte biblische Gestalt[15]. Mit Ismael zusammen habe er in Mekka das zentrale Heiligtum der Kaaba begründet. Sein Aufbruch aus Ur wird im Islam zudem zum typlologischen Urbild des Aufbruchs Mohammeds von Mekka nach Medina. Schließlich gilt er als Empfänger jener unverfälschten Gottesoffenbarung, die Mohammed später wieder in Reinform verkündet hat. Ebenfalls nach Mose zweithäufigst

---

[13] *Stefan Jakob Wimmer/Stephan Leimgruber:* Von Adam bis Muhammad. Bibel und Koran im Vergleich (Stuttgart 2005), 121.

[14] Vgl. wegbereitend: *Martin Stöhr* (Hrsg.): Abrahams Kinder. Juden – Christen – Moslems (Frankfurt a. M. 1983).

[15] Vgl. *Martin Bauschke:* Der Freund Gottes. Abraham im Islam (Darmstadt 2014), 1.

genannt (73 mal) wird Abraham im Neuen Testament. Vor allem Paulus versucht nachzuweisen, warum eine leibliche Abstammung von Abraham nicht entscheidend ist, sondern eine geistige und glaubende Nachfolge (vgl. Röm 4, Gal 3). Christen stehen ihm zufolge in einer geistigen Kindschaft zu Abraham, die dessen religiöses und spirituelles Erbe über Jesus Christus lebendig bezeugen.

Somit wird von vornherein betont, dass sich zwar alle drei Religionen auf eine Herkunft von Abraham berufen, dass »diese Beanspruchung« jedoch »auf sehr unterschiedlichen Interessen beruht«[16], so *Karl-Josef Kuschel,* der das trialogische Profil Abrahams in aller Differenziertheit herausgearbeitet hat. Die Berufung auf Abraham trägt immer schon ein unauflösliches Doppelgesicht: »Abraham trennt – und Abraham eint«[17]. Differenzierung von Anfang an! Von dieser Vorgabe aus wird der Trialog von Judentum, Christentum und Islam als abrahamische Ökumene bezeichnet und begründet.[18]

Für die katholische Kirche hatte das Zweite Vatikanische Konzil diesen Weg bereitet, indem es zunächst die Juden als »Stamm[e] Abrahams« (NA 4) bezeichnete, mit dem das Christentum »geistlich verbunden« sei. Alle »Christgläubigen« wiederum seien »Söhne Abrahams dem Glauben nach« (NA 4). Muslime schließlich werden wertgeschätzt als Menschen, die »den alleinigen Gott anbeten«. »Sie mühen sich, auch seinen verborgenen Ratschlüssen sich mit ganzer Seele zu unterwerfen, so wie Abraham sich Gott unterworfen hat, auf den der islamische Glaube sich gerne beruft« (NA 3). Auch Muslime seien vom Heilswillen Gottes umfasst als Menschen, »die sich zum

---

[16] Vgl. *Karl-Josef Kuschel:* Juden, Christen, Muslime (2007), 579.
[17] Ebd., 577.
[18] Vgl. *Berthold Klappert:* Abraham eint und unterscheidet. Begründungen und Perspektiven eines nötigen »Trialogs« zwischen Juden, Christen und Muslimen, in: *Rudolf Weth* (Hrsg.): Bekenntnis zu dem einen Gott? Christen und Muslime zwischen Mission und Dialog (Neukirchen-Vluyn 2000), 98–122; *Manfred Görg:* Abraham als Ausgangspunkt für eine ›abrahamitische Ökumene‹?, in: *Andreas Renz/Stephan Leimgruber* (Hrsg.): Lernprozess Christen Muslime (2002), 142–151.

Glauben Abrahams bekennen und mit uns den einen Gott anbeten« (LG 16). Wichtig ist hierbei gewiss die »Perspektivierung des Abrahambezugs«[19] – Muslime *selbst* beziehen sich auf Abraham und den Gott der Bibel, das wird in den Konzilserklärungen herausgehoben und nicht in Frage gestellt.

Diese eindeutige Berufung auf Abraham als gemeinsame Symbol- und Bezugsgestalt der drei Religionen findet sich seitdem immer wieder in offiziellen Aussagen der katholischen Kirche. Nur ein weitertes Beispiel sei herausgehoben: 1982 griff Papst Johannes Paul II. diese Deutelinie in einer Ansprache an muslimische Vertreter im Senegal explizit auf. Eine starke, alle trialogischen Bemühungen vehement unterstützende Aussage:

> »Das Bekenntnis zu Gott durch die geistlichen Nachkommen Abrahams – Christen, Muslime und Juden – ist, wenn richtig gelebt und das Leben durchdringend, eine sichere Grundlage für die Würde, Brüderlichkeit und Freiheit des Menschen sowie ein Prinzip der Rechtschaffenheit für moralisches Handeln und Leben in der Gesellschaft.«[20]

Trotz der aufgezeigten Parallelen von biblischen, koranischen wie kirchlich-lehramtlichen Berufungen auf Abraham stellen sich grundsätzliche Nachfragen: Abrahamische Ökumene – was soll der Begriff? Welche Reichweite hat er im Blick auf interreligöses Lernen?

---

[19] *Tobias Specker:* Hochachtung und Kritik. Das Verhältnis der katholischen Kirche zum Islam heute, in: Herder Korrespondenz spezial: Religion unter Verdacht. Wohin entwickelt sich der Islam? (Freiburg i. Br. 2015), 16–20, hier: 17.

[20] Zit. nach: *Francesco Gioia* (Hrsg.): Interreligious Dialogue. The Official Teaching of the Catholic Church (1963–1995) (Boston 1997), 339.

1.1 Die ›Söhne Abrahams‹ im SPIEGEL

Blicken wir auf eine Szene aus dem Zeitschriftenmarkt: »Die Söhne Abrahams. Was Juden, Muslime und Christen verbindet«[21]! Mit dieser Titelstory eröffnet das Kindermagazin »Dein SPIEGEL« das Kalenderjahr 2011. 2009 als ›SPIEGEL für Kinder‹ gegründet – Zielgruppe sind die Acht- bis Zwölfjährigen – versucht das weit verbreitete Magazin eine Aufbereitung von aktuell relevanten Themengebieten aus allen gesellschaftsprägenden Feldern. Im Januar 2011 also lächeln uns drei etwa zehnjährige Knaben auf der Titelseite an. Alle dunkelhaarig und dunkeläugig, in freundschaftlicher Geste verbunden, der eine durch den Gebetsschal als Jude, der zweite durch das Kopftuch als Muslim, der dritte durch ein Kreuz in der Hand als Christ identifizierbar. Im Hintergrund lässt sich verschwommen der Felsendom von Jerusalem erkennen.

Die Verbundenheit von Judentum, Christentum und Islam im gemeinsamen Stammvater Abraham schafft es also als Titelstory auf das Frontcover eines der meistverbreiteten Kindermagazine in Deutschland, nachdem die Hauptausgabe des SPIEGEL bereits in ihrem Jahresabschlussheft 52/2008 in der Titelgeschichte das Thema »Abraham. Christen, Juden und Muslime: Wem gehört der Urvater der Religionen?« aufgegriffen hatte. Auf sechs Text- und Bildseiten wird nun die Geschichte von Abraham als »Urvater der Religion«[22] ausführlich präsentiert. Auffällig dabei: Erzählt wird einerseits die Geschichte und Wirkungsgeschichte der Bibel (nicht des Koran), andererseits geht es um die Situation eines jüdischen Mädchens und eines palästinensischen Jungen in Israel heute. Entfaltet wird so zwar ein für deutsche Kinder interessanter Zusammenhang, der aber zweifach von uns entfernt ist: einerseits zeitlich

---

[21] Dein SPIEGEL Nr. 1/2011. Schon zuvor fungierte Abraham als interreligiöse Symbolfigur für Titelgeschichten und Titelblattgestalten namhafter Zeitschriften, vgl. etwa: National Geographic Deutschland (Dezember 2001); Time Magazine 30.09.2002; FOCUS 07.08.2003.

[22] Dein SPIEGEL Nr. 1/2011, 50.

(»der Abraham der Bibel«), andererseits geographisch (»Situation in *Israel* heute«). Dass die abrahamischen Religionen bei uns, in Deutschland oder in Europa zusammenleben, dass die interreligiösen Gemeinsamkeiten und Unterschiede unser heutiges Alltagsleben mitprägen, wird nicht mit einem einzigen Verweis wenigstens angedeutet. Religion, so der wahrscheinlich gar nicht bewusst intendierte, aber unterschwellig eindeutige Ton von »Dein SPIEGEL«, hat vorrangig etwas zu tun mit einer anderen Zeit und/oder einem anderen Teil dieser Erde.

Trotzdem: Dass dieses Kindermagazin sich des Themas der Verbundenheit in Abraham überhaupt annimmt, zeigt eindrücklich, wie sehr der *Gedanke einer abrahamischen Ökumene* sich im Laufe der letzten Jahre als *tragendes Prinzip* durchgesetzt hat und weiter vorangetrieben wird. Ohne Übertreibung wird man sagen können: Die neue Betonung des gemeinsamen Ursprungs von Judentum, Christentum und Islam in Abraham gehört zu den wichtigsten und in der Rezeption erfolgreichsten Grundzügen der Theologiegeschichte der letzten 30 Jahre. Dass es dabei auch um einen »Streit um Abraham« geht, um das, »was Juden, Christen und Muslime trennt – und was sie eint«[23], gehört grundlegend zu dieser Motivgeschichte hinzu, wird auch in »Dein SPIEGEL« in der bleibenden Spannung aus Verbundenheit und Ambivalenz hervorgehoben.

Hinter dieser ›Erfolgsgeschichte‹ der abrahamischen Ökumene als Blick auf die Gemeinsamkeiten der drei monotheistischen Religionen, hinter dieser neuen Betonung der verbindenden Berufung auf den Stammvater Abraham in Judentum, Christentum und Islam stehen intensive interreligiöse Bemühungen und visionsstarke theoglische Entwürfe, die zunächst in aller Knappheit skizziert werden sollen. Vor allem aber geht es um eine Bilanz aus heutiger Sicht: Was ist wirklich erreicht an religionsübergreifender Ökumene in Sachen Abraham? Welche Reichweite, welche Grenzen hat die Berufung auf den gemeinsamen Stammvater?

---

[23] Vgl. grundlegend: *Karl-Josef Kuschel:* Streit um Abraham. Was Juden, Christen und Muslime trennt – und was sie eint (München 1994).

Von hier aus schließen sich die religionspädagogischen und interreligiös-didaktischen Fragestellungen an: Welche Bedeutung kann und soll Abraham in interreligiösen Lernprozessen tatsächlich zukommen? Welche Lernchancen eröffnen sich durch die Berufung auf Abraham? Wo kommt die Berufung auf Abraham an ihre theologischen und pädagogischen Grenzen? Und vor allem: Wie kann *Abraham als interreligiöse Lernfigur* im Religionsunterricht eingesetzt werden?

1.2 Abrahamische Ökumene auf dem Prüfstand

Die aktuelle Fachliteratur über Abraham in interreligiöser Perspektive lässt sich kaum überblicken. Die Dringlichkeit eines eben auch religiös fundierten friedlichen Miteinanders von Judentum, Christentum und Islam tritt sowohl weltpolitisch als auch im Lebenskontext Deutschlands überdeutlich vor Augen. *Karl-Josef Kuschel* lässt seine 1994 erschienene Basisstudie »Streit um Abraham« mit dem visionsstarken Appell enden: »Die Zukunft Europas und des Mittleren Ostens im dritten Jahrtausend dürfte entscheidend davon abhängen, ob Juden, Christen und Muslime zu [...] abrahamischer Geschwisterlichkeit finden oder nicht, ob sie fähig sind, wie Abraham aufzubrechen und so ein Segen für die Menschheit zu sein.« Denn wenn Juden, Christen und Muslime eine »›abrahamische Ökumene‹ praktizieren, ist die Welt um ein Stück Freundlichkeit, Gerechtigkeit und Menschlichkeit reicher«[24].

Diese Vision gibt alles andere als den aktuellen Ist-Zustand wieder, sei dies im Blick auf 1994 oder 2016, ist vielmehr als Programm und Aufgabe formuliert. Die Berufung auf Abraham – ob wie im Judentum durch leibliche Abstammung von Isaak, ob wie im Islam durch leibliche Abstammung von Ismael, ob wie im Christentum durch geistige Abstammung – ruft nie eine simplifizierende und harmonierende Familiengeschichte auf, sondern die Geschichte eines eher ausweglos scheinenden

---

[24] *Karl-Josef Kuschel:* Streit um Abraham (1994), 306.

›Bruderzwists‹. Es geht dabei nie um den naiven Appell zu einer
bloß reduktionistischen Konzentration auf einen kleinsten gemeinsamen Nenner, der sich mit dieser Gestalt Abrahams verbinden würde und zu dem man sich nur zurückbesinnen müsste.
In der breit entfalteten Geschichte der jeweiligen Rezeption
wird überdeutlich: Schon in jeder der drei einzelnen Religionen
fungiert Abraham vor allem als »Erinnerungsfigur«, mit der
»sich zahlreiche, oft ganz unterschiedliche Überlieferungen verbinden«[25]. Was schon innerhalb der jeweiligen Religionen gilt,
vervielfältigt sich noch im Blick auf die Profilierungen, welche
Judentum, Christentum und Islam nach außen vorgenommen
haben: Sie nahmen ihren Stammvater jeweils exklusivistisch für
ihre eigenen Glaubenstraditionen in Anspruch und schufen so
drei strukturell vergleichbare Paradoxa: die »Judaisierung des
Nichtjuden Abraham«; die »Verkirchlichung des Nichtchristen
Abraham« sowie die »Islamisierung des Nichtmuslim Abraham«[26].

Abraham verbindet – Abraham trennt

Diese trennenden Traditionen wiegen schwer. *Christoph Gellner,* ein Schüler Karl-Josef Kuschels, weist darauf hin, dass die
Berufung auf Abraham im interreligiösen Dialog keineswegs
primär der Besinnung auf Verbindendes dient, vielmehr geht es
oft genug »gerade um die Aufkündigung solcher Beziehungen«[27]. Die katholische Alttestamentlerin und Religionswissen-
schaftlerin *Ulrike Bechmann* betont nachdrücklich, dass man
die hier deutlich werdenden Unterschiede noch klarer herausstellen müsse: Die Rede von dem einen, gemeinsamen und ei-
nenden Vater Abraham sei nichts als eine simplifizierende und
durchschaubar funktionalisierte Wunschvision. Es gebe nicht
den einen gemeinsamen Vater Abraham, sondern – je nach »Ur-

---

[25] *Christfried Böttrich/Beate Ego/Friedmann Eißler:* Abraham in Judentum,
Christentum und Islam (Göttingen 2009), 55.
[26] *Karl-Josef Kuschel:* Streit um Abraham (1994), 90; 161; 202.
[27] *Christoph Gellner:* Der Glaube der Anderen (2008), 87.

sprungskonstruktion« der jeweiligen Religion – viele »Väter Abraham und Ibrahim«[28]. Das »Gemeinsamkeits-Konzept von Abraham« erweise sich »unter bestimmten politischen Konstellationen als brüchig«[29]. Der evangelische Religionspädagoge *Bernd Schröder* verweist darauf, dass die Herausarbeitung der Gemeinsamkeiten ein spätes Produkt heutiger Lesart ist, es »ergibt sich aus der selektiven Addition dieser verschiedenen Quellen, nicht aus deren übereinstimmendem Zeugnis«[30]. Mit spürbarer Zurückhaltung dem Konzept einer abrahamischen Ökumene gegenüber weist auch die muslimische Theologin *Hamideh Mohagheghi* darauf hin, dass Abraham eben beides vermag, »verbinden oder trennen«[31]. Der Arabist *Tilman Nagel* schließlich mahnt an, dass bei allen trialogischen Berufungen auf Abraham »Wunschvorstellungen und voreilige Assoziationen allzu oft das Übergewicht über nüchterne Bestandaufnahmen und sorgfältige Analysen«[32] gewännen.

Bei einer themenbezogenen ökumenischen Fachtagung der Evangelischen Akademie Tutzing und der Katholischen Akademie Bayern im Jahr 2008 wurden die Vorbehalte gegenüber einer spezifisch christlichen Indienstnahme der Berufung auf

---

[28] *Ulrike Bechmann:* Abraham als Vater der Ökumene?, in: Welt und Umwelt der Bibel 4/2003, 44–47, hier: 44. Vgl. *dies.:* Abraham und Ibrahim. Die Grenzen des Abraham-Paradigmas im interreligiösen Dialog, in: Münchner Theologische Zeitschrift 58 (2007), 110–126.

[29] *Ulrike Bechmann/Maha El-Kaisy-Friemuth:* Urbild des Glaubens: Abraham als gemeinsamer Stammvater, in: *Volker Meißner* u. a. (Hrsg.): Handbuch christlich-islamischer Dialog. Grundlagen – Themen – Praxis – Akteure (Freiburg i. Br. 2014), 117–128.

[30] *Bernd Schröder:* Abrahamische Ökumene? Modelle der theologischen Zuordnung von christlich-jüdischem und christlich-islamischem Dialog, in: ZThK 105 (2008), 456–48, hier: 473.

[31] *Hamideh Mohagheghi:* Abraham in muslimischer Perspektive. Erfahrungen aus der Praxis in Deutschland, in: *Friedmann Eißler* (Hrsg.): Im Dialog mit Abraham (Berlin 2010), 48–57, hier: 56.

[32] *Tilman Nagel:* »Der erste Muslim«. Abraham in Mekka, in: *ders./Reinhard G. Kratz* (Hrsg.): »Abraham, unser Vater«. Die gemeinsamen Wurzeln von Judentum, Christentum und Islam (Göttingen 2003), 133–149, hier: 133.

Abraham im Sinne einer trialogischen Verständigung aus Sicht von Judentum und Islam deutlich artikuliert:

– Der katholische Alttestamentler *Manfred Görg* plädierte zunächst bei allem Wissen um die breit divergierenden Abraham-Deutungen letztlich doch dafür, »seine Gestalt zum gemeinsamen Bezug der drei Religionen zu erheben, die den gelebten Glauben im Sinne eines ›Sich-Festmachen-Lassens‹ in Gott zum Programm und Wesenszeichen ihrer Existenz machen wollen.«[33]

– Der jüdische Historiker *Michael Wolffsohn* widersprach. Vor allem zum Islam sei »die Abraham-Brücke instabil«[34], aber auch »zwischen Christen und Juden ist die Abraham-Brücke nicht sonderlich fest«[35]. Sein provozierendes Resumee: »Das abrahamitische Erbe verbindet die drei Religionen nicht wirklich«, die »Dreiheit als verbindende Einheit ist Fiktion und Formel«[36].

– Der in Erfurt lehrende muslimische Islamwissenschaftler *Jamal Malik* schließlich schloß sich im Blick auf die sehr unterschiedlichen Abrahamdeutungen in den drei Religionen einer eher skeptischen Einschätzung an. Er wies freilich den Weg zu einer wichtigen pragmatischen und zukunftsweisenden Perspektive: »Erst wenn die hohen Universalitätserwartungen an Abraham abgerüstet sind, eröffnet sich der Blick auf die Chancen, die eine plurale Abrahamrezeption bieten könnte.«[37]

---

[33] *Manfred Görg:* Abrahambilder in der Bibel. Mythos – Erinnerung – Glaube, in: Zur Debatte 6/2008, 10–12, hier: 12.

[34] *Michael Wolffsohn:* Was eint uns, was trennt »die abrahamitischen Religionen« aus jüdischer Sicht, in: Zur Debatte 6/2008, 12–14, hier 12. 2015 erklärte er noch kategorischer: »Abraham ist als Brücke zwischen den drei monotheistischen Religionen [...] ganz und gar ungeeignet. *Ders.*, »Lumen Gentium« aus jüdischer Perspektive, in: Zur Debatte 4/2015, 24–25, hier: 25.

[35] *Michael Wolffsohn* (2008), 14.

[36] Ebd.

[37] *Jamal Malik:* Abraham im Islam, in: Zur Debatte 6/2008, 17–19, hier 19.

Vor allem aus Teilen der evangelischen Theologie und Religionspädagogik mehren sich in den letzten Jahren Stimmen, die sich
gegen den Einsatz Abrahams als interreligiöse Identifikationsfigur wenden. Mehrere Aufsätze[38], ein ganzes Buch[39], eine eigene
offiziell von der »Evangelischen Zentralstelle für Weltanschau-
ungsfragen« herausgegebene Broschüre[40], ein explizit dieser Fragestellung gewidmetes Themenheft[41] wenden sich gegen die Idee
einer Berufung auf Abraham als Zeuge der Verständigung von
Judentum, Christentum und Islam. Noch die 2015 veröffentlichte interreligiöse Erklärung der EKD »Christlicher Glaube
und religiöse Vielfalt in evangelischer Perspektive« hebt »im
Blick auf Abraham« hervor: »Die drei monotheistischen Religionen unterscheiden sich in dem was sie verbindet«[42].

Gewiss finden sich auch von evangelischer Seite ganz unterschiedliche Beiträge, vertiefend, differenzierend, kenntnisreich
im Blick auf die Perspektive der jeweils aufgerufenen Fachwis-
senschaft, in vielen Ausführungen bedenkenswert. Sie treffen
sich jedoch vielfach in einer Rückweisung der Idee einer abrahamischen Ökumene, ja: jeglicher Dienstbarmachung Abrahams für trialogische Lernprozesse. »Es kann […] bezweifelt
werden, ob die Integration der ›monotheistischen Religionen‹
auf diesem Wege durchzuführen ist«[43], schreibt etwa *Ernstpeter
Maurer* im Editorial des Abraham gewidmeten Themenheftes
der religionspädagogischen Zeitschrift »Glaube und Lernen«.

---

[38] Vgl. etwa: *Olaf Schuhmann:* Abraham – der Vater des Glaubens, in:
ders.: Hinaus aus der Festung. Beiträge zur Begegnung mit Menschen anderen Glaubens und anderer Kultur (Hamburg 1997), 13–60; *Uwe Gräbe:*
»Abraham« – ein hilfreiches Modell jüdisch-christlicher Verständigung?,
in: Ökumenische Rundschau 49 (2000), 337–345; *Volker Küster:* Verwandtschaft verpflichtet. Erwägungen zum Projekt einer »Abrahamitischen
Ökumene«, in: Evangelische Theologie 62 (2002), 384–398.
[39] *Christfried Böttrich/Beate Ego/Friedmann Eißler:* Abraham in Judentum,
Christentum und Islam (Göttingen 2009).
[40] *Friedmann Eißler* (Hrsg.): Im Dialog mit Abraham (Berlin 2010),
[41] Glaube und Lernen. Theologie interdisziplinär und praktisch 28 (2013),
Heft 1: »Thema Abraham«.
[42] Christlicher Glaube und religiöse Vielfalt (2015), 64.
[43] *Ernstpeter Maurer:* Zu diesem Heft, in: ebd., 1–3, hier: 1.

Nur folgerichtig, dass dann auch sämtliche Versuche einer trialogischen Verständigung skeptisch bewertet werden: Abraham werde im interreligiösen Feld grundlegend »instrumentalisiert«, er werde im Dienste einer »Harmonisierung auf der übergeordneten Ebene« in »das Prokrustesbett einer Gemeinsamkeit«[44] gezwängt. »Wider die Konfessionalisierung der Religionen im Zeichen einer ›abrahamischen Ökumene‹«[45] aufzurufen, mag eine in sich stimmige Position sein, solange sie nicht so nachweisbar sachlich falsch und deshalb in der gesamten Argumentation irreführend ist, wie die Darstellung eines der Hauptkritiker der Idee einer abrahamischer Ökumene, die des evangelischen Theologen *Friedmann Eißler*. Er kennzeichnet diese als »gleich-gültige Nebeneinanderstellung der drei Religionen und ihrer Zuordnung auf ein gemeinsames Ziel«[46]. Abrahamische Verständigung erfolgt gerade nicht aus Gleich-Gültigkeit, sondern aus starker Positionalität! Es geht um den Austausch von in ihrer Tradition verwurzelten Gläubigen, nicht von Relativierern.

Genauso falsch und leicht widerlegbar ist der Vorwurf, abrahamische Ökumene basiere »auf einer faktischen Reduzierung der drei Religionen auf so etwas wie den kleinsten gemeinsamen Nenner«[47]. Ein Blick in die detailliert entfaltete Diskussion und ihren ständigen Verweis auf genau ausdifferenzierte Gemeinsamkeiten *und* Unterschiede zeigt schnell die Absurdität dieser These, die einzig der dann leicht möglichen Widerlegung dient. *Christoph Gellner,* theologischer Befürworter von abrahamischer Ökumene und Trialog, betont nachdrücklich: »Es kann gewiss kein schwärmerisches Zurück geben zum einfachen Glauben Abrahams – als dem ›kleinsten gemeinsamen Nenner‹, der die Glaubensentwicklung aller drei abrahami-

---

[44] So *Böttrich/Ego/Eißler* (2009), 183f.
[45] Vgl. *Friedmann Eißler*: Gott, Gottesbilder, interreligiöse Ökumene im Namen Abrahams. Wider die Konfessionalisierung der Religionen im Zeichen einer »abrahamischen Ökumene«, in: Glaube und Lernen 28 (2013), 49–67.
[46] Ebd., 50.
[47] Ebd., 60f.

schen Religionen ungeschichtlich überspringen zu können
meint«[48]. Gewiss, vor einer »*voreiligen* Vereinnahmung Abrahams mit dem Ziel einer *oberflächlichen Harmonisierung*«[49]
wäre zu warnen, nur ist genau diese Voreiligkeit oder Harmonisierung ja gar nicht angestrebt.

Kaum überzeugend begründet ist deshalb der Appell des
evangelischen libanesischen Pfarrers und Islamwissenschaftlers
Hanna Nouri Josua, der dazu aufruft: »Wir müssen den Abra-
ham-Traum aufgeben.«[50] Wichtig zur Einschätzung: Diese zitierte Sichtweise spiegelt ausschließlich *eine* Traditionslinie gegenwärtiger evangelischer Positionierungen, nicht die einzige!
Und keineswegs zufällig trifft sich diese Deutelinie mit den Auf-
fassungen eines ultrakonservativen katholischen Flügels, der –
stellvertretend durch den rechtspopulistischen Publizisten *Alexander Kissler* – eben seinerseits einen »Abschied von Abraham« propagiert, da sein Paradigma »ausgedient« habe, er sei
»nicht mehr dialogfähig«[51].

Grenzen der interreligiösen Berufung auf Abraham

Schon der bloße Blick auf die bleibende, ständig weiter zunehmende Bedeutung Abrahams im interreligiösen Feld – sei es in
kritischer Abwägung hinsichtlich der diesbezüglichen Tauglich-
keit – widerlegt derartige Stimmen. Wer so urteilt oder plädiert,
nimmt die grundlegende, von Anfang an mitgedachte Viel-
schichtigkeit der Berufung auf Abraham nicht wahr. Nicht um
platte Vereinnahmung geht es, sondern um Zugänge, die Gemeinsamkeiten *und* Unterschiede, Verbindendes *und* Trennendes herausarbeiten und für interreligiöse Lernprozesse fruchtbar machen wollen. Gerade die »Ambivalenz des Religiösen

---

[48] *Christoph Gellner:* Der Glaube der Anderen (2008), 91f.
[49] *Olaf Schuhmann:* Abraham (1997), 56. (Hervorhebungen GL)
[50] *Hanna Nouri Josua:* »Ich bin derjenige, der Ibrahim am ähnlichsten ist«.
Abraham als Spiegelbild Muhammads und die Notwendigkeit einer independenten Koranlektüre, in: *Friedmann Eißler* (2010), 58–71, hier: 71.
[51] *Alexander Kissler:* Abschied von Abraham, in: Süddeutsche Zeitung,
14.02.2008.

am Beispiel Abrahams«[52] kann die grundlegende Komplexität der anvisierten Lernbegegnungen und Lernschritte im trialogischen Feld ideal veranschaulichen. Gleichwohl haben sich in der intensiven Diskussion drei Themenfelder herauskristallisiert, die bedenkenswert sind und nach einer Differenzierung der Bestimmung einer ›abrahamischen Ökumene‹ verlangen.

Erste Beobachtung: Dass Abraham explizit als Stammvater aller drei monotheistischen Religionen charakterisiert wird, ist eine *spezifisch christliche Sichtweise,* der sich die meisten jüdischen und muslimischen Theologinnen und Theologen nicht in der suggerierten Eindeutigkeit anschließen würden. Insofern relativiert sich die harmonisierende Feststellung, »abrahamisch« sei »ein religionswissenschaftlich neutrales Etikett«[53]. Es schadet der Berufung auf Abraham nicht, wenn man von vornherein zugesteht, dass es sich um eine im Kern zunächst spezifisch christlich geprägte Bezugnahme handelt. Die jüdische Theologin *Edna Brocke* etwa erklärt lapidar, dass es »abrahamitische Religionen schlicht nicht gibt.«[54] Wenn der Begriff überhaupt sinnvoll sei, dann im Hinblick auf die konkrete leibliche Abkunft und den eindeutig geteilten Monotheismus von Juden und Muslimen. Ausgerechnet das sich am stärksten auf diesen Begriff berufende Christentum allerdings könne aufgrund seiner trinitarischen Theologie und der Verschiebung der Abrahamsabkunft allein in den geistigen Bereich »in diese Reihe nicht aufgenommen werden«[55]. Der israelische Gelehrte *Alan Goshen-Gottstein* hingegen sieht Christen und Muslime in einem engen Dialog unter Berufung auf Abraham, während die Juden hier eher von Rande aus zuschauten.[56]

---

[52] *Martin Bauschke:* Der Freund Gottes (2014), 5.

[53] *Karl-Josef Kuschel/Jürgen Micksch:* Abrahamische Ökumene. Dialog und Kooperationen (Frankfurt a. M. 2011), 11.

[54] *Edna Brocke:* Aus Abrahams Schoß? (2009), 161.

[55] Ebd.

[56] Vgl. *Alan Goshen-Gottstein:* Abraham and »Abrahamic Religions« in Contemporary Interreligious Discourse. Reflections on an Implicated Jewish Bystander, in: Studies in Interreligious Dialogue 12 (2002), 165–183.

Sich »gegenseitig als Brüder und Schwestern im Glauben an den einen Gott Abrahams anzuerkennen« und damit zu betonen, dass die »Glaubensexistenz von Christen, Juden und Muslimen im Kern trialogisch strukturiert«[57] sei, sind jedenfalls Aussagen, die in dieser Eindeutigkeit für die meisten Juden und Muslime keineswegs feststehen. Aus christlicher Sicht fällt die Zustimmung zu dieser Aussage – bei allen möglichen Vorbehalten – leichter. Entscheidend: Von diesem christlichen Verständnis einer ›abrahamischen Ökumene‹ aus ist *dieses* Buch verfasst. Hier erhält das vorgelegte Konzept von trialogischem Lernen sein Profil und seine Beheimatung. Eine übergriffige Gültigkeitserklärung auch für Gläubige anderer Religionen kann und muss nicht erfolgen. Dabei ergeht explizit die Einladung zur analogen oder differenzierenden Formulierung eigener vergleichbarer Perspektiven aus jüdischer und muslimischer Sicht. Der jüdische Religionspädagoge *Daniel Krochmalnik* weist ermutigend in diese Richtung. Er schreibt 2009: »Die Ressourcen für den Trialog liegen bereit, sie müssen nur abgerufen werden.«[58]

Zweite Beobachtung: Einen weiteren Aspekt der aufgerufenen Kritik wird man aufnehmen müssen. Aus der bloßen Existenz der drei Abrahamsreligionen Judentum, Christentum und Islam auf einen *vorgängigen* göttlichen Plan zu schließen, der eben diese Entwicklung genau so ›wollte‹[59], der im faktischen und gleichwertigen Nebeneinander dieser Religionen ein »Zeichen«[60] gesetzt habe, das wir nun heute entschlüsseln müssten, verstößt aus jüdischer und christlicher Sicht gegen die Grenzen theologischer Einsichtsfähigkeit. *Tobias Specker* mahnt an: Vor einer solchen »symmetrischen Zuordnung von Judentum,

---

[57] *Christoph Gellner:* Der Glaube der Anderen (2008), 93.

[58] *Daniel Krochmalnik:* Trialogus. Jüdische Stimme, in: *ders./Bernd Schröder/Harry Harun Behr* (Hrsg.): Was ist ein guter Religionslehrer? Antworten von Juden, Christen und Muslimen (Berlin 2009), 15–18, hier: 15.

[59] So tendenziell: *Berthold Klappert:* Abraham eint und unterscheidet (2000), 109: »Die Segensverheißung an Abraham kann nur in ihrer Dreidimensionalität erkannt werden, oder sie wird überhaupt nicht erkannt.«

[60] *Karl-Josef Kuschel:* Juden, Christen, Muslime (2007), 23.

Christentum und Islam«, die den Gedanken einer »ursprünglichen Einheit« nahe lege, habe man sich »zu hüten«[61]. Bei aller Wertschätzung des Zielprogramms der abrahamischen Ökumene: Die Erklärung, dass sie »nicht in erster Linie menschlichen Strategien, Friedensprogrammen oder guten sozialem Willen« entstamme, »sondern Gottes Absicht mit der Menschheit«[62], verletzt in der Tat den Respekt vor der ›größeren Größe Gottes‹ und erweist sich als theologisch weder zwingend noch schlüssig. Die Aussage, dass Gott seine Offenbarung von vornherein als dreifache verzweigte Entfaltung der einen Abrahamsverheißung ›geplant‹ habe, lässt sich weder aus der Bibel noch der theologischen Tradition herauslesen.

Aus muslimischer Sicht mag diese Deutung naheliegend sein: »Jedem von euch gaben Wir eine Norm und eine Heerstraße« heißt es in Sure 5,48, um auf Gottes Willen zurückzuschließen: »So Allah es wollte, wahrlich Er machte euch zu einer einzigen Gemeinde; doch will Er euch prüfen in dem, was Er euch gegeben. Wetteifert darum im Guten.« Dieser – etwa von Lessing in »Nathan der Weise« aufgegriffene – Gedanke ist aus muslimischer Perspektive sinnvoll und im Koran fixiert. Aus jüdisch-christlicher Perspektive aber lässt er sich nicht einfach übernehmen. In anderen theologischen Fragezusammenhängen – etwa im Blick auf die Theodizee – ist die Einsicht gereift, dass es übergriffig ist, aus der bloßen *Existenz* eines Phänomens auf dessen vermeintlich von Gott ausgehenden ›Sinn‹ zu schließen, den man dann zu rekonstruieren habe. Hier ist Zurückhaltung angesagt. In trialogischer Hinsicht dürfen hier unterschiedliche Vorstellungen nebeneinander bestehen.

Und eine *dritte Beobachtung*, formuliert als Anfrage: Ist es darüber hinaus theologisch überhaupt erlaubt, den Islam als le-

---

[61] *Tobias Specker:* Hochachtung und Kritik (2015), 19.

[62] *Ders.:* Streit um Abraham (1994), 268. Vgl. die Kritik gerade an dieser Aussage bei: *Wolf Krötke:* Abraham in christlicher Perspektive. Worauf baut der christlich-muslimische Dialog?, in: *Friedmann Eißler* (Hrsg.): Im Dialog mit Abraham (2010), 36–47, hier: 43.

gitime Nachkommenschaft des ersten Abraham-Sohnes Ismaels zu betrachten? Das ist aus jüdischer und christlicher Sicht durchaus umstritten, denn natürlich kann in der Bibel selbst kein direkter Hinweis auf die sich so viel später ausbildende Religion Mohammeds erfolgen. Dreierlei steht fest:

– Der Islam beruft sich von Anfang an auf die leibliche Erblinie, die über Ismael zu Abraham zurückführt. Ismael wird im Koran zum bevorzugten Sohn stilisiert, der zusammen mit Abraham die Kaaba zu einem Gebetsort machte (vgl. Sure 2,125ff.). Abraham wird als Gerechter gekennzeichnet, »gehorsam gegen Allah und lauter im Glauben« (Sure 16,129), auserwählt und auf seinem Weg geleitet, so dass er »im Jenseits [...] zu den Gerechten« gehört (Sure 16,122). Er war »weder Jude noch Christ, vielmehr war er lauteren Glaubens, ein Muslim« (Sure 3,67).

– Nach biblischer Überzeugung gilt der Abrahamssegen seinen *beiden* Söhnen: Der Alttestamentler *Claus Westermann* führt aus: »der Segen Gottes geht auch mit Ismael«. Auch »er soll ein ›großes Volk werden«. Abraham hat so in der hebräischen Bibel und Tradition von Anfang an eine über das Judentum hinausgehende, eine »zu anderen Völkern überbrückende Bedeutung«[63].

– Ist der explizite Rückbezug Mohammeds auf diese Tradition legitim? Erneut weisen die Ausführungen eines Alttestamentlers den Weg. *Thomas Naumann* schreibt: »Wenn der arabische Prophet Muhammad und die muslimische Gemeinschaft ca. 1000 Jahre später die Ismaelverheißungen als für sich geltend reklamiert [...], dann geschieht dies in einem durch die Tora selbst ermöglichten Sinn.«[64]

Biblisch betrachtet spricht also zumindest *nichts gegen* die muslimische Inanspruchnahme der Berufung auf Ismael, die als explizit »genealogische Verbindung« für Muslime sowieso »kaum von

---

[63] *Claus Westermann:* Genesis, Bd. II (Neukirchen-Vluyn 1989), 420.

[64] *Thomas Naumann:* Ismael – Abrahams verlorener Sohn, in: *Rudolf Weth* (Hrsg.): Bekenntnis zu dem einen Gott? Christen und Muslime zwischen Mission und Dialog (Neukirchen-Vluyn 2000), 70–89, hier: 85.

Bedeutung«[65] ist, so der serbische Muslim *Smail Balic*. Sie erfolgt zumindest in einem von der Bibel getragenen Vorstellungsrahmen. Gleichwohl muss und kann aus jüdischer und christlicher Perspektive offenbleiben, ob diese nachträgliche Konstruktion theologisch überzeugt. Erneut lässt sich die Frage nach einem darin wirksamen göttlichen Willen nicht beantworten. Die geschichtliche Entwicklung hat zur Ausfächerung der drei sich auf Abraham berufenden Religionen geführt, das ist schlicht ein Faktum. Jede einzelne Berufung erfolgt mit einer in sich logischen, jeweils unterschiedlichen Stringenz, die sich einer objektiven Qualifizierung entzieht. Von diesem Stand ist auszugehen, aus *heutiger* Sicht, nicht im fruchtlosen Versuch der Ergründung, warum es dazu kommen konnte, sollte oder musste ...

Als *Zwischenbilanz* lässt sich festhalten: Gewiss darf man die Metapher der ›Religionsfamilie‹, des gemeinsamen ›Vaters‹ Abraham und des Wettstreits der drei ›Kinder‹ nicht überstrapazieren. Es geht dabei nicht um eine beliebig ausdeutbare Allegorie, wohl aber um ein in den Grundstrukturen sprechendes und zudem biblisch fundiertes Bild. Die Berufung auf eine abrahamische Verbundenheit geht nicht aus einer entstehungsgeschichtlichen Deutung der Grundschriften der drei Religionen hervor, sondern aus einer Relecture aus späterer Sicht. Die Berufung auf eine abrahamische Ökumene will ganz transparent *eine zeitgenössische Perspektive* auf die religiösen Traditionen werfen, genau das ist ihre bewusst kalkulierte Strategie. Deshalb ist sie auch kein »Zauberwort, das alle Unterschiede zwischen den drei Religionen zum Verschwinden« bringen könnte oder wollte, sehr wohl aber eine einzigartige Möglichkeit »Zusammengehörigkeit und Differenz zugleich«[66] zu thematisieren.

---

[65] *Smail Balic:* Abraham als Symbol der Einheit, in: Moslemische Revue 22 (2001), 143–147, hier: 143.
[66] *Christoph Gellner:* Der Glaube der Anderen (2008), 92. Vgl. *Manfred Görg:* Abraham als Ausgangspunkt für eine »abrahamitische Ökumene«?, in: *Andreas Renz/Stephan Leimgruber:* Lernprozess Christen Muslime (2002), 142–151.

Abrahamischer Trialog – ein Faktum

Zudem gilt es schlicht festzuhalten: Unabhängig von den gut begründeten Einsprüchen von Fachkennern der drei Religionen im Blick auf zu grob gestrickte Vereinnahmungsversuche haben sich die Begriffe »Abraham«, »abrahamischer Trialog« und »abrahamische Ökumene« längst als eigenständige Rezeptionsgrößen etabliert. Auch international, gerade im englischsprachigen Bereich[67] führen sie ein Eigenleben, haben auch in den säkularen Bereich hinein[68] eine kraftvolle *Eigendynamik* entwickelt, der eine eigene Würde und Bedeutung zukommt.

Ihre grundsätzliche Bedeutung, ihr Anknüpfen an den Traditionen der Urschriften der drei Religionen sowie ein grundlegendes »gemeinsamen Wurzelbewusstsein als Herkunftsbewusstsein«[69] von Judentum, Christentum und Islam lassen sich kaum bestreiten: Über weitgehende strukturelle Ähnlichkeiten hinaus gilt Abraham in allen drei Religionen als »Ur-Repräsentant des Monotheismus« und grundsätzlich als »Archetyp der prophetischen Religionen«, als »der glaubende Mensch vor Gott«, als »Freund Gottes«[70]. Auch wenn er kaum als »Einheitstiegel der drei Religionen«[71] fungieren kann und soll: Es ist

---

[67] Vgl. z. B.: *Mahmoud M. Ayoub:* Abraham and his Children. A Muslim Perspective, in: *Bradford E. Hinze/Irfan A. Omar* (Hrsg.): Heirs of Abraham. The Future of Muslim, Jewish and Christian Relations (New York 2005), 94–111, hier: 105: »I am convinced that Abraham can be central to the dialogue«.

[68] Vgl. etwa die Beiträge: »Abraham. Der gemeinsame Vater«. Titelgeschichte DER SPIEGEL Heft 52 (2008), 98ff.; »Der Brückenbauer« in: Der SPIEGEL. Geschichte: Heft 6 (2014): Die Bibel. Das mächtigste Buch der Welt, 133–137. Film im ZDF 01.06.2009: Abraham als »Patriarch der Menschlichkeit«.

[69] *Karl-Josef Kuschel/Jürgen Micksch* (2011), 17.

[70] *Hans Küng:* Das Judentum (1991), 39. Vgl. *Martin Bauschke:* Der Freund Gottes (2014).

[71] So mit Recht: *Bernd Schröder:* »Abraham« im Christentum – eine religionspädagogische Perspektive, in: *ders./Harry Harun Behr/Daniel Krochmalnik* (Hrsg.): Der andere Abraham. Theologische und didaktische Reflektionen eines Klassikers (Berlin 2011), 75–90, hier 87.

»evident«, dass »diese Gestalt eine Brückenfunktion zwischen christlich-jüdischem und christlich-islamischem Gespräch führen kann«[72]. Der jüdische Religionspädagoge *Daniel Krochmalnik* ist sich im Blick auf die trialogische Berufung auf Abraham sicher, dass in ihm »noch genügend [...] Substanz und Relevanz steckt, um seine Anhänger zu einem Neuanfang zu inspirieren«[73]. Der muslimische Religionspädagoge *Harry Harun Behr* stimmt dem zu: Natürlich »eignet sich die Figur Abrahams für den transreligiösen Diskurs«[74], sekundiert von *Smail Balic,* der »Abraham als Symbol der Einheit«[75] sieht, zumindest zögerlich unterstützt von *Abbas Poya,* der bei aller grundlegenden Skepsis gegen eine zu starke Berufung auf Abraham gleichwohl einräumt, dass die »Erinnerung an ihn als einen großen Propheten, der von allen Beteiligten gleichermaßen respektiert wird, [...] zu einer Atmosphäre des Vertrauens beitragen«[76] könne.

Ein letztes Mal selbstkritisch gefragt: Läuft die Berufung auf Abraham Gefahr »zur Leerformel zu werden«[77]? Zur Beruhigung all jener kritischen Stimmen, die mit Recht auf die Differenzen in den ursprünglichen Schriften und auf die unterschiedlichen Sperrigkeiten in den Auslegungstraditionen verweisen, hilft jene Perspektive, die der – differenziert und kompetent argumentierende – evangelische Religionspädagoge *Bernd Schröder* anbietet: Abraham ist eher »der Anlass für die Einladung zur Begegnung und theologischen Kommunikation zwi-

---

[72] *Bernd Schröder* (2008), 475.
[73] *Daniel Krochmalnik:* Die Abraham-Formel im Trialog der Monotheisten, in: Der andere Abraham (2011), 55–73, hier: 56.
[74] *Harry Harun Behr:* Die Abraham-Konstruktion im Koran, in: ebd., 109–145, hier: 144.
[75] Vgl. *Smail Balic:* Abraham als Symbol (2001), 143–147.
[76] *Abbas Poya:* Gestalt des Abraham im Koran und in der islamischen Tradition, in: *Reinhard Möller/Hans-Christoph Goßmann* (Hrsg.): Interreligiöser Dialog. Chancen abrahamischer Ökumene (Berlin 2006), 83–99, hier: 98.
[77] *Anja Middelbeck-Varwick:* Theologische Grundlagen des Dialogs (2014), 1102.

schen Juden, Christen und Muslimen« als »deren ontischer Grund«[78]. Abraham könne gewiss »zur Integrationsfigur dieser ›interreligiösen Verständigung‹ der monotheistischen Religionen werden«[79], sekundiert ein weiterer evangelischer Theologe, der Neutestamentler *Ruben Zimmermann.*

Im Blick auf den gesamten Befund lässt sich festhalten: Abraham könnte diese Integrationsfigur nicht nur werden, er *ist* es längst, und das aus gutem Grund: Er kann fraglos »als bleibendes Urbild des Glaubens und als kritische Bezugsgestalt aller drei Religionen eine besondere Rolle im Trialog spielen«[80]. Schließlich bietet er für »Juden, Christen und Muslime eine einzigartige Orientierungsfigur«[81], die de facto bereits längst im Zentrum der interreligiösen Lernbeziehungen steht und das auch künftighin mit guten Gründen soll. Die Frage ist: wie?

1.3 Abraham als Archetyp interreligiösen Lernens

Unabhängig davon, ob eine genaue Lesart der Ursprungstexte die verbindenden Traditionen in jedem Detail bestätigt: Spätestens in der Wirkungsgeschichte *wird* Abraham zur Symbolfigur des (spannungsvollen) Miteinanders der monotheistischen Religionen. Nur exemplarisch seien abschließend einige Stimmen aufgerufen, welche diese Position belegen.

– Abraham wird – so der jüdische Religionspädagoge *Daniel Krochmalnik* – zum »Hoffnungsträger des Trialogs der Monotheisten«[82].

---

[78] *Bernd Schröder* (2008), 476.
[79] *Ruben Zimmermann:* Abraham – Integrationsfigur im interreligiösen Dialog? Biblische Grundlagen und Wirkungen im Judentum, Christentum und Islam, in: Kerygma und Dogma 53 (160), 160–188, hier: 187.
[80] Lexikon der Begegnung Judentum – Christentum – Islam (Freiburg i. Br. 2009), 9f.
[81] *Karl-Josef Kuschel* (2007), 621.
[82] *Daniel Krochmalnik:* Der andere Abraham (2011), 55–73, hier: 55.

Sehr gut »eignet« sich seine Figur »für den transreligiösen Diskurs«[83], so der muslimische Religionspädagoge *Harry Harun Behr.*

- Für *Papst Johannes Paul II.* wurde der Bezug auf Abraham zu »einem zentralen Topos«[84] hinsichtlich der Kennzeichnung der Verbundenheit von Judentum, Christentum und Islam.
- Der Titel »Abrahams Kinder« schmückt schließlich eine 2015 veröffentlichte interaktive Broschüre des Deutschen Katechten Vereins, die anhand der jeweiligen Feste zum interreligiösen Lernen zwischen Juden, Christen und Muslimen herausfordert.[85] Vorgängerversionen waren noch ohne den Verweis auf den biblischen Stammvater erfolgt.

Genug der Belege im Diskurs: Der Blick in die religionspädagogische Praxis belegt nachdrücklich die in den letzten beiden Jahrzehnten ständig wachsende Bedeutung Abrahams für das trialogische interreligiöse Lernen schon im Elementarbereich[86], noch gewichtiger aber im Blick auf die Schule. Ob in den evangelischen[87], den katholischen[88] oder in den neu entstehenden islamischen[89] Lehrplänen und Lehrbüchern für den Religionsunterricht: Es zeigt sich eine »zunehmende Tendenz, Abraham

---

[83] *Harry Harun Behr:* Die Abraham-Konstruktion im Koran (2011), 144.

[84] *Andreas Renz:* Die katholische Kirche und der interreligiöse Dialog (2014), 194.

[85] Abrahams Kinder. Wie Juden, Christen und Muslime ihren Glauben feiern. Anregungen zum interreligiösen Lernen (München 2015)

[86] Vgl. *Helgard Jamal:* Abraham. Mit Kindern Gott entdecken/Mit Natur gestalten/Mit Figuren erzählen. Biblische Geschichten im Elementarbereich in Begegnung mit Judentum und Islam, Bd. 3 (Hamburg 2006).

[87] *Knut Thielsen:* Abraham in den evangelischen Lehrplänen und Schulbüchern. in: Der andere Abraham (2011), 15–26.

[88] *Agnes Steinmetz:* Vorbilder im Glauben für Juden, Christen und Muslime? Die Erzeltern in Unterrichtswerken für den katholischen Religionsunterricht, in: ebd., 27–39.

[89] *Harry Harun Behr:* Abraham in den Lehrplänen für den Islamunterricht, in: ebd., 41–52. Vgl. *Hans Jürgen Herrmann:* Abraham in Schulbüchern von Juden, Christen und Muslimen, in: Glaube und Leben 28 (2013), 102–104.

im Religionsunterricht als interreligiösen Lernanlass zu sehen«[90]. Dass die Umsetzungen in die Praxis dabei nicht immer
den Ausdifferenzierungen des Fachdiskurses entsprechen, dass
es Vereinfachungen, Einseitigkeiten und Verflachungen[91] gibt,
lässt sich in jedem Themenfeld religiösen Lernens beobachten.
Derartige Prozesse spielen sich im Zuge jeglicher Elementarisie-
rung ab, hinterfragen aber nicht die Idee als solche, sondern
eher die – optimierbare – Qualität ihrer Umsetzung.

Ein konkretisierender Blick in die aktuellen Grundlagen-
und Lehrpläne des katholischen Religionsunterrichts bestätigt
eindrucksvoll die Präsenz Abrahams als überragende interreligiöse Lernfigur in der Praxis. Die sogenannten »*Grundlagen-
pläne*« für den katholischen Religionsunterricht werden
herausgegeben und konzeptionell verantwortet von der Deutschen Bischofskonferenz. Ihnen kommt keine Rechtsverbind-
lichkeit zu, vielmehr verstehen sie sich als Orientierungs-
vorgaben im deutschsprachigen Raum, die angesichts der
Kulturhoheit der Bundesländer regional verbindlich umgesetzt
und konkretisiert werden müssen. Bezüge auf Abraham finden
sich in allen Schulstufen.

Der 1998 publizierte Grundlagenplan für die *Grundschule*
zählt zu den inhaltlichen Mindestanforderungen an den Religionsunterricht die Kenntnis der »Vätererzählungen« hinzu und
konkretisiert dies in Bezug auf »Abraham« in einer Unterrichtseinheit im dritten oder vierten Schuljahr[92]. Als Erläuterung da-

---

[90] *Friedrich Schweitzer:* Abraham als Vater interreligiöser Ökumene? Chancen und Probleme in religionspädagogischer Perspektive, in: Glaube und
Lernen 28 (2013), 84–101, hier: 94.
[91] Friedrich Schweitzer moniert, es komme zu einer »einseitigen Konzentration auf das ›abrahamisch Gemeinsame‹, ohne dass die Unterschiede gleichermaßen Beachtung finden würden«, ebd., 97. Diese aus Stichproben gewonnene Anfrage wäre auf breiter Ebene zu überprüfen. Denkbar wäre,
dass Unterschiede explizit im Blick auf andere Personen (etwa: Jesus Christus) so stark im Mittelpunkt stehen, dass die Schwerpunktsetzung perspektivisch durchaus sinnvoll sein könnte.
[92] Zentralstelle Bildung der deutschen Bischofskonferenz (Hrsg.): Grundlagenplan für den katholischen Religionsunterricht in der Grundschule
(München 1998), 47.

zu, wie im Religionsunterricht der Grundschule die »Grundzüge des jüdisch-christlichen Menschenbildes und Gottesverständnisses zu entdecken und zu verstehen« sind, wird im Blick auf die grundsätzlich zu vermittelnden »Erzählungen aus dem Alten und Neuen Testament« auch »Abraham« explizit genannt.[93] Deutlich wird hier vor allem, dass es zunächst um das Kennenlernen zentraler biblischer Traditionen geht, zu denen Abraham an hervorgehobener Stelle hinzugehört. Interreligiöse Dimensionen werden hier noch nicht anvisiert.

Der 1984 eingesetzte Grundlagenplan für die Klassen 5 bis 10 differenziert nicht nach Schultypen. In zwei Einheiten steht Abraham im Zentrum. Als Wahlthema für Klasse 9/10 wird eine Unterrichtseinheit zum Thema »Gestalten der Bibel« vorgeschlagen. Als zentrale Inhalte werden hier an erster Stelle die »Väter und Mütter des Glaubens« genannt, konkret: »Abraham und Maria«[94]: Wichtiger für unsere Fragestellung ist die Pflichteinheit für die achte Klasse, die unter dem Thema steht: »Gott begegnen in den Religionen«[95]. Als zentraler Inhalt wird hier hervorgehoben, dass die Schülerinnen und Schüler »Abraham als Vater im Glauben für Juden, Christen und Muslime« kennenlernen sollen, verbunden mit den Mindestanforderungen, dass sie »Gemeinsamkeiten und Unterschiede von Judentum, Christentum und Islam nennen« können. Die theologische Berufung auf Abraham als Archetyp des interreligiösen Lernens findet sich also bereits seit über 30 Jahren.

Der 2003 veröffentlichte »Grundlagenplan zur gymnasialen Oberstufe/Sekundarstufe II« schließlich ist durchgängig interreligiös sensibel konzipiert. Als eine der »fünf Perspektiven im Religionsunterricht«[96] wird die »Perspektive der anderen Reli-

---

[93] Ebd., 62.
[94] Zentralstelle Bildung der Deutschen Bischofskonferenz (Hrsg.): Grundlagenplan für den katholischen Religionsunterricht im 5. – 10. Schuljahr (München 1984), 122.
[95] Alle Folgezitate: ebd., 60f.
[96] Sekretariat der Deutschen Bischofskonferenz (Hrsg.): Grundlagenplan für den katholischen Religionsunterricht in der gymnasialen Oberstufe/Sekundarstufe II (Bonn 2003), 35.

gionen und Weltanschauungen« nicht nur theoretisch benannt, sondern systematisch Punkt für Punkt auf die verschiedenen Lernfelder durchbuchstabiert. Während es, so die hier getroffene Unterscheidung, in der Sekundarstufe I vor allem um »die Vermittlung von religionskundlichem Wissen und die Erziehung zu einem toleranten Miteinander von Menschen unterschiedlicher Religionen und Weltanschauungen« geht, erfolgt die »Auseinandersetzung mit Judentum, Islam und anderen Religionen« in der Sekundarstufe II »im Kontext des interreligiösen Dialogs und der Theologie der Religionen«[97]. Hier wird den Schülerinnen und Schülern die Fähigkeit zur »Perspektivübernahme« nicht zur zugetraut, sondern auch als einzuübende Kompetenz beschrieben: Das »Wechselspiel von Binnen- und Außenperspektive« ist gerade im »Verhältnis der Christen zu Angehörigen anderer Religionen«[98] einzuüben. Ein hoher Anspruch, der später auch konkret inhaltlich entfaltet wird. Die Schülerinnen und Schüler sollen erkennen, dass die »*Abrahamsreligionen* Judentum, Christentum und Islam« der »Monotheismus eint, ein unterschiedliches Offenbarungsverständnis«[99] aber trennt.

Ganz eindeutig also die *religionsdidaktische Bilanz:* Abraham steht nicht nur als eine hervorragende Gestalt der jüdisch-christlichen biblischen Erzähltradition im Zentrum des Religionsunterrichts von Grundschule bis Oberstufe, er wird auch explizit als Vater der drei Religionen Judentum, Christentum und Islam profiliert, als *die* herausragende Gestalt, an der sowohl die Gemeinsamkeiten als auch die Unterschiede der monotheistischen Religionen deutlich werden. Genauso wird er auch sowohl in den konkret verbindlichen Lehrplänen der einzelnen Bundesländer als auch in den Schulbüchern und Unterrichtsmodellen für den Religionsunterricht aufgegriffen und gestaltet.[100]

---

[97] Ebd., 37.
[98] Ebd., 33.
[99] Ebd., 44. (Hervorhebung GL)
[100] Vgl. etwa die trialogische Doppelseite »Abraham verbindet«, in: *Iris Bo-*

Eine religionspädagogisch motivierte Rückfrage an diese
Hervorhebung Abrahams stellt sich freilich, und zwar im Blick
auf seine *korrelative* Bedeutung. Zum Programm wurde Korrelation im Zielfelderplan für die Grundschule von 1977 sowie
im »Grundlagenplan für den katholischen Religionsunterricht
im 5 bis 10. Schuljahr«, der 1984 erschien und – bei aller
Überarbeitungsnotwendigkeit – bis heute ›gültig‹ ist. Die jeweilige Orientierung an Theologie *und* Pädagogik, an Tradition
und Gegenwartserfahrung versucht den korrelativen Grundzug
zu konkretisieren. Der Grundlagenplan enthält in den begleitenden konzeptionellen Erläuterungen die wohl griffigsten
Formulierungen dessen, was mit Korrelation gemeint ist.[101]
Woraus konstituiert sich »Glaube«? Aus der »Verknüpfung
von Glaubensüberlieferung und jeweiliger Lebenserfahrung«.
Dieses Prinzip ist noch nichts Religionspädagogisches, sondern
»im Selbstverständnis des christlichen Glaubens selbst begründet« und somit ein »theologisches Prinzip«. Es lässt sich jedoch
pädagogisch konkretisieren, wenn man es auf Deutungs- und
Erschließungsprozesse hin verlängert. Genau das soll im Religionsunterricht geschehen: »Leben aus dem Glauben deuten
und Glauben angesichts des Lebens erschließen« – diese
»Wechselbeziehung«, dieses gegenseitige Auslegen, Hinterfragen, Anregen, »nennen wir Korrelation«.

Wie also lässt sich Korrelation als didaktisches Prinzip bestimmen? Es geht darum, »eine kritische, produktive *Wechselbeziehung* herzustellen zwischen dem Geschehen, dem sich der
überlieferte Glaube verdankt, und dem Geschehen, in dem
Menschen heute […] ihre Erfahrungen machen«. »*Kritisch*«,
weil eine gegenseitige Prüfung und Infragestellung ermöglicht
werden soll; »*produktiv*«, weil sich auf beiden Seiten konstruktive Anstöße zu Veränderung und Fortentwicklung ergeben. Es

sold/*Wolfgang Michalke-Leicht* (Hrsg.): Mittendrin. Lernlandschaften Religion 5/6. Unterrichtswerk für den katholischen Religionsunterricht in der
Sekundarstufe I (München 2011), 184f.
[101] Alle folgenden Zitate: Zentralstelle Bildung der Deutschen Bischofskonferenz (Hrsg.): Grundlagenplan für den katholischen Religionsunterricht im
5.–10. Schuljahr (München 1984), 241f.

geht somit um einen doppelpoligen »Interpretationsvorgang«, um einen »Prozess wechselseitiger Durchdringung zwischen Glaubensüberzeugungen und Lebenserfahrungen«, um Prozesse, die man im Unterricht »entdecken, erproben, herstellen« kann. Bis heute ist dieser ›dritte Weg‹ das hermeneutische und didaktische Leitprinzip des katholischen Religionsunterrichts, umgesetzt in ungezählten Lehrplänen, Schulbuchreihen und Handbüchern. Dass Korrelation »nicht ausgedient hat«[102], sondern zu produktiven Ausgestaltungen gegenwartsbezogener Differenzierungen anregt, hat eine jüngst erschienene religionspädagogische Publikation nachdrücklich gezeigt.

Wenn man das korrelative Prinzip auf Abraham als Vorbildfigur interreligiösen, spezifisch: trialogischen Lernens überträgt, stellt sich die Frage nach »dem Bezug zum gelebten Glauben«[103]. Wo begegnen Kinder und Jugendliche (aber auch Erwachsene) Abraham in ihrer alltäglichen Lebenswelt? Die Antwort führt zu dem Eingeständnis, dass im Leben der allermeisten Menschen heute Abraham zunächst keinerlei Rolle spielt. Es ist schlicht unrealistisch davon auszugehen, dass sein Name »gleichsam selbstverständlich geläufig oder gar als Türöffner des Gesprächs zwischen Juden, Christen und Muslimen bekannt«[104] sei. Selbst praktizierende Christinnen und Christen werden in ihrer Glaubensausübung nur selten auf ihn stoßen (und das mag bei Juden und Muslimen durchaus ähnlich sein).

Friedrich Schweitzers Mangelbefund stimmt: Die Frage »nach der Bedeutung« Abrahams »in der gelebten Religion der Kinder und Jugendlichen« hat »im Religionsunterricht« und in der didaktischen Reflexion »bislang offenbar kaum eine Rolle gespielt«[105]. Korrelativ lässt sich dieser Befund gleichwohl

---

[102] Vgl. die Kapitelüberschrift in: *Sabine Pemsel-Maier/Mirjam Schambeck* (Hrsg.): Keine Angst vor Inhalten! Systematisch-theologische Themen religionsdidaktisch erschließen (Freiburg i. Br. 2015), 19: »Warum Korrelation nicht ausgedient hat.«

[103] *Friedrich Schweitzer:* Abraham als Vater interreligiöser Ökumene (2013)?, 95.

[104] So zu Recht *Bernd Schröder:* »Abraham« im Christentum (2011), 88.

[105] *Friedrich Schweitzer* (2013), 95.

strukturell ausgleichen. Auch wenn Abraham in der Lebenswelt der Kinder und Jugendlichen nicht schon vorgängig präsent ist, so kann er ja eine Bedeutung *bekommen*. Dass er damit als lebensweltlich nicht wirklich geerdete »Kunstfigur«[106] gelten müsse, leuchtet nicht ein – außer wenn man diesen Begriff auf sämtliche neu vorgestellten Figuren und Personen im Religionsunterricht anwenden wollte. Korrelation setzt ja nicht eine spezifische Bekanntschaft oder explizites Vorwissen voraus, sondern Anschlussfähigkeit. Abraham ist in dem Sinne korrelativ anschlussfähig, als dass er im Kontext einer pluralistischen Lebenswelt als Figur der religionsverbindenden und religionstrennenden Beziehungen zwischen Judentum, Christentum und Islam (neu oder vertiefend, in jedem Fall aber differenzierend) vorgestellt wird, in einem über mehrjährige Lernstufen strukturierten Dreischritt[107]: der zunächst biblisch-narrativen Hinführung, gefolgt von einer theologischen und lebenskundlichen Erschließung und abgeschlossen mit einer wirkungs- und rezeptionsgeschichtlichen Sichtung, in welcher die in all dem mitschwingende interreligiöse Bedeutung eine besondere Rolle spielt. So *erhält* er sein Profil.

1.4 Abraham als ›Pate‹ interreligiöser Projekte

Bei aller Konzentration auf Schülerinnen und Schüler am Lernort Schule und im Religionsunterricht: In einer postmodernen, durch Pluralität geprägten Lebenswelt machen fast alle Menschen »Erfahrungen mit Multireligiosität von Anfang an«[108]. Deshalb beginnen interreligiöse Lernprozesse schon im Kindergartenalter[109] und setzen sich auch nach der Schulphase fort.

---

[106] Ebd., 100.

[107] Im Anschluss an *Bernd Schröder* (2011), 88f.

[108] *Friedrich Schweitzer* (2014), 162.

[109] Vgl. *Albert Biesinger/Anke Edelbrock/Friedrich Schweitzer* (Hrsg.): Auf die Eltern kommt es an! Interreligiöse und Interkulturelle Bildung in der Kita (Münster u. a. 2011); *Friedrich Schweitzer/Anke Edelbrock/Albert Biesinger* (Hrsg.): Interreligiöse und Interkulturelle Bildung in der Kita. Eine Re-

Ein Großteil interreligiösen Lernens vollzieht sich alltagsbegleitend im Erwachsenenalter. Das gilt auch für das abrahamische Lernen. Gerade auch außerhalb von Schule wird im Zeichen Abrahams – und in Deutschland bereits seit den 1970 Jahren in expliziter Berufung auf ihn – interreligiös gelernt. Das lässt sich an einer imposanten Vielzahl von Projekten zeigen:

- Schon 1967 wurde in Paris die »Fraternité d'Abraham«[110] gegründet, eine der weltweit ältesten und bekanntesten Organisationen für den trilateralen Austausch. Nach ihrem Vorbild arbeiten in Deutschland und in anderen Ländern Europas und den USA zahlreiche abrahamische Initiativen, Gesellschaften und Foren an der interreligiösen Verständigung zur Förderung von Frieden und Versöhnung.
- Das »Woolf Institute of Abrahamic Faiths«[111] der Universität Cambridge (GB) widmet sich dem akademischen Trialog zwischen Juden, Christen und Muslimen.
- Das »Children of Abraham Institute«[112] residiert und arbeitet seit 2001 in Virginia (USA).
- Das »The Children of Abraham Project«[113] zur Förderung des Friedens in Israel hat seine Basis in Michigan (USA).
- Das »The Children of Abraham Peace Project«[114] betreibt interreligiöse Friedensarbeit in islamischer Trägerschaft mit Sitz in Massachusetts (USA).
- In Peterborough (GB) residiert eine Gesellschaft, die sich »Abrahamfestival«[115] nennt und jährliche Veranstaltungen zur interreligiösen Verständigung im Namen des biblischen Stammvaters veranstaltet.

---

präsentativbefragung von Erzieherinnen in Deutschland – interdisziplinäre, interreligiöse und internationale Perspektiven (Münster u. a. 2011); *Frieder Harz:* Interreligiöse Erziehung und Bildung in Kitas (Göttingen 2014).

[110] Vgl. www.fraternite-dabraham.com.
[111] Vgl. www.woolfinstitute.cam.ac.uk.
[112] Vgl. http://etext.virginia.edu/journals/abraham/index.html.
[113] Vgl. http://thechildrenofabrahamproject.org/index.asp.
[114] Vgl. www.niburu.nl/index.php?articleID=13897.
[115] Vgl. www.abrahamfestival.org.

- »Abrahams Herberge«[116] nannte sich eine 1990–2012 von der evangelischen Kirche betriebene interreligiöse Begegnungsstätte in Beit Jala, Palästina.
- Das seit 1995 operierende »Abrahamshuis« in Genk (Belgien) widmet sich der Stärkung der jüdisch-christlich-muslimischen Gemeinschaft.
- Im Jahr 2007 wurde durch die Harvard-Universität ein Projekt mit dem Namen »Abraham's Trail«[117] initiiert, heute eher als »Abraham's Path«[118] bekannt. Der durch zahlreiche Länder des Vorderen Orients führende, immer noch stets weiter ausgebaute Langstrecken-Kultur-Pfad soll die Reisewege Abrahams nachvollziehbar machen. Alle Wege enden am Grab Abrahams in Hebron. Explizites Ziel des Unternehmens ist die Förderung des besseren Verständnisses aller sich auf Abraham berufenden Völker und Religionen.
- Schon seit 1989 widmen sich die »Abraham Fund Initiatives«[119] einer Verbesserung des gerechten und friedlichen Zusammenlebens von Juden und Muslimen in Israel.
- Das »Europäische Abrahamische Forum«[120] ist eine 2007 gegründete Initiative des Zürcher Lehrhauses zur interkulturellen und interreligiösen Verständigung zwischen Juden, Christen und Muslimen. Ein besonderer Blick richtet sich auf den Austausch mit Muslimen in den Ländern des Nahen und Mittleren Ostens.
- »Abrahams Runder Tisch«[121] nennt sich seit 1998 eine Initiative des »Interreligiösen Arbeitskreises Hildesheim« mit dem Ziel des je besseren Verstehens von Juden, Christen, Muslimen und Bahai. Ähnliche Initiativen finden sich auch in anderen Städten.

---

[116] Vgl. www.abrahams-herberge.com.
[117] Vgl. www.abrahampath.org; *Nilton Bonder:* Taking off your Shoes. The Abraham Path, a Path to the Other (Bloomington 2010).
[118] Vgl.: Zu Fuß ins gelobte Land, DIE ZEIT 01.04.2015, 55.
[119] Vgl. www.abrahamfund.org.
[120] Vgl. www.zuercher-lehrhaus.ch.
[121] Vgl. www.abrahams-runder-tisch.de.

– In Stuttgart arbeitet ein Verein mit dem Namen »Haus Abrahams«[122] unter dem Dach des »Stuttgarter Lehrhauses«[123] – einer Stiftung für interreligiösen Dialog – im Bild der Gastfreundschaft Abrahams daran, gegenseitigen Respekt und bessere Kenntnisse über das jeweilige Selbstverständnis der Religionen zu fördern.

– Seit 2004 treffen sich jüdische, christliche und muslimische Gläubige im »Abrahamitischen Forum«[124] in Mainz zu Austausch und Verständigung. Gastgeber ist die Evangelische Christuskirche in Mainz.

– Ebenfalls 2004 wurde an der Evangelischen Akademie Arnoldshain das erste »Abrahamische Jugendforum«[125] veranstaltet.

– Gleich in mehreren Städten finden sich trialogische Initiativen unter dem Titel »Abraham-Fest«. Im Jahr 2000 fand ein solches Fest im schwäbischen Filderstadt statt, dort wurde ein trialogisches Theaterstück »Abraham heute«[126] uraufgeführt. Seit 2001 wird ein gleicherart benanntes »Abraham-Fest« jährlich im westfälischen Marl[127] gefeiert. Seit 2008 findet sich schließlich eine inzwischen dreimal durchgeführte ähnliche Initiative in Bielefeld[128].

– In München residiert die Vereinigung der »Freunde Abrahams e.V.«[129] mit dem Ziel, die interreligiöse Verständigung zwischen Judentum, Christentum und Islam auf wissenschaftlicher Grundlage zu fördern. Die von ihr jährlich seit

---

[122] Vgl. www.haus-abrahams.de.

[123] Vgl. www-stuttgarter-lehrhaus.de. Ziel: Die Förderung des Dialogs und Trialogs »zwischen Anhängern der drei monotheistischen Religionen, zwischen Juden, Christen und Muslimen auf der Grundlage von Toleranz, Verstehen, Verständnis und Gleichberechtigung«.

[124] Vgl. www.christuskirche-mainz.de/seiten/abrahamitischesforum. html.

[125] Vgl. *Jürgen Micksch* (Hrsg.): Vom christlichen Abendland zum abrahamischen Europa (Frankfurt a. M. 2008), 173f.

[126] Vgl. www.uri-deutschland.de/kunst/abraham-heute.pdf.

[127] Vgl. www.abrahamsfest-marl.de.

[128] Vgl. www.bielefelder-abrahamsfest.de

[129] Vgl. www.freunde-abrahams.de. Hier zahlreiche weitere Links zu internationalen Friedensgruppen im Zeichen Abrahams.

2002 herausgegebenen »Blätter Abrahams« verstehen sich explizit als »Beiträge zum interreligiösen Dialog«. Das zusätzlich herausgegebene Infoblatt »Abrahams Post« informiert regelmäßig über aktuelle Termine und Trends.

- Im Auftrag des »Interkulturellen Rats in Deutschland« wurde 2001 ein »abrahamisches Forum« eingerichtet, an dem sich führende Mitglieder aller drei Religionen beteiligen. Besonders erfolgreich ist die Arbeit der »abrahamischen Teams«. »Qualifizierte jüdische, christliche und muslimische Menschen« gehen dabei »gemeinsam auf Veranstaltungen«, um »über ihre Religion zu sprechen, um danach in einen offenen und kritischen Dialog einzutreten«[130]. 2013 wurde dieses Forum zu einem eigenständig eingetragenen Verein.

- In Braunschweig existiert seit 2007 der Verein »Abrahams Kinder«[131], der Eltern und Kindern der drei Religionen Raum zur Möglichkeit von Begegnung und Austausch ermöglichen will.

- Unter dem Titel »abraham & co«[132] wurde 2013 in der evangelischen Jugendbildungsstätte Berchum/Hagen ein interreligiöses Jugendcamp veranstaltet, getragen von mehreren jüdischen, christlichen und muslimischen Verbänden.

Zahlreiche weitere international oder regional in Deutschland operierende Initiativen und Organisationen ließen sich anfügen.[133] Sie agieren fast durchgängig »an der Basis«, erreichen »alle Bildungsschichten«, sind vor allem »auf der Ebene des Handelns und des Alltags angesiedelt« und zeichnen sich durch eine »beeindruckende Vielfalt an Aktionsformen«[134] aus. Die explizite Berufung auf Abraham ist bei all dem kein Zufall, viel-

---

[130] *Jürgen Micksch:* Abrahamische Teams, in: Handbuch Interreligiöses Lernen (2005), 685f, hier: 685. Vgl. auch *ders.:* Abrahamische und Interreligiöse Teams (Frankfurt a. M. 2003); *Karl-Josef Kuschel/Jürgen Micksch:* Abrahamische Ökumene. Dialog und Kooperation (Frankfurt a. M. 2011).

[131] www.abrahamskinder.de.

[132] www.wert-voll.org/104.html.

[133] Vgl. *Martin Bauschke:* Der jüdisch-christlich-muslimische Trialog (Norderstadt 2007), 29ff.

[134] Alle Zitate in: *Eva Maria Hinterhuber:* Abrahamischer Trialog und Zi-

mehr bewusst biblische Anbindung und programmatische Selbstverpflichtung. Im Wissen um die kontroverse Diskussion hinsichtlich der Eignung Abrahams als Pate trialogischer Begegnung und unter Berücksichtigung der Funktionalisierungen Abrahams in allen drei Einzelreligionen bleibt der schlichte Befund, dass »es faktisch vielerorts Begegnungen und Initiativen im Namen des Erzvaters gibt«[135]. Keine andere Figur bündelt so sehr symbolisch und repräsentativ den Versuch von Austausch, Begegnung und der Suche nach Verständigung zwischen Judentum, Christentum und Islam!

1.5 Abrahamische Gastfreundschaft

Abraham wird zum Vorbild und Modell vor allem durch seine »Praxis aufzubrechen aus überlieferten Sicherheiten sowie seine Bereitschaft zu opfern, zu teilen [...] und Frieden zu schließen«[136]. Aber noch in einer weiteren Hinsicht wird Abraham zum Urbild interreligiösen Lernens: im Blick auf die von ihm berichtete und in seinem Namen praktizierte Gastfreundschaft als personifiziertes »Gegenteil von Fremdenfurcht und Abgrenzungsdenken«[137]. Diese Perspektive beruht zum einen auf einem vielfach nachweisbaren »Wohlwollen gegenüber Fremden in den ›abrahamischen Religionen‹«[138], lässt sich zum anderen jedoch konkret in den Abrahamserzählungen festmachen. In der Tat wird von Abraham in Gen 18,1–22 eine archetypische Gastfreundschaftsszene erzählt: Zusammen mit seiner Frau Sara empfängt er »bei den Eichen von Mamre« Gott in Gestalt von drei vorbeireisenden Männern, die er auf-

---

vilgesellschaft. Eine Untersuchung zum sozialintegrativen Potenzial des Dialogs zwischen Juden, Christen und Muslimen (Stuttgart 2009), 187f.

[135] *Martin Bauschke:* Der Freund Gottes (2014), 172.

[136] *Martin Stöhr:* Abrahamische Ökumene?? – Leitbild für Theologie und Religionsunterricht?, in: Saarbrücker Religionspädagogische Hefte 2 (2006), 3–41, hier: 25.

[137] *Karl-Josef Kuschel/Jürgen Micksch* (2011), 19.

[138] *Stephan Leimgruber* (2007), 85.

nimmt, bewirtet, schützt und denen er Nachtherberge gewährt.

– In der *jüdischen Tradition* wird diese Episode als vorbildhaft und allgemeingültig herausgestellt: »Abrahams Haus stand allen Menschenkindern offen, den Vorbeiziehenden und Heimkehrenden, und Tag und Nacht kamen welche, um bei Abraham zu essen und zu trinken. Wer hungrig war, dem gab er Brot [...] Wer nackt in sein Haus kam, den hüllte er in Kleider und ließ ihn von Gott erfahren, dem Schöpfer aller Dinge.«[139] Gastfreundschaft und das Erzählen von der eigenen Religion verbinden sich: nicht aufdringlich, sondern im Kontext gelebten Alltags; in gastfreundlicher sozialer Verpflichtung zur Erfüllung der leiblichen Bedürfnisse, ohne die spirituelle Beheimatung dabei zu unterschlagen.

– In der *christlichen Tradition* wird die Erzählung der Gastfreundschaft zumindest motivisch aufgenommen: »Vergesst die Gastfreundschaft nicht; denn durch sie haben einige, ohne es zu ahnen, Engel beherbergt«, heißt es in Hebr 13,2 mit klarer Anspielung auf Gen 18, auch wenn Abraham hier explizit namentlich nicht genannt wird. Die (abrahamische) Gastfreundschaft wird hier eindeutig als auch christliche Tugend gekennzeichnet.

– Auch die muslimische Tradition greift sowohl den Bezug zu Abraham als auch den Appell zur Gewährung von Gastfreundschaft auf. In Sure 11,69–76 und Sure 51,24–37 wird die Szene mit jeweils eigener narrativer Ausgestaltung nacherzählt.

Aus diesem Grund kann das Motiv der ›Gastfreundschaft Abrahams‹ gerade auch für den interreligiösen Bereich in trialogischer Perspektive fruchtbar gemacht werden, ja geradezu zum Schlüssel, zur grundlegenden »Metapher für interreligiöses Lernen in der Schule«[140] werden. Trialog in Berufung auf Abraham

---

[139] In: ebd., 20.
[140] Vgl. *Katja Boehme:* Abrahamische Gastfreundschaft als Metapher für interreligiöses Lernen in der Schule, in: Der andere Abraham (2011), 217–243.

wird hier zum anregenden Bilderreservoir für eine religiös begründete Zuwendung zum Nächsten – einer Thematik, die in
Zeiten von Migration und Flüchtlingsströmen aktuell ist wie
selten zuvor. Abraham, der sich »unbekannten Fremden öffnet
und ihnen exzellente Gastfreundschaft erweist«, sei völlig zu
Recht in den abrahamitischen Religionen »Sinnbild und Urbild
der Öffnung im Dialog« und »Modell für einen Austausch«[141],
der einen eigenen Standpunkt und das Miteinander von Ver-
schiedenem verbinde, so der katholische Alttestamentler und
Trialog-Förderer *Manfred Görg*. In der Konkretisierung dessen,
was ›abrahamische Gastfreundschaft‹ real bedeuten kann,
bleibt es freilich bislang weitgehend bei diesem allgemein-meta-
phorischen Bezug.

Das Konzept der Gastfreundschaft[142] erfreut sich gegenwärtig in der Religionspädagogik großer Beliebtheit, verspricht
man sich doch dadurch Perspektiven vor allem für die kon-
fessionell-kooperative Zusammenarbeit. Aber lässt sich das
Modell auf multireligiöse Perspektiven übertragen? *Katja Baur*
legte 2007 ein »Kompendium zur interreligiösen Kompetenzbildung« unter dem Titel »Zu Gast bei Abraham« vor, das
letztlich diese Metapher aber nicht wirklich ausgestaltet, sondern selbst eingestandenermaßen eher als »bunter Strauß aus
Impulsen und Unterrichtsideen«[143] daherkommt, in dem Abraham, Sarah und Hagar »als exemplarische Wegbegleiter« dienen, »an denen sich interreligiöse Lernprozesse entfalten«[144].

Differenzierter argumentiert die katholische Religionspädagogin *Katja Boehme*. Im Blick auf die unterschiedlichen Modelle kooperativer Lehrformen im Religionsunterricht zeigt sie

---

[141] *Manfred Görg*: Der eine Gott in den »abrahamitischen Religionen«, in:
Blätter Abrahams. Beiträge zum interreligiösen Dialog (München 2003),
Heft 2, 7–18, hier: 17.
[142] Vgl. vor allem: *Hans Schmid/Winfried Verburg* (Hrsg.): Gastfreundschaft. Ein Modell für den konfessionellen Religionsunterricht der Zukunft
(München 2010).
[143] *Katja Baur*: Zu Gast bei Abraham. Ein Kompendium interreligiöser
Kompetenzbildung (Stuttgart 2007), 343.
[144] Ebd., 9.

zunächst auf, dass von Abraham hergeleitete Gastfreundschaft vor allem in zwei Formen umsetzbar scheint: als punktuelle »Einladung von Religionslehrerinnen und -lehrern oder Vertretern anderer Religionen«, die eben als »Zeichen einer multilateralen Gastfreundschaft gewertet« werden könne, aber auch in der Form einer längerfristigen, gleichwohl »befristeten Gastfreundschaft«[145] im Blick auf anderen Konfessionen angehörige Schülerinnen und Schüler. Möglich könnten derartige Formen vor allem dann werden, wenn »die Fächer des Religionsunterrichts verschiedener Konfessionen und Religionen« zusammen mit den Fächern Ethik und Philosophie »als gleichberechtigte Fächer einer Fächergruppe«[146] zusammengeschlossen würden, denen dann explizit und gemeinsam die Aufgabe der interreligiösen Zusammenarbeit zu übertragen sei. Im Zusammenspiel von konfessionell geschlossenen wie auch interreligiös geöffneten Lernphasen könnte dann Identität genau so vermittelt bzw. erschlossen werden wie Verständigung.[147]

Insgesamt bleiben die konkreten Lernperspektiven einer abrahamischen Gastfreundschaft bis heute freilich eher blass. Vielleicht lässt sich dieses biblische Bild aber doch kreativ nutzen, wenn man es von seinem alttestamentlichen Kontext und der dort vorherrschenden Symbolik ablöst. Wir haben gesehen, dass das familiär getönte Bild der Söhne Abrahams als Repräsentanten der drei Religionen Judentum, Christentum und Islam umstritten ist, bei aller praktischen Erdung. Hier wird ein neues Bild vorgeschlagen: Judentum, Christentum und Islam sind wie die drei Männer im Zelt Abrahams. Abraham ist der Gastgeber, der Hortstifter, der Bergende und Schützende. Sie sind bei ihm, auf seiner Spur, tauschen sich mit ihm aus, profitieren von seine Erfahrung und Weisheit. Und: Sie sind gemeinsam in diesem Zelt, Seite bei Seite, Schulter an Schulter,

---

[145] *Katja Boehme* (2011), 228.

[146] Ebd., 231.

[147] Vgl. zu diesen Unterrichtsformen: *Eva-Maria Kenngott/Rudolf Englert/ Thorsten Knauth* (Hrsg.): Konfessionell – interreligiös – religionskundlich. Unterrichtsmodelle in der Diskussion (Stuttgart 2015).

genießen dieselbe Gastfreundschaft, hören dieselben Geschichten, haben Teil an den gleichen Wohltaten. Sie werden ihre drei getrennten Wege gehen, die Gäste Abrahams, verbunden in der gemeinsamen Erfahrung, verpflichtet auf die Weitergabe und eigene Weiterentwicklung des mit Körper und Geist Erlebten. Das also könnte vielleicht ein noch ausbaufähiges Bild für den Trialog sein: Judentum, Christentum und Islam sind zu Gast *im Zelt Abrahams,* von dort aus bestimmt sich ihr weiterer Weg.

Unabhängig von dieser noch unverbrauchten Bild-Idee wird die *überragende Bedeutung Abrahams* in all diesen Projekten, Entwicklungen und Perspektiven überdeutlich: Sowohl in den Diskussionen über die interreligiöse Verständigung als auch in den didaktischen Umsetzungen und in praktischen Organisationen und Initiativen fungiert er als *das* überragende Symbol für Gemeinsamkeiten und Unterschiede von Judentum, Christentum und Islam. Diese Symbolkraft wirkt hinein in sämtliche Bereiche der Kultur. Kaum mehr überraschend: Selbst eine aktuelle, groß angelegte Ausstellung in Kooperation der Staatlichen Museen in Berlin mit dem British Museum über das kulturelle und religiöse Miteinander in Ägypten wird im Jahr 2015 unter den Titel gestellt: »Ein Gott. *Abrahams Erben* am Nil. Juden, Christen und Muslime in Ägypten von der Antike bis zum Mittelalter«[148]. Mehr denn je wird deutlich: »Abrahamische Ökumene ist eine *Wirklichkeit*«[149], wie der evangelische Theologe *Martin Stöhr* 2006 festhält. Im Rahmen des zu entwickelnden Konzeptes einer ›trialogischen Religionspädagogik‹ lässt sich diese Wirklichkeit, lässt sich vor allem das didaktische interreligiöse Profil Abrahams noch einmal schärfen und präzisieren.

---

[148] Vgl. den Katalog: Ein Gott. Abrahams Erben am Nil. Juden, Christen und Muslime in Ägypten von der Antike bis ins Mittelalter, hrsg. von *Cäcilia Fluck* u. a. (Petersberg 2015).
[149] *Martin Stöhr:* Abrahamische Ökumene? (2006), 5.

2. Trialogische Initiativen

Trialogische Religionspädagogik: Die mit diesem Begriff gekennzeichneten interreligiösen Konzeptionen wurden keineswegs ausschließlich im Bild und Namen Abrahams gestaltet, sondern auch unter anderen Vorzeichen in verschiedenen anderen Unternehmungen auf den Weg gebracht und entfaltet. Darunter finden sich auch Projekte unter den Überschriften »Trialog der Kulturen« oder »Trialog als religionspädagogisches Gespräch«. Diesen Bestrebungen gilt zunächst unser Augenmerk.

In den letzten 20 Jahren haben sich zahlreiche trialogische Initiativen ausgebildet: zeitgleich, zum größten Teil unabhängig voneinander und angesiedelt auf mehreren Ebenen.[150] Gewiss ist der Kritikpunkt ernstzunehmen, dass trialogische Veranstaltungen »häufig auf einer bestimmten Funktionärsebene« stattfinden, »ohne wirkliche Berührungspunkte an der Basis«[151], so 2006 die als abrahamisches Team zusammenarbeitende Muslima *Rabeya Müller* und die Jüdin *Rachel Herweg*. Genau gegen diese Schieflage soll die hier vorgelegte trialogische Religionspädagogik ja etabliert werden, im Wissen um die Mühsal und Zähigkeit von ›basisrelevanten‹ Lernprozessen. Tatsächlich haben sich aber auch ›von unten‹ erstaunlich viele praktische Projekte gebildet, die sich dem gleichen Ziel verschreiben. Von den explizit abrahamischen Unternehmungen war bereits die Rede. Im Folgenden werden die trialogischen Initiativen erstmals in ein Panoramabild aufgefächert, konzipiert im Sinne eines repräsentativen Überblicks, der keineswegs den Ansprüchen auf Vollständigkeit genügen will und kann.

---

[150] Hinweise auf internationale Initiativen in: *Eva Maria Hinterhuber:* Abrahamischer Trialog und Zivilgesellschaft (2009), 60ff.

[151] *Rachel Herweg/Rabeya Müller:* Real-Trialog oder Quadratur des Kreises. Erfahrungen mit abrahamischen Teams an deutschen Schulen und Einrichtungen der Erwachsenenbildung, in: *Reinhard Möller/Hans-Christoph Goßmann* (Hrsg.): Interreligiöser Dialog (2006), 223–229, hier: 223f.

2.1 Trialog als pädagogisches Programm schulischen Lernens

Den Startschuss zu explizit mit dem Begriff »trialogisch« operierenden Lernprogrammen gab die in Bad Homburg ansässige private *Herbert-Quandt Stiftung.* Schon seit 1996 betreibt sie ein umfassendes Programm des »Trialogs der Kulturen«, das freilich nach sehr erfolgreicher Tätigkeit 2016 auslaufen soll. Überzeugt von einem großen, wenn auch oft eher implizit enthaltenen »Verständigungspotential der drei abrahamischen Weltreligionen und Kulturen«[152] arbeitet sie auf mehreren Ebenen für ein immer besseres gegenseitiges Verständnis von Judentum, Christentum und Islam. Sie steht ein für ein »Konzept interreligiösen und interkulturellen Lernens, [...] das auf Verstehen, Respekt und Wertschätzung zielt«[153].

1999 gab die Stiftung eine federführend an der University of Birmingham erarbeitete Studie in Auftrag, die letztlich den Anlass dazu lieferte, dass sich die Stiftung mit ihrem trialogischen Projekt vor allem auf den schulischen Sektor konzentriere sollte. In acht europäischen Ländern (Griechenland, Italien, Spanien, Frankreich, Großbritannien, Schweden, Finnland und Deutschland) wurden Schulcurricula für die Lernbereiche Sprache, Literatur, Geschichte und Religion hinsichtlich ihres Potenzials untersucht, Wissen über die drei abrahamischen Religionen zu vermitteln. Die Ergebnisse der Studie verwiesen deutlich auf den Missstand, dass weiterhin ausschließlich die westlich-christliche Kultur »als selbstverständliche Koordinate der Bildungsziele, Curricula und Lehrbücher betrachtet«[154] werde. Die Thematisierung von Judentum und Islam erfolge in den traditionell christlich geprägten Ländern erstens recht spät, zweitens unter der Vorgabe des Blicks auf ›das Fremde‹ oder ›das Andere‹, und drittens häufig vor allem in Zusammenhang

---

[152] www.herbert-quandt-stiftung.de/deutsch/trialog_der_kulturen/
[153] *Clauß Peter Sajak* (Hrsg.): Trialogisch lernen (2010), 7.
[154] *Roland Löffler:* Kultureller Pluralismus in europäischen Curricula? Die Studie der Universität Birmingham und der Wettbewerb »Schulen im Dialog«, in *Clauß Peter Sajak* (2010), 74–83, hier: 77.

mit Konfliktsituationen oder im Rahmen von Migrations-
problemen.[155]

Bei diesen als Defizit gedeuteten Beobachtungen setzt der
Wettbewerb der Stiftung an, der 2005 unter dem Titel »Schulen
im Trialog. Europäische Identität und kultureller Pluralismus«
zum ersten Mal ausgeschrieben wurde. Er wird von dem Müns-
teraner Religionspädagogen *Clauß Peter Sajak* wissenschaftlich
begleitet. Der Wettbewerb zielt darauf ab, Lehrerinnen und
Lehrer, aber auch Schülerinnen und Schüler aller Schultypen
dazu zu motivieren, sich mit dem titelgebenden Trialog der
abrahamischen Kulturen auseinanderzusetzen. Sie werden
dazu aufgerufen, kreative und innovative Beiträge zur besseren
Verständigung zwischen den drei monotheistischen Geschwisterreligionen zu entwickeln. Die jährlich ausgeschriebenen
Wettbewerbe widmen sich seit 2007 wechselnden Schwer-
punktthemen. Sie lauteten bislang:

- »Was glaubst du denn?« (2007/08)
- »Schalom – Frieden – Salam?! Friedens- und Konfliktpoten-
  ziale in Judentum, Christentum und Islam« (2008/09)
- »*Auf*wachsen – *Er*wachsen. Kindheit und Jugend in Chris-
  tentum, Judentum und Islam heute« (2009/10)
- »Fremde – Heimat – globale Welt« (2010/2011)
- »Meine, deine, unsere Welt – wie gestalten wir die Zu-
  kunft?« (2011/12)
- »Mensch, Kreatur, Natur – was sagen Judentum, Christen-
  tum und Islam?« (2012/2013)
- »Wurzeln erinnern – Zukunft gestalten. Sprachen, Kulturen,
  Religionen in Deutschland« (2013/14)
- »Trialog vor Ort – Schulen werden aktiv« (2014/15)[156].

Die von einer speziell geschulten Jury zum Wettbewerb zugelassenen Schulen erhalten ein Startgeld, mit dem sie im Laufe des

---

[155] Vgl. *Lisa Kaul-Seidmann/Jorgen Nielsen/Markus Vinzent:* Europäische
Identität und kultureller Pluralismus. Judentum, Christentum und Islam in
europäischen Lehrplänen. Empfehlungen für die Praxis (Bad Homburg
2003), 12.
[156] Vgl. www.herbert-quandt-stiftung.de/jahresthema.

jeweiligen Schuljahrs ihre Pläne und Konzepte verwirklichen können: »Projektwochen, Podiumsdiskussionen, Gedenkveranstaltungen, Autorenlesungen, aber auch Filmproduktionen, Theateraufführungen, Musicalinszenierungen, Interviews mit Vertretern der Religionen, Print-Dokumentationen oder Internetplattformen zum Wettbewerbsthema«[157]. Außerdem erhalten die beteiligten Schulen die Gelegenheit, sich bei einem ›Markt der Möglichkeiten‹ gegenseitig kennenzulernen und ihre Arbeit zu vernetzen. Die Stiftung legt bei der Auswahl der zur Teilnahme zugelassenen Schulen transparent benannte Kriterien zugrunde, wie etwa eine grundsätzliche Verankerung der Trialog-Thematik im schulinternen Curriculum, aber auch die zukunftsorientierte Einbindung von Lehramtsanwärtern oder ein Engagement von Seiten der Eltern. Inzwischen ergänzt ein trialogisches Kinderfunkkolleg, ausgestrahlt im Hessischen Rundfunk, diese Bemühungen. In zehnminütigen Einzelsendungen versuchen Kinder zwischen sieben und 13 Jahren anderen ihren Glauben, ihre Rituale und Feste nahezubringen. Auf einer eigenen Website werden dazu Podcasts, Arbeitsmaterialien für den schulischen Einsatz und methodische Anregungen bereitgestellt.[158]

Clauß Peter Sajak erläutert das spezifisches Verständnis von trialogischem Lernen, das der Arbeit der Stiftung zugrunde liegt. Es zielt darauf ab,

»Menschen aus Judentum, Christentum und Islam an verschiedenen Lernorten in ein konstruktives Gespräch zu bringen, das zu Verstehen, Respekt und Wertschätzung führen kann. Gerade die [...] religionsgeschichtliche Verwandtschaft der drei Offenbarungsreligionen und die unbestreitbare religionstheologische Kongruenz im monotheistischen Glauben an den einen Gott verpflichten Juden, Christen

---

[157] *Clauß Peter Sajak/Ann-Kathrin Muth:* Standards für das trialogische Lernen. Interkulturelle und interreligiöse Kompetenzen in der Schule fördern (Bad Homburg 2011), 20f.
[158] www.kinderfunkkolleg-trialog.de.

und Muslime darauf, zu dem höchst notwendigen Groß-
projekt einer Zivilisierung von Religion samt ihres Konflikt-
und Gewaltpotenzials in unserer Gesellschaft beizutragen.«[159]

Wenn interreligiöses Lernen ganz allgemein versucht,

> »die bewusste Wahrnehmung, die angemessene Begegnung
> und die differenzierte Auseinandersetzung mit Zeugnissen
> und Zeugen anderer Religionen einzuüben, so gilt dies
> umso mehr für die ›Menschen der Schrift‹ (Koran 3:199),
> also für Juden, Christen und Muslime, die so viele Gemein-
> samkeiten in Glaube, Ethos, Kult und Kultur kennen. Und
> umgekehrt ist mit Blick auf die gesellschaftsprägende Kraft
> der drei abrahamischen Religionen zu fragen, wieweit wir
> unsere heutige europäische Kultur überhaupt angemessen
> verstehen, würdigen und fortschreiben können, ohne uns
> das gemeinsame Erbe der drei Religionen zu vergegenwärti-
> gen.«[160]

Die an den Schulen erarbeiteten Beiträge werden seit mehreren
Jahren am Lehrstuhl für Religionspädagogik der Katholisch-
Theologischen Fakultät Münster ausgewertet. Auf dieser
Grundlage entstanden Ausformulierungen von »Standards für
das trialogische Lernen«[161], aber auch die praxisorientierte vier-
bändige Reihe »Lernen im Trialog. Bausteine für interreligiöse
und interkulturelle Lernprojekte« – bestens gelungene Handrei-
chungen für interreligiöses Lernen im Kontext des schulischen
Religionsunterrichts.[162] Auf Ergebnisse dieser konzeptionellen

---

[159] *Clauß Peter Sajak:* Trialogische Religionspädagogik. Neue Perspektiven
für das interreligiöse Lernen in der Schule, in: Herder Korrespondenz 65
(2011), 373.
[160] Ebd.
[161] *Clauß Peter Sajak/Ann-Kathrin Muth:* Standards für das trialogische
Lernen (2011).
[162] Vgl. *Clauß Peter Sajak* (Hrsg.): Gotteshäuser. Entdecken – Deuten – Gestalten (Paderborn 2012); *ders.* (Hrsg.): Feste feiern. Jahreszeiten –

Entwürfe und materialen Angebote zum trialogischen Lernen wird im Folgenden immer wieder zurückgegriffen.

2.2 Trialog als religionspädagogisch-wissenschaftlicher Diskurs

Während das Trialog-Projekt der Herbert-Quandt Stiftung primär auf Verständigungsprozesse am Lernort Schule abzielt, führt ein anderes derartiges Projekt in den Bereich des wissenschaftlichen religionspädagogischen und religionsdidaktischen Diskurses. In den praktischen Grenzen realistischer Umsetzbarkeit fördert es das akademische Gespräch, den intellektuellen Austausch von jüdischen, christlichen und muslimischen Theologinnen und Theologen. In den USA gibt es seit 1980 zahlreiche derartige Projekte.[163] Sie blieben jedoch lange Zeit auf den angloamerikanischen Sprachraum beschränkt. Noch 2002 konnte der evangelische Religionswissenschaftler *Volker Küster* mit gewissem Recht feststellen: »Der Idealfall des Trialogs [...] ist im bundesrepublikanischen Alltag bisher wohl eher die Ausnahme geblieben.«[164] Nur die Ausnahme? Die Szenerie hat sich inzwischen verändert!

Das öffentlichkeitswirksamste Beispiel: Im Jahr 2008 wurde rund um den Kernort Heidelberg ein Gesprächskreis aus der Taufe gehoben, in dem sich unter Federführung von *Daniel Krochmalnik* (jüdisch), *Harry Harun Behr* (muslimisch), *Katja Boehme* (römisch-katholisch) und *Bernd Schröder* (evangelisch) in jährlichem Abstand christliche, jüdische und muslimische Religionspädagoginnen und Religionspädagogen über fachspezifische Fragen austauschen und diese Ergebnisse in einer ›trialogischen‹ Buchreihe, herausgegeben im Berliner Verlag

---

Mahlzeiten – Lebenszeiten (Paderborn 2013); *ders.* (Hrsg.): Heilige Schriften. Texte – Themen – Traditionen (Paderborn 2014); *ders.*: Mensch und Schöpfung, i.E.
[163] *Bradford E. Hinze:* Jewish, Christian, Muslim Trialogue. An Introductory Survey, in: *ders./Irfan A. Omar* (Hrsg.): Heirs of Abraham (2005), 1–19, hier: 9–12.
[164] *Volker Küster:* Verwandtschaft verpflichtet (2002), 398.

»Frank & Timme«, dokumentieren. Schließlich gehöre zum »Trialog der Religionen« maßgeblich ein »Trialog der Religionspädagogen«, für den »in den Quellen der drei monotheistischen Religionen« alle Ressourcen bereitlägen, sie »müssen nur abgerufen werden«[165], so Daniel Krochmalnik. Diese Reihe erscheint mittlerweile unter dem Titel »Religionspädagogische Gespräche zwischen Juden, Christen und Muslimen« und zeichnet sich durch das Alleinstellungsmerkmal aus, dass sich hier regelmäßig und themenzentriert auf wissenschaftlicher Ebene Vertreterinnen und Vertreter der abrahamischen Ökumene in einem Diskurs austauschen. Bislang erschienen folgende Bände:

- *Bernd Schröder/Harry Harun Behr/Daniel Krochmalnik* (Hrsg.): Was ist ein guter Religionslehrer? Antworten von Juden, Christen und Muslimen (Berlin 2009)
- *Harry Harun Behr/Daniel Krochmalnik/Bernd Schröder* (Hrsg.): Der andere Abraham. Theologische und didaktische Reflexionen eines Klassikers (Berlin 2011)
- *Bernd Schröder/Harry Harun Behr/Daniel Krochmalnik* (Hrsg.): »Du sollst Dir kein Bildnis machen …« Bilderverbot und Bilddidaktik im jüdischen, christlichen und islamischen Religionsunterricht« (Berlin 2013)
- *Katja Boehme* (Hrsg.): »Wer ist der Mensch?« Anthropologie im interkulturellen Lernen und Lehren (Berlin 2013)
- *Krochmalnik, Daniel* u. a. (Hrsg.): Das Gebet im Religionsunterricht in interreligiöser Perspektive (Berlin 2014)

Die Reihe wird als akademisches Forum trialogischer Selbst- und Fremdvergewisserung fortgesetzt. Für 2016 ist als sechster Band der Titel »Vom Umgang mit Heiligen Schriften. Tenach – Bibel – Koran« angekündigt. Auffällig ist dabei die – zunächst überraschende – programmatische Selbstcharakterisierung. *Bernd Schröder* erklärt in seinem programmatischen Beitrag zum ersten Band der Reihe, dass im Rahmen dieses Forums

---

[165] *Daniel Krochmalnik:* Trialog der Religionspädagogen, in: *Herbert Stettberger/Max Bernlochner* (Hrsg.): Interreligiöse Empathie lernen (2013), 175–181, hier: 177.

Trialog nicht primär als ein Dreiergespräch verstanden werden soll, sondern als eine vielfach ineinander verschränkte Folge von *Dial*ogen, einer »*differenzierten Dialogizität*«[166]. Er führt aus: »Begegnung und Gespräch vollziehen sich im Bewusstsein der engen Verwandtschaft gerade dieser drei Religionen (also monotheistische, in unterschiedlicher Weise auf die biblisch bezeugte Geschichte Gottes mit den Menschen Bezug nehmende), aber auch im Wissen um ihre Unterschiedlichkeit. Sie vollziehen sie im Regelfall dialogisch, ohne trialogische Konstellationen auszuschließen.«[167] Hier wird der realistischen Beobachtung Rechnung getragen, dass schon rein zahlenmäßig, aber auch im Blick auf bestimmte Inhaltsbereiche die jeweiligen Beziehungen von Judentum, Christentum und Islam von starken Asynchronien bestimmt sind. Wir werden darauf zurückkommen.

Schröder unterscheidet dabei vier grundlegend verschiedene Ebenen, die es im Kontext dieser Dialoge und des Trialogs zu bearbeiten gilt, nämlich

1. *die Ebene der Praxis* – hier geht es um die konkreten Begegnungen von Angehörigen der drei Religionen an den klassischen Orten religiöser Bildung (Kindertagesstätten, Schulen, Gemeinden, Erwachsenenbildung);

2. *die Ebene der praxisleitenden Reflexion* – hier geht es um die Entwicklung religionsdidaktischer Konzepte und Konzeptionen (etwa um die Umsetzung trialogischen Lernens im Rahmen des konfessionsgebundenden, des konfessionell-kooperativen, des interreligiösen oder eines religionskundlichen Formates für den Modus religiösen Lernens in der Schule);

3. *die Ebene der Kommunikation unter den Multiplikatoren religiöser Bildung* – hier geht es um die Weiterentwicklung

---

[166] Vgl. *Bernd Schröder*: Gespräch zwischen Christen, Juden und Muslimen – *religionspädagogische* Motive und Perspektiven, in: *ders.*/ *Behr/Krochmalnik* (Hrsg.): Was ist ein guter Religionslehrer? (2009), 27–53, hier 28.
[167] Ebd.

von Aus- und Fortbildung, um die Förderung des Austausches von Religionslehrerinnen und Religionslehren aus Judentum, Christentum und Islam; und schließlich

4. *die Ebene der Theoriebildung und Forschung* – die sich im Kontext einer noch auszugestaltenden vergleichenden Religionspädagogik mit den Unterrichts- und Erziehungstraditionen in den drei Religionen auseinandersetzen und diese miteinander in Bezug setzen will.[168]

Das damit knapp skizzierte trialogische Unternehmen von Seiten der Religionspädagogik findet eine biblisch-exegetisch orientierte Entsprechung in der fünfteiligen Reihe »Judentum, Christentum und Islam«, in dem sich die evangelischen Theologen *Christfried Böttrich* und *Friedmann Eißler* zusammen mit der Alttestamentlerin *Beate Ego* die großen verbindenden Gestalten und Themen vornehmen:

– Abraham (2009)
– Jesus und Maria (2009)
– Mose (2010)
– Adam und Eva (2011)
– Elia und andere Propheten (2013)

Im Reihenvorwort klären sie ihr Interesse sowie ihre Zielperspektive. Judentum, Christentum und Islam seien »vielfach aufeinander bezogen und miteinander verflochten«, haben es aber »nicht leicht miteinander«[169]. Das Schaffen eines Bewusstseins für die vorhandenen breiten Gemeinsamkeiten erfordere jedoch als Voraussetzung, »einander wahrzunehmen und voneinander Kenntnis zu erlangen«[170]. Diesem Anliegen widmet sich die Buchreihe. Ihr Ziel liegt in der Aufarbeitung der jeweiligen textlichen Grundlagen sowie in der Skizzierung von deren weiterer Entwicklung in der Geschichte der drei Religionen.

Was im Blick auf die schulischen Projekte der Herbert-Quandt Stiftung und ihre wissenschaftliche Reflexion gilt, lässt sich auch auf diese beiden aktuellen akademischen Trialog-

---

[168] Orientiert an: ebd .
[169] *Böttrich/Ego/Eißler:* Abraham (2009), 5.
[170] Ebd., 6.

unternehmen übertragen: Trotz vieler Überschneidungen, Anregungen und Querverbindungen wird in dem vorliegenden Buch ein Ansatz von ›trialogischer Religionspädagogik‹ konzipiert, der ein tendenziell eigenes Profil entwickelt. Bevor dieses nun konzeptionell zu entwerfen ist, soll ein herausragendes Beispiel bereits gelebter Praxis trialogischen Lernens vorgestellt werden.

2.3 Das Vorzeigemodell: Lernen in einer trialogischen Schule

Bislang einzigartig im deutschsprachigen Bereich und in ihrer Art ist die »Drei-Religionen-Grundschule« in Osnabrück. Sie wurde zum Schuljahr 2012/13 nach langjährigen Vorplanungen als Modellversuch ins Leben gerufen und arbeitet derzeit bereits im vierten Schuljahr. Organisiert in der Trägerschaft der Schulstiftung des Bistums Osnabrück sollen Juden, Christen und Muslime hier gemeinsam Schule so erleben, dass Kinder aus den drei abrahamischen Religionen

- »lernen, über ihre eigene Religion so zu sprechen, dass Menschen anderer Religionen sie verstehen können,
- hören und erleben, wie Gleichaltrige der jeweils anderen Religionen leben, wie der Alltag durch Religion geprägt wird und welche religiösen Feste sie feiern,
- lernen, die Welt aus der Perspektive der Mitschülerinnen und Mitschüler anderer Religionen zu sehen«.

Dadurch werden verschiedene Ziele und Kompetenzen erreicht. Die Schülerinnen und Schüler

- »nehmen Unterschiede und Gemeinsamkeiten der Religionen wahr,
- erfahren so, dass nicht alles für alle gleich gültig ist,
- üben auf Grund dieser Erfahrung Toleranz ein, die andere mit den als fremd empfundenen Glaubensüberzeugungen akzeptiert,

– sind sensibel im Umgang mit Menschen anderer Überzeugung. «[171]

Das Schulprofil an der »Drei-Religionen-Grundschule« zeigt sich entsprechend in einer Lebens- und Lerngemeinschaft,

> »die die religiösen Überzeugungen, Lebensweisen und Riten der drei beteiligten Religionen vielfältig zum Thema macht; religiöses Wissen und religiöse Praxis, respektvolle Begegnung und friedliche Verständigung trotz unterschiedlicher religiöser Überzeugungen sind zentrale Lern- und Erziehungsziele. So sollen Feste der religiösen Jahreskreise in Schulleben und -kultur aufgegriffen werden; die Kinder sollen ihre Religion im eigenen Religionsunterricht kennen- und verstehen lernen und zusätzlich über Feste, Projekttage und im alltäglichen Zusammenleben authentisch gelebte Praxis der ihnen fremden Religionen ihrer Mitschülerinnen und -schüler erfahren können.«[172]

Um diese Ziele zu erreichen, soll unter anderem im prinzipiell jeweils eigenständigen jüdischen, christlichen und islamischen Religionsunterricht pro Halbjahr ein gemeinsames Thema zeitgleich erarbeitet werden, ausgerichtet auf eine Präsentation vor den Kindern der jeweils anderen Religionen. »Mögliche Themen sind z. B. Gebet, Gebetsräume, die heiligen Schriften. Auf die Erarbeitung im eigenen Religionsunterricht folgt eine Phase des Dialogs, z. B. als Projekttag, wo die Kinder ihre Ergebnisse ihren Mitschülerinnen und -schülern, die nicht ihrer Religion angehören, vorstellen und erklären«[173]. Darüber hinaus sollen die von allen zusammen gestalteten Lebens- und Lernzeiten außerhalb

---

[171] So in der offiziellen Broschüre »Drei-Religionen-Grundschule«, o. S. Vgl. www.drei-religionen-schule.de.

[172] *Winfried Verburg:* Interreligiös Schule machen, in: KatBl 137 (2012), 61–63, hier 62. Vgl. auch *ders.:* Juden, Christen und Muslime machen Schule. Ein interreligiös ausgerichtetes Experiment im Bistum Osnabrück, in: Stimmen der Zeit 229 (2011), 3–11.

[173] Ebd., 62f.

des Unterrichts die Möglichkeit eröffnen, Riten, Gebräuche und alltägliche Elemente der anderen Religionen auch abseits von didaktisch geplanten Lernschritten kennenzulernen. Bei gemeinsamen Mahlzeiten können sich die Kinder etwa mit den Speisevorschriften und -riten der anderen Traditionen vertraut machen. Aus solcherart geteilten Erfahrungen sollen und können dann erneut Fragen in den Unterricht hinein erwachsen.

Bereits in den ersten Jahren lässt sich beobachten, dass der Alltag einer solchen Schule immer wieder neu von vielen kaum im Vorhinein planbaren Problemen bestimmt wird. Es ist schwer, dauerhaft Kinder aller drei Religionen an der Schule zu beheimaten. Die Rollen von Einladenden (katholische Kirche) und Eingeladenen (Juden und Muslime) bestimmen bleibend den Alltag und Gesamtcharakter des Unternehmens. Gerade deshalb ist der trialogischen Schule eine erfolgreiche Zukunft zu wünschen. Vielleicht entstehen ja ähnliche Versuche an anderen Orten?

2.4 Trialogische Projekte

Begleitet werden die religionspädagogischen Bemühungen um ein trialogisches Lernen auf den unterschiedlichen Ebenen durch konkrete Projekte, die das Miteinander der drei Religionen Judentum, Christentum und Islam vorantreiben. Auf entsprechende Initiativen, die explizit auf Abraham Bezug nehmen, wurde oben schon näher eingegangen. Trialogische Projekte finden sich aber auch im Namen anderer Symbolgestalten oder Programmvorgaben zusammen. Sie setzen bewusst auf öffentlichkeitswirksame Aktionen und Kooperationen, um gesellschaftlich-politisch Gehör zu finden. Dazu einige Beispiele:
- Schon seit 1972 kommt die trilateral getragene »Ständige Konferenz zur Begegnung von Juden, Christen und Muslimen in Europa«[174] (JCM) zusammen, bis 2002 im Hedwig Dransfeld Haus in Bendorf, seitdem in Wuppertal.

---

[174] www.jcm-europe.org.

- Seit 1996 lädt alljährlich ein Arbeitskreis von Juden, Christen, Muslimen und Bahai zum »Interreligiösen Gebet Dortmund« ein.
- Mehrmals seit 1997 veranstaltete die Evangelische Akademie Loccum einwöchige ›Sommeruniversitäten‹ für Juden, Christen und Muslime. Ähnliche Veranstaltungen finden sich inzwischen auch an anderen Institutionen.
- Am »Zentrum für Interreligiöse Studien« der Universität Bamberg wird ein Masterstudiengang »Interreligiöse Studien« angeboten, der sich explizit der »Vermittlung grundlegenden Wissens hinsichtlich der drei großen monotheistischen religiösen Traditionen des Judentums, Christentums und Islam einschließlich ihrer interreligiösen, politischen, gesellschaftlichen und kulturellen Beziehungen und Interdependenzen«[175] verschreibt.
- In der gleichen Stadt trifft sich die »Interreligiöse Fraueninitiative Bamberg«[176], in der sich jüdische, christliche und muslimische Frauen zusammengeschlossen haben, um sich über Alltag, Kultur und Religion auszutauschen, interreligiöses Lernen auf allen Ebenen voranzutreiben und nach außen als Multiplikatorinnen trialogischen Lernens zu fungieren.
- Von 2004 bis 2011 veranstalteten vier Träger das Projekt »Weißt du, wer ich bin«[177], das auf vielerlei Ebenen der gegenseitigen trialogischen Verständigung von Juden, Christen und Muslimen diente: die Arbeitsgemeinschaft Christlicher Kirchen (ACK), der Zentralrat der Juden in Deutschland (ZJD), der Zentralrat der Muslime in Deutschland (ZMD) sowie die Türkisch-Islamische Union der Anstalt für Religion (DITIB).
- Seit 2005 fungiert ein – auf eine evangelische Initiative zurückgehendes – »Haus der Religionen«[178] in Hannover

---

[175] www.uni-bamberg.de/zentren/zis.
[176] www.frauenort.de.
[177] Vgl. www.weisstduwerichbin.de; *Elisabeth Dieckmann/Clauß Peter Sajak* (Hrsg.): Weißt du, wer ich bin? Initiativen und Projekte für das interreligiöse und interkulturelle Lernen (Berlin 2014).
[178] Vgl. www.haus-der-religionen.de.

als Treffpunkt des Austausches und der Verständigung mit dem Ziel der Förderung des friedvollen Miteinanders. Ohne explizit ›trialogisch‹ zu arbeiten, kommt den abrahamischen Religionen ein zentraler Platz zu.

– Im Juni 2013 wurde in der Moschee von Haslach (Kinzigtal) ein gemeinsamer Tag im Zeichen des Trialogs veranstaltet. Nacheinander predigten ein Imam, ein jüdischer Rabbiner und ein evangelischer Pfarrer.

– Im Dezember 2014 wurde – nach über zwölfjähriger Vorbereitungsarbeit – in Bern ein »Haus der Religionen« eröffnet, in dem Juden, Christen und Muslime, aber auch andere Religionsgemeinschaften unter einem Dach zusammenkommen. Zwar sind sie je auf ihre eigenen Räume, Riten, Gottesdienstformen und Personengruppen konzentriert, gleichwohl stehen Austausch, Begegnung und die Suche nach Gemeinsamkeit im Zentrum.

– In Berlin wird seit Jahren ein ähnliches Projekt vorangetrieben, das »Bet- und Lehrhaus Petriplatz«[179]. Hier haben sich die evangelische Innenstadtgemeinde Sankt Petri/Sankt Marien mit dem jüdischen Abraham-Geiger-Kolleg und dem muslimischen Forum für interkulturellen Dialog zusammengeschlossen. Langfristig sollen auch andere Konfessionen und Religionen zur Mitarbeit eingeladen werden, grundlegend handelt es sich aber um ein trialogisches Projekt. Auffallend in den beiden interreligiösen Bauprojekten ist die Zurückhaltung der katholischen Kirche.

Als *Zwischenbilanz* kann festgehalten werden: Die Berufung auf Begriff, Konzept und Programm des ›Trialogs‹ nimmt im aktuellen interreligiös-interkulturellen Feld unterschiedliche Bereiche in den Blick:

1. den grundsätzlichen Anspruch auf Verständigung zwischen den drei von den abrahamischen Religionen geprägten Kulturen, einzulösen etwa durch gesamtschulische Projekte jenseits der fachdidaktischen Konzentration auf einzelne

---

[179] http://bet-lehrhaus-berlin.de.

Fächer – oder im Versuch, diese synergetisch zusammen-zuführen;

2. den akademischen Austausch von Expertinnen und Experten zu ausgewählten Fachthemen, an denen Gemeinsamkeiten wie Unterschiede der drei prophetischen Religionen besonders gut deutlich werden – mit dem Ziel der immer besseren Kenntnis und Akzeptanz der Gesprächspartnerinnen und -partner und der von ihnen repräsentierten Religionen;

3. die konzeptionelle Ausrichtung einer ganzen Schule, die als Modellprojekt die spezifischen Chancen des Miteinanders im schulischen Leben und Lernen umsetzt;

4. praktisch orientierte Lernprojekte, in denen das Miteinander von Judentum, Christentum und Islam gefördert wird.

3. Trialog als grundlegendes religionspädagogisches Prinzip

All diese Dimensionen werden für den vorliegenden Entwurf konzeptionell fruchtbar gemacht. Das konkrete Profil von ›trialogischem Lernen‹ oder ›trialogischer Religionspädagogik‹ soll in diesem Buch aber mit eigener Schwerpunktsetzung gezeichnet werden. *Trialogisches Lernen* wird hier verstanden als *eigenständige Dimension religionspädagogischer Theorie und Praxis,* entstanden, entwickelt und zielend zunächst auf den christlich geprägten (konfessionellen) Religionsunterricht, wenngleich geöffnet und eingespannt in den allgemeinen Rahmen interreligiösen Austausches auf allen Ebenen von der Elementarpädagogik bis zur Erwachsenenbildung. *Trialogische Religionspädagogik* wiederum umfasst das wissenschaftliche Feld der Wahrnehmung, Analyse, Konzeptionalisierung und Rezeptionsforschung derartiger trialogischer Lernprozesse. Mit dieser transparenten Angabe wird der Tatsache Rechnung getragen, dass die aktuellen Bemühungen um Trialog bislang fast durchweg vom Christentum aus initiiert – dann von jüdischen und muslimischen Partnerinnen und Partnern mitgetragen und mitentfaltet – werden. Dabei bleiben aber die Rollen von Einladenden und Eingeladenen meistens klar erkennbar.

Trialog soll hier primär aufgefasst werden als ein neu zu entfaltendes *Grundprinzip von religiösen Lernprozessen* innerhalb der bestehenden – zumeist konfessionell geprägten – Vorgaben. Da diese nicht im luftleeren Raum, sondern in konkreten Bezügen existieren, ist ihr Hallraum zunächst der *christliche* Religionsunterricht, geht es primär ganz allgemein um Lernprozesse in christlichen Kontexten. Wo immer möglich, sind diese Räume kommunikativ zu öffnen. Zudem ergeht die Einladung an trialogisch Interessierte und Engagiere anderer Religionen, ähnliche Konzeptionen für ihren Bereich durchzubuchstabieren und zu entfalten. Bei klarer eigener Beheimatung ein konfessions- und religionsübergreifendes Konzept entwickeln zu wollen, wäre ein Übergriff, der die Partnerinnen und Partner allzu leicht in ein fremdgesteuertes Denkschema pressen würde. Als Idealvision könnte man davon träumen, dass sich irgendwann einmal je eigen konfessionell geprägte trialogische Einzelkonzeptionen auf der Meta-Ebene zu einer dann gleichermaßen verantworteten Gesamtkonzeption verbinden könnten. Bis dahin ist es ein weiter Weg. Begnügen wir uns zunächst mit ersten Schritten.

3.1 ›Trialogisches Lernen‹: Konturen und Dimensionen

Die trialogische Verständigung von Judentum, Christentum und Islam im Zeichen Abrahams wird letztlich nur dann erfolgreich sein können, wenn sie gleichzeitig auf mehreren Ebenen aktiviert und vorangetrieben wird: auf der institutionell-politischen Ebene der führenden Repräsentanten der Religionen, auf der akademischen Ebene der Religionswissenschaft und Theologie, vor allem aber auf der praktisch-alltäglichen Ebene der Gläubigen. Ganz entscheidend: Lernprozesse in Sachen Trialog betreffen in erster Linie die *Dimensionen des täglichen Lebens.* Damit werden jedoch Religionspädagogik und Religionsdidaktik zu den beiden akademischen Disziplinen, die sich dieser neuen Herausforderung am ehesten und am intensivsten zu stellen haben. Kaum zufällig, dass in diesem Kreis überhaupt erst die wichtigsten Anstöße zur Ausformung eines trialogischen Programms entstanden. Karl-Josef Kuschel bemerkt ganz zu Recht: »Hart mit der veränderten Situation vor Ort konfrontiert, haben vor allem Religionspädagogen Vorstöße unternommen, die noch zu wenig in die Praxis von Schulen und Gemeinden gedrungen sind.«[180]

Mit Berufung auf *Johannes Lähnemann, Stephan Leimgruber* und *Karl Ernst Nipkow* regt Kuschel eine interreligiös sensible Religionspädagogik an, welche die besondere Beziehung der drei Geschwisterreligionen Judentum, Christentum und Islam ins Zentrum stellt – ohne dabei die anderen Weltreligionen und Weltanschauungen aus dem Blick zu verlieren. Die Unterschiede zwischen den Religionen werden weder verschwiegen noch abgewertet. Im Zentrum steht jedoch der Versuch, Spuren für einen *gemeinsamen Weg der drei abrahamischen Religionen* zu bahnen; einen Weg nicht auf Kosten von Identität, vielmehr im Dienste einer Identität, welche die Würde des Anderen stets mitbedenkt. Dieser Trialog im Zeichen Abrahams wird zum unverzichtbaren theologischen wie religionspädagogischen Programm: Einerseits, um durch eine stets voranschreitende Verständigung unter diesen Religionen die Möglichkeiten eines dauerhaften Weltfriedens zu steigern, andererseits, um den eigenen Glauben besser und tiefer verstehen zu lernen und kommunizieren zu können.

Das also wäre eine erste Bestimmung davon, was trialogisches Denken und Handeln im Sinne einer abrahamischen Ökumene heißen kann: Juden, Christen und Muslime bemühen sich nicht nur darum, einen Weg der immer besseren gegenseitigen Kenntnis zu beschreiten, sondern auch darum, die Wege der anderen zu achten und zu respektieren – einerseits aus Ehrfurcht vor Gott, andererseits im Wissen um die faktische Pluralität des Nebeneinanderexistierens der drei sich auf diesen Gott berufenden Religionen und der bleibenden Unterschiede bei allen Gemeinsamkeiten. Das erfordert die Fähigkeit zur Selbstkritik, aber auch die Offenheit, andere zu kritisieren und sich selbst

---

[180] *Karl-Josef Kuschel:* Juden, Christen, Muslime (2007), 24.

kritisieren zu lassen. In Kuschels Worten: »Bei der Darstellung einer Religion gilt es, immer auch die Perspektive der je Anderen im Blick zu behalten«. Das aber zieht die Bereitschaft nach sich, »Kritik an Anderen stets mit Selbstkritik zu verbinden« und »Lernprozesse ausgewogen einzufordern.«[181] Er formuliert an die Angehörigen von Judentum, Christentum und Islam den trialogischen Appell: Es geht um ein »stärkeres Wahrnehmen der Präsenz des je Anderen«, um das »Kennenlernen-Wollen von Wurzeln und Wirklichkeiten« der anderen Religionen, schließlich um das »Einladen und Teilnehmen«[182].

Martin Bauschke verdeutlicht das dahinter stehende Idealbild wie folgt: »Die ›abrahamisch‹ zu nennende Strategie will weder Nivellierung noch Verabsolutierung, sondern *Komplementarität,* beginnend mit der Einsicht, dass Juden, Christen und Muslime als die, die sie sind, voneinander abhängig und aufeinander verwiesen sind. Sie alle sind Kinder Abrahams – aber eben in verschiedener Weise.«[183] Diese verschiedenen Weisen werden weder verschwiegen noch nivelliert. Deswegen besteht ein zweipoliger Grundzug des Trialogs darin, einerseits »den Glauben [zu] bekennen – im Angesicht des Anderen«[184], wie es *Christoph Gellner* formuliert, sich aber andererseits zugleich selbst des eigenen Glaubens bewusst zu werden im Wissen um den Anderen.

Asymmetrie der Beziehungen

Gegen alle Überhöhung gilt es dabei, diesen Trialog nüchtern einzuschätzen und realistisch zu konzipieren. Zu steil formulierte Vorlagen wirken oftmals eher kontraproduktiv. Zunächst ist es unumgänglich, die »*Asymmetrie* der Beziehungen«[185] der drei abrahamischen Religionen untereinander klar zu benen-

---

[181] Ebd., 28.
[182] Ebd., 29.
[183] *Martin Bauschke* (2007), 28. Hervorhebung GL.
[184] *Christoph Gellner* (2008), 108.
[185] *Böttrich/Ego/Eißler*: Abraham (2009), 5.

nen, eine chronologische Asymmetrie, die aber Konsequenzen im Blick auf die systematischen und pädagogischen Perspektiven nach sich zieht. Die »Asymmetrien im Offenbarungs- und Selbstverständnis«[186] beziehen sich fundamental bereits auf die bloße Notwendigkeit der einzelnen Religionen, sich mit den je anderen beiden zu beschäftigen. *Historisch* betrachtet haben die drei Geschwisterreligionen ihr je eigenes Profil in Lehre und Praxis immer wieder in wechselseitiger Beeinflussung entwickelt. Quer durch die Epochen der gemeinsamen Geschichte miteinander finden sich einerseits zahlreiche Beispiele für das »Bemühen, das Eigene durch Negation des jeweils Anderen zu definieren«[187], sicherlich jedoch andererseits auch viele gegenseitig fruchtbare Anregungen. Schon um die Entwicklung der drei Religionen über die Jahrhunderte bis in die Gegenwart hinein nachvollziehend verstehen zu können, braucht es also immer wieder die jeweiligen Seitenblicke.

Dieser historische Blick schließt jedoch auch *phänomenologische Konsequenzen* für die heutigen Begegnungen mit ein. *Stefan Schreiner* folgert aus dem Blick in die Geschichte: »Judentum und Christentum können um ihrer selbst willen ebenso wenig auf die Begegnung mit dem Islam verzichten, wie der Islam um seiner selbst willen der Begegnung mit Judentum und Christentum bedarf.«[188] ›Um ihrer/seiner selbst willen‹? Hier schließen sich Rückfragen an: Was soll das konkret bedeuten? Warum ›bedarf‹ es dieser Begegnungen? Ein genauerer Blick auf die Asymmetrien zeigt auf, dass diese Ausführungen zu differenzieren sind.

Das *Judentum* braucht – überspitzt formuliert – Christentum und Islam nicht für die Bestimmung seines grundlegenden theologischen Selbstverständnisses. Ein Jude konnte und kann ganz

---

[186] *Andreas Renz/Abdullah Takim:* Schriftauslegung in Christentum und Islam. Zusammenfassende und weiterführende Reflexionen, in: *Hansjörg Schmid/Andreas Renz/Bülent Ucar* (Hrsg.): »Nahe ist dir das Wort …« Schriftauslegung in Christentum und Islam (Regensburg 2010), 261–275, hier: 262.

[187] *Stefan Schreiner* (2010), 20

[188] Ebd., 21.

und gar Jude sein, ohne sich jemals mit dem Neuen Testament oder dem Koran beschäftigt zu haben, auch wenn sich historisch betrachtet das Profil des Judentums in der Auseinandersetzung mit den beiden Folgereligionen geschärft haben mag. Zwar erhebt auch das Judentum den durchaus exklusivistisch verstandenen »Anspruch auf Allgemeingültigkeit der ihm offenbarten Wahrheiten«[189], nimmt aber nur sich selbst in Pflicht, den dort entfalteten Vorgaben gemäß zu leben. Wie oben gesehen: Im Konzept der ›Frommen der Völker der Welt‹ oder in anderen Vorstellungen eines heilsgeschichtlich geöffneten Partikularismus kennt das Judentum durchaus Möglichkeiten der Affirmation echter göttlicher Wirkweisen bei Menschen der nicht-jüdischen Welt. Ein zentraler Kerngedanke jüdischer Theologie wird damit aber nicht benannt. Eine Notwendigkeit des Trialogs ergibt sich für das Judentum durchaus, aber nicht primär zur Klärung der eigenen theologischen Identität. Trialog ist aus jüdischer Sicht vor allem zweifach erforderlich: einerseits angesichts der Geschichte von Hass, Pogromen, Verfolgung und Vernichtung von Seiten des Christentum und des Islam; andererseits politisch-gesellschaftlich durch das Faktum der gegenwärtigen und künftigen Weggemeinschaft von Juden, Christen und Muslimen in Krieg oder Frieden. Jüdisch betrachtet ist Trialog heute deshalb eher ein Erfordernis des praktischen Lebens, nicht zwangsläufig der religiösen Identitätssicherung.

Kaum überraschend, dass – so *Jonathan Magonet* – es deshalb »eine tiefe Ambivalenz innerhalb der jüdischen Gemeinschaft über die Natur und die Möglichkeiten« schon »von Dialog«[190] gibt, bei aller grundsätzlichen Unterstützung für »das Anliegen interreligiöser Bildung auch von jüdischer Seite«[191].

---

[189] *Alexa Brum*: Der trialogische Wettbewerb aus jüdischer Perspektive, in: *Clauß Peter Sajak* (Hrsg.): Trialogisch lernen (2010), 49–55, hier: 49.
[190] *Jonathan Magonet*: Jüdische Perspektiven zum interreligiösen Lernen, in: *Peter Schreiner* u. a.: Handbuch Interreligiöses Lernen (2005) › 134–141, hier: 135.
[191] *Friedrich Schweitzer*: Interreligiöse Bildung (2014), 106.

Insofern ist es nachvollziehbar, dass sich *Alexa Brum* als Jüdin geradezu »erschüttert« zeigt über den »innerreligiösen Kampf, den die Gläubigen der anderen beiden monotheistischen Religionen durchstehen müssen, um die Pflicht zur ›Zwangsbeglückung‹ der Menschheit umzudeuten, ohne ihre Identität zu beschädigen«. Sie ruft zu mehr »Selbstgenügsamkeit«[192] auf, was keine Absage an den Trialog impliziert, wohl aber eine sehr realistische Einschätzung in Bezug auf dessen potentielle Reichweite und Effektivität.

Aus *christlicher Perspektive* stellt sich die Situation im Blick auf den trialogischen Austausch anders dar. Ohne das Judentum ist das Christentum undenkbar. Der gemeinsame Wurzelgrund setzt von vornherein eine tief verbindende Basis. Die intensive Pflege dieser Beziehungsrichtung innerhalb des Trialogs ist theologisch identitätsnotwendig. Dass auch hier die geschichtlichen sowie gesellschaftlich-politischen Notwendigkeiten hinzukommen, ist einleuchtend. Mit dem Judentum teilt das Christentum aber die Grundbestimmung, das eigene Wesen theologisch grundsätzlich ohne einen Blick auf den Islam bestimmen zu können – erneut im Wissen darum, dass die spätere Auseinandersetzung mit der Folgereligion das eigene Profil weiter geschärft haben mag. Aber auch hier ganz nüchtern formuliert: Judesein wie Christsein war und ist ganz und gar möglich, ohne jemals von Mohammed, dem Koran, der islamischen Kultur gehört zu haben. Ein Jude oder Christ ›braucht‹ Mohammed nicht. Doch auch hier gibt es auf anderer Ebene eine unbedingte, eine absolute Notwendigkeit der trialogischen Ausrichtung: Es ist für Juden wie Christen heute notwendig, von Mohammed und dem Islam zu wissen und Grundzüge und Selbstverständnis des Koran zu kennen, weil unsere Kultur faktisch durch das Nebeneinander und oft genug durch das Gegeneinander dieser Traditionen bestimmt ist.

Aus *mulimischer Sicht* lässt sich der Gedanke dieser chronologischen und darin eben auch systematischen Asymmetrie fortsetzen. Der Islam ist ohne seine jüdischen wie christlichen Wur-

---

[192] *Alexa Brum:* Der trialogische Wettbewerb (2010), 53.

zeln undenkbar. Zur Klärung islamischer Identität gehören die Auseinandersetzungen mit den historischen Einflüssen und Prägespuren von Judentum und Christentum, mit Altem und Neuem Testament, mit jüdischen und christlichen Theologien unverzichtbar hinzu. Dieses Wissen ist im Koran von Grund auf mitbedacht. Nur Juden und Christen werden ja als »Leute der Schrift«[193] anerkannt und so vor allen anderen Religionen hervorgehoben. Trotzdem darf nicht übersehen werden, dass ihnen ein »beschränktes oder gar verkehrtes Schriftverständnis zur Last gelegt«[194] wird, nachzulesen etwa in Sure 2,91, wo es über Juden und Christen heißt: »Sie glaubten aber nicht an das Spätere, wiewohl es die Wahrheit ist, bestätigend, was sie besitzen«. Der Koran lässt keinen Zweifel an der eigenen prinzipiellen Überlegenheit über die Bibel, so dass eine Begegnung auf Augenhöhe aus muslimischer Sicht theologisch weder notwendig noch letztlich möglich ist. Judentum und Christentum werden vielmehr integralistisch in das eigene Wahrheitsverständnis aufgenommen. Die Auseinandersetzung mit Altem und Neuem Testament mag der Klärung von historischen Vorstufen dienen oder zur Erhellung von Geschichte; einen eigenständigen, neuartigen Zugang zu Gott werden Muslime dort nicht erwarten oder suchen.

Einen Trialog zwischen Gleichberechtigten zu führen, ergibt sich so auch aus der Sicht von Muslimen nicht zwangsläufig aus theologischen Gründen, wie *Rabeya Müller* nüchtern bestätigt. »Die Notwendigkeit eines Trialogs erschließt sich [...] damit also nicht unmittelbar zwingend«[195], auch wenn *M. Fetullah Gülen,* der Begründer der »Hizmet-Bewegung«, zu gegenteiliger Überzeugung gelangt. Für ihn ist eine »enge Zusam-

---

[193] Vgl. Sure 3,2: »Er hat das Buch der Wahrheit auf dich herabgesandt als Bestätigung dessen, was vor ihm war. Und Er hat die Thora und das Evangelium herabgesandt.« Sure 29,46: »Und streitet nicht mit den Völkern der Schrift; es sei denn auf die beste Art und Weise.«

[194] *Karl-Josef Kuschel:* Juden, Christen, Muslime (2007), 87.

[195] *Rabeya Müller:* Schulen im Trialog. Eine Betrachtung aus islamischer Perspektive, in: *Clauß Peter Sajak:* Trialogisch lernen (2010), 56–63, hier: 56f.

menarbeit zwischen Islam, Christentum und Judentum in jedem Fall unerlässlich«[196]. Offensichtlich gibt es innerislamisch – wie in Judentum und Christentum auch – unterschiedliche Einschätzungen.

Dass derartige Positionen immer wieder Raum lassen für Gegenströmungen, zeigt nicht zuletzt das die deutschsprachige Öffentlichkeit ganz aktuell überraschende Buch »Ungläubiges Staunen. Über das Christentum« (2015), in dem sich der muslimische Essayist und Erzähler *Navid Kermani* dem Christentum über den Schatz seiner Bilder annähert. Eine dem Staunen entsprungene »frei assoziierende Meditation«[197] habe er schreiben wollen, gibt Kermani an. Sprachmächtig, respektvoll, neugierig und einfühlsam nähert er sich der christlichen Glaubenswelt, ohne dabei die spezifisch christlichen Glaubens*aussagen* zu übernehmen. Dass sich ein Muslim so offen, kenntnisreich und positiv über das Christentum äußert, fügt der interreligiösen Landschaft einen neue Tonlage hinzu. Geradezu eine »Liebeserklärung« an das Christentum sei sein Buch, erklärt Kermani in einem in der Süddeutschen Zeitung abgedruckten Gespräch. »Das Andere« lasse sich »viel vorbehaltloser lieben«[198] als das Eigene, das man immer mit einem auch kritischen Blick betrachte, fügt er hinzu, ohne jemals einen Zweifel daran zu lassen, dass er ein Muslim ist und bleibt. Vergleichbare Gegenwahrnehmungen über den Islam aus christlicher Sicht finden sich kaum …

Grundsätzlich gilt aber für den Islam, was vorher schon für das Judentum benannt wurde: Der praktische Trialog ist primär ein Gebot der *gesellschaftlich-politischen* Dringlichkeit, nicht aufgrund von Ästhetik oder Theologie. Es gilt zudem, die Beobachtung von Muslimen ernst zu nehmen, dass sich Juden und

---

[196] M. *Fethullah Gülen:* Die Notwendigkeit des interreligiösen Dialogs. Eine muslimische Perspektive, in: DuB 2: Materialien zu Dialog und Bildung: Interreligiöser Dialog, 1/2015, 34–54, hier: 36.

[197] *Navid Kermani:* Ungläubiges Staunen. Über das Christentum (München 2015), 292.

[198] »Religion ist eine sinnliche Erfahrung«. Gespräch mit Navid Kermani, in: SZ, 20.08.2015, 37f.

Christen eben zur eigenen theologischen Identitätswahrneh-
mung nicht mit dem Islam beschäftigen *müssen*. Als jüngste
der drei Religionen ist der Islam hier in einer besonderen,
durchaus heiklen Position. Daraus erklärt sich einerseits die –
laut *Rabeya Müller* – »geradezu panische Angst« in vielen muslimischen Kreisen, »dass durch eine zu starke Betonung des Interreligiösen das Eigene verloren geht«, und andererseits die
»Beflissenheit im interreligiösen Dialog« im Blick vor allem
auf das »Abstecken und stetige Geraderücken von Grenzen,
die unter allen Umständen gewahrt werden sollen«[199]. Da aus
Sicht des Islam angesichts der »Inklusivität und Universalität
des Koran«[200] im Normalfall allenfalls ein integralistisches Modell im Verhältnis zu den anderen monotheistischen Religionen
denkbar ist, ist das »theologische Fundament« für jegliche Ansätze eines interreligiösen Dialogs »bisher nicht zufrieden stel-
lend«[201] geklärt, so *Cemal Tosun*. Diese abwägenden Einschätzungen müssen im Blick auf jegliche euphorische Dialog- und
Trialoghermeneutik aus christlicher Sicht ernst genommen und
konzeptionell berücksichtigt werden.

Wechselseitige Verschränkungen

Sowohl die theologische Notwendigkeit als auch die prinzipielle
Möglichkeit, sich im Sinne der abrahamischen Ökumene trialogisch zu öffnen, ist so in Judentum, Christentum und Islam unterschiedlich bestimmt. Nur in sehr spezifisch historischer Blick-
verengung lässt sich behaupten, dass »keine der drei Kulturen
und/oder Zivilisationen […] ohne ihre wechselseitige Bezogen-

---

[199] *Rabeya Müller*: Islamische Perspektiven zum interreligiösen Lernen: Wie
»inter-« ist der Islam?, in: *Peter Schreiner* u. a.: Handbuch Interreligiöses
Lernen (2005), 142–148, hier: 145.
[200] *Cemal Tosun*: Interreligiöse Bildung als Herausforderung für die islamische Religionspädagogik, in: *Johannes Lähnemann* (Hrsg.): Visionen
wahr machen. Interreligiöse Bildung auf dem Prüfstand. Referate und Ergebnisse des Nürnberger Forums 2006 (Hamburg 2007), 165–178, hier:
171.
[201] Ebd.

heit auf die je anderen beiden zu denken oder zu verstehen«[202] sei. Die Religionen in ihrer heutigen Gestalt, in ihrem Selbstverständnis und in ihrer Praxis bestimmt diese so pauschal ausformulierte Vorgabe nicht. Was aber motiviert dann überhaupt zu einem trialogischen Miteinander? Vier Faktoren:

- erstens das Faktum der gemeinsamen Quellen und Bezugsgestalten;
- zweitens die gemeinsamen Grundzüge in Glaube und Ethos;
- drittens die gemeinsame Geschichte und Gegenwart sowie die nur gemeinsam mögliche Zukunft;
- viertens die gemeinsame Repräsentanz und Rechtfertigung des Monotheismus in einer zunehmend säkular gefärbten Gesellschaft.

Insgesamt ist es durchaus nachvollziehbar und in sich stimmig, dass die Ausformulierungen eines trialogischen Begegnungskonzeptes primär aus dem *Christentum* stammen. Als chronologisch mittlere Religion, als einzige der drei Religionen, die sich nicht auf eine leibliche, sondern auf eine geistige Abrahamskindschaft beruft, weiß sie um die historische Verwurzelung in einer Stammreligion auf der einen, um die historische Ausbildung einer späteren Geschwisterreligion auf der andere Seite. Diese *mittlere Position* nötigt geradezu zu Austausch, Selbstbesinnung, Kommunikation, Verbindung, auch wenn all das bei Juden und Muslimen durchaus auf Skepsis stoßen kann. Der jüdische Pädagoge *Micha Brumlik* fragt stellvertretend an, mit welchem Recht und welcher Reichweite sich die christlichen Kirchen hier »eine gern gesehene Mittlerfunktion zuschreiben«, als »komme dem Christentum hier eine gleichsam natürliche, systematische Mittlerfunktion zu«[203]. Dem ist entgegenzuhalten: Die strukturelle Position prädestiniert das Christentum in der Tat für diese Rolle. Dass die beiden zum Trialog eingeladenen Partner aus je eigener Position, Ge-

---

[202] *Stefan Schreiner* (2010), 22.
[203] *Micha Brumlik:* Überlegungen zu einem künftigen jüdisch-muslimischen Dialog, in: *Niklas Günther/Sönke Zankel* (Hrsg.): Abrahams Enkel. Juden, Christen, Muslime und die Schoa (Stuttgart 2006), 83–91, hier: 83.

schichte und Situation heraus diese Rolle akzeptieren oder nicht, dieses Angebot annehmen oder nicht, muss dabei von vornherein bewusst sein.

Ein Weiteres wird durch diese Klärung der Ausgangsbedingungen von Trialog deutlich. Aus seiner mittleren und vermittelnden Position heraus betreibt das Christentum seit einigen Jahrzehnten mit großer Dynamik zwei eigenständige, untereinander nicht vermittelte dialogische Prozesse: den jüdisch-christlichen sowie den christlich-muslimischen Dialog. In beiden Prozessen wurde eindrucksvolle Arbeit geleistet, liegen in Praxis wie Theorie maßgebliche Ergebnisse vor. Eine trialogische Perspektivierung soll und wird diese beiden wichtigen Dialog-Unternehmungen weder beenden noch einfach aufnehmen, sondern in einen noch einmal anderen theologischen und religionspädagogischen Horizont führen.

Auffällig: Die dritte, vom Christentum unabhängige Dialogbeziehung im imaginären Kommunikationsdreieck befindet sich bestenfalls in allersten Anfangsstadien. Die Beziehungen von Judentum und Islam sind hochkompliziert, historisch und politisch vielfach belastet, schwer kommunikativ und theologisch zu korrelieren. Das gilt für die arabische Welt genauso wie für Mitteleuropa oder Nordamerika, wo Versuche zur Etablierung eines solchen Dialogs zwar seit mehr als 50 Jahren nachzuweisen sind, ohne sich jedoch wirklich auf breiter Ebene etablieren zu können.[204] Dabei sind die von Judentum und Islam im Gegensatz zum Christentum geteilten Gemeinsamkeiten immens. *Micha Brumlik* zählt auf:

- »beide Religionen bekennen »nicht nur einen, sondern auch einen einfaltigen, gnädigen und gerechten Gott,
- beide lehnen jede Abbildung Gottes ab,
- beide sehen als zentrale Gabe der göttlichen Gnade an die Menschen eine praktische Weisung zum Leben, die Tora und den Qur'an,

---

[204] Vgl. *Bradford E. Hinze:* Jewish, Christian, Muslim Trialogue (2005), 4: »Jewish-Muslim relations [...] have ebbed and flowed«.«

- beide Religionen [...] stehen messianischen Vorstellungen
  [...] zumindest skeptisch gegenüber,
- im Zentrum beider Religionen steht – wie im Christentum – das Wort Gottes, das im Christentum Mensch, in
  Judentum und Islam hingegen Buch wurde.«[205]

In der Tat: Judentum und Islam weisen einige strukturelle Parallelen auf, die sie vom Christentum abheben. Aber trotz dieser großen Gemeinsamkeiten bleibt der direkte Dialog miteinander schwierig, schwieriger als die jeweiligen Dialoge mit
dem Christentum. Immerhin: 2008 wurde in Nürnberg eine
»Jüdisch-islamische Gesellschaft in Deutschland e.V.« gegründet, mit dem Ziel, den kulturellen und interreligiösen Austausch voranzutreiben. Auf regionaler Ebene gibt es inzwischen
mehrere derartige Initiativen. Und auch weltweit finden sich in
jüngerer Zeit bemerkenswerte Initiativen einer unmittelbar *jüdisch-muslimischen Verständigung*. 2005 trafen sich in Brüssel
rund 100 Rabbiner und Imame zu einem ersten »World Con-
gress of Imams and Rabbis for Peace«[206]. Dort wurde verein-
bart, fortan nicht nur regelmäßig weitere Konferenzen vorzube-
reiten und durchzuführen, sondern auch einen ständigen
Ausschuss für den jüdisch-muslimischen Dialog einzurichten.
Insgesamt aber scheinen *tria*logische Versuche, die *drei* Religionen mithilfe christlicher Verbindungsfähigkeit zusammen-
zubringen, erfolgversprechender. Das Christentum ist so in
besonderer Weise (mit-)verantwortlich für trialogische Bemühungen.

---

[205] *Micha Brumlik:* Überlegungen zu einem künftigen jüdisch-muslimischen
Dialog, 83. (Einrichtung GL)
[206] Vgl. www.imamsrabbisforpeace.org. 2015 fand der fünfte Weltkon-
gress statt.

3.2 Eckpunkte trialogischen Lernens

Wie kann angesichts dieser Ausgangsbedingungen trialogisches Lernen konzipiert werden? Wie können Juden, Christen und Muslime gemeinsam und voneinander lernen? Der britische Großrabbiner *Jonathan Sacks* hat in einem 2002 erschienenen wegweisenden Buch eine Grundhaltung beschrieben, die trialogische Lernprozesse nicht nur auszeichnet, sondern überhaupt erst ermöglicht. Er hebt grundsätzlich die »Würde der Differenz«[207] hervor. Das Fremde und Andere der dialogisch betrachteten Partner ist nichts Defizitäres, nichts Abzuwertendes, vielmehr hat gerade das Trennende eine eigene Würde. Unter dieser Voraussetzung soll im Folgenden zunächst der Versuch unternommen werden, einige allgemeine Eckpunkte trialogischen Lernens zu markieren, die später aufgegriffen, differenziert, begründet und konkret ausbuchstabiert werden.

– Religionspädagogisch verantwortbar von *Gott* reden heißt trialogisch, stets zu bedenken, dass ein und derselbe Gott nicht nur in meiner Konfession, nicht nur in meiner Religion, sondern in den drei in sich noch vielfach ausdifferenzierten Religionen von Judentum, Christentum und Islam verehrt wird. Dieser grundlegende Gedanke schließt die Einsicht ein, dass die in den drei Religionen ausgebildeten *Gottesvorstellungen* – trotz aller Gemeinsamkeiten – sehr wohl in vielen Facetten voneinander abweichen.

– Religionspädagogisch von *Konfession* reden heißt trialogisch, den Weg meiner Religion als Heilsweg zu bekennen und zu praktizieren, ohne den abrahamischen Geschwisterreligionen die Möglichkeit eines eigenen, von meinem Weg abweichenden Zugangs zum Heil prinzipiell und kategorisch abzusprechen. Ein mutual inklusivistisches Verständnis im Gefolge von ›Nostra Aetate‹ ermöglicht es, die Geschwisterreligionen als von Gottes Wahrheit und Heilswillen erfüllte Dimensionen wertschätzen und respektieren zu können.

---

[207] Vgl. *Jonathan Sacks:* The Dignity of Difference. How to avoid the Clash of Civilizations? (London/New York 2002).

- Religionspädagogisch von *interreligiösem Lernen* in trialogischem Geist reden heißt schließlich, sich im Rahmen einer »Hermeneutik der wechselseitigen Anerkennung in Wahrhaftigkeit«[208] so intensiv wie möglich mit den beiden anderen monotheistischen Religionen zu befassen, ohne die anderen Weltreligionen auszugrenzen. Ein immer besseres gegenseitiges Kennenlernen, ein vertiefendes Studium und praktisches Erfahren von Gemeinsamkeiten, eine immer klarere Sicht auf bleibend trennende – in Respekt und Ehrfurcht wahrgenommene – Eigenheiten markieren die Wege eines religionspädagogischen Wegs in die Zukunft.

Wie aber können diese allgemein Orientierung gebenden religionspädagogischen Vorgaben konkret didaktisch umgesetzt werden? Welche Implikationen ergeben sich für die Möglichkeiten einer *trialogischen Religionspädagogik in abrahamischer Ökumene?* Die hier angestrebten didaktischen Konkretionen erfolgen nicht standortfrei, das ist unmöglich. Ich formuliere also nun aus spezifisch christlicher Perspektive und im Blick auf die Lehr- und Lernbedingungen im deutschen Sprachraum. Der konkrete Verwirklichungsrahmen ist in erster Linie der schulische Religionsunterricht im Rahmen der gegenwärtig weitgehend vorgegebenen Organisationsform von Konfessionalität.

Nicht ein neues Lernfeld, sondern ein Prinzip

Der Religionsunterricht wird mit (über-)großen Erwartungen konfrontiert. Angesichts der vielfältigen Ausdifferenzierungen der postmodernen Gesellschaft werden von Religionslehrerinnen und Religionslehrern Kompetenzen erwartet, die weit über die binnentheologische Fachkompetenz und die didaktische Vermittlungskompetenz hinausgehen. Zu all den vielen Kompetenzanforderungen mit dem ›trialogischen Feld‹ noch eine weitere hinzuzufügen, wäre deshalb eine Überforderung, die eher kontraproduktiv, abstoßend oder hemmend wirken könn-

---

[208] *Karl Ernst Nipkow:* Bildung in einer pluralen Welt, Bd. 2: Religionspädagogik im Pluralismus (Gütersloh 1998), 361.

te. Es geht also nicht darum, zu den bereits vorhandenen Lernbereichen noch einen weiteren hinzuzufügen. Vielmehr soll die *trialogische Perspektive* verstanden werden als ein *Grundprinzip* christlichen Denkens. Faktisch *gibt* es die drei Religionen, die sich ausgehend von der hebräischen Bibel auf den einen Gott beziehen. Auf der weltpolitischen Ebene wie in unserer Kultur treffen die drei Gruppen aufeinander, leben sie neben- und miteinander. In der Besinnung auf diesen Gott gilt es so stets mitzubedenken, dass es dieses geschwisterliche Miteinander gibt – in Nähe und Distanz, in Verbrüderung und Streit.

Trialogisch denken lernen ist so primär die Aufforderung, sich selbst anders wahrzunehmen, die eigene Identität in Öffnung und Binnenperspektive klarer zu erkennen und zu profilieren.

- Trialogisch zu denken und zu handeln bestimmt das prinzipielle *Selbstverständnis* einer christlichen Religionspädagogik, die sich der Existenz der abrahamischen Geschwisterreligionen bewusst ist und sie mit Respekt und Achtung betrachtet.
- In zweiter Linie betrifft trialogisches Lernen selbstverständlich auch das konkrete, seit Jahrzehnten in den schulischen Lehrplänen fest verankerte *Lernfeld* ›Weltreligionen‹ oder ›interreligiöses Lernen‹.
- Auf einer dritter Ebene geht es zudem im Sinne des *Begegnungslernens* darum, ganz konkret Menschen aus den drei abrahamischen Religionen »in ein konstruktives Gespräch über Lebenspraxen zu bringen, das zu Verstehen, Respekt und Wertschätzung führen will«[209].
- Trialog als akademische und politische Dimension schließlich setzt vorrangig auf konkrete und direkte Begegnungen und den Austausch von Experten.

Im Blick auf das Lernfeld Schule gilt es, die trialogischen Perspektiven realistisch zu bestimmen. Schon hinsichtlich der Ansprüche an einen echten Dialog, aber auch im Blick auf interre-

---

[209] *Clauß Peter Sajak:* Trialogische Religionspädagogik und Komparative Theologie. Strukturelle Analogien – produktive Kollisionen, in: *Burrichter/Langenhorst/von Stosch* (2015), 31–48, hier: 45.

ligiöses Lernen allgemein wurden die Rahmenbedingungen von *Begegnungs-Lernen* deutlich benannt. Gerade im Blick auf trialogisches Lernen werden die Grenzen dieses Konzeptes augenfällig. Sosehr es zumindest prinzipiell möglich sein mag, an den meisten Schulen christliche und muslimische Schülerinnen und Schüler in Begegnungen und gemeinsamen Lernprozessen zu begleiten, so deutlich ist ja, dass der dritte Partner, das Judentum, fast immer außen vor bleiben müsste, schon einfach deshalb, weil diese Schülergruppe nicht oder kaum in den hiesigen Schulen präsent ist. Ein so entstehender Trialog wäre stets ungleichgewichtig.

Grundsätzlich bestehen zudem erhebliche pädagogische Bedenken dahingehend, ob es überhaupt sinnvoll ist, Schülerinnen und Schüler als Fachleute in Sachen Religion zu funktionalisieren, um Begegnung im Kontext Schule zu inszenieren.[210] Sicherlich gibt es dazu positive Erfahrungen. Umgekehrt setzt man die Schülerinnen und Schüler der Gefahr aus, sich als ›Experten in Sachen Religion‹ vor den Mitschülerinnen und Mitschülern in einem Kontext zu profilieren, der für viele eher negativ besetzt ist. Hier droht eine ungewollte Rollenfestlegung unter negativem Vorzeichen. Man sollte es unbedingt »vermeiden«, gerade »jüdische Kinder im Vergleich zu anderen Kindern aus kleineren Minoritätsgruppen besonders«[211] hervorzuheben, gibt etwa der jüdische Religions- und Literaturwissenschaftler *Alfred Bodenheimer* zu bedenken. Die muslimische Religionspädagogin *Tuba Isik* warnt ihrerseits davor, muslimischen »Kindern die Rolle der kleinen Islamexperten zu oktroyieren«[212].

---

[210] Vgl. dazu: *Karlo Meyer:* Zeugnisse fremder Religionen im Unterricht (1999), 44–60.

[211] *Alfred Bodenheimer:* Zwischen religiöser Identität und gleichwertiger Akzeptanz. Interreligiosität und Interkulturalität in Kindertagesstätten – eine jüdische Perspektive, in: *Friedrich Schweitzer/Anke Edelbrock/Albert Biesinger* (Hrsg.): Interreligiöse und Interkulturelle Bildung in der Kita (2011), 75–81, hier: 80.

[212] *Tuba Isik:* Bibel- und Korandidaktik in komparativer Absicht in einem kooperativ-konfessionellen Religionsunterricht, in: *Burrichter/Langenhorst/von Stosch* (2015), 263–275, hier: 263.

Der Befund ist eigentlich offensichtlich: Man überfordert Kinder und Jugendliche, wenn man ihnen die Rolle des Religionsexperten überstülpt. Welche christlichen Achtklässlerinnen oder Achtklässler würden wir uns als Repräsentanten ›des Christentums‹ in einer muslimischen oder jüdischen Gruppe wünschen? Warum also die umgekehrte Rollenerwartung an jüdische oder muslimische Mitschülerinnen und Mitschüler? Kinder und Jugendliche können hingegen durchaus als Experten für ihren ›Alltag‹ fungieren, der religiös mitgeprägt sein mag. Gerade darauf aber beschränkt sich ihr Expertentum.

Differenzierung der Lernprozesse

Trialogisches Lernen in abrahamisch-ökumenischer Perspektive verweist spezifischer als der Begriff ›interreligiöses Lernen‹ allgemein auf die besondere Bedeutung der Beziehungen zwischen Judentum, Christentum und Islam als »Erinnerungs- und Erzählgemeinschaft«[213]. Während die übrigen Religionen eben doch primär ganz andere, fremde, in ihrer Exotik faszinierende Welten erschließen – von den Lehrkräften nur ansatzweise mit adäquater Sachkompetenz darstellbar –, verweist trialogisches Lernen auf Grundgegebenheiten unserer Gesellschaft.

– Dabei ist der Lernprozess im Blick auf das Judentum insofern anders als derjenige im Blick auf den Islam, als dass hier üblicherweise einerseits der eher rückwärtsgewandte Blick auf die Geschichte und andererseits die Hervorhebung von Gemeinsamkeiten stärker im Zentrum stehen. Das Judentum wird meistens vor allem als Wurzel der eigenen Tradition erschlossen, dessen Geschichte mit der christlichen Tradition eng, tragisch und für uns schuldbehaftet verbunden ist. Von zentraler Bedeutung: Die Begegnung mit dem *Judentum der Gegenwart* in unserer Kultur und weltweit wird bislang viel zu wenig beachtet, sollte aber unter trialogischer Perspektive zentral betont werden, um das *Judentum als gelebte Religion* stärker in das Bewusstsein zu rücken.

---

[213] *Karl-Josef Kuschel:* Juden, Christen, Muslime (2007), 609.

Maßgeblich ist hier eine »religionsdidaktische Blickwendung« hin zu einer »›Vergegenwärtigung‹ heutigen jüdischen Lebens«[214].

– Der Islam ist hingegen die spätere Tradition, die sich nun umgekehrt unter anderem auf christliche Wurzeln beruft. Auch hier geht es didaktisch normalerweise vor allem um das Kennenlernen von identitätsstiftender Historie. Im Zentrum stehen jedoch in diesem Fall die systematischen Vergleiche beider Religionen sowie die Auseinandersetzungen um das gegenwärtige Neben- und Miteinander. Wenn auch hier eine Blickwendung angezeigt ist, dann die weg von einer *einseitigen* Zentrierung auf konfliktbetonte Wahrnehmungen hinsichtlich Terrorismus und Fundamentalismus hin zu *gelebter Nachbarschaftlichkeit* in unserer konkreten Lebenswelt.

3.3 Trialogisches Profil interreligiöser Kompetenzen

Im Wissen um die grundlegenden Grenzen und Vorläufigkeiten von Kompetenzbeschreibungen soll nun versucht werden, jene spezifisch interreligiösen Kompetenzen zu beschreiben, die in trialogischen Lernprozessen ein besonders konturiertes Profil erhalten. Blicken wir zunächst auf ein Kompetenzraster, das *Ann-Kathrin Muth* und *Clauß Peter Sajak* im Blick auf trialogisch engagierte Schulen im Rahmen der Förderung durch die Herbert-Quandt-Stiftung konzipiert haben. Es verwendet eine Systematik und Begrifflichkeiten, die auf die spezifischen Belange des zu Grunde liegenden Schulwettbewerbs hin formuliert wurden.[215]

---

[214] *Matthias Bahr/Reinhold Boschki:* Nostra Aetate religionspädagogisch gelesen, in: KatBl 140 (2015), 101–105, hier: 103.

[215] Wortgetreu nach: *Ann-Kathrin Muth/Clauß Peter Sajak:* Standards für das trialogische Lernen. Interkulturelle und interreligiöse Kompetenzen in der Schule fördern (Bad Homburg 2011), 24. Abgedruckt in allen vier Themenheften zu »Lernen im Trialog«.

Kompetenzbereich 1: Die Relevanz erkennen

Kompetenz 1.1: SchülerInnen stellen die Bedeutung der drei abrahamischen Religionen für die europäische Kulturgeschichte dar.

Kompetenz 1.2: SchülerInnen nehmen Zeichen, Zeugnisse und Zeugen der abrahamischen Religionen und Traditionen bewusst wahr.

Kompetenzbereich 2: Den Dialog fördern

Kompetenz 2.1: SchülerInnen zeigen die Bedeutung von Religion als grundlegendes kulturelles, gesellschaftliches Phänomen auf.

Kompetenz 2.2: SchülerInnen nehmen konstruktiv am Dialog teil und leisten einen Beitrag zur zwischenmenschlichen Verständigung.

Kompetenzbereich 3: Den Anderen anerkennen

Kompetenz 3.1: SchülerInnen setzen sich mit Konfessionen, Religionen und Weltanschauungen anderer Kinder und Jugendlicher auseinander.

Kompetenz 3.2: SchülerInnen begegnen Menschen anderer kultureller und religiöser Kontexte mit Respekt, Interesse und Wertschätzung.

Kompetenzbereich 4: Die eigene Identität weiterentwickeln

Kompetenz 4.1: SchülerInnen setzen sich mit ihrem eigenen Glauben und ihrer Weltanschauung auseinander.

Kompetenz 4.2: SchülerInnen nehmen einen begründeten Standpunkt in ihrer eigenen Konfession, Religion oder Weltanschauung ein.

Kompetenzbereich 5: Über die Schule hinaus wirken

Kompetenz 5.1: SchülerInnen eröffnen Perspektiven des abrahamischen Trialogs für Schulprofil und -gemeinschaft.

Kompetenz 5.2: SchülerInnen entwickeln Formen der Verständigung und der Zusammenarbeit mit außerschulischen Institutionen und ihrem lokalen Umfeld.

Dass diese Vorgaben »fast banal«[216] ausformuliert seien, trifft weder den Kontext noch die Ausdifferenzierungen. Im Rahmen unseres Ansatzes kann Vieles aufgenommen werden, auch wenn manche Zielbestimmungen nicht spezifisch auf ein explizit trialogisches Lernen bezogen werden, sondern eher den allgemeinen kulturell-religiösen Raum schulischen Lernens markieren. Als Orientierungsraster der eigenen Vorgaben soll zunächst jener oben ausführlich dargestellte Katalog von *Teilkompetenzen* dienen, den die EKD-Denkschrift »Religiöse Orientierung gewinnen« ausformuliert hat. Die von Mirjam Schambeck formulierte ›Diversifikations- und Relationskompetenz‹ wird zwar nicht in der Begrifflichkeit, wohl aber im grundlegenden Anliegen aufgenommen. Trialogisch konzipiertes interreligiöses – und in Aufnahme des Einwurfs von Max Bernlochner zugleich interkulturelles – Lernen aus christlicher Perspektive (analog für Judentum und Islam ausformulierbar) zielt demnach auf:

- fachlich fundiertes *Wissen* im Bezug auf die abrahamischen Religionen Judentum, Christentum und Islam und die von ihnen historisch gewachsenen geprägten Kulturen, wobei das Wissen um die eigene Religion und Kultur immer in tieferer, persönlich verbundener, differenzierter Form entfaltet sein wird;
- die Kompetenzen, die grundlegenden *Lehren, Bräuche,* Erscheinungsformen, Orientierungen, Verhaltensweisen und kulturellen Prägeungen dieser drei Religionen in ihrer heutigen Gestalt wechselseitig kontextuell zu deuten und zu verstehen;
- die Bereitschaft und Fähigkeit dazu, die *Perspektive* von Juden und Muslimen zu *übernehmen* im Wissen, dass es innerhalb dieser Religionen kulturell wie theologisch und lebenspraktisch völlig unterschiedliche Strömungen und Traditionen gibt, so dass sich die Rede einer Perspektive *des* Judentums oder *des* Islam verbietet;

---

[216] So *Peter Schreiner:* Zur Diskussion um interreligiöse Kompetenz. Anmerkungen zu aktuellen Konzeptionen und Projekten, in: *Stettberger/Bernlochner:* Interreligiöse Empathie lernen (2013), 63–72, hier: 71.

- die Entwicklung von *Einstellungen* und *Verhaltensweisen* jüdischen und muslimischen Menschen gegenüber, die geprägt
sind von Empathie[217], Toleranz, Respekt und Offenheit;
- die reflektierte Vertrautheit mit den eigenen christlich geprägten *Orientierungen,* verbunden mit dem Blick auf Gemeinsamkeiten und Unterschiede hinsichtlich der Orientierungen von Juden und Muslimen;
- religiöse *Urteilsfähigkeit* in selbstkritischer Wahrnehmung
des Christentums sowie im – von Ehrfurcht und Respekt geprägten, gleichwohl nicht gleichmacherischen oder harmoni-
sierenden – Blick auf Judentum und Islam.

Letztlich geht es beim ›trialogischen Lernen‹ um den auf Kenntnissen und Erfahrungen beruhenden Aufbau von Handlungs-
sowie Partizipationskompetenz im Umgang mit Judentum und
Islam, um religiöse Dialogfähigkeit, sofern sich tatsächliche Begegnungen mit Juden und Muslimen ergeben, sowie um Ambiguitätstoleranz, die sich der bleibenden Unterschiede, Spannungen und Konflikte bewusst ist und diese aushält. Dass diese
Kompetenzbeschreibungen idealistisch formuliert sind, dass sie
letztlich eher auf Erwachsene als auf Kinder und Jugendliche
zielen, dass es elementarer Umsetzungen im Blick auf die jeweils nur konkret bestimmbaren soziologischen und psychologischen Lernvoraussetzungen bedarf, wird dabei vorausgesetzt und für die kommenden Entfaltungen berücksichtigt.

---

[217] Vgl. dazu: *Herbert Stettberger/Max Bernlochner* (Hrsg.): Interreligiöse
Empathie lernen (2013).

III. Trialog im Kontext

Positionierungen im interreligiösen Lernfeld

Der Versuch der Profilierung einer explizit ›trialogischen Religionspädagogik‹ ist nur einer von mehreren neueren Ansätzen im weiten Feld des interreligiösen Lernens. Ihr Zugang erfolgt nicht kontextfrei, sondern in Auseinandersetzung mit ähnlichen Versuchen. Im Folgenden sollen deshalb vier derartige Zugänge charakterisiert, vor allem aber auf ihre Verbindungen zur trialogischen Religionspädagogik hin analysiert werden: Wo gibt es Überschneidungen und Verbindungen, wo signifikante Unterschiede? Wo und wie regen diese Zugänge die trialogischen Konzeptionen durch produktive Impulse an? Wo und wie sind sie umgekehrt aus trialogischer Sicht anzufragen?

Auf sehr verschiedenartigen Ebenen haben sich vier solche Bereiche herauskristallisiert. Mit der sogenannten ›Komparativen Theologie‹ und dem ›Projekt Weltethos‹ liegen zwei hochreflektierte und weit verbreitete interreligiöse Initiativen vor, deren religions*pädagogische* Substanz und Wirkkraft jedoch noch unzureichend rezipiert und erforscht wurde. Ganz anders präsentieren sich zwei Kontexte, in denen Judentum und Islam sich in unserer Gegenwartskultur so präsentieren, dass sich eine religionspädagogische Reflexion und Nutzbarmachung nahelegt: Einerseits weist die zeitgenössische deutschsprachige Literatur in neuer Weise interreligiös sensible Grundsignaturen auf. Andererseits finden sich im Bereich von Kinderbibel, Kindertora und Kinderkoran ganz aktuell spannende Entwicklungen, welche die trialogische Religionspädagogik aufnehmen kann.

1. Trialogische Religionspädagogik und Komparative Theologie

In den letzten Jahren hat vor allem eine systematisch-theologische Bewegung den Bereich interreligiöser Theologie maßgeblich vorangetrieben, die sogenannte ›Komparative Theologie‹. Entwickelt in der durch Pluralisierungsschübe noch stärker geprägten anglophonen Welt vor allem durch *James L. Fredericks, Francis X. Clooney* und *Catherine Cornille,* wurde sie durch den katholischen Paderborner Fundamentaltheologen *Klaus von Stosch* in den deutschen Sprachraum übertragen und transformiert. Das 2009 an der Universität Paderborn von ihm gegründete ZeKK (»Zentrum für Komparative Theologie und Kulturwissenschaften«) hat sich als Ort innovativen Vordenkens akademischer interkultureller und interreligiöser Forschungen etabliert. Dabei kommt den abrahamischen Religionen zwar eine wichtige Rolle zu, sie stehen aber keinesfalls allein im Fokus. Ein jüngst erschienener Band widmet sich explizit dem Buddhismus.[1] Die von Klaus von Stosch herausgegebene Buchreihe »Beiträge der Komparativen Theologie« umfasst inzwischen 20 Bände.

1.1 Religionspädagogisch relevante Aspekte Komparativer Theologie

Angesichts dieses innovativen Entwurfs lohnt sich ein Blick auf die gegenseitigen Beziehungen[2]: Welche Anregungen gehen von der Komparativen Theologie für eine trialogische Religionspädagogik aus – welche Herausforderungen lassen sich umgekehrt von der trialogischen Religionspädagogik aus an die Komparative Theologie formulieren? Diese Fragen stellen sich

---

[1] Vgl.: *Klaus von Stosch/Hermann-Josef Röllicke/Daniel Rumel* (Hrsg.): Buddhismus und Komparative Theologie (Paderborn 2015).

[2] Vgl. *Clauß-Peter Sajak:* Trialogische Religionspädagogik und Komparative Theologie. Strukturelle Analogien – produktive Kollisionen, in: *Rita Burrichter/Georg Langenhorst/Klaus von Stosch* (Hrsg.): Komparative Theologie: Herausforderung für die Religionspädagogik. Perspektiven zukunftsfähigen interreligiösen Lernens (Paderborn 2015), 31–48.

umso klarer, als dass Klaus von Stosch als systematischer Theologe die konkreten Lernorte vor Augen hat und auch direkte organisatorische wie konzeptionelle Anregungen gibt:

- Schon sein Beitrag im ersten programmatischen Buch »Komparative Theologie. Interreligiöse Vergleiche als Weg der Religionstheologie«, 2009 zusammen mit dem evangelischen Systematiker *Reinhold Bernhardt* herausgegeben, mündet nicht nur in die Forderung, den interreligiösen Bereich in der universitären Ausbildung von Theologinnen stärker und strukturierter zu berücksichtigen[3], sondern schließt auch mit dem Appell, »die Rolle des Religionsunterrichts an der Schule neu zu justieren und zu stärken«[4].

- 2011 und 2012 erscheinen zwei Aufsätze, die für die Perspektiven von Komparativer Theologie im Blick auf eine religionssensible Schulkultur werben und dazu eine »religionspädagogische Neubesinnung«[5] fordern.

- Die monographische Grundlagenstudie »Komparative Theologie als Wegweiser in der Welt der Religionen« von 2012

---

[3] Kaum realistisch ist dabei die mehrfach vorgetragene Vision, theologische Fakultäten sollten aus freien Stücken »eigene Lehrstühle zur Umwandlung in die Theologie einer anderen Religion« und »für den Bereich der Komparativen Theologie« freigeben, sei es auch nur als prophylaktische Maßnahme, »bevor der Staat sie ganz streicht oder anderen Wissenschaftsgebieten zuschlägt«. Vgl. *Klaus von Stosch:* Komparative Theologie als Wegweiser in der Welt der Religionen (Paderborn u. a. 2012), 321.
[4] *Klaus von Stosch:* Komparative Theologie als Hauptaufgabe der Theologie der Zukunft, in: *ders./Reinhold Bernhardt* (Hrsg.): Komparative Theologie. Interreligiöse Vergleiche als Weg der Religionstheologie (Zürich 2009), 15–33, hier: 32. Der hier noch geäußerte unrealistische und durch sein Anspruchsdenken eher kontraproduktive Gedanke, »das Stundenvolumen für Religionsunterricht« (ebd., 33) müsse ausgeweitet werden, wird in den Folgepublikationen nicht wieder aufgenommen.
[5] Z. T. textidentisch. Vgl. *Klaus von Stosch:* Komparative Theologie und religionssensible Schulkultur. Plädoyer für eine religionspädagogische Neubesinnung, in: *Gudrun Guttenberger/Harald Schroeter-Wittke* (Hrsg.): Religionssensible Schulkultur (Jena 2011), 343–359; *ders.:* Dialog der Religionen im Religionsunterricht. Plädoyer für eine religionspädagogische Neubesinnung, in: *Norbert Mette/Matthias Sellmann* (Hrsg.): Religionsunterricht als Ort der Theologie, QD 247 (Freiburg i. Br. 2012), 325–337.

zielt auf deutlich konturierte Ausführungen über den »Dialog der Religionen im Religionsunterricht«[6].

– 2014 widmete sich erstmals eine Fachtagung den gegenseitigen Herausforderungen von Komparativer Theologie und Religionspädagogik. Im Zentrum der 2015 veröffentlichten Beiträge steht die aus mehreren Perspektiven beleuchtete Beantwortung der »korrelativen Doppelfrage«: »Welche Impulse gehen aus von der Komparativen Theologie für eine interreligiös ausgerichtete Religionspädagogik und Religionsdidaktik? Aber auch umgekehrt: Welche Rückfragen stellen sich von Seiten der Religionspädagogik und Religionsdidaktik an die Erfahrungen und Theorien der Komparativen Theologie?«[7]

Komparative Theologie zielt also von Anfang an auf konkrete interreligiöse Lernprozesse und Lerntheorien. Welche Elemente prägen diesen Ansatz grundsätzlich? Welche konkreten Herausforderungen für interreligiöses Lernen werden dort benannt?

– Ein entscheidender Grundzug der Komparativen Theologie liegt darin, in interreligiösen Begegnungen und Studien »Allgemeinurteile und Generalsierungen«[8] zu vermeiden. Ihre »mikrologische Vorgehensweise« zeichnet sich durch die »Wendung zum Einzelfall«[9] aus, es geht stets um Betrachtungen zu »konkreten religiösen Überzeugungen«[10]. Der direkte Austausch und unmittelbare Dialog konzentriert sich auf einzelne und konkrete Fragen, ohne dabei stets das gesamte System der jeweils anderen Religion im Blick zu haben. Diese Konzentration ermögliche viel leichter und besser, sich dem anderen anzunähern. Im Blick auf einzelne theologische Fragestellungen oder religiöse Praktiken könne es nämlich durchaus gelingen, »andere in ihrer Andersheit

---

[6] Vgl. *Klaus von Stosch* (2012), 326–338.
[7] *Burrichter/Langenhorst/von Stosch:* Komparative Theologie (2015), 10.
[8] *Klaus von Stosch* (2012), 138.
[9] Ebd., 194.
[10] Ebd., 187.

zu verstehen und sich ihnen deshalb in ihrer Andersheit auszusetzen«[11].

– Komparative Theologie verweigert deshalb eine Zuordnung
zu den generalisierenden klassischen Modellen der Verhältnisbestimmung von Christentum und Weltreligionen wie Exklusivismus, Inklusivismus, Pluralismus oder Relativismus.
Jegliche Vorabbestimmung stelle den offenen, prozessbezo-
genen, dialogisch-dynamischen Grundansatz in Frage. Es
könne gerade nicht darum gehen, »*vor* dem Dialog Wahrheiten oder auch nur Wahrheitsvermutungen über andere Religionen aufzustellen«[12], schreibt Klaus von Stosch, ohne dabei die grundlegende Bedeutung der Wahrheitsfrage zu
ignorieren. Wahrheitsdiskurse kommen durchaus ins Spiel,
aber nicht als Gesamtzuschreibung von bestimmten Religionen, sondern »im Blick auf *bestimmte* religiöse Überzeugungen in *konkreten* Sprachspielkontexten«[13]. Interreligiöse
Lernprozesse müssten jedoch stets auf die Festlegung auf
bestimmte Wahrheitsmodelle und allzu klar definierte Ziel-
angaben verzichten. Im Prozess erst ergebe sich jene
»authentische Auseinandersetzung«, die zur Grundlage für
die angezielte, in Freiheit getroffene »redlich verantwortete
Entscheidung«[14] in Sachen wahrheitsstiftender und gewiss-
machender Religion werden könne.

– Gegen identitätstheoretisch hervorgebrachte Argumente, es
brauche *zunächst* eine Beheimatung, *bevor* es zu Dialog
kommen könne, es brauche zunächst eine eigene Position,
bevor ein Perspektivenwechsel möglich sei, wird angeführt,
dass »Identitätsbildung und Fremdwahrnehmung« immer
schon »eigentümlich miteinander verschränkt«[15] seien.
Wahrnehmungs- und Deutungsprozesse seien innerlich verbunden. Gerade angesichts von mit Empathie betrachtetem

---

[11] Ebd., 149.
[12] Ebd., 167. (Hervorhebungen GL)
[13] Ebd., 224. (Hervorhebungen GL)
[14] Ebd., 334.
[15] Ebd., 333.

wirklich Fremden bilde sich das Eigene. Ein Modell, das strikt nach dem Prinzip von ›erst wenn – dann‹ argumentiere, übersehe die Dynamik von Identitätsprozessen.

Insgesamt handelt es sich bei der Komparativen Theologie um »einen ›positionellen‹, im Kontext der christlichen Theologie verankerten Ansatz, der sich der Methoden und Resultate einer vergleichenden Religionsphänomenologie bedient und sie durch eigene Studien weiterführt«[16], so *Reinhold Bernhardt*. Was ergibt sich aus diesen Vorgaben für religiöse Lehr- und Lernprozesse, konkret: für Bedingungen, Struktur und Zielperspektiven eines *komparativ sensiblen interreligiösen Lernens?*

- Innerhalb des engagierten Plädoyers für eine Stärkung von religiöser Bildung allgemein und des Schulfachs Religion im Besonderen entwirft Klaus von Stosch die Vision eines »religionskundlich ausgerichteten Religionsunterricht[s] für alle«, da sich alle Schülerinnen und Schüler »mit Religion beschäftigen und eine eigene Urteilskompetenz für die unterschiedlichen Angebote auf dem Jahrmarkt der Religionen und Weltanschauungen gewinnen«[17] müssen.
- Gleichwohl bedürfe dieser Unterricht einer konfessionellen Rückbindung, die in »konfessionellen Differenzierungsphasen eingeholt«[18] werde. Religion könne nicht allein aus der Beobachterperspektive erschlossen werden, es brauche durchaus »Verkörperung« durch die Hineinnahme in eine konkrete religiöse Tradition und Praxis. Vor allem über die gelebte Konfession der Lehrperson könne »authentisch und transparent in religiöse Lebenswelten hineingeführt«[19] werden.
- Als Idealform dazu könne – zumindest zunächst – ein »konfessionell-kooperativer Religionsunterricht«[20] dienen. Das kooperative Element umfasst die projektbezogene Teil-

---

[16] *Reinhold Bernhardt:* Ende des Dialogs? (2005), 277.
[17] *Klaus von Stosch* (2012), 327.
[18] Ebd.
[19] Ebd., 329.
[20] Ebd., 328.

nahme am jeweils anderen Unterricht innerhalb der anzu-
strebenden Fächergruppe Religion/Ethik in wechselseitiger
Gastfreundschaft. Zudem werden gemeinsame Unterrichtsphasen im Team-Teaching von Lehrerinnen und Lehrern verschiedener Konfessionen und Religionen anvisiert.

1.2 Konvergenzen, Rückfragen, Impulse

Zahlreiche Argumente und Gedankengänge, Visionen und konkrete Forderungen der Komparativen Theologie sind aus religionspädagogischer Sicht problemlos anschlussfähig. Viele Elemente werden auch in anderen interreligiös ausgerichteten
Konzeptionen bereits seit längerer Zeit vorgetragen oder postu-
liert, so dass sich die Rede von einer »religionspädagogischen
*Neu*besinnung«[21] zumindest relativiert. Vieles davon ist bereits
bedacht, reflektiert und diskutiert. So nennt *Mirjam Schambeck*
als Überschneidungsfelder zu ihrem Ansatz *interreligiöser
Kompetenz* die »Betonung der Partikularität religiöser Traditionen« sowie »die vorausgesetzte Positionalität, von der aus
das Andere thematisiert wird«, hebt als Unterschied in ihrem
Ansatz jedoch die »Akzentuierung der personalen Dimension
von Religion« hervor. Religion umfasse zwar auch »Diskurs-
systeme«, präge aber vor allem das »ganz konkrete Verhalten
und Handeln in der Lebenswelt«[22].
 Auch im Blick auf die *strukturellen Gemeinsamkeiten* von
Komparativer Theologie und trialogischer Religionspädagogik
lassen sich zahlreiche Parallelen aufzeigen:
– die »konfessorische Verbundenheit mit der eigenen Tradition«[23], die Ausgangspunkt und Beheimatung aller dialogischen Bemühungen bleibt;
– der Respekt vor dem Anderen und das Bemühen um »eine

---

[21] Vgl. die so überschriebenen Aufsätze von 2011 und 2012. Hervorhebung
GL.
[22] *Mirjam Schambeck* (2013), 123f.
[23] *Klaus von Stosch* (2012), 157.

adäquate Wahrnehmung und Wertschätzung des religiös anderen«[24];

- das Nicht-Ausschließen der prinzipiellen »Wahrheits*fähigkeit*«[25] der Anderen;
- die Forderung »Räume für Fremdperspektiven auf das Eigene zu lassen«[26];
- die Konzentration auf konkrete Einzelfragen im Religionsvergleich;
- der Impuls zu gemeinsamem Lernen, wo immer es organisatorisch möglich ist;
- das Einrichten von Möglichkeiten zu Gastfreundschaft oder konfessionsübergreifendem Team-Teaching – und anderes.

Der Befund: Hier reiht sich das Anliegen der Komparativen Theologie ein in einen Chor vergleichbarer Ansätze. Völlig zu Recht spricht von Stosch so in neueren Publikationen von zahlreichen »Synergien zwischen Komparativer und trialogisch orientierter Theologie«[27]. Gerade deshalb lohnt sich hier ein *genauer Vergleichsblick,* konzipiert im Wissen um die zahlreichen grundlegenden Gemeinsamkeiten. Einige prononcierte Rückfragen an die bisherigen Entwicklungen der Komparativen Theologe aus religionspädagogischer Warte sollen dazu beitragen, das Profil des trialogischen interreligiösen Lernens weiter zu schärfen und zugleich einige Impulse von der Komparativen Theologie aufzunehmen.

Verzicht auf Wahrheitsvermutungen?

Eine erste Anfrage betrifft den bewussten Verzicht der Komparativen Theologie darauf, vorab eine theologische Verhältnisbestimmung von Christentum und Weltreligionen vorzuneh-

---

[24] Ebd., 150.
[25] Ebd., 168.
[26] Ebd., 333.
[27] *Klaus von Stosch:* Komparative Theologie und Religionspädagogik. Versuch einer Replik und Bestandsaufnahme aus komparativ fundamentaltheologischer Sicht, in: *ders./Burrichter/Langenhorst* (2015), 279–301, hier: 293.

men. Sie beharrt darauf, dass »die religionstheologische Modellbildung ihrer Arbeit nicht vorgelagert und sie also auch nicht auf sie angewiesen ist«[28]. Diese Position ist gleich doppelt frag-würdig, einerseits im Blick auf ihre grundsätzliche intellektuelle Möglichkeit, zum anderen hinsichtlich einer Übertragbarkeit auf den Lernort Schule.

Von Martin Buber her ist der basislegende Gedanke bekannt: Dem Anderen die Wahrheits*fähigkeit* von vornherein nicht abzusprechen, auch und gerade dort, wo er nicht mit den eigenen Überzeugungen übereinstimmt, ist eine Grundvoraussetzung, ohne welche dialogische Begegnung nicht möglich sein kann. Aber kann ein gläubiger Mensch jemals seine Wahrheits*vermutungen* über andere Religionen völlig abstreifen? Ist es »psychologisch und intellektuell überhaupt möglich […], die eigene Innenperspektive auch nur zeitweise zu verlassen[29]«? Man kann vorsichtig, reflektiert und mit Offenheit, selbstkritisch und mit der Bereitschaft zur Öffnung für Fremdkritik mit seinen religiösen Vorstellungen umgehen, aber man kann seine lebenslang gewachsene Letztüberzeugung nicht schlicht ignorieren. Dieser Anspruch ist theoretisch und praktisch unmöglich, aber auch unredlich, da »implizit und vielleicht unbewusst eine solche Option durchaus vorliegt«[30]. Einen Optionsverzicht erwarten Dialogpartner im Normalfall auch gar nicht von ihrem Gegenüber. Im Gegenteil: Dialog wächst *aus* Position und Positionserwartung, nicht aus der vorgeblich völligen Offenheit. Einen Verzicht auf Wahrheitsvermutungen über andere Religionen erwähnt auch Buber explizit nicht. Hier arbeitet die Komparative Theologie mit einer unnötigen Maximalforderung, die leicht als ideologische Verabsolutierung missverstanden werden kann. Früher oder später stellt sich die Frage nach der eigenen Überzeugung, auch im Blick auf die Wahrheitsansprüche der anderen Religionen. Ihre vorgebliche Ausblendung führt »die Komparative Theo-

---

[28] Ebd., 281.
[29] *Barbara Lukoschek:* Ethik der Befreiung (2013), 18.
[30] *Perry Schmidt-Leukel:* Gott ohne Grenzen (2005), 91.

logie in die Sackgasse«[31], so *Perry Schmidt-Leukel*. Perspektivisch sinnvoll erscheint so die Forderung, »komparative Studien in den Rahmen eines hermeneutischen Inklusivismus einzufassen«[32], oder eben in die eines theozentrischen Pluralismus. Hier gilt es Farbe zu bekennnen!

Auf den Lernort Schule übertragen wirkt die Forderung des Verzichts auf Wahrheitsvermutungen im Blick auf die anderen Religionen noch weitaus problematischer. Schulträger, Eltern und Kinder haben ein Recht auf Transparenz. Ein Unterricht, der vorgeblich ohne Wahrheitsvermutungen operieren wollte, würde tendenziell vorhandene Überzeugungen eher verschleiern als offenlegen. Das gerade sind entscheidende Vorteile des – durchaus umstrittenen – konfessionellen Religionsunterrichtes: dass alle Beteiligten zumindest theoretisch wissen, woran sie mit diesem Fach sind; dass Maßstäbe, Erwartungen und Ansprüche nicht ständig neu auszuhandeln sind. Dieser *Anspruch* auf transparente *Konfessionalität* oder zumindest *Positionalität* ist für Religionsunterricht im Sinne der Verfassung aus Sicht der Religionsgemeinschaften unabdingbar. Auch Klaus von Stosch schließt sich diesem Anspruch explizit an, geht es doch auch ihm darum, »Wege aufzuzeigen, wie ich das Entscheidende des eigenen Glaubens als wahr denken und begründen kann *und zugleich* die davon abweichenden Wahrheitsansprüche Andersgläubiger wertschätzen kann«[33]. Genau das ist in der Tat ein Hauptziel interreligiösen Lernens allgemein, trialogischen Lernens im Speziellen. Aber ist es erreichbar unter Ausblendung der grundlegenden Wahrheitsvermutungen im Blick auf die Religionen der Andersgläubigen?

Eine weitere Rückfrage in diesem Zusammenhang: Im Blick auf schulische Lernprozesse bedarf es klar formulierter Zielvorgaben. Strategische Offenheit und der Verzicht auf Festlegung

---

[31] Ebd., 93.
[32] *Anja Middelbeck-Varwick:* Theologische Grundlagen des Dialogs (2014), 1106.
[33] *Klaus von Stosch:* Komparative Theologie und Religionspädagogik (2015), 291.

widersprechen den Anforderungen an planvoll strukturiertes Lernen. Dazu bedarf es sprachlicher und gedanklicher Präzision: Wenn Klaus von Stosch etwa in einem Aufsatz aus dem Jahr 2009 davon spricht, dass die christliche Theologie in der Auseinandersetzung mit dem Islam »ganz viel lernen kann«[34], so wird man als Religionspädagoge schon neugierig auf die konkrete Einlösung: *Was* kann die christliche Theologie lernen? »Über sich und über die Welt, über die eigenen Stärken und Schwächen, über die eigene Identität und die im eigenen Denken verborgenen Plausibilitätsmuster, über den Anderen und seine Denkwege«, so buchstabiert von Stosch das Lernspektrum aus. Dann aber fügt er in deutlicher Absetzung hinzu: »und vielleicht ja auch über Gott«[35].

Vielleicht ja auch – ein solcher Ausweg in die unbestimmte Potentialität würde in jedem Unterrichtsentwurf im universitären Schulpraktikum oder im Referendariat völlig zu Recht als didaktisch unzureichend moniert. Zudem wird hier deutlich, was gerade mit so viel Aufwand verborgen bleiben soll: die Nähe zur pluralistischen Religionstheologie, also eben doch die Zuordnung zu einem Modell der Bestimmung des Verhältnisses der eigenen zu den anderen Religionen. Genau dies war ja das trennende Kriterium zwischen einem inklusivistischen und einem pluralistischen Modell: die potentielle Erwartung, im Dialog etwas grundlegend Neues über die letzte Wahrheit, über Gott erfahren zu können – ausgeschlossen in inklusivistischen, explizit erwartet in pluralistischen Vorstellungen. Diese Positionierung fördert Transparenz und Klarheit: Warum also nicht die Offenlegung der eigenen Überzeugung?

Offene Zielformulierungen und der Verzicht auf Wahrheitsvermutungen? Sie sind weder in echten Religionsbegegnungen noch im Religionsunterricht möglich. In der im katholischen

---

[34] *Klaus von Stosch:* Befruchtendes Denken. Warum sich die christliche Theologie für den Islam interessieren sollte, in: Herder Korrespondenz spezial: Die unbekannte Religion – Muslime in Deutschland (2009), 60–64, hier 64.
[35] Ebd.

Raum vorherrschenden Form interreligiösen Lernens mag es so etwas geben wie eine »inklusivistische Zähmung«[36], die den anderen nie wirklich *ganz und gar* in seinem Anders-Sein und nach seinem Selbstverständnis gelten lässt. Sie ist aber ehrlicher als eine vorgebliche Positionslosigkeit oder die Verweigerung der eigenen theologischen Verortung. Der *erste Impuls*, der von der Komparativen Theologie auf Modelle interreligiöser Bildung allgemein und trialogischen Lernens im Speziellen ausgeht, liegt so vor allem in der Mahnung, sich eigener Wahrheitsvermutungen bewusst zu werden, sich in der Auseinandersetzung mit anderen Religionen nicht auf sie zu versteifen, sich selbst immer wieder kritisch zu überprüfen und überprüfen zu lassen.

Begegnung als ›Königsweg‹ des komparativ-interreligiösen Dialogs?

Komparative Theologie setzt methodisch vorrangig auf konkrete und direkte Begegnungen, auf persönlichen Austausch und unmittelbare Erfahrung. Hier geht sie Hand in Hand mit anderen Konzeptionen interreligiösen Lernens, die ihre Ansprüche und Ziele ebenfalls bewusst sehr hoch ansetzen. Diese Option lässt sich in Expertengesprächen sicherlich gut umsetzen. ›Begegnung‹ lässt sich auf akademisch inszenierter Gesprächsebene als ›Königsweg‹ interreligiösen Lernens bezeichen, keine Frage. Die Grenzen dieser Vorstellung im Blick auf eine Übertragbarkeit auf andere Lernfelder wurden jedoch oben bereits deutlich markiert. Vor allem die »konkrete ›Inszenierung‹ eines Trialogs im Religionsunterricht gestaltet sich [...] schwierig«[37], gibt auch *Herbert Stettberger* zu bedenken. Umgekehrt wurden die interreligiösen Lernchancen durch religiöse Artefakte und klassische Unterrichtsmedien hervorgehoben.

---

[36] *Klaus von Stosch*: (2012), 33.

[37] *Herbert Stettberger*: Interreligiöse Empathie – miteinander voneinander lernen, in: *ders./Max Bernlochner* (Hrsg.): Interreligiöse Empathie lernen (2013), 127–154, hier: 145.

Einerseits könnte Komparative Theologie diesen Impuls aufnehmen, um jene Elemente interreligiöser Theologie noch stärker fruchtbar zu machen, die nicht primär aus unmittelbarer Begegnung schöpfen, sondern die materiale Form der Religionen – Schriften, Zeugnisse, Brauchtum, Traditionen – für Verständigungsprozesse aufbereiten. Für ein komparativ sensibles interreligiöses Lernen erwächst demnach umgekehrt als *zweiter* stimulierender *Impuls* die Einsicht, dass konkrete *Begegnungen* eine eigene wichtige Form darstellen, deren realistische Möglichkeiten jedoch an allen Lernorten sensibel ausgelotet werden müssen. Die folgenden Fragen markieren den didaktischen Grundfahrplan: Wo sind Begegnungen möglich? Wo bieten sie realistische Chancen auf produktive Lernprozesse? Wie lassen sich Begegnungen inszenieren, die das gegenseitige Verständnis fördern und die Möglichkeit des Aufkommens oder Vertiefens von emotionaler Distanz minimieren?

Exklusiver Diskurs der dialogbereiten Religionselite?

Eine dritte Anfrage lässt sich mit einem kleinen Exkurs illustrieren: Auch im Kinder- und Jugendbuch der letzten Jahre zeigt sich ein erstaunliches Interesse nicht nur an anderen Religionen, sondern auch konkret an interreligiösen Fragestellungen hinsichtlich der Beziehung der Religionen zueinander.[38] Ein Welterfolg wurde etwa das Buch »Theos Reise« aus dem Jahre 1997, verfasst von der Französin *Catherine Clément* (*1939). Der 700 Seiten starke »Roman über die Religionen der Welt« stellt uns in der Rahmenhandlung als Identifikationsfigur Theo vor. Theo ist 14 Jahre alt, Sohn einer griechisch-französischen Familie, wie selbstverständlich befreundet mit einer Schwarzafrikanerin, nicht-religiös erzogen, verwurzelt in einem kritischen, wissenschaftlich orientierten Weltbild – und in dieser Mischung ein Repräsentant heutiger jugendlicher Leserinnen

---

[38] Vgl. *Georg Langenhorst*: Lebenswelten außerhalb des eigenen Blickfeldes. Weltreligionen in der Kinder- und Jugendliteratur, in: BiblioTheke 3/2013, 15–21.

und Leser. Theo erkrankt an einer rätselhaften und lebens-
bedrohlichen Krankheit, für welche die europäische Schulmedi-
zin kein Heilungsmittel kennt.

In dieser Situation nimmt sich seine Tante Marthe seiner an,
eine Millionärin und erfahrene Weltreisende. Sie hofft, dass er
auf einer Weltreise zu den zentralen Entstehungs- und Wir-
kungsstätten der großen Religionen Heilung finden kann. Die
Reise führt die beiden in alle Kontinente (bis auf Australien)
und zu allen zentralen Stätten der Weltreligionen, die Theo neugierig, kritisch und unter völligem Verzicht auf jegliche Wahrheitsvermutung kennen lernt. Ein Roman also, der auf den ersten Blick wie geschaffen scheint zur Veranschaulichung von
Komparativer Theologie. Am Ende hat Theo ein belastendes
Familiengeheimnis aufgedeckt: Die vor ihm geheim gehaltene
Zwillingsschwester starb bei seiner Geburt. Er selbst aber ist
von seiner Krankheit tatsächlich genesen.

Zahlreiche konzeptionelle Entscheidungen sorgen dafür,
dass der insgesamt stark bildungsüberladene, deutlich didakti-
sierte Roman letztlich durchaus gelingt, wenn auch zum Teil
durch die Provokation von Rückfragen:

- *Verzicht auf* den Versuch einer *objektiven Schilderung der
  Religionen.* Der Roman entfaltet subjektiv vermittelte *Ein-
  drücke durch Begegnungen* mit einzelnen Vertretern der Religionen. Dabei handelt es sich transparent eingestanden
  durchweg um dialogoffene Repräsentanten: »Ich lern immer
  nur die Besten kennen, nie die Schlimmsten«, erkennt Theo,
  worauf seine Tante zu bedenken gibt: »Die Schlimmsten
  würden auch nicht mit dir reden. Sie würden keinesfalls hin-
  nehmen, dass jemand alle Religionen zugleich verstehen
  will.«[39] Die Frage aber bleibt: Wird die Ausblendung der in-
  toleranten Aspekte der komplexen Thematik gerecht?
- *Polyperspektivität:* Sämtliche Religionen werden aus mehr
  als einer Perspektive dargestellt. Unterschiedliche Gläubige
  betonen je eigene Aspekte, und sowohl Theo als auch seine

---

[39] *Catherine Clément:* Theos Reise. Roman über die Religionen der Welt
(München/Wien 1998), 460.

Tante kommentieren und fragen von ihrem individuellen Hintergrund her. Diese Breite der Darstellung lässt Raum für differenzierte Zugänge.

- *Kulturelle und gesellschaftliche Verankerung:* Die Religionen werden nicht als zeit- und raumlose Phänomene dargestellt, sondern angebunden sowohl an die jeweilige gesellschaftspolitische Gegenwart der Kernländer, als auch an geographische und historische Gegebenheiten zur Gründungszeit sowie im Laufe der Geschichte. Interkulturalität und Interreligiosität durchdringen einander.

- *Zurückhaltung in Wertung* und Hierarchisierung der Religionen untereinander zugunsten einer grundsätzlichen *Achtung der Glaubensüberzeugungen:* Die jeder Religion inhärente Wahrheitsfrage wird als unbeantwortbar zurückgewiesen.

- Durchgängig *positive Bewertung* der Grunddimension *Religion:* Religionen spielen nicht nur für ihre jeweiligen Vertreterinnen und Vertreter eine wichtige lebensgestaltende Rolle, die Begegnung mit diesen Religionen führt letztlich zu einer Gesundung des Protagonisten Theo.

Bei all den gelungenen Aspekten kann nicht verschwiegen werden, dass die pädagogische Absicht dieses »Roman-Sachbuchs«[40] nicht nur die erzählerische Phantasie in enge Grenzen gießt, sondern auch den Grundeindruck trübt: Wenn das Miteinander der Religionen so harmonisch ist, wo liegt dann das Problem? Wenn alle Religionen im Kern so gut sind, warum dann die endlose Geschichte der Religionskriege? Wenn man die Religionen so objektiv und gleichberechtigt wie Theo erleben kann, warum dann die Notwendigkeit zur Entscheidung zu einer eigenen lebenstragenden Religion?

Zur Hauptanfrage im Blick auf Komparative Theologie, die trotz mancher Parallelen natürlich nicht deckungsgleich mit der religionsphilosophischen Konzeption dieses Romans ist, wird

---

[40] *Undine Gellner:* Theos Reise: Die Religionen der Welt für junge Leute. Ein Roman-Sachbuch im Religionsunterricht der Sekundarstufe II, in: rhs (43), 2000, 388–391.

die Rückfrage: Hilft es im Zugang auf Religionen wirklich, wenn man – in der Sprache des Romans – immer »nur die Besten kennen[lernt], nie die Schlimmsten«, schon weil »die mit dir nicht reden« würden? Der britische Rabbiner *Jonathan Magonet* gibt in dieser Hinsicht zu bedenken, dass der interreligiöse Dialog »in besonderer Weise das Metier der liberalen religiösen Bewegungen sei«[41], darin authentisch, aber eben begrenzt auf diese Teilbereiche und Ausschnitte des viel breiteren religiösen Spektrums.

Versuchen wir eine als Anfrage formulierte Übertragung: Komparative Theologie ist ein faszinierendes Projekt von dialogwilligen und dialogfähigen Gläubigen unterschiedlicher Religionen, die bereit und dazu fähig sind, ihre eigene Position aus Distanz zu betrachten und sich grundsätzlich auf ein tolerantes Aufeinanderzugehen einlassen. Hier finden – fraglos – *authentische* Begegnungen statt, aber sind sie auch nur annäherungsweise *repräsentativ*? Für viele Gläubige, selbst für geschulte Theologinnen und Theologen unterschiedlichster Religionen ist schon der Toleranzschritt von Exklusivität zu den diversen Spielarten der Inklusivität eine hohe Hürde, von Überzeugungen im Kontext einer pluralistischen oder theozentrischen Religionstheologie ganz zu schweigen. Für die Komparative Theologie müssten sie noch einen Schritt weiter gehen. Respekt für die, die das wollen und können! Aber sprechen sie für substantielle Kreise der jeweiligen Religion?

Diese Anfrage spricht nicht gegen die Komparative Theologie, verdeutlicht eher ihre Rolle als notwendiges innovatives Modell des Vor-Denkens und Vor-Kommunizierens. Skeptisch darf man hingegen sehr wohl sein, ob sich aus einem solchen Modell konzeptionell-strukturelle Forderungen für gesellschaftliche Institutionen wie Schule herleiten lassen. Als *dritter religionspädagogischer Impuls* kann deshalb sehr wohl gelten, mit der Komparativen Theologie ein Modell des authentischen Dialogs von Dialogexperten – auf einem für die schulischen Bedingungen abgestuften Komplexitätsniveau – kennenzulernen. Als Modell für den tatsächlichen Umgang der Religionen mit-

---

[41] *Jonathan Magonet:* Abraham – Jesus – Mohammed (2000), 124.

einander oder der gegenseitigen Einschätzung durch den Mainstream ihrer jeweiligen Anhänger taugt Komparative Theologie jedoch genauso wenig wie als Modell des praktischen Nachvollzugs im Religionsunterricht.

Als *vierter religionspädagogischer Impuls* der Komparativen Theologie bleibt hier also erneut vor allem die Mahnung, Dialogmodelle kritisch zu überprüfen: Wer spricht mit wem? Wie repräsentativ sind die einzelnen Stimmen? Welche realistischen Teilbereiche von Dialog können Kinder und Jugendliche in ihrer Lebenswelt selbst leisten?

Westliche Rationalitätsstandards als Maßstab?

Der Blick auf die Entfaltung der Komparativen Theologie zeigt deutlich die Abhängigkeit von westlich aufgeklärter Philosophie unterschiedlichen Einflusses. Zumindest *auch* westliche Rationalitätsstandards werden als notwendige »Instanz des Dritten«[42] installiert, durchaus im Bewusstsein der Problematik eines solchen Vorgehens. Bei aller Betonung, dass es hierbei nicht um einen »privilegierten Standpunkt eines Aufsehers«[43] gehe, bei allem Bemühen, in Offenheit die Möglichkeiten der konkreten inhaltlichen Bestimmung derartiger übergeordneter Positionen – bezogen auf Einzelfälle und konkrete Einzelfragen – zu finden, wird doch deutlich, dass die »autonome philosophische Vernunft« als primäre (wenn auch keineswegs einzige) Quelle dazu dienen soll, eine »religionsexterne Kriteriologie zu entwickeln«[44]. Nachdrücklich betont von Stosch in jüngster Zeit, dass diese »westliche[n] Rationalitäts- und Wissenschaftsstandards« unverzichtbar sind, wenn sich die Komparative Theologie »im universitären oder schulischen Kontext westlicher Länder artikulieren«[45] will.

---

[42] *Klaus von Stosch* (2012), 208.

[43] Ebd., 210.

[44] Ebd., 209.

[45] *Klaus von Stosch:* Komparative Theologie und Religionspädagogik (2015), 282.

Diese Vorgabe ist sehr gut begründet, befördert jedoch in ihrer Bindung an vorgegebene philosophische Vorgaben den Eindruck, dass hier eine dialogbereite Elite einen Binnendiskurs betreibt, der nur für wenige Teile der jeweiligen Religionen akzeptiert werden kann. Gegen falsche pauschale Missdeutungen Komparativer Theologie sei klar formuliert:

– Nein, hier wird keineswegs eine rationalistische Metareligion entworfen, die als Schiedsrichter über die praktisch gelebten Religionen fungieren wollte. Wohl aber erfordert das Mitspielen im akademischen Modellversuch Komparatistische Theologie das Beherrschen der Spielregeln von Distanz und Metareflexion sowie von Vokabular und Semantik der westlichen philosophischen Tradition.

– Nein, das ist keine verdeckte Form von neuem Imperialismus, sehr wohl aber ein Dialogunternehmen, das in seinem Vorgehen und seiner Beheimatung vom westlichen, aufgeklärt christlichen Kontext ausgeht. Die Rollen von Ein-*ladenden* (christliche dialogbereite Theologinnen und Theologen) und Ein*geladenen* (dialogbereite Theologinnen und Theologen anderer Religionen) bleiben bislang allzu deutlich bestehen. Ein wirklich dialogisches Geschehen auf Augenhöhe wäre erst dann erreicht, wenn es programmatische Entwürfe einer Komparativen Theologie aus der Sicht und Denktradition anderer Religionen und Philosophien gäbe – eine durchaus realistische Vision. Gerade hier braucht es also eine besondere Sensibilität nicht nur im Blick auf die Rolle der eigenen Religion, sondern auch im Blick auf den Kontext der gewählten Hermeneutik und Methodik.

Fünfter Impuls also: Komparative Theologie regt zu einer substantiellen religionspädagogischen Sensibilisierung an: Entsprechen die verwendeten Dialog-Modelle den Bedingungen aller potentiell Beteiligten? Wo neigen Dialog-Vordenker dazu, eigene philosophische und hermeneutische Verfahren vorauszusetzen, die einer Begegnung auf Augenhöhe im Weg stehen können? Wo können – oder wollen – sie umgekehrt gar nicht aus ihren philosophischen Prägungen aussteigen und sind folglich in ihrer Dialogoffenheit eingeschränkt?

Anschlussfähig könnte der folgende Impuls sein. Spezifisch für trialogisches Lernen ergibt sich innerhalb der jeweiligen Dialoge zwischen zwei der beteiligten Religionen die Chance, die jeweils dritte als potentielle »Instanz des Dritten« mit in den Blick zu nehmen, vor deren kritischem Auge die Annäherungen und Beziehungsklärungen standhalten müssen. Hier wird gleichzeitig die Verengung auf den Zweierdialog aufgesprengt und die Dreizahl der potentiellen Gesprächsteilnehmer produktiv nutzbar.

Die Kontraproduktivität von Maximalforderungen

Modellhafte Vorstöße wie die der Komparativen Theologie müssen überzeichnen, um ihr Profil zu schärfen und ihren Herausforderungs-Charakter zu betonen. Dazu werden Ziele benannt, die zumindest teilweise *utopisch* sein müssen, um kritisch-anregend sein zu können. Gleichwohl unterliegen sie der Gefahr, in ihrer Zielhöhe abschreckend und so ungewollt kontraproduktiv zu wirken. Derartige Formulierungen finden sich auch in den Modellentwürfen der Komparativen Theologie. Zwei Beispiele:

Schülerinnen und Schüler sollen sich den Anliegen der Komparativen Theologie zufolge »*wirklich* der *Gesamt*deutung fremder Religionen *in deren Perspektive* aussetzen«[46]. – Diese Zielformulierungen sind zum einen unerreichbar, zum anderen auch gar nicht wünschenswert. Alle empirischen Untersuchungen über die Religiosität heutiger Kinder und Jugendlicher zeigen, dass Religion für die überwiegende Mehrheit zwar nicht völlig unwichtig, letztlich aber nur schwach bedeutsam ist.[47] Schon

---

[46] *Klaus von Stosch* (2012), 334. (Hervorhebung GL) Hier schießt auch die – als Vision gekennzeichnete – Vorgabe Karl-Josef Kuschels über das Ziel hinaus, wenn er formuliert, es sei zumindest vorstellbar, dass sich christliche Pfarrerinnen und Pfarrer sowie Religionslehrerinnen und Religionslehrer in »Judentum, Christentum und Islam *gleichermaßen* auskennen« könnten. »Gleichermaßen«? Vgl. *Karl-Josef Kuschel* (2007), 29.

[47] Vgl. MDG-Milieuhandbuch 2013. Religiöse und kirchliche Orientierungen in den Sinus-Milieus (Heidelberg/München 2013); Religionsmonitor.

die Forderung, dass sich christliche Kinder und Jugendliche der »Gesamtheit« ihrer *eigenen* Religion aussetzen müssten, ist im Alltag illusorisch und weder im schulischen Unterricht noch selbst im gemeindlichen Kontext für dort Beheimatete erreichbar. Religionspädagoginnen und Religionspädagogen haben bei allen hochtrabenden Kompetenzformulierungen Genügsamkeit gelernt. Zufrieden müssen wir sein, wenn wenigstens praktische *Grundvollzüge* der eigenen Religion bekannt sind und *Grunddaten* des Christentums kognitiv zur Verfügung stehen. Und da soll man sich der Gesamtdeutung fremder Religionen aussetzen? Noch dazu nach deren Selbstverständnis, das zwar Korrektiv sein kann, aber nie unkritisch gesetzt als normierende Vorgabe? Eine bescheidenere, aber realistischere Zielvorgabe könnte Lehrende eher zu einem Sich-Einlassen einladen.

Zweiter Punkt, daran anschließend: »Erst indem ich mich dem Fremden aussetze, wird *das Eigene* bewusst und kann damit Gegenstand einer *Wahl* werden.«[48] Erneut lassen sich zwei markante Einwände formulieren. Das grundlegende Problem religiöser Erziehung und Bildung heute[49] liegt ja gerade darin, dass es ein wirklich wichtiges Eigenes bei den meisten Kindern und Jugendlichen vorgeblich christlicher Provenienz entweder gar nicht gibt, oder dass es eher indifferent-halbwichtig bleibt. Hier fällt die vermeintliche Konfrontation mit Fremdem in sich zusammen, weil die Kontrastfolie – das vermeintlich Eigene, jedoch kaum existentiell Entwickelte – eben nicht als gegeben vorausgesetzt werden kann.

Und »Wahl«? Ein Religionsunterricht, dessen Hauptziel es wäre, zu einer freien »Wahl« zu führen, geht zunächst erneut an den Schülerinnen und Schülern vorbei. Postmodern mit Vielfalt unterschiedlichster Art überströmt, wollen die meisten gerade nicht wählen müssen, sondern von dem ständigen Wahl-

---

Verstehen was verbindet. Religiosität und Zusammenhalt in Deutschland, hrsg. von *Detlef Pollack/Olaf Müller* (Gütersloh 2013).

[48] *Klaus von Stosch* (2012), 332. (Hervorhebung GL)

[49] Vgl. *Georg Langenhorst:* Kinder brauchen Religion. Orientierung für Erziehung und Bildung (Freiburg i. Br. 2014).

zwang entlastet werden, der ihnen im Blick auf Religion sowieso eher unwichtig ist. Und auch die, denen Religion wichtig ist, wollen nicht wählen, gerade weil sie in einer religiösen Tradition fest beheimatet sind. Zudem fehlt einem Religionsunterricht, der zu einer »Wahl« führen soll, eine breite gesellschaftliche Unterstützung und politische Legitimation. Wohl keine Religionsgemeinschaft würde das Konzept eines Religionsunterrichtes unterstützen, welches das Ziel in einer völlig freien Wahl und einer absolut offenen individuellen Entscheidung sieht.

Dass eine breite Basis von Religionsvertreterinnen und Religionsvertretern etwa des Judentums oder des Islam einen solchen Religionsunterricht mittragen würde, kann als ausgeschlossen gelten. Vehement plädieren etwa die muslimischen Religionspädagogen *Bülent Ucar* und *Esnaf Begic* »für den bekenntnisorientierten Religionsunterricht auch für die Muslime«[50] und gegen alle bekenntnisfreien, zur Wahl auffordernden Konzeptionen. Auch *Tuba Isik,* Mitarbeiterin am ZeKK, betont als zentrales Ziel des (islamischen) Religionsunterrichts eine »grundsätzliche Beheimatung im islamischen Glauben«[51], die selbstverständlich auch durch »Glaubensreflexion«[52] gewonnen wird. Insofern ist es nur konsequent, dass auch die katholische Kirche am Modell einer konfessionellen Identität und zumindest der Möglichkeit einer Orientierung am Modell der ›Beheimatung‹ festhält. Ziel des Unterrichts ist die aus Kritikfähigkeit, Distanzierungskompetenz und breiter Kenntnis heraus erwachsende Befähigung zu einer begründeten *Entscheidung* – aber das ist etwas anderes als »Wahl«.

Klaus von Stosch bekennt sich wohltuend realistisch zu einer »epistemischen Demut«[53] im interreligiösen Dialog. Diese er-

---

[50] *Bülent Ucar/Esnaf Begic:* Begegnungen zwischen christlichen und muslimischen Kindern im Religionsunterricht. Mit einem Bein feststehend und dem anderen ausholend, in: *Hans Schmid/Winfried Verburg* (Hrsg.): Gastfreundschaft (2011), 94–100, hier: 98.

[51] *Tuba Isik:* Die Bedeutung des Gesandten Muhammad (2015), 223.

[52] Ebd., 234.

[53] *Klaus von Stosch* (2012), 156.

kenntnistheoretische Letztzurückhaltung sollte sich auch hinsichtlich der Forderungen an interreligiöses Lernen niederschlagen. Vor allem eine entschiedene Positionierung hinsichtlich einer so kontrovers und gründlich diskutierten Frage wie der nach einem *Religionsunterricht für alle* – mit nur additiv hinzutretenden konfessionellen Ergänzungsphasen – desavouiert allzu leicht das Gesamtkonzept der Komparativen Theologie. Die Bedingungen und Traditionen für Religionsunterricht sind schon im Blick auf die Schweiz und Österreich, aber selbst innerhalb Deutschlands im Spagat etwa zwischen Nordrhein-Westfalen und Bayern so unterschiedlich, dass sich eine einzige konzeptionelle Wegspur als hinderlich erweist. Weder Komparative Theologie noch eine trialogische Ausrichtung des Religionsunterrichts sind an eine bestimmte Organisationsform des Religionsunterrichts gebunden, sollten sich auch nicht engschlüssig auf nur eine Form hinordnen. Spannend wäre zum Beispiel ein Andenken der Perspektiven, die sich für komparativ sensibles Lernen im Rahmen des klassischen konfessionellen Religionsunterrichtes ergeben.

Sechster Impuls: Gegen ihre Intention stößt Komparative Theologie zuallererst also ein Anmahnen von *Bescheidenheit und Realismus* an, wenn es um die Umsetzmöglichkeiten religiösen Lernens von Kindern und Jugendlichen in unserer Gesellschaft geht. Gewiss, sie sollen andere religiöse Traditionen kennenlernen und sich ihnen gegenüber öffnen. Gewiss, sie sollen exemplarische Perspektivwechsel ausprobieren und darin möglicherweise doch Elemente einer eigenen Prägung entdecken. All das wird aber an den Lernorten Schule und Gemeinde nur ansatzweise möglich sein. Realistische Wege aufzuzeigen wirkt werbender, als hohe Ideale zu formulieren.

Entwicklungspsychologische Ausdifferenzierung

In ihrer religionspädagogischen Entfaltung steckt die Komparative Theologie selbst eingestandenermaßen noch in den Kinderschuhen. Im Prozess der didaktischen Konkretion werden mehrere Bezugswissenschaften grundlegende Erkenntnisse zur

Schärfung des Profils beitragen können. Neben empirischen Überprüfungen und deren hermeneutischer Reflexion wird dabei die *Entwicklungspsychologie*[54] wegweisende Fingerzeige geben können. Wie oben gezeigt: Die wirklich differenziert ausgebildete »Fähigkeit die mächtigsten Sinngehalte der eigenen Person oder der Gruppe zu sehen und in ihnen zu leben«, gleichzeitig jedoch erkennen zu können, »dass sie relativ, partiell sind und die transzendente Realität nur mit unvermeidlicher Verzerrung begreifen«[55], erreichen die allermeisten Menschen *James Fowler* zufolge nicht. Wenn, dann seien dazu nur wenige Menschen ab der zweiten Lebenshälfte in der Stufe des »verbindenden Glaubens« fähig.

Aber dazu gibt es Vorstufen. Auch Kinder und Jugendliche sind schon in beständig zunehmendem Maße fähig, Empathie zu empfinden sowie Vorstufen von Perspektivwechsel und Selbstdistanzierung einzunehmen. Neuere Untersuchungen zeigen, dass im Kontext postmoderner Lebenswelten »schon Kinder religiöse Unterschiede wahrnehmen, dass sie durchaus auch über solche Unterschiede nachdenken können«[56], so *Friedrich Schweitzer*. Klaus von Stosch ist darin zuzustimmen, dass Identitätsbildung als Prozess zu verstehen ist, der immer auch im dialogischen Austausch mit Anderem erfolgt. Die radikale Forderung, eine solide ausgebildete konfessionelle Identität müsste immer Voraussetzung sein für Dialog und Verständigung, übersieht die prozesshafte und dynamische Struktur der Ausbildung von Identität. Wirklich offenes interreligiöses Lernen erfordert hingegen wesentliche vorhergehende Entwicklungsschritte und Lebenserfahrungen, die zumindest Kinder und jüngere Jugendliche rein entwicklungspsychologisch nicht haben *können*.

Aus all dem folgt: Komparative Theologie ist zuallererst ein Unternehmen für Erwachsene, und selbst das gilt nur für solche mit sehr genau definierten Voraussetzungen. *Komparative Kompetenz* – um diesen Begriff in die Diskussion um eine not-

---

[54] Darauf weist schon hin: *Klaus von Stosch* (2012), 335, Anm. 45.
[55] *James Fowler:* Stufen des Glaubens (2000), 216.
[56] *Friedrich Schweitzer* (2014), 15.

wendige Kompetenzorientierung des Religionsunterrichtes einzuspeisen –
- lässt sich mit Kindern anbahnen,
- mit Jugendlichen entfalten,
- zielt aber letztlich auf Erwachsene mit eigener Position, mit der Fähigkeit zu Distanz und Perspektivenübernahme sowie dem Willen, diese selbstkritisch in Dialogprozesse einzubringen.

Eine stufenspezifisch entfaltete religionspädagogische und konkret religionsdidaktische Transformation von Komparativer Theologie, ein *komparativ orientiertes interreligiöses Lernen* in trialogischer Perspektive müsste umfassende Transformationsarbeiten leisten, die erst in Ansätzen vorliegen, aber spannende Prozesse erwarten lassen.

2. Trialogische Religionspädagogik und das ›Projekt Weltethos‹

Das seit 1990 vor allem von dem Tübinger katholischen Theologen *Hans Küng* (*1928) konzipierte und tatkräftig vorangetriebene ›Projekt Weltethos‹[57]ist die wohl wirkmächtigste interreligiös agierende Einzelinitiative der letzten Jahrzehnte. Es setzt »pragmatische Maßstäbe«[58], so Mirjam Schambeck. Zudem hat es nicht nur »enorme Wirkung entfaltet«, sondern »eine konstruktiv-positive Ausstrahlung auch auf nicht-religiöse Menschen«[59], so Bernd Schröder. Nicht zuletzt hat es von Anfang an auch die *religionspädagogischen Perspektiven* mit in den Blick genommen, sei dies – unter der Federführung von *Johannes Lähnemann* – in grundsätzlichen Erwägungen[60], sei dies in spezifischen Wettbewerben zur Anregung und Dokumentation von Lernprojekten für den schulischen Bereich[61], sei

---

[57] Vgl. die bestens gepflegte Website www.weltethos.org.
[58] *Mirjam Schambeck:* Interreligiöse Kompetenz (2013), 26.
[59] *Bernd Schröder:* Abrahamische Ökumene? (2008), 478.
[60] *Johannes Lähnemann* (Hrsg.): »Das Projekt Weltethos« in der Erziehung. Referate und Ergebnisse des Nürnberger Forums 1994 (Hamburg 1995). Hier fehlt freilich jegliche religionspädagogische Systematisierung.
[61] Vgl. *ders./Werner Haußmann* (Hrsg.): Unterrichtsprojekte Weltethos,

dies in der Ausarbeitung von Materialien für den konkreten di-
daktisch-methodischen Einsatz in der Elementarerziehung[62], in
der Schule[63] oder in der Erwachsenenbildung[64], sei dies in der
Bereitstellung des Multimediaprojektes »Spurensuche. Die
Weltreligionen auf dem Weg«, sei dies schließlich durch die
Lernplattform »A Global Ethic now!«[65]

Schulen können sich zudem seit 2013 um die Auszeichnung
mit dem Titel »Weltethos-Schule« bewerben, wenn sie sich nachweisbar dafür einsetzen, dass Kinder und Jugendliche »Werte
kennenlernen, die religions- und kulturübergreifend sind« und
ihr Profil dadurch kennzeichnen, »Prozesse interreligiösen Lernens anzuregen und Formen interreligiöser Kommunikation einzuüben«[66]. Sie erhalten dann kostenlose Medien und Mittel, besondere Möglichkeiten zu Fortbildungen sowie die Chance zu
vernetztem Austausch. Mit den vier Pädagogischen Hochschulen
in der Zentralschweiz wurde 2009 ein Kooperationsvertrag geschlossen, dessen Ziel in der Einrichtung eines »Kompetenzzen-
trums Weltethos« liegt, das religions- und friedenspädagogische
Konkretisierungen erforschen und praktisch vorantreiben soll,
vor allem im Blick auf die Aus- und Fortbildung von Lehrkräften. In einer Kooperation mit der Pädagogischen Hochschule
Freiburg i. Br. wird im Studiengang »Frühe Bildung« explizit die
auf das Projekt Weltethos bezogene »Vision eines globalen Be-
wusstseinswandels im Ethos«[67] so thematisiert, dass die Erziehe-

---

Bd. 1: Grundschule, Hauptschule, Sekundarstufe I; Bd. 2: Realschule, Gymnasium, Berufsschule (Hamburg 2000).

[62] Weltethos für 4- bis 8-jährige Kinder. Ethisches Lernen im Kindergarten
und in der Grundschule (Tübingen 2012). Vgl. auch das Wiener Forschungs-
projekt über Weltethos im Kindergarten: www.weltethos.org/fruehe-bil-
dung.html.

[63] *Stephan Schlensog/Walter Lange:* Weltethos in der Schule. Unterrichtsmaterialien der Stiftung Weltethos (Tübingen ³2011).

[64] In zahllosen Fort- und Weiterbildung eines großen Teams von Referentinnen und Referenten. Besonders erfolgreich ist die Plakatausstellung »Weltethos – Weltfrieden – Weltreligionen«.

[65] www.global-ethic.now.de.

[66] Vgl. www.weltethos-praktisch.de/weltethosschule.html.

[67] Vgl. www.weltethos.org/weltethos-in-der-paedagogischen-ausbildung.html.

rinnen diese Prozesse schon in den Kindertagesstätten auf kindlicher Ebene anbahnen können.

Erstaunlich: Diese breite, vielfach ausdifferenzierte, spezifisch religionspädagogische Ausrichtung des Projekts Weltethos wird in den bislang vorliegenden interreligiösen Entwürfen weitgehend ignoriert. Man begnügt sich mit dem bloßen Verweis auf die Existenz und Grundidee und unterschlägt die religionspädagogischen Entfaltungen. Diese Ausblendung überrascht umso mehr, als dass der 2003 veröffentlichte »Grundlagenplan für den katholischen Religionsunterricht in der gymnasialen Oberstufe/Sekundarstufe II« explizit im Blick auf die Berücksichtigung der anderen Religionen und Weltanschauungen das »Projekt Weltethos«[68] als möglichen Unterrichtsgegenstand benennt.

Diese Zurückhaltung liegt unter anderem daran, dass das Projekt Weltethos sich von Anfang an mit einer Fülle von kritischen Fragen und skeptischen Einschätzungen konfrontiert sah und sieht, die nach über 25-jähriger Praxis aus heutiger Sicht zu einer Zwischenbilanz einladen, orientiert an den Fragen: Was sind die zentralen Errungenschaften des Projekts? Wo liegen seine Grenzen? Welchen Ertrag bringt es für interreligiöses Lernen? Wo finden sich grundlegende Impulse für die trialogische Religionspädagogik? Wie lassen sich aus trialogischer Perspektive Rückfragen formulieren?

2.1 Weltethos: Idee, Entfaltung und Geschichte

Das Projekt Weltethos hat sich im Sinne der bewussten Konzentration von vornherein auf bestimmte Fragebereiche begrenzt. Angetrieben von einer weltpolitischen Sorge um Krieg oder Frieden, um die alternativen Zukunftsszenarien eines vielfach beschworenen ›clash of civilisations‹ auf der einen und das Bemühen um eine gerechte, friedensfähige Weltordnung auf der anderen Seite konzentriert sich das Projekt auf den Bereich des

---

[68] Grundlagenplan Oberstufe/Sekundarstufe (2003), 56.

in den Religionen vorhandenen *Ethos*. Welches Potential zu Verständigung, Dialog und Miteinander liegt in den Weltreligionen selbst schon bereit und muss deshalb nur gehoben, bewusst gemacht und strukturell vorangetrieben werden? Diese Frage stand am Anfang von Hans Küngs Initiative. Bestens vertraut mit den großen weltreligiösen Strömungen durch jahrzehntelang betriebene Gespräche, Dialoge und intensive, mit Experten betriebenen Einarbeitungen[69], will er Dreierlei *nicht*:

– die Konstruktion einer Meta-Moral, die den Religionen quasi als höhere Instanz oktroyiert würde;

– die Ausblendung oder Geringschätzung der nicht-ethischen Aspekte der Religionen, die natürlich Nährboden, Hallraum und Lebensader der Religionen bleiben;

– die Reduktion auf einen ›kleinsten gemeinsamen Nenner‹, sondern im Gegenteil das Aufzeigen der produktiven, nach vorn offenen Potentiale.

Gleichwohl werden dem Projekt Weltethos genau diese drei Vorwürfe immer wieder vorgehalten. Sie können nur von oberflächlicher und von vornherein interessengeleiteter Wahrnehmung bestimmt sein, wie ein Blick auf Idee und Entfaltung sowie auf die internationale und interreligiöse Erfolgsgeschichte zeigt. An das Projekt kann und muss man Rückfragen stellen und wir werden dazu kommen; die gerade genannten greifen genauso zu kurz wie die Anmahnung, dass hier wesentliche Bereiche der interreligiösen Bildung ausgeblendet würden. Gewiss, mit Absicht und in Konzentration! Dass es auf allen Ebenen Prozesse anders ausgerichteten interreligiösen Lernens geben *muss* – sei es als Begleitung und Ergänzung oder ganz unabhängig und autonom –, ist von vornherein konzeptionell mitgedacht.

In den intensiven Einarbeitungen in die anderen *Weltreligionen* wurde Hans Küng mehr und mehr bewusst, dass diese ein riesiges *Potential in sich* tragen, was ihnen aber nur zum Teil bewusst ist. 1990 verfasste er eine erste Programmschrift eben

---

[69] Vgl. u. a.: *Hans Küng/Josef von Ess/Heinrich Stietencron/Heinz Bechert:* Christentum und Weltreligionen. Hinführung zum Dialog mit Islam, Hinduismus und Buddhismus (München/Zürich 1984).

unter diesem Titel, »Projekt Weltethos«. Er konnte kaum ahnen, dass ihm dieses Buch den Auftrag einbringen würde, eine
»Erklärung zum Weltethos« auszuarbeiten, die 1993 vom Par-
lament der Weltreligionen in Chicago, dem breitest möglich be-
setzten und hochrangigst denkbaren Gremium interreligiöser
Verständigung, verabschiedet wurde. 6.500 Menschen unterschiedlichster Nationen und Religionen beteiligten sich am Dis-
kussions- und Entfaltungsprozess. 125 ausgewählte Vertreterinnen und Vertreter unterzeichneten die Deklaration. Die im
Vorwort zum Dokumentationsband formulierte Hinführung
kennzeichnet das Grundanliegen:

>»Ein Weltethos will das, was den Religionen der Welt trotz
> aller *Verschiedenheit* jetzt schon *gemeinsam* ist, herausarbei-
> ten, und zwar in Bezug auf menschliches Verhalten, sittliche
> Werte und moralische Grundüberzeugungen. Anders gesagt:
> Das Weltethos *reduziert* die Religion *nicht auf einen ethi-*
> *schen Minimalkonsens,* wohl aber stellt es das Minimum
> dessen heraus, was den Religionen der Welt *schon jetzt* im
> Ethos gemeinsam ist.«[70]

Im Anschluss an die Erklärung der Menschen*rechte* von 1948,
die vorausgesetzt und vorbehaltlos unterstützt werden, geht es
nun um das aus der Perspektive der Religionen formulierte
Menschen*ethos*, das diese Rechte zugleich hervorruft als auch
stützt. Die Deklaration arbeitet zunächst *zwei Grundprinzipien*
heraus, beide differenziert entfaltet und begründet: »Keine neue
Weltordnung ohne ein Weltethos«[71]. Zur Erklärung wird betont, dass damit ein »Grundkonsens bezüglich bestehender ver-
bindlicher Werte, unverrückbarer Maßstäbe und persönlicher
Grundhaltungen«[72] gemeint ist. Daraus folgt als zweites Prinzip

---

[70] *Hans Küng/Karl-Josef Kuschel* (Hrsg.): Erklärung zum Weltethos. Die
Deklaration des Parlaments der Weltreligionen (München 1993), 9f. (Hervorhebungen GL)
[71] Ebd., 21.
[72] Ebd., 24.

die Grundforderung: »Jeder Mensch muss menschlich behandelt werden«[73]. Im Ausführungstext wird diese Forderung Punkt für Punkt konkretisiert. In der Folgegeschichte steht vor allem die »Reziprozitätsregel, auch ›Goldene Regel‹ genannt, im Zentrum, die von *Konfuzius* bis *Kant* in allen großen religiösen und ethischen Traditionen des Menschen vorhanden ist«[74]. Von hier aus wird das Herzstück der Deklaration entfaltet: die Formulierung von vier »unverrückbare[n] Weisungen«[75].

- Verpflichtung auf eine Kultur der Gewaltlosigkeit und der Ehrfurcht vor dem Leben.
- Verpflichtung auf eine Kultur der Solidarität und eine gerechte Wirtschaftsordnung.
- Verpflichtung auf eine Kultur der Toleranz und ein Leben in Wahrhaftigkeit.
- Verpflichtung auf eine Kultur der Gleichberechtigung und der Partnerschaft von Mann und Frau.

Auch diese Verpflichtungen verbleiben nicht in der oben genannten überschriftförmigen Allgemeinheit, werden vielmehr nicht nur konkretisiert, sondern zudem problematisiert. Dass sie in all den angesprochenen Kulturen und Religionen nicht einfach problemlos umgesetzt werden, ist den Unterzeichnern der Deklaration bewusst. Sie betonen aber, dass eine Umsetzung aus all den Religionen heraus möglich *wäre*. Genau das sollen die Verpflichtungen bewirken. So endet das Dokument einerseits mit dem Aufruf zum »Wandel des Bewusstseins«[76] auf das innerhalb der Religionen Mögliche, andererseits mit der offenen, niemanden ausschließenden Einladung: »Wir laden alle Menschen, ob religiös oder nicht, ein, dasselbe zu tun«[77].

Wer den Text der Deklaration im Detail und dazu die kritischen Hinführungen und Kontextdeutungen im Begleitbuch

---

[73] Ebd., 25
[74] *Karl-Josef Kuschel* (2007), 324.
[75] *Hans Küng/Karl-Josef Kuschel* (1993), 29. Die Weisungen finden sich ebd., 29–40.
[76] Ebd., 41.
[77] Ebd., 42.

liest, erkennt die Einarbeitung vieler kritischer Stimmen, das Ringen um Formulierungen, das Wissen um die Grenzen und Anfragen. Das Projekt lebt von einer Vision, die Kraft freisetzen soll und Antrieb zur weiteren Verständigung und praktischen Tätigkeit sein will. Viele *Kritikpunkte am Projekt* übersehen diese Differenzierungen, konzentrieren sich allein auf die Kurzzusammenfassungen, die zwangsläufig vereinfachen. Im Rahmen unserer Fragestellung kann es nicht um eine grundlegende Darstellung von Kritik und Erwiderung gehen. Nur drei Punkte sollen hier angesprochen werden.

So schreibt *Friedrich Schweitzer* in seiner Kurzcharakteristik: Im Projekt Weltethos »geht es um den Versuch, eine Art Minimalkonsens zwischen den Religionen vor allem im Blick auf eine dann gemeinsam zu vertretende Ethik zu erreichen«[78] Schon betont wurde, dass diese Lesart oberflächlich bleibt. Es geht gerade nicht um einen »ethischen Minimalismus«, sondern um den Anstoß zur Entdeckung von weiter zu entfaltenden Gemeinsamkeiten im Bewusstsein der bleibenden Unterschiede. Natürlich enthalten die kanonischen Grundschriften und Traditionen der Weltreligionen »mehr an Ethos für die einzelnen Glaubensgemeinschaften als zwischen ihnen konsensfähig«[79] ist. Nach innen maßgeblich bleiben diese Schriften und Traditionen, es geht nicht um den Versuch einer Substitution.

Auch erhebt das Projekt Weltethos, beziehungsweise die Deklaration des Parlamentes der Weltreligionen, keine Universalgeltung. Viele Menschen innerhalb der vertretenen Religionen werden ihre persönlichen Optionen anders setzen. Nicht alle Religionen sind vertreten. Nichtreligiöse Menschen bestimmen ihre moralischen Orientierungen anders. All das ist explizit bewusst. Nur von daher macht auch die abschließende offene Einladung Sinn.

Und ein Drittes: Der das Projekt Weltethos tragende Gedanke, der in der Deklaration des Parlamentes der Weltreligionen ausformuliert und breit unterstützt wurde, »beansprucht keine

---

[78] *Friedrich Schweitzer:* Interreligiöse Bildung (2014), 49.
[79] *Karl-Josef Kuschel* (2007), 325.

philosophisch zwingende Begründbarkeit«[80]. Die Verpflichtungen ergeben sich keineswegs automatisch aus logischer und objektiver Rationalität. Das Besondere liegt ja eben darin, dass sie sich aus den in sich äußerst stark differierenden theologischen Setzungen der Religionen ergeben. Dass sie dazu einladen, auch philosophisch erschlossen und begründet – oder kritisch diskutiert – zu werden, steht auf einem anderen Blatt.

Wie ging es weiter mit dem Projekt Weltethos nach der Initiierung durch die Veröffentlichung der Erklärung in Chicago? Eine einzigartige Erfolgsgeschichte begann: 1995 konnte Hans Küng in Tübingen die »Stiftung Weltethos«[81] gründen, deren Zentrale nach wie vor dort angesiedelt ist, mit mehreren über die Jahre entstandenen Dependancen in Berlin, der Schweiz und einigen weiteren Ländern. Die Stiftung dient drei Zwecken: der »Durchführung und Förderung interkultureller und interreligiöser Forschung«, der »Anregung und Durchführung interkultureller und interreligiöser Bildungsarbeit«, sowie der »Ermöglichung und Unterstützung der zur Forschungs- und Bildungsarbeit notwendigen interkulturellen und interreligiösen Begegnung«[82]. Von Tübingen aus verzweigen sich die vielfältigen Aktivitäten in unterschiedlichste Felder: Religionskontakte, Kultur, Politik, Wirtschaft. Zahllose, hier nicht eigens aufzuführende Publikationen belegen die vielfältigen Aktivitäten.

Das Projekt Weltethos drang dabei bis in die höchsten weltgesellschaftlichen Kreise[83] vor. 1998 hatte die UN beschlossen, 2001 als das »UN-Jahr des Dialogs der Kulturen« auszurufen. Der damalige Generalsekretär *Kofi Annan* rief zur Vorbereitung und Ausgestaltung eine »Group of Eminent Persons« zusammen, zu der auch Hans Küng zählte. Auf Basis der Weltethos-Erklärung von 1993 diskutierte die 56. UN-Vollver-

---

[80] Ebd.

[81] 2013 übernahm der ehemalige Präsident des Staatsgerichtshofs des Landes Baden-Württemberg *Eberhard Stilz* von dem damals 85-jährigen Schweizer Küng die Präsidentschaft der Stiftung.

[82] Vgl. www.weltethos.org.

[83] Hintergründe und Belege zum Folgenden: www.weltethos.org/weltethos _bei_den_vereinten_nationen.

sammlung einen entscheidend von dem katholischen Theologen mitgestalteten Bericht unter der Überschrift »Crossing the Divide. Dialogue among Civilizations«. Die Vollversammlung verabschiedete schließlich eine darauf aufbauende Resolution über die »Globale Agenda für den Dialog der Kulturen«. Zum Abschluss des Jahres 2001 wurde im UN-Hauptquartier in New York die Wanderausstellung »Weltreligionen – Weltfrieden – Weltethos« gezeigt.

Die Aktivitäten des Projekt Weltethos erstrecken sich aber auch noch auf andere Ebenen: Das 2012 an der Universität Tübingen eigenständige gegründete, rein drittmittelfinanzierte »Weltethos-Institut« arbeitet in Kooperation mit der Stiftung, ist aber organisatorisch und in seiner Konzentration auf wirtschaftsethische Fragestellungen völlig autonom, zentriert auf die »Fundierung und Konkretisierung eines Globalen Wirtschaftsethos«[84]. Ebenfalls im Jahr 2012 erschien ein »Handbuch Weltethos«[85], das die Entwicklungen vom Anfang bis in die Gegenwart bündelt. Es bietet einen sehr guten Zugang zum Gesamtphänomen ›Weltethos‹, auch wenn kritische Anfragen fast völlig ignoriert und somit auch die Chancen einer differenzierten Entgegnung verspielt werden. Fest steht: Kein anderes Projekt im interreligiösen Feld war so wirkmächtig und auf so vielfältigen Ebenen einflussreich wie das Projekt Weltethos.

Wir konzentrieren uns auf jenes Feld, dem unser besonderes Interesse gilt: die Religionspädagogik. Von den Aktivitäten auf diesem Feld war ja oben bereits ausführlicher die Rede.

2.2 Konvergenzen, Rückfragen, Impulse

Der Befund im Blick auf die religionspädagogische Anschlussfähigkeit des Projekt Weltethos im Gesamtkontext des Diskurses und der Praxis heutigen interreligiösen Lernens fällt zu-

---

[84] *Hans Küng:* Handbuch Weltethos. Eine Vision und ihre Umsetzung (München/Zürich 2012), 136.
[85] Vgl. ebd.

nächst ähnlich aus wie die Bilanz hinsichtlich der Komparativen Theologie: Viele Grundansätze, Ausführungen und praktischen Ideen sind deckungsgleich. Das zentrale Bemühen darum, »das ethische Bewusstsein, die Dialogfähigkeit und die interkulturelle Kompetenz von Menschen auf verschiedenen Ebenen ganz praktisch zu fördern«[86], findet sich in ähnlicher Struktur auch in anderen Initiativen. Gleichwohl stellen sich einige spezifische Rückfragen:

Eine allgemeine interreligiöse Vermittlungsdidaktik?

Aufschlussreich ist die Formulierung der selbstgesteckten pädagogischen Aufgabe, der das Projekt sich stellt:

> »Das Projekt Weltethos beinhaltet zwei Dimensionen: eine ethische und eine interreligiöse. Dementsprechend geht es auch in der Schule zum einen darum, das ethische Denken und Handeln von Kindern und Jugendlichen, ihr Moral- und Wertebewusstsein, zu schärfen. Zum anderen wird Orientierungswissen über andere Religionen an die Hand gegeben, das Vorurteilen vorbeugen und Verständnis und Toleranz anderen Kulturen gegenüber fördern soll.«[87]

Die allgemein interreligiöse Dimension zeichnet sich dabei zunächst durch nichts Eigenes und Spezielles aus. Dementsprechend wird man in den religionsdidaktisch aufbereiteten Materialien des Projekt Weltethos einen beträchtlichen Teil finden, der ganz allgemein interreligiöses Lernen fördert. In den beiden umfangreichen Materialordnern nehmen diese – zum Teil bestens einsetzbaren – Medien und Methodenanregungen einen mindestens hälftigen Anteil ein. Zwei Rückfragen dazu drängen sich auf.

Erstens: Die im obigen Zitat deutlich werdende Vorgabe, primär »Orientierungs*wissen*« »an die Hand geben« zu wollen,

---

[86] Ebd., 139.
[87] www.weltethos.org/schule/html.

weist auf die in der Tat vorherrschende Grundrichtung: Umgesetzt wird primär eine medial zentrierte Vermittlungsdidaktik[88]. *Stephan Schlensog*, Mitherausgeber der umfangreichen und anregenden Materialsammlung »Weltethos in der Schule«, benennt diese Zielvorgabe sehr klar: Ausgangspunkt war und ist die Einsicht, dass »die Werte*vermittlung* und die *Vermittlung* interreligiösen *Wissens* bei Kindern und Jugendlichen, ja, womöglich schon im Kindergarten beginnen muss.«[89] Deswegen geht es dem Projekt Weltethos in pädagogischer Hinsicht zentral um die »*Vermittlung* von Werten, um die Veränderung von Haltungen«[90]. Auch die zunächst entwickelten Unterrichtsprojekte verblieben »hauptsächlich auf der materialethischen Gegenstandsebene konkreter moralischer Probleme«, ließen jedoch die zumindest gleichfalls wichtige »Förderung ethischer und religiöser Urteilskraft auf der sogenannten Metaebene«[91] weitgehend außen vor, so schon im Jahr 2000 die mahnende Stimme von *Karl Ernst Nipkow,* der dem Projekt Weltethos sehr wohlwollend gegenüberstand.

Die hier deutlich benannte einseitige Konzentration auf »Vermittlung« auf der einen Seite, materialorientiertes »Wissen« und Kognition auf der anderen, verweist auf eine unzureichende religionspädagogische Reflexion. Dass sich ethisches Lernen keineswegs vor allem in Vermittlung vollzieht[92], dass Kognition zwar ein wichtiger, aber eben nur *ein* Teil der auszurufenden Lerndimensionen ist, gerät hier nicht in den Blick. Das erstaunt umso mehr, als dass *Stefanie Schnebel* schon im

---

[88] Vgl. die ebenfalls didaktisch aufbereitete Filmreihe »Spurensuche. Die Weltreligionen auf dem Weg«.

[89] *Stephan Schlensog/Walter Lange:* Weltethos in der Schule ([3]2011), Vorwort, o. S. (Hervorhebungen GL)

[90] *Hans Küng:* Handbuch Weltethos (2012), 127. (Hervorhebung GL)

[91] *Karl Ernst Nipkow:* Nachwort, in: *Johannes Lähnemann/Werner Haußmann* (Hrsg.): Unterrichtsprojekte Weltethos, Bd. 1 (2000), 245–251, hier: 248.

[92] Vgl. dazu: *Elisabeth Naurath* u. a. (Hrsg.): Wie sich Werte bilden. Fachübergreifende und fachspezifische Bildung (Göttingen 2013); Ethisches Lernen. Jahrbuch der Religionspädagogik 31 (2015) (Neukirchen-Vluyn 2015).

Jahr 2000 wichtige religionspädagogische Leitlinien für das Projekt Weltethos aus der Warte der Lernenden entwickelt[93] und Unterrichtsmodelle[94] konzipiert hatte, die von der Lebenswelt der Schülerinnen und Schüler ausgingen. Der gesamte religionspädagogische und wertezentrierte Diskurs der letzen 30 Jahre bleibt in den bislang vorliegenden Materialien von Projekt Weltethos weitgehend außen vor. Eine gründliche religions*pädagogische*, religions*didaktische* und religions*methodische* Rezeption des Projekt Weltethos steht also noch aus.

Zweitens: So sinnvoll die Öffnung zu allgemein interreligiösen Fragestellungen ist, sosehr verliert das Projekt Weltethos damit sein Spezifikum. Die Stärke und das besondere Profil besteht gerade in der Zentrierung auf eine *bestimmte* Fragestellung, die des verbindenden Grundethos. So wichtig die allgemeinen interreligiösen Zielsetzungen auch sind, sie laufen Gefahr, das ureigene Anliegen des Projektes aus den Augen zu verlieren.

In der Realität wenig Anhalt?

Eine religionspädagogische Umsetzung auf der Höhe der Zeit müsste bei der *Lebenswelt* heutiger Menschen – Kinder, Jugendlicher, Erwachsener – ansetzen. Wo und wie erleben sie Gemeinsamkeiten und Unterschiede der Lebensstile, der Wertorientierungen und der Religionen? Friedrich Schweitzer erhebt eine Kritik am Projekt Weltethos, die sich auf zwei Ebenen ausdeuten lässt: »Bleibendes Problem dieses Ansatzes ist allerdings, dass eine solche gemeinsame Ethik in der Realität wenig Anhalt besitzt – jedenfalls wird sie offenbar nicht befolgt oder beach-

---

[93] Vgl. *Stefanie Schnebel:* Das Projekt Weltethos in inhaltlicher und pädagogischer Perspektive. Einführende Reflexionen, in: *Johannes Lähnemann/ Werner Haußmann* (Hrsg.): Unterrichtsprojekte Weltethos, Bd. 2 (2000), 13–32.

[94] Vgl. *Günther Gebhardt/Stefanie Schnebel:* Von Konfrontation zu Kooperation. Die Religionen im Einsatz für die Eine Welt: das Projekt Weltethos, in: *Werner Haußmann/Johannes Lähnemann* (Hrsg.): Dein Glaube – mein Glaube (2005), 181–199.

tet«[95]. Weder in der konkreten Lebenswelt jener Menschen, die Subjekte der angezielten Lernprozesse sein sollen, noch aber im Blick auf die Weltgesellschaft insgesamt finden sich überzeugende Hinweise, dass die angestrebte gemeinsame Moral auch wirklich gelebt wird. Lässt sich aber über primär aus Schriften gewonnenen Postulaten eine Ethik begründen? Und pädagogisch gefragt: Wie lässt sich »das Verbindende der Religionen […] auf die Alltagsebene der Schülerinnen und Schüler«[96] beziehen, wie lassen sich Impulse für eine tatsächlich persönliche Lebensrelevanz anregen?

Eine weitere Anfrage: Wie *tief* greifen die Formulierungen, wie bestimmt sich ihre Reichweite? Verbergen sich unter der zunächst gegebenen Zustimmung aus Sicht einiger Religionen nicht de facto in der Praxis (und der Theorie) substantiell unterschiedliche Vorgaben, etwa im Blick auf die Zustimmung zur Aussage einer Gleichberechtigung und Partnerschaft von Mann und Frau? Kritiker fragen an, ob die konkreten Ausführungen der allgemein formulierten Prinzipien nicht völlig unterschiedliche Vorgaben beinhalten, die in der vermeintlich verbindenden Formulierung letztlich eher verdeckt werden. Was ist mit der »Fülle teils konkurrierender, teils widersprechender ethischer Prinzipien, die innerhalb der religiösen Traditionen Geltung beanspruchen«[97]? Reicht das Kriterium eines glückenden Lebens in der Beurteilung ethischer Konflikte aus, wenn in den verschiedenen Religionen und Kulturen eben umstritten ist, was ein glückendes Leben auszeichnet? Klaus von Stosch moniert: Dies ist ein Kriterium, das »in interreligiösen Konfliktfällen […] nicht weiterführt«, es bleibt »zu vage«[98].

Wie *glaubwürdig*, wie ernsthaft gemeint sind also Zustimmungen zur Deklaration des Parlamentes der Weltreligionen? Diese Frage stellt sich auch im Blick auf die prominenten Unterstützer des Projektes. Seit dem Jahr 2000 organisiert die Stif-

---

[95] *Friedrich Schweitzer:* Interreligiöse Bildung (2014), 49f.
[96] *Stefanie Schnebel:* Das Projekt Weltethos (2000), 30.
[97] *Bernd Schröder:* Abrahamische Ökumene? (2008), 478.
[98] *Klaus von Stosch* (2012), 313.

tung Weltethos in Tübingen einmal pro Jahr die sogenannten »Weltethos-Reden«. Eingeladen werden Persönlichkeiten von Weltruf, die aus ihrer Sicht zum Programm von Weltethos Stellung beziehen. Illustrer könnte die Namensriege nicht sein: 2002 referierte die UN-Hochkommissarin für Menschenrechte, *Mary Robinson;* 2003 der UN-Generalsekretär *Kofi Annan;* 2004 der damalige Bundespräsident *Horst Köhler;* 2007 Altbundeskanzler *Helmut Schmidt;* 2008 Alterzbischof und Friedensnobelpreisträger *Desmond Tutu,* um nur einige zu nennen.[99] Welches andere theologische oder friedensethisch motivierte Projekt könnte in vergleichbare Dimensionen von Bekanntheit und Verbreitung vorstoßen?

Gleichwohl bleibt die Unterstützung durch aktuell wirkmächtige Protagonisten des Weltgeschehens ein Risiko. Eröffnet wurde die Traditionslinie der Weltethos-Reden im Jahr 2000 mit einem Vortrag des damaligen Britischen Premierministers *Tony Blair* zum Thema: »Werte und Kraft der Gemeinschaft«. Blair hatte sich unter anderem mit seiner Nordirlandpolitik als Friedensstifter einen Namen gemacht, war also eine ideale Wahl. Dennoch: Derselbe Tony Blair stimmte 2003 in eine ›Koalition der Willigen‹ ein, die den dritten Golfkrieg (oder: ›zweiten Irakkrieg‹) ausriefen, endend mit dem Sturz des dortigen Diktators Saddam Hussein. Die öffentliche Begründung für diesen Krieg, die propagierte Herstellung von Massenvernichtungswaffen verbunden mit dem Plan zur Einsetzung in Angriffskriegen, ist inzwischen eindeutig als wissentlich falsche Argumentation widerlegt ...

Die Fragen nach der tatsächlichen *Reichweite* der Grundforderungen des Weltethos, nach der *Ernsthaftigkeit* jener, die den Formulierungen zumindest oberflächlich zustimmen, sowie nach der praktischen *Umsetzbarkeit* der Forderungen sowohl

---

[99] Weitere: 2005: *Shirin Ebadi* (Friedensnobelpreisträgerin); 2006: *Jacques Rogge* (IOC-Präsident); 2010: *Stephen K. Green* (Ehemaliger Verwaltungsvorsitzender von HSBC Holding PLC); 2012: *Claus Dirksmeier* (Direktor des Weltethos-Instituts); 2014: *Paul Kirchhof* (Präsident der Heidelberger Akademie der Wissenschaften).

im Alltag jedes Einzelnen als auch in den realen weltpolitischen Gegebenheiten bleiben kritische Spiegel der Idealformulierungen, die freilich auch intern erkannt, benannt und produktiv reflektiert werden.

Repräsentativität der Protagonisten?

Eine weitere Anfrage wurde bereits im Blick auf die Komparative Theologie formuliert, kann hier also kürzer behandelt werden. Das Projekt Weltethos führt Spitzenvertreter der Religionen zusammen, ermöglicht den Austausch auf weltpolitisch höchster Ebene. Gewiss findet hier völlig authentischer Diskurs statt, wird ein ehrlicher Konsens erzielt. Aber: Ist er auch *repräsentativ*? Stehen die Vertreterinnen und Vertreter für den theologischen und praktisch gelebten Mainstream ihrer jeweiligen Tradition? Was trägt ihre Zustimmung zur Deklaration aus »für die tatsächliche Praxis der Religionen in ihren Herkunftsländern«[100] und Lebensräumen?

Dieser Anfrage ist leichter zu entgegnen als der vorherigen. Zum einen versteht sich das Projekt Weltethos bewusst eben als ›Projekt‹. Hier geht es um ein Vordenken, um ein impulsgebendes Modell, das sich weiter vorauswagen kann und soll als ›der Mainstream‹. Um neue Impulse zu setzen braucht es den Geist der Utopie, die gleichwohl ganz real geerdet ist in den religiösen Traditionen selbst. Dass die Realität dem Status der – von innen jedoch stets schon angelegten – Verpflichtungen in weiten Teilen nicht entspricht, zeigt ja gerade die Notwendigkeit des Projekts. Und dass dazu ›Spitzenvertreter‹ aufgerufen werden, ist nicht nur im Sinne der Steigerung der Bekanntheit und der Möglichkeit des Wirkens strategisch sinnvoll. Es bleibt ja gerade nicht bei der Ebene dieses Austausches auf weltreligiös und weltpoltischer Hochebene. Der Blick auf die in den letzten Jahren ständig wichtiger werdende religions- und friedenspädagogische Ausdifferenzierung belegt, wie sehr es dem Projekt Weltethos um eine breite Wirksamkeit auf *allen* Ebenen geht.

---

[100] *Bernd Schröder*: Abrahamische Ökumene? (2008), 478.

Weltethos und Trialog

Bislang war eher von allgemeinen Charakteristika und Anfragen an das Projekt Weltethos die Rede. Welche spezifischen Beziehungen bestehen zum Trialog und zum explizit trialogisch ausgerichteten interreligiösen Lernen? Zum einen ist nicht zu übersehen, dass das Projekt ja ganz bewusst »den Horizont von Judentum, Christentum und Islam«[101] überschreitet, will es doch als *Welt*ethos so viele Weltreligionen und Weltanschauungen wie möglich ansprechen und repräsentieren. Zum anderen ist es jedoch genau so offensichtlich, dass es – als eine wie der Trialog aus dem Christentum stammende Initiative – »insbesondere von Juden und Muslimen mit unterstützt wurde«[102].

Im Band »Ja zum Weltethos. Perspektiven für die Suche nach Orientierung« (1995) finden sich etwa so renommierte jüdische Unterstützer wie *Teddy Kollek* (Jerusalemer Bürgermeister und Friedenspreisträger), Rabbi *Jonathan Magonet,* Professor *André Chouraqui,* Sir *Sigmund Steinberg,* Friedensnobelpreisträger *Elie Wiesel* und der französische Großrabbiner *René-Samuel Sirat.* Aus muslimischer Sicht äußern sich Kronprinz *Hassan von Jordanien,* Sheich *Muhammad Al-Ghazali* (Al-Azhar Universität Kairo), die Professoren *Hassan Hanafi* (Kairo), *Mahmoud Zakzouk* (Kairo) sowie *Muhammad Talbi* (Tunis). Diese stark, wenn auch nicht ausschließlich trialogische Ausrichtung des Projekt Weltethos wirkt weiter. 2008 veröffentlichte Hans Küng zusammen mit dem Rabbiner und Potsdamer Religionsphilosophen *Walter Homolka* den Band »Weltethos aus den Quellen des Judentums«[103], in dem sie nicht nur grundlegende Texte der hebräischen Bibel zum Umgang der Menschen miteinander präsentieren und deuten, sondern die Linie ausziehen bis in die jüdische Religionsphilosophie der Moderne. Zudem befinden sich unter den Referentinnen und Multipli-

---

[101] *Karl-Josef Kuschel* (2007), 328.
[102] Ebd.
[103] *Hans Küng/Walter Homolka:* Weltethos aus den Quellen des Judentums (Freiburg i. Br. 2008).

katoren, die das Projekt Weltethos in Fortbildungen und Informationsveranstaltungen unterstützen und repräsentieren, mehrere Muslime.[104] Das Projekt Weltethos wird also maßgeblich trialogisch mitgetragen, wenngleich in bewusster Öffnung zu anderen Religionen. Umgekehrt verdanken sich die jüngeren trialogischen Bestrebungen im deutschsprachigen Bereich maßgeblich Personen, die in beiden Bereichen tätig waren und sind, allen voran Hans Küng und Karl-Josef Kuschel.

Ein weiterer Bezug von Trialog und Projekt Weltethos liegt im Bereich der Ethik. Trialogisches Lernen betrifft in einem wesentlichen Teil Fragen der Moral, deren Begründung und Reflexion. Trialog greift aber bewusst weiter aus, umfasst sämtliche Bereiche der fraglichen Kulturen, ihrer Lebensformen sowie religiösen Äußerungen und Phänomene. Um das breite, ausufernde Feld interreligiöser Begegnung und Verständigung greifbar zu machen, entscheiden sich also beide Projekte zu einer Konzentration: das Projekt Weltethos zu einer thematischen (im Blick auf das Ethos), Trialog zu einer begründeten Beschränkung hinsichtlich der Zahl und Phänotypen (im Blick auf die monotheistischen Religionen Judentum, Christentum und Islam). De facto ergeben sich viele Gemeinsamkeiten innerhalb der *Schnittmenge: ›Ethos in den drei abrahamischen Religionen‹*. Darüber hinaus wird der Trialog und das trialogische Lernen jedoch viele Bereiche ansprechen, die nicht im Fokus des Projekt Weltethos stehen.

›Komparative Theologie‹ und das ›Projekt Weltethos‹ sind philosophisch-theologische Initiativen: Ein dritter Zugang zur Situierung von Trialog und trialogischem Lernen führt in einen ganz anderen Kontext, hin zur deutschsprachigen Gegenwartsliteratur, die in neuer Weise interreligiös sensible Grundsignaturen aufweist. Auch von ihr gehen zahlreiche Impulse und Anregungen zur Fragestellung aus.

---

[104] Vgl. www.weltethos.org/organisation/.

3. Trialogische Lernimpulse durch die Gegenwartsliteratur

Literarische Texte[105] wurden bislang für interreligiöse Lernprozesse viel zu selten genutzt. Dabei sind doch gerade die »Grenz-
gänger der Literatur« perfekte sprachliche Brückenbauer zwischen Kulturen und Religionen, so die österreichische Autorin
Barbara Frischmuth (*1941) im Blick auf die besondere potentielle Vermittlerrolle der Schriftstellerinnen und Schriftsteller.
Warum? Ob »sie sich zwischen Sprachen und Kulturen, zwischen Gefühlsebenen und Geisteszuständen, zwischen abstrakten Ideen und konkreten Ideen hin und her bewegen, sie werden
immer das Eigene mit dem Blick des Fremden und das Fremde
mit einem Blick fürs Eigene ansehen«. Sie verkörpern geradezu
die so dringend notwendige »gegenseitige kulturelle Wahrnehmung, ohne die auf Dauer kein Zusammenleben möglich
ist«[106], so Frischmuth weiter. Kaum überraschend, dass Frischmuth selbst eine der herausragenden Vermittlerinnen muslimischen Denkens und Lebens in der deutschsprachigen Gegenwartsliteratur ist.[107] Welchen Ertrag bringt der Blick auf
literarische Spiegelungen anderer Kulturen und Religionen?

3.1 Vom ethischen Mehrwert des Ästhetischen

Der israelische Schriftsteller *Amos Oz* (*1939), 1992 mit dem
»Friedenspreis des deutschen Buchhandels« ausgezeichnet, ver-
deutlicht die zentralen Chancen eines literarisch begründeten
Lernens. In seiner damaligen Preisrede schildert Oz mit feinem
Gespür, was die ethische Haltung von Fiktion und Dichtung auf
der einen und Sachprosa auf der anderen Seite voneinander un-

---

[105] Vgl. zu diesem Kapitel ausführlich: *Christoph Gellner/Georg Langenhorst:* Blickwinkel öffnen. Interreligiöses Lernen mit literarischen Texten
(Ostfildern 2013).
[106] *Barbara Frischmuth:* Das Heimliche und das Unheimliche. Drei Reden
(Berlin 1999), 25f.
[107] Vgl. *Selma Polat-Menke:* Islam und Mystik bei Barbara Frischmuth.
Werkanalyse und interreligiöses Lernen (Ostfildern 2013).

terscheidet. »Wenn ich feststelle, dass ich mit mir selbst hundertprozentig übereinstimme, schreibe ich keine Geschichte, sondern einen wütenden Artikel«[108], so Oz. Dichtung jedoch verweigert sich solcher ethischer Eindeutigkeit. Oz weiter: »Wenn ich hingegen nicht nur ein einziges Argument in mir spüre, nicht nur eine Stimme, kommt es bisweilen vor, dass sich diese unterschiedlichen Stimmen zu Gestalten entwickeln, und dann weiß ich, dass ich mit einer Geschichte schwanger gehe.« Poetologisch zugespitzt: »Geschichten schreibe ich genau dann, wenn ich mich mit verschiedenen, einander widersprechenden Forderungen identifizieren kann, mit einer Vielzahl moralischer Standpunkte, widerstreitender Gefühle«[109].

Der ›ethische Mehrwert des Ästhetischen‹, der mögliche moralische und pädagogische Nutzen von Dichtung liegt vor allem in der Befähigung, die Perspektive der Anderen fiktional durchzuspielen, Gegenversionen kennen zu lernen, die Gefühle anderer von innen heraus nachzuvollziehen. Was braucht ein Schriftsteller oder eine Schriftstellerin? Er oder sie muss sich im Blick auf andere fragen: »Wie würde ich empfinden, wenn ich sie wäre? Wie wäre es, in seiner Haut zu stecken?«[110], so noch einmal Oz. Er oder sie muss also in der Lage sein, »ein halbes Dutzend widersprüchlicher, miteinander in Konflikt stehender Gefühle mit dem gleichen Grad an Überzeugung, an Vehemenz und an innerer Unterstützung gutzuheißen«[111]. Die Leserinnen und Leser müssen und können ihm im Idealfall in dieser Bewegung folgen. Genau diese Chancen machen literarische Texte für interreligiöses Lernen so reizvoll.

Ganz auf der von Frischmuth und Oz angedeuteten Linie eines literarisch vermittelten Perspektivenwechsels, einer Einladung zur Einfühlung in die ästhetisch vermittelte Möglichkeit von Toleranz und Akzeptanz, fordert der deutsch-iranische Ly-

---

[108] *Amos Oz:* Friedenspreis des deutschen Buchhandels. Ansprachen aus Anlass der Verleihung (Frankfurt a. M. 1992), 62.
[109] Ebd, 62f.
[110] Ebd., 25.
[111] Ebd., 25f.

riker *SAID* in einem seiner 2007 erschienenen Psalmgedichte dazu auf: »lass uns auch wahrheiten glauben schenken / die außerhalb unseres blickfeldes wachsen«[112].

Diese Hinweise lassen schon erahnen, dass der Blick in die Welt der Dichtung und des Erzählens äußerst produktive Impulse für interreligiöses Lernen zu Tage fördern kann. Dies umso mehr, als dass sich in der deutschsprachigen Gegenwartsliteratur seit etwa 25 Jahren ein signifikanter Trend feststellen lässt: Religion, Konfession und Gottesfrage werden zum literarischen Thema, mal direkt und zentral, mal als ein Themenstrang unter vielen. Vor allem in Romanen und Gedichten, aber auch in Essays und auf der Bühne hat sich das Religiöse aus der Tabuzone befreit, in die es jahrzehntelang gedrängt worden war. Die Kulturwissenschaften sprechen so seit einigen Jahren von einem bemerkenswerten *religious turn*[113], im Wissen, dass das Religiöse dadurch nicht zum Hauptthema würde.

Diese neue Offenheit und Unbefangenheit Religion gegenüber betrifft zunächst das Christentum. Nach Jahrzehnten der vorherrschenden Distanz zu Kirche, Glaube und Gottesfrage trauen sich Schriftstellerinnen und Schriftsteller zu öffentlichen literarisch gestalteten Bekenntnissen in Sachen Religion, zumindest aber zu Annäherungen. Zahlreiche Romane, Gedichte und Theaterstücke bestätigen seitdem dieses – in sich bunt schillernde, in Form, Inhalt und Aussage vielfältige, auf keinen Generalnenner zu bringende – neue literarische Interesse.

Für die trialogische Fragestellung interessant sind vor allem die Entwicklungen im Blick auf die literarische Repräsentation von Judentum und Islam, die sich auf vergleichbarer Ebene zur Erwachsenenliteratur im Bereich der Kinder- und Jugendliteratur spiegeln. Wo sich im Blick auf das Judentum eine dritte deutschsprachige Generation nach der Shoa etabliert, entsteht gleichzeitig als völlig neues Phänomen eine allererste deutsch-

---

[112] *SAID:* Psalmen (München 2007), 17.
[113] Vgl. dazu ausführlich: *Georg Langenhorst:* »Ich gönne mir das Wort Gott«. Annäherungen an Gott in der Gegenwartsliteratur (Freiburg i. Br. 2014).

muslimische Literatur. Beide Phänomene regen die Konzeption einer trialogischen Religionspädagogik auf je eigene Weise an.

3.2 Eine ›dritte Generation‹ deutsch-jüdischer Literatur nach der Shoa

Wer auch immer sich mit ›deutsch-jüdischer Literatur‹ auseinandersetzt, muss sich darüber im Klaren sein: Schon die aus dem 19. Jahrhunderts stammende Bezeichnung als solche ist umstritten. Neben einer polemisch-ideologischen Verwendung des Begriffs seitens der völkischen Germanistik war die deutschsprachige Literatur jüdischer Autorinnen und Autoren auch Gegenstand einer breiten und vielstimmigen *binnen*jüdischen Debatte zwischen Vertreterinnen und Vertretern des Kulturzionismus auf der einen und der Assimilation auf der anderen Seite. Als anschlussfähig erweist sich aus heutiger Sicht die folgende Begriffsbestimmung: Unter ›deutsch-jüdischer Literatur‹ versteht man dem *Neuen Lexikon des Judentums* zufolge »das literarische Werk jüdischer Autoren deutscher Sprache, in dem explizit oder implizit in irgendeiner Form jüdische Substanz erkennbar ist – als jüdische Thematik, Motivik, Denkformen oder Modelle«[114].

Nach der Katastrophe der Shoa schien die Stimme der zuvor breit entfalteten deutsch-jüdischen Literatur verstummt, dem Massenmord der Nazis zum Opfer gefallen zu sein. »Nach menschlichem Ermessen«, schrieb *Siegmund Kaznelson* in der Einführung zu seiner »abschließenden Anthologie« über das »jüdische Schicksal in deutschen Gedichten« im Jahr 1959, gehe »die deutschsprachige Dichtung jüdischen Inhalts mit unserer und vielleicht der nächsten Generation zu Ende«[115]. Erst seit Beginn der 1960er Jahre wuchs allmählich das Bewusstsein, dass es eben doch eine Generation jüdischer Schriftstellerinnen

---

[114] In: *Julius Schoeps* (Hrsg.): Neues Lexikon des Judentums. Neuausgabe (Gütersloh 2000), 522.

[115] *Siegmund Kaznelson* (Hrsg.): Jüdisches Schicksal in deutschen Gedichten. Eine abschließende Anthologie (Berlin 1959), 14.

und Schriftsteller *nach* der Shoa gab, die weiterhin auf Deutsch schrieb. Im Nachhinein wird man sie als die ›erste Generation‹ deutsch-jüdischer Literaten bezeichnen. Einige von ihnen lebten außerhalb Deutschlands und Österreichs, hatten im Exil die Shoah überlebt und blieben dauerhaft dort: *Nelly Sachs, Paul Celan* oder *Erich Fried.* Andere kehrten nach langen Jahren des Exils in Länder des deutschen Sprachraums zurück: *Rose Ausländer, Hilde Domin, Anna Seghers, Elias Canetti, Grete Weil, Stefan Heym, Wolfgang Hildesheimer* oder *Jurek Becker.* Die meisten Werke dieser Autorinnen und Autoren waren ganz darauf konzentriert, dem Erlebten überhaupt einen sprachlichen Ausdruck zu geben. Ihnen ging es darum, den unfassbaren Genozid einerseits zu bezeugen, um ein Vergessen zu verhindern, andererseits mit der Erinnerung so umzugehen, dass ein Weiterleben möglich wurde. Nur langsam fanden diese Werke Gehör, nur zögerlich öffnete sich die auf Vergessen, Neuanfang und Aufbau konzentrierte deutsche Nachkriegsgesellschaft den mahnenden Stimmen und sprachlich fixierten Auseinandersetzungen mit der Notwendigkeit des Erinnerns.

Mit Beginn der 1990er Jahre etablierte sich dann eine neue – die ›zweite‹ – Generation deutsch-jüdischer Literatur, die sich von der ersten Generation deutlich abhebt, auch wenn nicht in jedem Fall klare Zuordnungen vorgenommen werden können. Viele dieser Schriftstellerinnen und Schriftsteller, geboren entweder noch im Zweiten Weltkrieg, die meisten jedoch danach, waren Remigranten, aufgrund eigener Entscheidung oder mit ihren Eltern in deutschsprachige Länder zurückgekehrt. Andere wuchsen hier auf, meist mit nur schwach jüdischer Prägung, um sich dann später ihrer Herkunft bewusst zu werden und diesen Prozess literarisch zu schildern. Nicht so sehr der Blick zurück charakterisiert ihr Schreiben, sondern der Blick auf die Möglichkeiten und Schwierigkeiten eines Lebens als Jüdin oder als Jude in Deutschland, Österreich oder der Schweiz. Das aber ändert Selbstverständnis, Ton und Stil: Selbstbewusst treten sie als Juden in die Öffentlichkeit, und wenn ihre Elterngeneration vor allem die Opferrolle vehement zurückwies, so lehnen sie nun auch die ihnen zugeschriebene Rolle als Versöhner dezidiert

ab. Geradezu demonstrativ schildern sie ein aktuelles Jüdisch-
sein in nichtjüdischen Mehrheitsgesellschaften, das sich nicht
mehr ausschließlich über die Shoa und die Übermacht der Vergangenheit von Antisemitismus und Verfolgung definiert. Neben dem kritischen Blick auf die eigene Elterngeneration, die
sich angesichts der fortbestehenden antisemitischen Grundten-
denz ihrer Lebensumwelt größtenteils als Juden unsichtbar zu
machen versuchte, stellen sie nun die ihrer Meinung nach ver-
krampften Erinnerungs- und Bewältigungsrituale, die eingefah-
renen Wahrnehmungsraster sowie Befangenheiten zwischen Juden und Nichtjuden im ›Nach-Auschwitz-Deutschland‹ in
Frage.

In Form und Inhalt knüpfen diese AutorInnen literarisch weniger an die Werke ihrer deutschsprachigen Vorgängergenera-
tion an, als vielmehr immer wieder an den erzählerischen Entwürfen von amerikanisch-jüdischer Vorbildern wie *Saul
Bellow, Henry Roth, Bernard Malamud* oder *Philip Roth,* in
welchen der (mit-)erzählte Alltag jüdischen Lebens eine selbstverständliche Rolle spielt. Nur die wichtigsten Namen dieser
nach wie vor literarisch produktiven ›zweiten‹ Generation können hier aufgerufen werden: *Mirjam Pressler* (*1940), *Katja
Behrens* (*1942), *Robert Schindel* (*1944), *Rafael Seligmann*
(*1947), *Barbara Honigmann* (*1949), *Esther Dischereit*
(*1952) oder *Robert Menasse* (*1954). Die Werke dieser
Schriftstellerinnen und Schriftsteller zeichnen sich durch eine
inhaltliche wie formale Vielgestaltigkeit aus. Keineswegs bilden
sie so etwas wie eine eigene literarische ›Schule‹. Gleichwohl
gibt es Gemeinsamkeiten: In ihren Werken wird die literarische
Auseinandersetzung mit dem in der Gegenwart gelebten Judentum zu einem zentralen Themenstrang ihres Schreibens.

Ging es dieser ›zweiten Generation‹ zunächst – mit den Worten Barbara Honigmanns – um so etwas wie die »Wiedererobe-
rung« des »Judentums aus dem Nichts«[116], so steht seit der
Jahrhundertwende die Behauptung eines eigenen, auf Gegen-

---

[116] *Barbara Honigmann:* Damals, dann und danach (München/Wien 1999),
29.

wart und Zukunft bezogenen Profils im Zentrum. Ergänzend zur Erinnerungskultur braucht es heute eine *neue Wahrnehmungskultur im Blick auf gegenwärtig gelebtes Judentum.* Die ›zweite Generation‹ musste erst einmal die weithin verdrängte Shoa thematisieren, überhaupt auf die Weiterexistenz von Juden im deutschsprachige Raum aufmerksam machen und ein Leben hier angesichts der Option einer Existenz in Israel rechtfertigen. Eine inzwischen erkennbare ›dritte Generation‹ verschiebt die Schwerpunkte ein weiteres Mal. Für *Anna Mitgutsch* (*1948), *Matthias Hermann* (*1958), *Maxim Biller* (*1960), *Doron Rabinovici* (*1961), *Vladimir Vertlib* (*1966), *Benjamin Stein* (*1970) oder *Lena Gorelik* (*1981) – um nur die bekanntesten Vertreterinnen und Vertreter zu nennen – gelten andere Voraussetzungen. Von der Shoa weiß man selbst auch nur aus Dokumenten, Archiven, Medien und Museen. Nur noch selten erinnert man sich an Erzählungen überlebender Familienmitglieder, die weit häufiger schwiegen als über ihre grauenvollen Erfahrungen und Bezeugungen reden wollten.

Oft genug findet sich aber auch der Gegenzug: Jüngere Jüdinnen und Juden wollen selbst nicht auf dieses Thema, diese Erinnerungspflicht festgelegt werden. So hat sich spätestens seit der Jahrtausendwende diese Generation von noch einmal jüngeren deutschsprachigen jüdischen Autorinnen und Autoren etabliert, die in großer Selbstverständlichkeit gegenwartsbezogene jüdische Lebens- und Glaubenswelten in ihr literarisches Schreiben integrieren. In ihren Werken spiegelt sich eine neue Präsenz von eben auch religiös bestimmter »Jüdischkeit«[117] als gegebene Selbstverständlichkeit jenseits von ständiger Rechtfertigung. Genau dieser Aspekt ist unter interreligiöser Perspektive besonders reizvoll.

---

[117] Vgl. *Andrea Heuser:* Vom Anderen zum Gegenüber. »Jüdischkeit« in der deutschen Gegenwartsliteratur (Köln 2011).

Gelebtes Judentum in Vielfalt

Sowohl in den Biographien der Autorinnen und Autoren als auch in den von ihnen erzählten Geschichten geht es um *Aufbrüche* und Bewegungen, um ein Leben zwischen verschiedenen Kulturen, um ein Ringen um Identität und Beheimatung, meistens verbunden mit ganz realen Ortsveränderungen. Suche nach Heimat und Neuaufbruch, Mobilität und kulturelle Mehrfachzugehörigkeit werden dabei zu konstitutiven Grundmerkmalen. Auffällig: In jedem Werk wird die Spannung zwischen einem Leben im deutschen Sprachraum und einem potentiellen oder tatsächlich auf Zeit geführten Leben in Israel thematisiert. Warum oder ob man als Jüdin oder Jude in Europa lebt, ob die Alternative eines Lebens in Israel genutzt oder bewusst nicht genutzt wird und warum – dies scheinen literarisch (und wohl auch existentiell) unausweichliche Fragen zu sein. Und jede Antwort bleibt provisorisch ...

Die in den Werken geschilderte regionale Mobilität spiegelt sich existentiell in *inneren Neuaufbrüchen* und Entwicklungsprozessen, die auch die Beziehung zur religiösen Tradition des Judentums betrifft.

– Da werden Geschichten erzählt vom Weg hinein in das Judentum bis hin zur formellen Aufnahme (Mitgutsch, Stein).
– Da wird als Ausgangspunkt immer wieder betont, aus explizit nichtreligiösem Kontext zu stammen (Honigmann, Vertlib, Stein, Gorelik).
– Da wird deutlich, dass allein die Frage, wer überhaupt ein Jude ist, zu völlig unterschiedlichen Antworten und heftigen Spannungen innerhalb des Judentums führt. Insbesondere wird die Ungleichbehandlung der nichthalachischen Juden kritisiert (Mitgutsch, Vertlib).
– Da werden Lebensläufe literarisch entfaltet, bei denen es zu einer bewussten Hinwendung zu einem im Alltag gelebten traditionell religiösen Judentum kommt, sei es in der Form eines ›koscher light‹ (Honigmann), sei es in Form klassischer Orthodoxie (Stein).
– Da geht es um Versuche, wenigstens grundlegende Elemente

einer im weitesten Sinnen jüdisch mitgeprägten religiösen Lebensführung in den Alltag aufzunehmen (Gorelik).

- Da werden Spannungen benannt zwischen religiösem Fundamentalismus auf der einen, säkular-agnostischer Distanz auf der anderen Seite (Rabinovici, Vertlib).

Sehr deutlich tritt so ein erstes Ergebnis unserer Literatursichtung vor Augen: Die Lebens- und Glaubensweisen heutiger Jüdinnen und Juden sind *äußerst facettenreich*. Aussagen über ›das‹ Judentum oder ›die‹ deutsch-jüdische Literatur können immer nur unter dem Vorbehalt getroffen werden, dass damit radikal unterschiedliche Menschen, Traditionen und Textwelten gemeint sind. Wenn man als Hauptaufgabe innerhalb des christlich-jüdischen Lernprozesses hervorhebt: »Stärker als bisher ist die Pluralität der [sic!] Judentums herauszuarbeiten«[118], dann findet man dafür in den literarischen Spiegelungen ideale Grundlagen und Materialien. In interreligiöser Perspektive geht von dieser Erhebung die Warnung aus, das Judentum nicht als einen monolithischen Block zu denken und in Lernprozesse einzuspeisen. Eine um Verständnis bemühte Auseinandersetzung mit ›dem‹ Judentum aus christlicher oder positionsneutraler Sicht muss sich dieser *Vielfalt* stellen.

In den geschilderten Romanen und Erzählungen bildet eine – wie immer konkret gestaltete – jüdische Lebenswelt den selbstverständlich gegebenen Rahmen. Die literarischen Werke werden dabei durchgehend vor allem für nichtjüdische Lesende geschrieben. Ohne eine belehrende Absicht, ohne eine aufdringliche, stringent didaktisch konzipierte ›Aufklärung über das Judentum‹ wird die jüdische Glaubens- und Lebenswelt (mit-)erzählt und entfaltet. Von Mikwe und Tevila, von Kaddisch und Minjan ist hier die Rede als Teil eines selbstverständlichen Lebensvollzugs. Dabei finden sich verschiedene literarische Perspektiven, die auch lernstrategisch interessant sind:

---

[118] *Werner Trutwin:* Das Judentum im Religionsunterricht. Rückblick und Ausblick, in: *Reinhold Boschki/Albert Gerhards* (Hrsg.): Erinnerungskultur in der pluralen Gesellschaft. Neue Perspektiven für den christlich-jüdischen Dialog (Paderborn u. a. 2010), 241–253, hier 252.

- Die auffällige Strukturparallele des Griffs zu einem das Judentum erklärenden *Glossar* (bei Mitgutsch, Vertlib und Stein) signalisiert zweierlei: Zum einen die Selbstverständlichkeit dieser Lebenswelt, die sich im Text eben nicht erklären muss; zum anderen das Wissen darum, dass diese Selbstverständlichkeit von den Lesenden nicht geteilt wird und außerhalb der Textwelt erklärungsbedürftig bleibt, ohne dass man diese Glossare als – negativ konnotierte – ›Aufklärungsmittel‹ brandmarken müsste.
- Der Verzicht auf ein Glossar in anders konzipierten Werken ist meistens darauf zurückzuführen, dass die Texte in Lebenswelten spielen, in denen das Judentum *implizit* erklärungsbedürftig ist. Im Text selbst werden Begriffe und Traditionen erläutert, weil den auf das Judentum zugehenden, in das Judentum hineinwachsenden Charakteren – wie den Lesenden – diese Welt nicht vertraut ist.
- Grundsätzlich setzen Romane interessierte und kompetente Lesende voraus, die sich gegebenenfalls unbekannte Dimensionen selbst erschließen. Deshalb gehört es letztlich zum Grundprinzip von fiktionaler Literatur, dass die Autorinnen und Autoren nicht stets pädagogisch reflektieren, welchen Lesenden welche Aspekte unvertraut sein könnten.

Lernperspektiven für den Trialog

Ein überraschender Grundzug der vorgestellten Romane besteht darin, dass sich in ihnen fast durchgängig *Spuren des christlich-jüdischen Dialogs* finden. Die umfangreichen Bemühungen einer Annäherung und Aussöhnung zwischen Christen und Juden, die vor allem von den Kirchen seit den 1960er Jahren intensiv betrieben wurden, finden in diesen Romanwelten breiten Niederschlag. Diese Spuren sind neu und weisen erneut auf ein tatsächlich eigenständiges Profil der ›dritten Generation‹ hin. Neben der grundsätzlichen Anerkennung dieser Bemühungen wird jedoch eher die fragwürdige Seite allzu beflissentlicher Umarmungsversuche betont: Immer wieder wird in den vorgestellten Romanen angemahnt, wie problematisch christlich motivierte und gut gemeinte, aber ungewollt kontraproduktive Initiativen sein können. Wie seltsam aus jüdischer Sicht etwa die »Mode, den Juden beim Beten zuzuschauen«[119] wirken kann, hat *Anna Mitgutsch* in ihrem Roman »Haus der Kindheit« eindrücklich beschrieben. Sie stigmatisiert derartige »Neugier« als eine Form »makabrer Lüsternheit«[120]. Für trialogische Lernprozesse ergeben sich gleich mehrere Einsichten:

– Christliche Versuche, das Judentum zu verstehen und Gemeinsamkeiten zu fördern, können dazu dienen, das eigene schlechte Gewissen angesichts der Belastungen der historischen Kollektivschuld oder der Verstrickungen von älteren Familienmitgliedern zu überdecken. Es kann der Motivation entspringen, sich nicht mehr mit der Vergangenheit beschäftigen zu müssen, neu anzufangen und ›endlich‹ einen Schlussstrich unter die Vergangenheit ziehen zu können. Anbiederungen unter Verwendung pseudojüdischer Verhaltensweisen wie dem Wunsch eines »schönen Schabbes«[121] (Lena Gorelik) wirken nicht nur deshalb abstoßend.

– Christliche Zugänge zum Judentum zielen oftmals eher auf ein abstraktes Interesse an schablonenhaft erfassten ›Juden‹ im Allgemeinen als an den individuellen Menschen, mit denen sie es konkret zu tun haben. Der Zwang, »von einem Menschen bloß noch Gutes zu sagen, nur weil er dem Judentum angehört«[122] (Doron Rabinovici), führt zu Verkrampfung.

– Vorgefasste Meinungen darüber, wie Juden zu sein haben, wie sie sich persönlich, religiös und politisch zu verhalten haben, engen ein. Verstoßen Juden gegen solche Erwartungen, kommt es zu Verstörung und Verärgerung. Wohlmeinende Versuche, die eigene Gesinnung gegen den Antisemitismus zu bekunden, führen zu Missverständnis und

---

[119] *Anna Mitgutsch:* Haus der Kindheit. Roman [1]2000 (München 2002), 174.

[120] Ebd., 282.

[121] So karikiert bei *Lena Gorelik:* Hochzeit in Jerusalem. Roman [1]2007 (München 2008), 78.

[122] *Doron Rabinovici:* Ohnehin. Roman [1]2004 (Frankfurt a. M. 2005), 43.

völligem Aneinander-Vorbei-Reden – meisterhaft persifliert etwa in zahlreichen satirischen Szenen aus Doron Rabinovicis Roman »Ohnehin« (2004).

– Dialogwillige Christen pflegen bisweilen Formen von Philosemitismus und jüdischer Folklore, die vielen Juden selbst völlig fremd oder suspekt sind. Dieses »Gemenge aus Anmaßung und Ignoranz«[123] (Doron Rabinovici) präsentiert sich eher abstoßend als einladend. »Philos« bei »Klezmerkonzerten« oder beim »öffentlichen Chanukka-Lichterzünden«[124] (Lena Gorelik) wirken auf sie peinlich oder lächerlich.

Ein ›normales‹ Verhältnis zwischen Christen und Juden, zwischen nichtjüdischen und jüdischen Mitmenschen im deutschsprachigen Raum scheint nach wie vor kaum möglich, das wird in den Romanen immer wieder betont. Barbara Honigmann etwa schreibt ihrem verstorbenen Lebensfreund und ehemaligen Geliebten im Roman »Bilder von A.« (2011) resignativ-realistisch die Erkenntnis in die literarische Grabschrift, »dass wir beide aus einer jeweils ganz anderen Geschichte kommen«[125]. Es bleibt Trennendes, bei aller möglichen Nähe.

Darüber hinaus wird im Blick auf eine spezifisch interreligiöse Verständigung aus jüdischer Sicht ein Dreifaches deutlich:

1. Zunächst, dass es – in der Wahrnehmung jüdischer Autorinnen und Autoren – von Seiten der Christen oftmals *gerade nicht um Dialog* geht, sondern um *Versuche der Vereinnahmung;* nicht um ein Verstehen-Wollen in aller Differenziertheit, sondern um eine Bestätigung der eigenen Version, dessen, was man verstehen will. Schon das ist ein Warnzeichen für alle interreligiösen Programme und Entwürfe.

2. Mehr noch aber das Folgende: Bereits der Anspruch, überhaupt einen ›Dialog‹ führen zu wollen oder gar zu müssen, ist primär *eine christliche Vorstellung.* Das Beharren auf der Notwendigkeit und die Überzeugung von der fast automatischen Fruchtbarkeit von Dialog sind Setzungen, die zunächst

---

[123] Ebd., 152.
[124] *Lena Gorelik:* Lieber Mischa (München 2011), 96.
[125] *Barbara Honigmann:* Bilder von A. (München 2011), 11.

ausschließlich von der einen Seite aus erfolgen. Oft scheint es so, dass eine friedliche Koexistenz des einander Gewährenlassens aus jüdischer Sicht bereits völlig ausreichen würde. Alle interreligiösen Programme sollten diese Anfrage an die scheinbar so selbstverständlich benutzte Kategorie ›Dialog‹ ernstnehmen.

3. Die literarisch gespiegelten Versuche gegenseitigen Kennenlernens und Wertschätzens zeigen schließlich, dass die Vorstellung eines *zu einfachen Verstehens* der anderen Traditionen und Überzeugungen *kaum funktionieren* wird. Das Andere bleibt anders, das Fremde entzieht sich dem Verstehen. In der Literatur wird eher das Sperrige betont als das Glatte; eher das Befremdende und bleibende Distanz als harmonische Annäherung.

Zweierlei wird im Blick auf die deutsch-jüdische Gegenwartsliteratur also deutlich: die einzigartige *Chance* des Sich-Heranlesens an die – literarisch gespiegelte – Vielfalt gelebten Judentums in unserer Kultur; gleichzeitig aber die *Grenzen* eines zu unmittelbar erhofften Zugriffs auf ein Fremdverstehen, die Warnung vor übergriffigen Umarmungsversuchen, das Beharren auf Alterität und der Notwendigkeit von Differenzierung. Im Blick auf beides – Chancen wie Grenzen – bieten sich grundlegende und bislang zu wenig genutzte Anknüpfungen für ein Lernen von und mit deutsch-jüdischer Literatur, das sich nicht nur auf den Deutschunterricht bezieht, sondern auch auf realistisch konzipierte interreligiöse Lernprozesse für Theologie, Religionspädagogik, Erwachsenenbildung und Religionsunterricht. Literarische Werke eröffnen eigene Diskurse und bieten völlig selbstständigen Segmente einer Erinnerungs- und Wahrnehmungskultur, die für Zugänge und Begegnungen fruchtbar gemacht werden können. Das gilt auch für die deutsch-muslimische Literatur.

3.3 Erstes Aufblühen einer deutsch-muslimischen Literatur[126]

Mit der Einwanderung und dauerhaften Präsenz von Muslimen ist in den letzten Jahrzehnten in den christlich-säkular geprägten deutschsprachigen Ländern eine historisch neuartige Situation entstanden. Aus ›Gastarbeitern‹ wurden Mitbürger, aus ›Arbeitskräften‹ Nachbarn, aus ›Zuwanderern‹ und ›Flüchtlingen‹ Einheimische. Diese Entwicklkung spiegelt sich auch im Blick auf Religion. *Anders*gläubige werden zunehmend als Anders*gläubige* sichtbar. In Diskussionen um den Islam als dem heimisch gewordenen Fremden wird dabei ganz grundsätzlich das Verhältnis von Religion und Säkularität in unserer Gesellschaft neu ausgelotet. Diese Reflexionen hinterlassen auch im Bereich der Literatur erste Spuren.[127]

Als ›Gastarbeiter-‹, ›Ausländer-‹ oder ›Migrantenliteratur‹ hielten die Feuilletons und die Literaturkritik die ersten literarischen Stimmen von muslimischen Einwanderern lange Zeit für ästhetisch weitgehend bedeutungslos. Doch seit den 1990er Jahren wurden sie »in ihrer wichtigen Teilhabe an der Gegenwartsliteratur immer sichtbarer«, betont der Germanist Manfred Durzak in der 2006 erschienenen zweiten Auflage der renommierten »Geschichte der deutschen Literatur von 1945 bis zur Gegenwart«[128]. Die deutsch-muslimische Literatur wird »inzwischen als selbständige Stimme mit eigener ästhetischer Prägung wahrgenommen, die den Chor der Gegenwartsautoren um eine wesentliche neue Nuance des Ausdrucks bereichert.«[129] Erstaunlich: Weite Teile der Literaturwissenschaft verweigern dabei den Blick auf die spezifisch religiöse Dimension dieser Entwicklung und subsumieren die deutsch-muslimische Literatur in dem allgemeinen Schmelztigel der »interkulturellen Lite-

---

[126] Wesentliche Erkenntnisse dieses Kapitels verdanken sich den Forschungen von *Christoph Gellner* (Luzern).
[127] Vgl. *Michael Hofmann/Klaus von Stosch* (Hrsg.): Islam in der deutschen und türkischen Literatur (Paderborn 2012).
[128] In: *Wilfried Barner* (Hrsg.): Geschichte der deutschen Literatur von 1945 bis zur Gegenwart (München ²2006), 998.
[129] Ebd., 1007.

ratur«[130]. Dass dabei wesentliche Aspekte aus dem Blick geraten, ist nur folgerichtig.

Zahlenmäßig bilden die türkischstämmigen Zugewanderten die größte ethnische Minderheit in Deutschland. Kaum überraschend deshalb, dass gerade die *deutsch-türkische Dichtung* als wesentliches Feld deutsch-muslimischer Literatur wahrgenommen wird, auch wenn sich das Gesamtphänomen mit der Bezeichnung ›türkisch‹ gerade nicht adäquat erfassen lässt. *Emine Sevgi Özdamar* (*1946) gilt als bekannteste Vertreterin jener Generation von türkischen Autorinnen und Autoren, die Mitte der 1960er Jahre als Arbeitsmigranten und/oder politische Flüchtlinge ins Land kamen. Seit den 1990er Jahren hat sich bereits eine zweite, nun jedoch bereits in der Bundesrepublik sozialisierte Generation etabliert. Schriftsteller wie *Zafer Şenocak* (*1961) oder *Feridun Zaimoglu* (*1964) setzen sich in ihren Werken produktiv mit muslimischer Kultur, Religion und Spiritualität auseinander. Vor allem SAID (*1946), *Sherko Fatah* (*1964) und der bereits mehrfach zitierte *Navid Kermani* (*1967) bringen darüber hinaus das spezifisch persisch-islamische Erbe in die Polyphonie literarischer Gegenwartsstimmen ein. In fünf Punkten lassen sich zentrale Einsichten des Blicks auf literarische Spiegelungen des Islam in ihrer Herausforderung für trialogisches Lernen verdichten.

Anspruch auf Zugehörigkeit – trotz Verschiedenheit

Während die deutsch-jüdische Literatur bereits seit mehreren Generationen geschrieben, gelesen, beachtet und erforscht wird, gewinnt Muslimisches erst in den letzten beiden Jahrzehnten allmählich eine deutlichere Sichtbarkeit in der zeitgenössischen Literatur. In höchst vielfältiger Weise bringen muslimische Autorinnen und Autoren seitdem ihre Familiengeschichten in den hiesigen Islam-Diskurs ein, insbesondere was den Alltag gelebter muslimischer Kultur und Religiosität im Kontext der Diaspora

---

[130] So noch unlängst: *Michael Hofmann/Julia-Karin Patrut:* Einführung in die interkulturelle Literatur (Darmstadt 2015).

234

anbelangt. Wie im Blick auf die jüngste deutsch-jüdische Literatur werden Erfahrungen mit Emigration und Immigration beschrieben, freilich mit ganz eigenen Färbungen. Unüberhörbar wird der Anspruch auf Zugehörigkeit bei gleichzeitiger Andersheit durch befremdend *neue Sprachmischungen*.

Am deutlichsten wird der Anspruch auf die Zugehörigkeit des Islam als dem heimisch werdenden Fremden im deutschsprachigen Raum von SAID, Zafer Şenocak und dem Träger des Friedenspreises des Deutschen Buchhandels 2015, Navid Kermani, markiert. Sie stehen repräsentativ für jene muslimische Intellektuelle, welche die ihnen bestens vertraute deutschsprachige Bildungstradition aufgreifen, mit den Wärmeströmen ihrer Herkunftskulturen mischen und beides aus islamischem Geist fortschreiben. Aus diesen unterschiedlichen kulturellen Einflüssen entsteht eine zugleich vermischende wie verbindende Identität: Sie verschafft sich in produktiver Sprache Gehör, indem sie etwas Neues gestaltet: eine »Poesie der Dritten Sprache«[131], wie dies die Literaturwissenschaftlerin *Karin Yesilada* in ihrer Untersuchung zur türkisch-deutschen Lyrik nennt.

Protest gegen die Vergleichgültigung von Religion

Gegenüber den Spiegelungen eines zunehmend selbstverständlich gelebten Judentums in der deutsch-jüdischen Literatur ist augenfällig, dass der Islam auch literarisch Irritationen hervorruft. Muslimisch inspirierte Autorinnen und Autoren – geprägt von durchaus unterschiedlicher innerer Zustimmung zum religiösen Gehalt des Islam – setzen einen postsäkularen Kontrapunkt zur lange Zeit in Europa tonangebenden säkularen Annahme, religiöse Menschen seien nicht wirklich modern. Sie erinnern an die spezifisch muslimischen Quellen einer nicht-autoritären, weltoffen-emanzipatorischen Religiosität.

Vor allem Kermani und *Ilja Trojanow* (*1965) haben der deutschsprachigen Gegenwartsliteratur eindringliche Innen-

---

[131] *Karin Yesilada:* Poesie der Dritten Sprache. Türkisch-deutsche Lyrik der zweiten Generation (Tübingen 2012).

sichten gelebter muslimischer Glaubenspraxis eingeschrieben. Sie lassen islamisches Beten, die Koranrezitation wie das mystisch-rituelle Gottgedenken, aber auch die Wallfahrt und das Pilgerritual als Höhepunkt des religiösen Lebens der Muslime von innen her verstehen. Fasziniert vergegenwärtigt auch Barbara Frischmuth die numinose Gegenwelt muslimischer Spiritualität, insbesondere die sinnlich-ästhetische Dimension islamischer Kalligraphie und die religiöse Poesie des anatolisch-alevitischen Sufismus, etwa im Roman »Die Schrift des Freundes« (1998). In dem Roman »Vergiss Ägypten« (2008) legt sie einer konvertierten Muslima Ausführungen über die Überlegenheit des islamischen Gottesglaubens in den Mund, explizit als Figurenrede gekennzeichnet: »ich bin überzeugt, dass die Muslime auf lange Sicht am besten geeignet sind, diese Welt wieder ins Lot zu bringen. Die meisten von ihnen haben Überfluss und Luxus nie kennengelernt. Sie haben eine Beziehung zu ihrem Gott, die auf ihr Leben zurückwirkt.«[132] Der »Individualismus westlicher Prägung«[133] tauge nur für Gesellschaften, die aus dem Vollen schöpfen, dagegen sei die islamische Lebensweise in der Gemeinschaft, im Miteinander und Füreinander verankert. Darum glaube diese Muslima an »eine muslimische Zukunft, in der die Beziehung der Menschen zueinander und zu Gott das Wichtigste sein wird und nicht die Beziehung der Menschen zum Geld.«[134] Eine Gegenstimme zum Mainstream ...

Ähnlich fasziniert und zugleich irritiert vom Islam zeigt sich der Katholik *Christoph Peters*[135]. Mit seiner eindringlichen Schilderung eines Hineinwachsens in die fremde Religion Islam (»Das Zimmer im Haus des Krieges«, 2006) unternimmt er einen literarischen Rekonstruktionsversuch der Frage, wie ein junger Deutscher von der Konversion in einer typischen deut-

---

[132] *Barbara Frischmuth*: Vergiss Ägypten. Ein Reiseroman (Berlin 2008), 190, die folgenden Zitate 187; 191.

[133] Ebd., 187.

[134] Ebd., 191.

[135] Vgl. *Georg Langenhorst*: Zwischen Katholizismus, Islam und Buddhismus. Christoph Peters‹ literarische Welt, in: *Stimmen der Zeit* 231 (2013), 44–54.

schen Hinterhaus-Moschee der ersten Generation zum militanten Islamismus radikalisiert werden konnte. Auch wenn Peters selbst immer wieder fasziniert Moscheen aufsucht, zielt die Konstruktion seines Romans bewusst darauf ab, der religiös-distanzierten Mehrheitsgesellschaft kritische Rückfragen an ihr Verhältnis zu Religion, Säkularisierung und Modernisierung zuzuspielen, indem er einem seiner Protagonisten die Vermutung in den Mund legt: »Womöglich gibt es zwischen einer gläubigen und einer säkularen Weltanschauung keine Schnittmenge.«[136]

Deutschsprachige Gegenwartsautoren bemühen sich um Gegensignale zu einseitig-verzerrten Bildern und Stereotypen des Islam. Ohne naiver Idealisierung zu verfallen, bringen sie – in erster Linie für eine nichtmuslimische Leserschaft – Ausprägungen hier und heute gelebten Muslimseins zum Leuchten, die im gesamtgesellschaftlichen Diskurs weitgehend ausgeblendet werden. Gegenüber der üblichen Praxis generalisierend-verurteilender Abqualifizierung versuchen sie kritische Lernprozesse durch bewusste Hervorhebung des Positiven auszulösen und mahnen so Gerechtigkeit im Urteil gegenüber Muslimen an.

Einer der stärksten Impulse der eben erst entstehenden deutsch-muslimischen Literatur besteht deshalb darin, durch die erinnernde Vergegenwärtigung gläubiger Eltern, Großeltern und Verwandter *Gegenbeispiele überzeugend gelebter muslimischer Religiosität* in den hiesigen Islam-Diskurs einzubringen. So wie Şenocak und Zaimoglu die Tradition eines türkischen Islam stark machen, der gleichermaßen aufgeklärt und europäisch ist, streichen Kermani und SAID die über Jahrhunderte bewährte religiöse Vielfalt im Iran und damit die Pluralitätsfähigkeit des Islam heraus. Sunniten und Schiiten, Aleviten und Sufis, Muslime der unterschiedlichsten ethnischen Herkunft und konfessionellen Positionierung, gläubig oder nicht – insgesamt spiegelt sich in der Gegenwartsliteratur ein weitgefächertes Spektrum muslimischer Identität.

---

[136] *Christoph Peters:* Ein Zimmer im Haus des Krieges. Roman (München 2006), 173.

Islamische Mystik als Fluchtpunkt und Gegenpol

Im Blick auf die religiösen Positionierungen fallen die literarischen Spiegelungen heutigen Muslimseins höchst vielfältig aus. Keineswegs findet sich grundsätzlich die explizite Weigerung, »über die Religion definiert zu werden«[137], dafür spielt Religion eine viel zu wichtige Rolle in den Werken. Auffällig jedoch: Bei nahezu allen Autorinnen und Autoren bilden die mystischen Formen des Islam einen bewussten Kontrapunkt zum Islam der Rechtsgelehrten und Theologen mit ihrer Betonung der Gesetzestreue und intellektuellen Erkenntnis. Ohne Zweifel wirkt gerade die »islamische Mystik als literarische Inspiration«[138] bis in unsere Gegenwart hinein.

»Schon immer waren die Lebenshaltung, die Weltanschauung und das literarische Erbe der Mystik für die islamische Welt ungleich prägender als fundamentalistische Haltungen«, stellt Navid Kermani mit klar kalkulierter Strategie heraus, »und seit jeher war sie das wirksamste Mittel gegen den Kleingeist und die Buchstabentreue der Orthodoxie. Die Mystik als der verinnerlichte Islam könnte sich als eines der Felder erweisen, auf dem Frömmigkeit und Aufklärung, Individuation und Gottergebenheit zusammenfinden, auch in der Kunst.«[139] So kann es nur wenig überraschen, dass sowohl SAID als auch Trojanow, dass Kermani wie Şenocak und Frischmuth die für die mystische Tradition kennzeichnende muslimische Humanität[140] und die durch Toleranz charakterisierte Offenheit gegenüber Judentum und Christentum besonders hervorkehren.

---

[137] So viel zu pauschal *Hofmann/Patrut:* Einführung in die interkulturelle Literatur (2015), 74.

[138] *Karin Yesilada:* Poesie der Dritten Sprache (2012), 76.

[139] *Navid Kermani:* Wer ist Wir? Deutschland und seine Muslime (München 2009), 124f.

[140] Vgl. *Hofmann/Patrut:* Einführung in die interkulturelle Literatur (2015), 74: Muslimische Autorinnen und Autoren definieren sich vor allem über die »Darstellung humanistischer Gehalte des Islam«.

Dissens als Testfall interreligiöser Verständigung

Konsens um jeden Preis ist gewiss kein taugliches Ziel interreligiöser Verständigung, es geht um Anerkennung auch und gerade im Dissens. Dies setzt Respekt und Akzeptanz voraus, die Einsicht, dass der Andere das, was man selbst für richtig hält, nicht unbedingt teilt oder bejaht. Unauflösbare religiös-theologische Differenzen wie die eben auch literarisch dokumentierte muslimische Ablehnung der christlichen Trinität (Şenocak) oder der Kreuzigung Jesu (SAID und Kermani) zeigen, dass es nicht ausreicht, sich gegenseitig der Notwendigkeit eines harmonischen Miteinanders zu versichern. Vielmehr ist die konstruktive Auseinandersetzung mit Dissens ein unerlässlicher Gegenstand interreligiösen Lernens.

Darüber hinaus ist es aus trialogischer Perspektive unerlässlich, gemeinsam ›geteilte‹ Geschichtserfahrungen in den Blick zu nehmen. Sie bilden den Hintergrund des 2011 veröffentlichten autobiographisch gefärbten Debutromans von *Nuran David Calis,* 1976 als Sohn armenisch-jüdischer Einwanderer aus der Türkei in Bielefeld geboren. »Der Mond ist unsere Sonne« (2011) erzählt von einer »Familie, in der Mama Jüdin ist und der Papa Armenier. Um ihren Standpunkt durchzusetzen, schenkten sich beide Seiten nichts im Aufwiegen der Schandtaten, die an ihrem Volk begangen wurden«[141]. An anderer Stelle heißt es bitter: »Gemeinsame Traumata schweißen eine Familie zusammen.«[142] Die abrahamischen Religionen sollten solche Traumata zum Anlass nehmen für ehrlichen Austausch, gegenseitiges um Verständnis bemühtes Kennenlernen und den Aufbau von Toleranz und Akzeptanz.

---

[141] *Nuran David Calis:* Der Mond ist unsere Sonne. Roman (Frankfurt a. M. 2011), 20.
[142] Ebd., 77.

3.4 Literarisch inspirierte trialogische Lernwege

Aus trialogischer Sicht ergibt sich eine spannende Doppelper-
spektive: In der deutsch-jüdischen Literatur widmet sich eine
›dritte Generation‹ nach der Shoa in neuer Vielfalt auch den religiösen Aspekten heute gelebten Judentums. Gleichzeitig bezeugen wir das Entstehen einer neuartigen deutsch-muslimischen Literatur, in der das Religiöse zwar keine Hauptrolle
spielt, in kulturell-religiösen Amalgamen aber sehr wohl präsent ist. Anlass genug für eine Hinwendung zu der Frage, wie
diese Zeugnisse in interreligiöse Lernprozesse hineingenommen
werden können. Wie also funktioniert ein literarisch fundiertes
religiöses, in unseren Fall trialogisches Lernen?[143]

Es gibt, schreibt der Germanist *Michael Hofmann* in seiner
»Einführung« in die »Interkulturelle Literaturwissenschaft«,
eine »besondere Affinität von Literatur zu Problemen und
Möglichkeiten inter*kultureller* Begegnung«[144] – und wir fügen
hinzu: der inter*religiösen* Begegnung. In sieben didaktischen
Schlagworten lässt sich diese spezifische Perspektive konkretisieren. Dichtung steht nie unter dem Anspruch, objektives Wissen über politische Konstellationen, historische Ereignisse oder
andere Religionen vermitteln zu wollen, das dann vor allem auf
seine Validität hin überprüft werden müsste. Vielmehr wird ein
explizit subjektiver Blick auf diese Phänomene literarisch gestaltet, der vor allem der ästhetischen Stimmigkeit verpflichtet
ist. Erstes didaktisches Stichwort also:

Subjektivität

So wie letztlich jeder einzelne Lehrende und jeder einzelne Lernende seine ganz eigenen religiösen Überzeugungen hat – eingebunden in die Traditionen, in denen er oder sie groß geworden

---

[143] Vgl. dazu: *Georg Langenhorst:* Literarische Texte im Religionsunterricht. Ein Handbuch für die Praxis (Freiburg i. Br. 2011).
[144] *Michael Hofmann:* Interkulturelle Literaturwissenschaft. Eine Einführung (Paderborn 2006), 13. (Hervorhebung GL)

ist – so bieten auch die Schriftstellerinnen und Schriftsteller ihre eigene Sicht auf Judentum oder Islam. So wenig wie ein Glaubender das ganze System seiner Religion überschaut, rational durchdringt und nach außen repräsentieren kann, so wenig wahrhaftig ist auch ein Blick von außen auf rein ›objektive Daten‹ einer Religion. Religiöses Leben ist stets subjektive Erfahrung ganz konkreter Begegnungen, Gedanken, Auseinandersetzungen. Und Dichtung gibt nie vor, anderes geben zu können. Zugänge zu Religionen sind immer subjektiv: Genau dieser Aspekt lässt sich für trialogisches Lernen festhalten. Daraus ergibt sich der zweite didaktische Eckpunkt:

Perspektivität

Es gibt schlicht keinen objektiven Zugang zu religiösen Traditionen. Jede Beschäftigung gerade mit Judentum oder Islam ist perspektivisch durch die eigene Prägung, die eigene Wahrheitsvermutung und das eigene Erkenntnisinteresse geprägt. Betrachte ich diese Religionen vorrangig unter der Vorgabe, wie ein weltweites Zusammenleben mit anderen in Frieden möglich sein kann? Will ich das Trennende zur Profilierung des Eigenen hervorheben? Bin ich auf der offenen Suche nach subjektiv Überzeugendem? Literatur ermöglicht das perspektivische Hineinschlüpfen in verschiedene existentielle und moralische Standpunkte. Die Beschäftigung mit Literatur macht deutlich, dass jeder einzelne Zugang durch perspektivische Vorgaben geprägt ist. Und mehr noch, wie im Blick auf Amos Oz gesehen: Spielerisch erlesene Perspektivenwechsel tragen in sich die Chancen, dass sich politische und ethische Wertungen ändern. Darauf setzt auch trialogisches Lernen.

Alterität

Mit dem Stichwort der Alterität wird eine interreligiös zentrale Lerndimension aufgerufen. *Michael Hofmann* benennt diesen Punkt eigens: Literatur könne »als Einübung in die Erfahrung von Alterität und von Differenz überhaupt begriffen werden«[145]. Bei aller Einfühlung, die über Leseprozesse möglich wird, bei aller perspektivischen Rollenübernahme ›auf Zeit‹, wird der Umgang mit Literatur auch immer zu Grenzerfahrungen führen, gerade in der Annäherung an Judentum und Islam. Aus der angelesenen Nähe heraus wird das Fremde fremd bleiben, das zunächst indifferent neugierig Betrachtete möglicherweise sogar erst fremd werden. Die literarische Form kann zu dieser bleibenden Fremdheitserfahrung zusätzlich beitragen. ›Alterität‹ markiert somit beides zugleich: Grenze und Chance zur realistischen Einschätzung der Möglichkeiten und Reichweite trialogischen Lernens.

Authentizität

Über die Perspektivität und die Erfahrung von bleibender Alterität wird eine weitere didaktische Ebene möglich: Authentizität. Das macht ja das Unterrichten über andere Religionen so schwierig: Lehrende vermitteln etwas, das sie selbst persönlich nicht von innen kennen und dem sie nicht innerlich verpflichtet sind. Objektives Wissen ist so zwar ansatzweise vermittelbar, subjektive Einfühlung aber nur zum Teil. Lernende spüren diese mangelnde Authentizität schnell und fragen sie an. Im Medium der Literatur, in subjektiver Perspektivität, wird solche Authentizität spürbar. Nicht in dem Sinne, dass die Schriftstellerinnen und Schriftsteller selbst zwangsläufig alle erschriebenen Erfahrungen und Positionen teilen müssten, wohl aber darin, dass die Qualität guter Literatur sich unter anderem darin spiegelt, wie authentisch und überzeugend sie sich in andere Lebensgefühle, Sprach- und Denkwelten *fiktiv hineinversetzen* können. Man muss nicht selbst gläubiger Muslim sein, um angemessen über den Islam schreiben zu können. Barbara Frischmuth oder Christoph Peters belegen: Gerade der fremde Blick kann authentisch werden. Diese Perspektive kann auch für Lehrende und Lernende möglich werden. Nicht um unmittelbar der Eigenerfahrung entsprungene direkte Authentizität muss es in

---

[145] Ebd., 5.

trialogischen Lernprozessen gehen, sondern um gespiegelte, gebrochene, indirekt vermittelte Authentizität.

Personalität

Um ein Sich-Hineinversetzen in die gegenwärtig gelebte Realität von Judentum und Islam zu ermöglichen, wählen die Schriftstellerinnen und Schriftsteller fast stets den Zugang über wenige zentrale Zugangsfiguren. In der freiwilligen – im Bereich der Phantasie verankerten – Identifikation mit diesen Personen wird die Welt, in der sie leben, ästhetisch erfahrbar: fühlbar, schmeckbar, spürbar. Den de facto in ihren eigenen Lebenswelten verbleibenden Lesenden öffnet sich in dieser – im idealen Leseprozess auf Zeit und Probe erfolgenden – Identifikation mit literarischen Personen ein tieferer Zugang, als er durch jegliche ›Information über‹ möglich wäre. Trialogisches Lernen sollte sich an diesen lernpsychologischen Erkenntnissen orientieren.

Reflektivität

Religiöse Aspekte, Dimensionen und Prozesse werden in literarischen Werken freilich nicht nur erzählt oder zumindest miterzählt, Literatur ist vielmehr ein Medium, in dem Religion auch kritisch reflektiert wird. Literatur ist demnach einer von mehreren möglichen Reflexionsräumen von heute gelebtem Judentum und Islam, wobei die spezifisch literarische Form eine eigene Art der Reflektivität darstellen kann. So wie man von ›ethischen Mehrwert des Ästhetischen‹ spricht, so gibt es auch einen ›religiösen Mehrwert des Ästhetischen‹. Dieser ›religiöse Mehrwert‹ lässt sich für trialogische Lernprozesse nutzen.

Expressivität

Die geschilderten Prozesse verlaufen über literarische Sprache. Vielen Kindern und Jugendlichen, aber auch vielen Erwachsenen fehlt heute eine ausgefaltete Ausdrucksfähigkeit, gerade hinsichtlich religiöser Erfahrung und Reflexion. Dieser Befund lässt sich innerhalb der eigenen religiösen Tradition beobachten, umso mehr im Blick auf andere Religionen wie Judentum oder Islam. Der Umgang mit literarischen Texten kann dazu führen, dass die Sprachkompetenz gerade in Sachen Religion angeregt und gefördert wird. Nur so ist trialogischer Austausch, sind Dialog und Verständigung möglich.

Die benannten sieben trialogisch relevanten didaktischen Perspektiven eröffnen sich nicht ausschließlich über literarische Werke, erhalten aber im Zugang über Dichtung ihr spezifisches Profil. Trialogisches Lernen kann diese Impulse und Möglichkeiten für die angezielten Lernprozesse aufgreifen und gewinnbringend gestalten. Das gilt umso mehr für eine Gattung, in der die religiösen, die literarischen und die pädagogischen Elemente sich in ganz einzigartiger Form verbinden. Ihr gilt der letzte Blick der Abteilung zu »Trialog im Kontext«.

4. Heilige Texte für Kinderhand? – Kindertora, Kinderbibel, Kinderkoran

Sowohl in Judentum und Christentum als auch in ersten Ansätzen im Islam versucht man, Kindern und gegebenenfalls Jugendlichen die Grundinhalte der tradierten Lehre, aber auch den angemessenen Umgang mit den jeweiligen identitätsstiftenden Büchern, durch speziell für sie konzipierte Versionen der ›heiligen‹ Schriften nahezubringen. Kindertora, Kinderbibel und Kinderkoran[146] entstehen innerhalb der jeweiligen Religionen und in struktureller Parallelität aus einer dreifachen Grundüberzeugung heraus:

---

[146] Das trialogisch ausgerichtete 8. Internationale Forschungskolloquium »Kinderbibel« – organisiert von der evangelischen Religionspädagogin *Elisabeth Naurath* und mir – widmete sich im Juli 2015 dem Thema: »Kinderbibel Kindertora Kinderkoran. Religiöses Lernen durch die Heiligen Schriften in interreligiöser Perspektive«. Die Publikation der Beiträge und Ergebnisse wird vorbereitet.

- Den heiligen Schriften kommt eine grundlegende Bedeutung für die Kinder und Jugendlichen zu, und zwar im Blick auf ihre Gegenwart wie auf ihre Zukunft.
- Das Bildungsziel liegt – ganz im Sinne einer *religious literarcy* – in einem kompetenten Umgang mit den ›heiligen‹ Schriften der eigenen Tradition als Erwachsene.
- Zur Erreichung dieses Ziels bedarf es literarischer Vorstufen, kind- und jugendgerechter Versionen dieser Schriften, die entwicklungspsychologisch, sprachlich und ästhetisch auf die Bedürfnisse der jeweiligen Zielgruppe abgestimmt sind.
- Von diesen Vorgaben aus ergeben sich aber zugleich fünf erneut strukturell parallel gelagerte Probleme und Fragestellungen:
- Eine für Kinder und Jugendliche konzipierte Tora oder Bibel und auch ein Koran müssen *auswählen:* Bestimmte Texte und Textpassagen werden aufgenommen, andere weggelassen. Welche? Nach welchen Kriterien? Mit welcher Autorität?
- Kinder- und Jugendschriften brauchen innerhalb der Zielsprache ein *eigenes Sprachniveau* im Blick auf Komplexität, Narrativität und Poetizität. Nach welchen Kriterien erfolgt die Sprachsetzung? Wird das Sprachniveau der Originaltexte verwässert, entwertet?
- Kinder- und Jugendbücher allgemein brauchen eine spezifische *ästhetische Gestaltung*. Welche Bebilderung oder Emblematik ist innerhalb der Religionen erlaubt? Welche ästhetische Gestaltung unterstützt die anvisierten Lernprozesse?
- Historische oder für Lernprozesse intendierte Bücher für Kinder und Jugendliche greifen oft zu erklärenden, den Lese- und Lernprozess unterstützenden Anmerkungen und *Hilfestellungen* wie Glossaren, Worterklärungen im Text, Kartenmaterial, Hintergrundinformationen, symbolischen Ordnungselementen etc. Welche erläuternden Elemente sind für das angezielte Verständnis angemessen und hilfreich, welche stören den besonderen Charakter der religiösen Schriften? Welche passen inhaltlich wie ästhetisch?
- Literarische Annäherungen an bekannte Stoffe arbeiten oft mit aktualisierenden Rahmenhandlungen, fiktionalen Er-

gänzungen, phantasievollen Ausschmückungen. Ist in Kindertora, Kinderbibel und Kinderkoran Platz für ergänzende *Fiktion?*

Die Bedeutung von Kinderbibeln für religiöse Bildung im christlichen Elementar- und Grundschulbereich wurde und wird breit erforscht.[147] In interreligiöser Hinsicht ist hier jedoch ein ganz neues Forschungsfeld entstanden. Auch wenn fast alle dieser Werke primär oder ausschließlich für den intrakonfessionellen Gebrauch konzipiert wurden, ist doch ein – wenn auch nicht primär intendiertes – trialogisches Lernen mit den jeweils anderen Schriften sehr wohl gut möglich. Erneut zeigen sich jedoch in aller Deutlichkeit die Asymmetrien von Begegnung und Austausch zwischen Judentum, Christentum und Islam.

Die Situation in den drei Religionen stellt sich sehr unterschiedlich dar. Jährlich werden allein im deutschen Sprachraum zahlreiche neue *christliche Kinderbibeln* publiziert. Die Bibliographie der lieferbaren Titel umfasst eine fast unüberschaubare Zahl. Seit dem 16. Jahrhundert sind mehr als 1.000 deutschsprachige Werke dieser Tradition nachgewiesen.[148] Der Blick auf die anderen Religionen zeigt ein völlig anderes Bild.

4.1 Jüdische Kinderbibeln und die Kindertora

Die Geschichte der *jüdischen Kinderbibeln* oder der *Kindertora* – ein Begriff, dessen Akzeptanz und Durchsetzungsfähigkeit sich erst noch erweisen muss – schlägt hingegen einen inzwischen immerhin auch bereits fast 200-jährigen Bogen. Als erste jüdische Kinderbibel gilt »Derekh Emunah, Der Weg des Glaubens, oder: Die kleine Bibel«, 1823 von *Moses Mordechai*

---

[147] Vgl. zuletzt: *Thomas Schlag/Robert Schelander* (Hrsg.): Moral und Ethik in Kinderbibeln. Kinderbibelforschung in historischer und religionspädagogischer Perspektive (Göttingen 2011); *Christine Reents/Christoph Melchior:* Die Geschichte der Kinder- und Schulbibel. Evangelisch – katholisch – jüdisch (Göttingen 2011).

[148] Vgl. *Michael Fricke:* Kinder- und Jugendbibel, WiReLex, www.bibelwissenschaft.de/stichwort 100039/ (Januar 2015).

Büdinger verfasst, mehrfach erweitert und neu aufgelegt, 1848 ins Englische übersetzt.[149] Dieses weit verbreitete Werk zog zahlreiche ähnlich konzipierte Bände anderer jüdischer Autoren nach sich. Am bekanntesten im 19. Jahrhundert wurde *Jakob Auerbachs* »Kleine Schul- und Hausbibel. Geschichten und erbauliche Lesestücke aus den heiligen Schriften der Israeliten« (1854–1858).

Vor allem zwei jüdische Kinder- oder Jugendbibeln knüpften – unter jeweils historisch völlig anderen Situationen – im 20. Jahrhundert an diese Traditionslinie an: 1934 veröffentlichte *Joachim Prinz* zusammen mit dem Zeichner *Heinz Wallenberg* »Die Geschichten der Bibel. Der jüdischen Jugend neu erzählt«, ein Buch, das binnen vier Jahren sieben Auflagen erleben sollte und 1988 noch einmal neu veröffentlicht wurde. 1936 verantwortete das gleiche Duo eine Art Fortsetzung unter dem Titel »Die Reiche Israel und Juda. Geschichten der Bibel. Der jüdischen Jugend neu erzählt«. 30 Jahre später, im Wissen um die Shoa, veröffentlichte der in Zürich lebende *Abrascha Stutschinsky* seinerseits »Die Bibel für Kinder erzählt nach der Heiligen Schrift und der Agada«. Das Besondere dieses 1964 veröffentlichten Werks wird schon im Titel deutlich: Erzählt wird nach der schriftlichen *und* mündlichen jüdischen Tradition der Midraschim. Diese beiden Werke waren für Jahrzehnte die einzigen verfügbaren jüdischen Kinderbibeln im deutschen Sprachraum.

Aus heutiger Sicht stellt sich die Situation anders dar. Der in Berlin ansässige Ariella-Verlag, spezialisiert auf jüdische Kinder- und Jugendliteratur, publiziert von 2014 bis 2016 die fünfbändige Reihe »Erzähl es deinen Kindern. Die tatsächlich auf die fünf Bücher Mose konzentrierte Torah in fünf Bänden«[150].

---

[149] Vgl. *Ruth B. Bottigheimer:* Die Kleine Bibel von Moses Mordechai Büdinger und andere jüdische Kinderbibeln in deutscher Sprache, in: *Gottfried Adam/Rainer Lachmann/Regine Schindler* (Hrsg.): Das Alte Testament in Kinderbibeln. Eine didaktische Herausforderung in Vergangenheit und Gegenwart (Zürich 2003), 72–84.

[150] *Bruno Landthaler/Hanna Liss* (Hrsg.): Erzähl es deinen Kindern. Die Torah in fünf Bänden (Berlin 2014–2016).

Spezifisch interreligiöse Aspekte wurden dabei »kaum oder gar nicht berücksichtigt«[151], so die Mitübersetzerin und Mitherausgeberin *Hanna Liss*. Die Kindertora zielt ganz darauf ab, jüdischen Kindern und Jugendlichen einen neuen Zugang zu den Wochenabschnitten zu erschließen, die in der Synagoge gelesen werden. Ein bemerkenswerter Wandel: Nicht mehr das Klassenzimmer, auch nicht primär das heimische Wohnzimmer ist der potentielle Zielort dieser Kindertora, sondern die Synagoge. Es geht nicht mehr primär um Bildung im Sinne von Wissen, sondern um die Applikationskompetenz in der liturgischen Praxis. Kein einziger Textabschnitt der Tora wurde deshalb gestrichen, während innerhalb der Abschnitte natürlich Kürzungen vorgenommen wurden.

Farbstarke, ornamentale und phantasievolle Bilder des Künstlers *Darius Gilmont* prägen die ästhetische Gesamtgestaltung. Das gestalterische Hauptprinzip richtet sich ganz offensichtlich am Text aus, nicht am primären Blick auf die potentiellen Leserinnen und Leser. Hier wird, schreibt der Landesrabbiner *Henry G. Brandt* im Vorwort zum ersten der fünf Bände, der Text »so dargeboten, dass er dem Original gerecht wird, aber doch für Kinder zugänglich ist«[152]. In der Tat: Es geht darum, »die Torah so zu erzählen, dass Kinder sie tatsächlich verstehen können«, und zwar »ab einem Alter von fünf Jahren«[153], so *Hanna Liss* und *Bruno Landthaler* in ihrer Hinführung. Die sprachliche wie inhaltliche Fremdheit des Textes wird ganz bewusst als Reiz und Herausforderung gesetzt. In erster Linie seien die Bände zum Vorlesen gedacht, erläutern die Herausgeber. Gleichzeitig soll die Tora jedoch sozialisationsbegleitend wirken können bis hin ins Erwachsenenalter. Lesende sollen ›mitwachsen‹ können.

---

[151] *Hanna Liss:* Die Heilige Schrift des Judentums: der TeNaK, in: *Clauß Peter Sajak* (Hrsg.): Heilige Schriften. Texte – Themen – Traditionen (Paderborn 2014), 15–19, hier: 19.

[152] In: *Bruno Landthaler/Hanna Liss* (Hrsg.): Erzähl es deinen Kindern. Die Torah in fünf Bänden. Bd. 1: Bereschit – Am Anfang (Berlin 2014), 8.

[153] Ebd., 10.

Die Herausgeber sind sich bewusst: Das erfordert »von den Kindern ein höheres Maß an Konzentration«[154]. Nicht alle Texte, Erzählungen, Begriffe und Sprachbilder werden gleich verständlich. Andererseits basiere jüdisches Lernen »immer schon auf dem Grundprinzip der Wiederholung«[155]. Hier knüpft die Kindertora also bewusst an bewährten kulturspezifischen Lernprinzipien an. Deshalb werden »Einleitungen und Kommentare« beigegeben, die an »die vorlesenden Erwachsenen beziehungsweise an interessierte Jugendliche adressiert sind«[156]. Diese Erläuterungen am Textrand, aber auch kurze hebräische Textzitate am Anfang einer jeden Parascha (Abschnitt aus der Tora, der in einer bestimmten Woche in der Synagoge vorgetragen wird) sorgen für einen optischen Seitenaufbau, der dem der klassischen Tora-Ausgaben nahe kommt. Zudem wird so deutlich, dass die Tora »idealerweise auf Hebräisch zu lesen«[157] ist. Textpassagen der Tora, die erst für Jugendliche verstehbar werden, sind zudem durch Kursivsetzung eigens markiert.

Die Kindertora ist explizit ein pädagogisches, ein propädeutisches Hilfsmittel, dessen letztes Ziel darin liegt, zum eigenen Lesen der Urschrift in der Ursprache zu befähigen. Für deutschsprachige jüdische Kinder und Jugendliche erschießt sich so der Zugang zur eigenen religiösen Tradition ganz neu. Umgekehrt ist aber auch für christliche, muslimische und andere Kinder und Jugendliche ein einzigartiger Zugang zur Tora in deutscher Sprache möglich. Um beiden möglichen Perspektiven Rechnung zu tragen, haben sich die Übersetzer dazu entschieden, an einigen Punkten die Eigenheit der jüdischen Tora zu betonen und eine Anpassung an christliche Sprachgepflogenheiten zu vermeiden: Statt »Gott« findet sich durchgängig das in traditionell jüdischen Kreisen, auch in deutschjüdischer Dichtung häufig übliche »G'tt«. Anstelle des Gottesnamens »Jahwe« findet sich

---

[154] *Bruno Landthaler/Hanna Liss* (Hrsg.): Erzähl es deinen Kindern. Die Torah in fünf Bänden. Bd. 2: Schemot – Namen (Berlin 2014), 12.
[155] Ebd.
[156] Die Torah in fünf Bänden. Bd. 1, 11.
[157] Ebd., 14.

die seit Moses Mendelssohn übliche Übersetzung »der Ewige«.
Hebräische Namen sind in ihrer ursprünglichen Lautung wiedergebeben, etwa »Rivka« satt »Rebekka«, »Jaakov« satt »Jakob«, usw. Ein Doppeltes wird so unterstrichen: Zum einen wird die Eigenart der Tora als hebräisches Buch markiert, das für jüdische Leserinnen und Leser eine eigene Identität stiften kann. Zum anderen wird nichtjüdischen Lesenden deutlich, dass es sich um die Urschrift einer anderen Religion handelt, die bei aller potentiellen Nähe mit Distanz, Respekt und Ehrfurcht zu betrachten ist.

4.2 Kinderkoran – eine neue Gattung

Im Islam ist die Frage, ob es überhaupt so etwas wie einen Kinderkoran geben darf, umstritten. *Lamya Kaddor* und *Rabeya Müller* legten 2008 eine weit verbreitete und heftig diskutierte Version vor: »Der Koran für Kinder und Erwachsene«[158], möglicherweise das erste Werk überhaupt, das diese Gattung des ›Kinderkoran‹ – auch dies wie schon ›Kindertora‹ ein provisorischer Begriff, der sich erst noch etablieren muss – begründet. Zwar gab es im Islam immer schon thematisch zentrierte oder chronologisch von der Weltschöpfung bis zu Mohammed aufgereihte Erzählungen über die Geschichte der Propheten, etwa in arabischer, persischer oder türkischer Sprache, aber einen mit Kinderbibeln vergleichbaren ›Kinderkoran‹ wohl noch nie.

Zunächst fällt eine strukturelle Parallele zur Kindertora auf: Die Herausgeberinnen weisen im Nachwort explizit darauf hin, dass sie den Koran nicht ersetzen wollen, im Gegenteil: Sie wollen »zur Lektüre des Originals anregen«[159]. Gegen die verbreitete Unkenntnis vieler deutschsprachiger Muslime im Blick auf den Koran wollen sie das Werk neu zugänglich machen.

---

[158] *Lamya Kaddor/Rabeya Müller:* Der Koran für Kinder und Erwachsene (München 2008).
[159] Ebd., 225.

Sie folgen dazu nicht dem klassischen Aufbau des Koran, sondern bieten einen thematisch gegliederten Zugang. Grundsätzliche thematische Einführungen, verständliche Übersetzungen, künstlerisch reizvolle Miniaturen aus der islamischen Tradition sowie Kalligraphien prägen das ästhetisch äußerst ansprechende Gesamtbild, das sich von vornherein deutlich von allen Kinderbibeln abhebt. Angesichts der weit »verbreiteten Annahme eines Bilderverbots« hatten die Herausgeberinnen lange überlegt, die historischen Bilder zu retuschieren, sich dann aber für den »unveränderten Abdruck der Originale entschieden«[160] – Bilder mit den Gesichtszügen des Propheten Mohammeds inklusive. Die Rezeption in der muslimischen Gemeinschaft verläuft angesichts dieser konzeptionellen Entscheidungen äußerst heterogen – von Begeisterung und Indifferenz bis zu Ablehnung und Protest.

Schon zwei Jahre später, 2010, folgte ein zweiter deutschsprachiger Kinderkoran: »Was der Koran uns sagt. Für Kinder in einfacher Sprache«[161], verantwortet von *Hamideh Mohaghedi* und dem durch viele narrative und poetische Werke hervorgetretenen evangelischen Religionspädagogen *Dietrich Steinwede*. Einige konzeptionelle Entscheidungen erfolgen ähnlich wie bei Kaddor/ Müller. Auch hier wird durchgängig von »Gott« gesprochen, nicht von »Allah«. Auch hier liegt eine thematische Zugangsweise vor, nicht ein an der Reihenfolge des Koran orientierter Aufbau. Auch hier werden Kalligraphien und Bilder der muslimischen Kunstgeschichte aufgenommen. Insgesamt wird jedoch der Versuch deutlich, die ästhetische Form des Koran und mithin seine Eigenständigkeit noch stärker zu betonen. Die Texte sind stark poetisch und erzählerisch gestaltet und erlauben es sich »gelegentlich mit behutsamen inhaltlichen Ergänzungen«[162] zu arbeiten. Es handelt sich also – so die Betonung im Vorwort in direkter Anrede an Kinder als potentielle Nutzer – um »ein Buch,

---

[160] Ebd., 227.
[161] *Hamideh Mohaghedi/Dietrich Steinwede:* Was der Koran uns sagt. Für Kinder in einfacher Sprache (München 2010).
[162] Ebd., 118.

das es euch ein wenig leichter machen will, den Koran zu verstehen«[163]. Es richtet sich vor allem an muslimische Kinder, bewusst aber auch »an alle anderen«[164].

Interessant im Blick auf die Rezeption: Weil die innermuslimische Kritik (wie schon bei Kaddor/Müller) sich vor allem auf die abgedruckten Bilder bezog, veröffentlichte der Verlag schon 2011 eine Zweitversion unter dem Titel »Sein sind die schönsten Namen. Texte des Koran in einfacher Sprache« – absolut textidentisch mit dem Kinderkoran, aber eben ohne die Bilder ...

Da die Gattung des Kinderkoran gerade erst entsteht, gibt es auch noch keine nennenswerte muslimische oder interreligiös orientierte religionspädagogische Forschung zum Thema. Bei allen Vergleichsblicken wird man erneut die radikale Asymmetrie zu beachten haben: Hier (christlich) eine knapp 500-jährige Geschichte mit mehr als 1.000 Primärwerken, jedes Jahr um etliche erweitert; dort (jüdisch) seit knapp 200 Jahren eine schmale Tradition mit gut einem Dutzend von Zeugnissen; wiederum dort (muslimisch) schließlich eine noch keine zehn Jahre alte Tradition mit gerade einmal zwei authentischen, aber nicht repräsentativen Werken. Systematisierende Vergleiche sind hier kaum seriös erhebbar.

In der praktischen religionspädagogischen und didaktischen Arbeit eröffnen sich hingegen reizvolle trialogische Perspektiven. Wo Kinderbibeln und die neue Kindertora explizit kaum interreligiöse Nutzungen vor Augen haben, sind die im deutschen Sprachraum entstehenden Kinderkorane zumindest in zweiter Linie auch für trialogische Lernprozesse intendiert. Historisch und im Blick auf die produktionsästhetischen Bedingungen ist darüber hinausgehend völlig klar, dass die christlichen Kinderbibeln sowohl auf die Kindertora als auch auf die Kinderkorane stilbildend wirkten. Ganz bewusst geht es jedoch nicht um Imitation, sondern eher um Absetzung. Die Produktivkraft der Kinderbibeln führt in den Geschwisterreligionen

---

[163] Ebd., 6.
[164] Ebd., 119.

zu ganz originären Werken und neuen Gattungen mit eigenständigen konzeptionellen, inhaltlichen und ästhetischen Rahmenbedingungen und Entscheidungen. Die dadurch eröffneten komparativen Chancen, vergleichenden Lernperspektiven und methodischen Anregungen trialogischer Lernprozesse sind bislang noch ungenutzt. Hier öffnet sich ein fruchtbares Feld der Förderung der *interreligious literarcy* innerhalb des trialogischen Austausches.

IV. Trialogische Konkretionen
Lernfelder und Lernwege

Wie aber lässt sich trialogisches Lernen als komparativ sensibles interreligiöses Lernen angesichts von Judentum, Christentum und Islam *konkret* gestalten – im Koordinatensystem von Komparativer Theologie, dem Projekt Weltethos, der literarischen Neuaufbrüche im Blick auf Judentum und Islam sowie der spannenden Projekte hinsichtlich von Kindertora und Kinderkoran? Welche Lernbereiche werden in der trialogischen Praxis besonders wichtig? Welche Methoden erweisen sich als fruchtbar?

In drei großen Zugängen sollen einige grundlegende trialogische Konkretionen aufgezeigt werden: im Blick auf die Systematisierungen der Theologie, im Blick auf das Ethos und soziale Handeln, schließlich im Blick auf Spiritualität und Glaubensleben. Dabei ist der programmtische Ausgangspunkt tatsächlich jeweils das Gemeinsame oder strukturell Vergleichbare. Wie bei der Komparativen Theologie richtet sich der Blick jedoch *zugleich* auf die Differenzen, die das trialogische Lernen maßgeblich mitbestimmen. Das Kennenlernen von und der Umgang mit Verbindendem steht Seite an Seite mit dem Blick auf und die Praxis von (bleibend) Trennendem.

1. Gemeinsame Wurzeln – getrennte Deutungen

Dass sich Judentum, Christentum und Islam auf gemeinsame Wurzeln beziehen, dass es in trialogischer Hinsicht zentral darum geht, das Bewusstsein dieser Verbundenheit in einem gemeinsamen Wurzelgeflecht stärker wahrzunehmen und zu fördern, ist schon mehrfach betont worden. Gleichzeitig wurde aber auch bereits betont, dass Trialog eben nicht eine Verharmlosung der Unterschiede und Gegensätze intendiert. Die *ge-*

meinsamen Wurzeln werden – zumindest auch – *unterschiedlich* gedeutet. Darüber hinaus wächst jede der drei Religionen auch aus ganz eigenen Wurzelstöcken, die sie nicht mit den anderen teilt. Diese theologischen Vorgaben sollen im Folgenden exemplarisch an besonders virulenten Einzelaspekten verdeutlicht und ausdifferenziert werden, immer orientiert an der Frage nach den interreligiösen Lernperspektiven, die sich aus den theologischen Überlegungen ergeben.

1.1 Wort wird Schrift – Drei Buchreligionen

Der erste Aspekt von trialogischer Gemeinsamkeit fällt sofort ins Auge: in allen drei Religionen stehen – nach christlichem Sprachgebrauch – ›heilige‹ Schriften im Zentrum, wobei Muslime den Koran weniger als ›heilig‹ denn als ›erhaben‹ bezeichnen. Alle drei sind Buchreligionen. Alle drei verbindet die Überzeugung, dass die für die jeweiligen Religionen grundlegenden Ereignisse in Schrift geronnen sind. Deshalb stellt die eigene Lektüre dieser Schriften oder das Hören auf deren vorgelesene Texte einen zentraler Weg der Gotteserkenntnis und der Rechtleitung zu gelingendem Leben dar. Judentum, Christentum und Islam sind *Buchreligionen, (Vor-)Lesereligionen, Schriftauslegungsreligionen.* Religiöse Kompetenz bedeutet in diesen Religionen an zentraler Stelle *literacy,* Lesekompetenz. Zudem bestimmt sich ihr jeweiliger Grundcharakter damit wesentlich als Erinnerungs-, Erzähl- und Deutungsgemeinschaften.

Der Stellenwert, den diese Schriften einnehmen, die Art und Verbindlichkeit der darin aufbewahrten Erinnerung sowie die Auslegungshermeneutik sind in diesen Religionen freilich schon jeweils intern umstritten, erst recht im Vergleich[1]. Folgende

---

[1] Vgl. z. B. *Stefan Meißner/Gunther Wenz* (Hrsg.): Über den Umgang mit den Heiligen Schriften. Juden, Christen und Muslime zwischen Tuchfühlung und Kluft (Münster 2007); *Hansjörg Schmid/Andreas Renz/Bülent Ucar* (Hrsg.): »Nahe ist dir das Wort ...«. Schriftauslegung in Christentum und Islam (Regensburg 2010).

Fragen stellen sich Judentum, Christentum und Islam in strukturell vergleichbarer Weise:

- Darf man oder muss man diese Schriften ›deuten‹?
- Darf man sie, muss man sie übersetzen und dadurch inkulturieren?
- Sprechen die Schriften ›aus sich heraus‹, oder sind sie im Lichte der jeweiligen Tradition und Gegenwart zu deuten?
- Sind ihre Aussagen immer wieder neu historisch-kritisch zu kontextualisieren, oder unabänderlich und bindend gültig formuliert?
- Lässt sich die Botschaft der Schriften in feststehenden Formeln und Aussagen fixieren, oder bedarf es der umkreisenden, suchenden Sinnerschließung?
- Ist der Offenbarungsvorgang mit der Formulierung der jeweils maßgeblichen Schriften abgeschlossen oder nach vorn hin offen?
- Erfordert der Umgang mit den heiligen oder erhabenen Schriften besondere Formen des Respekts oder der Ehrfurcht?

In allen drei Religionen wird um Antworten auf diese Fragen mit je eigener Schwerpunktsetzung und unterschiedlicher Aufmerksamkeit gerungen. Zumindest tendenziell lassen sich die drei unterschiedlichen Zugänge in aller gebotenen Knappheit charakterisieren.

Das Christentum sieht die *Bibel* vor allem als ›Gotteswort im Menschenwort‹, sie *verweist* (nur) auf das zentrale – stets neu in Deutung zu erschließende – Geheimnis, die Menschwerdung Gottes in Jesus Christus. Eine besondere Verehrung, ein außergewöhnlich sorgsamer Umgang mit ihr, ein Beharren auf eine unbedingte Beachtung ihrer Ganzheit stehen dabei nicht an vorderster Stelle. Deshalb ist ein betontes Herausgreifen einzelner Teile genau so möglich wie ein freier, pragmatischer Umgang mit jedem konkreten Buchexemplar der Bibel. Die Originalsprachen erschließen zwar ein exakteres wissenschaftliches Erfassen der Urtexte, eine besondere Verehrung genießen sie aber nicht. Der zentrale pädagogische Zugang zur Bibel zielt auf ein umfassendes, intellektuelles wie affektives ›Verstehen‹ ab.

Anders im Judentum! Vor allem die *Tora* gilt als »Baum des Lebens«, gepflanzt »inmitten der Gemeinschaft«[2]. Als Ganzes garantiert sie – vor allem nach der Zerstörung des Tempels – jüdische Identität, verdient gerade in ihrer hebräischen Urfassung höchste Verehrung und respektvollen Umgang. Verfasst in ursprünglich vokalloser Schriftsprache bedarf sie der Stimme der (Vor-)Lesenden, nur so gewinnt sie Klang und Sinn. Deshalb wird sie in den allwöchentlichen Lesungen in der Synagoge zur immer wieder neu pulsierenden Lebensader. Durch die notwendige Dialogizität von Buchstabe, Stimme und Gehör ist sie aber immer schon gedeutete, ausgelegte, interaktive Botschaft, um die gerungen werden muss. Und entscheidend: Im Gegensatz zum christlichen Verständnis ist die Tora »kein Informationstext, der über eine Sache berichtet«[3]. Hier geht es nicht in erster Linie um das ›verstehende‹ Kennenlernen von Fakten, Figuren, Gedanken oder Normen, vielmehr ist die Tora »die Sache selbst, von der gelesen werden soll«[4]. Die Tora, der Text selbst, stiftet jene Identität, die vormals der Tempel garantierte. Nur »durch das Lesen selbst treten wir in die jüdische Tradition ein und lassen das lebendig werden, was wir als jüdisch bezeichnen«[5], heben die Herausgeber der neuen deutschsprachigen Kindertora, *Hanna Liss* und *Bruno Landthaler,* hervor.

Auch der *Koran* – der Wortbedeutung nach ›Lesung, Rezitation, Vortrag‹ – wird als Ganzes verehrt, erhält in seiner Ursprache seine besondere Würde. Auch er ist ein Text, der primär ästhetisch wirkt: Auch er muss rezitiert, gehört, sinnlich wahrgenommen werden, um seine ganze Schönheit zu entfalten. Er ist mit den Worten Navid Kermanis »kein Buch [...], sondern seiner eigenen Textgattung nach ein liturgischer Vortrag«[6]. Ähn-

---

[2] *Walter Homolka/Hanna Liss/Rüdiger Liwak* (Hrsg.): Die Tora. Die Fünf Bücher Mose und die Prophetenlesungen (hebräisch-deutsch) in der revidierten Übersetzung von Rabbiner Ludwig Philippson (Freiburg i. Br. 2015), 15.

[3] *Hanna Liss/Bruno Landthaler:* Einführung, in: Erzähl es deinen Kindern. Die Torah in fünf Bänden. Bd. 3: Wajikra – Und er rief (Berlin 2015), 10.

[4] Ebd.

[5] Ebd., 11.

[6] »Natürlich ist Religion erst mal Pflicht«. Gespräch mit Navid Kermani

lich die Islamwissenschaftlerin *Angelika Neuwirth:* »Präziser gesprochen ist der Koran die tonale, akustisch zugängliche Verkörperung des Gotteswortes«. Dieser besonderen, einzigartigen »Qualität muss man sich bewusst sein, wenn man sich als Außenstehender dem ›Buch‹ des Koran nähert.«[7] Deshalb gebührt ihm höchster Respekt, darf man mit ihm nur in größter Vorsicht und tiefster Verehrung umgehen. Das hat entscheidende Konsequenzen, etwa für den muslimischen Religionsunterricht: Kinder und Jugendliche haben dort erfahrungsgemäß »eine große Hemmschwelle, den Koran« auch nur »anzufassen, bzw. im Buch zu blättern« – so die Religionslehrerin *Gül Solgun-Kaps.* Der Koran muss im Unterricht zunächst einmal erst »als ›Buch‹ entdeckt werden«[8], in dem man frei lesen darf, mit dem überhaupt ein eigener Umgang erlaubt ist. Hier zeigen sich erstaunliche Parallelen zwischen Judentum und Islam, auch wenn im Koran der konkrete Inhalt mit seinen präzisen Setzungen sicherlich eine größere Rolle spielt. Im Mittelpunkt des pädagogischen Bemühens steht in den beiden Religionen eher eine umfassende Ergriffenheit als ein intellektuelles Verstehen.

Insgesamt werden aber auch grundlegende Unterschiede zwischen Tora-, Bibel- und Koranverständnis deutlich[9]: Während der *Koran* sowohl in seiner umfassenden Schönheit als auch buchstäblich Silbe um Silbe für Muslime *das* zentrale Offenbarungsereignis darstellt, *zeigt* sich Gott für Juden in der Geschichte des auserwählten Volkes, für Christen zudem in der Menschwerdung in Jesus. Die Schriften gelten im Christentum und in großen Teilen des Judentums als nachträglich verfasste, menschlich konzipierte, gleichwohl ›göttlich inspirierte‹ Bezeugungen, nicht als das direkt und unmittelbar Geoffen-

---

und Martin Mosebach, in: Süddeutsche Zeitung Magazin 27.08.2015, 9–16, hier: 10.

[7] *Angelika Neuwirth:* Ist der Koran vom Himmel gefallen?, in: Welt und Umwelt der Bibel 1 (2012), 11–17, hier: 11.

[8] *Gül Solgun-Kaps:* Islam – Didaktik für die Grundschule (Berlin 2015), 114.

[9] Vgl. *Hansjörg Schmid/Andreas Renz/Bülent Ucar* (Hrsg.): »Nahe ist dir das Wort …« (2010), 262f.

barte selbst. Ein *auch* wissenschaftlich-distanzierter, ein *auch* historisch-kritischer Umgang mit der Bibel ist zumindest in den westlichen Kulturen zum Standard geworden aus der Überzeugung heraus, dass alles objektive Wissen um die Entstehungsbedingungen und die literarischen Strategien der Abfassung den Zugang zum vermittelten Geheimnis letztlich nicht verstellt, sondern fördert.

Für die Hauptströme islamischer Theologie und Frömmigkeit ist ein solcher Zugang im Umgang mit dem Koran aufgrund des nachgezeichneten unterschiedlichen Grundverständnisses kaum vorstellbar. Dass auch hier textkritische und wissenschaftlich-distanzierende Zugänge die Akzeptanz steigern könnten, ist ein muslimisch noch kaum verbreiteter Gedanke. Wenige muslimische Theologen wagen vorsichtige Öffnungen: *Mouhanad Khorchide* etwa lädt dazu ein, »den Koran als ein Buch zu verstehen, das Menschen aus unterschiedlichen Kulturen mit unterschiedlichen Sprachen zu unterschiedlichen Zeiten und vor allem in unterschiedlichen kulturellen und gesellschaftlichen Kontexten anspricht«, weil es selbst »unter Berücksichtigung des historischen Kontextes seiner Offenbarung«[10] zu lesen wäre. Auch der Islamwissenschaftler *Thomas Bauer* plädiert dafür, dem Koran im Gefolge der Lesart zahlreicher muslimischer Gelehrter früherer Jahrhunderte eine »Bedeutungspluralität«[11] zuzuerkennen. Die Islamwissenschaftlerin *Angelika Neuwirth* legt fundierte Studien vor, die den »Koran als Text der Spätantike« kontextuell erschließen, entfaltet dabei bewusst einen »europäischen Zugang«[12]. Im Wissen um die Komplexität der Fragestellung ermuntert *Hans Küng* muslimische Theologen und Verbände nachdrücklich dazu, ein »zeitsensibles Koranverständnis«[13] zu entwickeln, um

---

[10] *Mouhanad Khorchide:* Islam ist Barmherzigkeit (2015), 214.
[11] *Thomas Bauer:* Die Kultur der Ambiguität. Eine andere Geschichte des Islams (Berlin 2011), 130.
[12] Vgl. *Angelika Neuwirth:* Der Koran als Text der Spätantike. Ein europäischer Zugang (Berlin 2010).
[13] *Hans Küng:* Der Islam (2004), 632.

ein »historisch-kritisch-aktuelle[s] Verständnis«[14] zu fördern, das eine auch intellektuell anschlussfähige Beheimatung von Muslimen in den postmodernen westlichen Gesellschaften erleichtern könnte. All diese Positionen werden jedoch (noch?) von den führenden Schichten der Muslime – sei es in Europa, sei es weltweit – entweder ignoriert oder stoßen auf heftigen Widerstand.

Aus all dem wird deutlich: Der grundsätzliche, zudem aber auch der zeitgenössisch vorherrschende Umgang mit den religiösen Urschriften in Judentum, Christentum und Islam ist von vornherein ungleichgewichtig. Für Lernprozesse gilt es jeweils feinfühlig, differenziert und unter Vermeidung von Pauschalcharakterisierungen die Position der eigenen wie der anderen Religion darzustellen.

Förderung des gemeinsamen Wurzelbewusstseins

Die Gemeinsamkeiten von Judentum, Christentum und Islam als Buchreligionen reichen aber tiefer. Die Religionen sind nicht nur jeweils nach innen *Erinnerungs-* und *Erzähl-,* dadurch auch *Lerngemeinschaften,* sondern auch – in eingeschränktem Maße – untereinander. Alle drei Religionen berufen sich auf die Texte der Hebräischen Bibel, des Ersten, des Alten Testamentes. Der Islam nimmt im Koran zusätzlich Textelemente des Neuen Testamentes auf. Die Bedeutung dieser jeweils gemeinsamen Textelemente ist freilich erneut in allen drei Religionen unterschiedlich. Trotzdem lassen sich einige zentrale textliche und damit auch theologische Grundelemente herausarbeiten:

- Alle drei Religionen semitischen Ursprungs und semitischer Sprache teilen die Überzeugung, dass der eine und einzige, gnädige und barmherzige Gott als *Person* verstanden und im Gebet angesprochen werden kann.
- Sie teilen den Glauben daran, dass sich der personale Gott *zielgerichtet in der Geschichte offenbart* hat, vor allem – zumindest zunächst – in der Geschichte des Volkes Israel.

---

[14] Ebd., 638.

– Sie erzählen die Geschichten von der sinnreich geplanten *Schöpfung* der Welt durch Gott, abzielend auf die Möglichkeit eines sinnvollen und verantworteten Lebens des Menschen in seiner geschöpflichen Mitwelt.

– Sie erzählen die in Adam und seiner Frau entfaltete Geschichte vom urmenschlichen *Sündenfall* und der Vertreibung aus einem Idealleben im ›Paradies‹. Der Mensch steht so im Spannungsfeld von Schuld und Verantwortungsfähigkeit.

– Im Bilde Noachs erzählen sie die Geschichte von einer *Urflut* als Reaktion auf menschliches Fehlverhalten, die in der Zusicherung künftiger Verschonung und die von Gott gewährten Setzung einer neuen, zweiten Chance einmündet.

– Abraham und Mose gelten als Grundtypen von *Propheten,* auserwählten Menschen, die in einer besonderen Gottesbeziehung stehen und den Menschen Gottes Willen verbindlich übermitteln.

– Die in den heiligen Schriften fixierten Gebote und Gesetze sind *Weisungen,* die ein gelingendes Leben vor Gott und untereinander ermöglichen sollen und können.

– Die drei Religionen stimmen in der Überzeugung überein, dass sich von diesem Gott ein *Grundethos* herleitet, das die privaten, sozialen und politischen Beziehungen zum Besten der Gemeinschaft regelt.

– Christentum und Islam kennzeichnen *Jesus* und *Maria* als (jüdische) Menschen, in denen Gottes Weisungen besonders deutlich werden.

– Alle drei Religionen kennen die *Hoffnung,* dass Gott am Ende der Zeit die Welt vollenden wird und dass jeder Einzelne die Aussicht auf ein ›ewiges Leben‹ hat.

Der Katalog dieser Gemeinsamkeiten umfasst also ein erstaunlich weites Feld. Auch wenn die einzelnen Aussagen in den Religionen erneut durchaus unterschiedlich gedeutet und gewichtet werden – davon wird im Folgenden die Rede sein –, so wird eben doch das beträchtliche Ausmaß an gemeinsamer Wurzelverflechtung deutlich. Die hier aufgerufenen *trialogisch relevanten Gemeinsamkeiten* werden eben nicht mit anderen Religionen geteilt. Hierin liegt das besondere und verbindende Erbe von Judentum, Christentum und Islam, zugleich aber auch ihr Vermächtnis für Gegenwart und Zukunft. Das Bewusstsein und tiefgründige Empfinden, dass es diese Gemeinsamkeiten gibt, ist aber noch keineswegs Allgemeingut bei den Angehörigen dieser Religionen. Das »Studium heiliger Texte der großen Religion« wird so zu einer »exzellente[n] Voraussetzung« auf dem Weg zu »wechselseitigem Respekt«[15]. Im »möglichst vorurteilsfrei[en]« Umgang mit Koran und Bibel liegt eine »große Bildungsschance für die nachwachsende Generation«[16].

Daraus ergibt sich als *erstes Aufgabenfeld der trialogischen Religionspädagogik* die Schaffung eines tiefgreifenden »Wurzelbewusstsein[s]«[17], die Förderung des Wissens und der affektiven Hinordnung auf diese gemeinsamen Grundbestände kulturellen und religiösen Erbes, ohne dabei die trennenden Deutungen zu übersehen. Auch die im direkten Vergleich immer wieder erkennbaren »markanten Unterschiede«[18] der konkreten Ausgestaltungen und Deutungen sind in trialogischer Hinsicht zentral. *Clauß Peter Sajak* fasst zusammen: Für Schülerinnen und Schüler ist es unabdingbar, dass »sie lernen, die Heiligen Schriften aller drei Religionen in ihren Gemeinsamkeiten, aber auch in ihren entscheidenden Unterschieden wahrzunehmen, aufzunehmen und zu reflektieren«[19]. Diese Lernprozesse sind herausfordernd. Das zeigt gleich die erste Konkretion:

---

[15] *Stefan Jakob Wimmer/Stephan Leimgruber:* Von Adam bis Muhammad (2005), 15.

[16] Ebd., 16.

[17] *Hans Küng:* Der Islam. Geschichte Gegenwart Zukunft (München/Zürich 2004), 268.

[18] *Andreas Renz/Stefan Leimgruber:* Christen und Muslime (2004), 139.

[19] *Clauß Peter Sajak* (Hrsg.): Heilige Schriften. Texte – Themen – Traditionen (Paderborn 2014), 11.

Konfliktfall I: *Die Bedeutung des Koran*

Auffällig: *Ein* Bereich wird in den differenzierten interreligiösen Studien und trialogisch motivierten Dialogunternehmungen der jüngsten Zeit weitgehend ausgeklammert – die grundlegende Frage, welche Bedeutung der Koran für Juden und Christen haben kann. Wir wissen heute gut, wie Muslime den Koran verstehen, welche Bedeutung er für sie hat, dass er spirituell primär als gesprochenes, nicht gelesenes Wort seine Bedeutung entfaltet, dass es so mehr um eine ästhetische »Erkenntnis durch die Sinne« als um eine »deutende Vernunfterkenntnis«[20] geht, so *Navid Kermani,* dass deshalb eine jegliche Übersetzung aus dem Arabischen »nicht ohne Transzendenzverlust«[21] möglich, gleichzeitig jedoch Voraussetzung für jegliche Breitenrezeption in unserem Kulturraum ist, und vieles mehr.

Aber konkret gefragt: ›Braucht‹ ein Jude, ›braucht‹ ein Christ den Koran? Sind die dort niedergeschriebenen 6236 Verse aus jüdischer oder christlicher Sicht ein direktes Zeugnis göttlicher Offenbarung? Oder anders, vorsichtiger formuliert: *Kann* ein Jude oder ein Christ von der Koranlektüre spirituell und theologisch profitieren? *Was* genau könnten sie aus dem Koran lernen? – Dabei ist es sehr verständlich, dass dieser Fragekomplex oft ausgeklammert wird. In vielen anderen interreligiösen Themenfeldern kann man Gemeinsamkeiten betonen, Verbindungen aufzeigen, Annäherungen betreiben, Brücken bauen, Dialog betreiben. Hier geht es um eine substantielle Frage theologischen Selbstverständnisses, die gleichwohl zur Kernfrage interreligiösen Lernens wird und deren Beantwortung jegliche trialogische Begegnung und jeglichen trialogischen Lernprozess grundlegend bestimmt.

---

[20] *Navid Kermani:* Gott ist schön. Das ästhetische Erleben des Koran (München 1999), 12.
[21] *Lothar Kuld:* Heilige Schriften lesen: TeNaK, Bibel und Koran aus didaktischer Perspektive, in: *Clauß Peter Sajak:* Heilige Schriften (2014), 33–36, hier: 33.

Diese Frage soll im Folgenden angesichts der Verortung dieses Buches als Einführung in eine trialogisch orientierte Religionspädagogik zugespitzt werden: Wie lässt sich aus christlicher, in diesem Fall aus katholischer Sicht die Qualität des Koran bestimmen: Handelt es sich um ein Zeugnis der Bibel*rezeption* – faszinierend, bedeutsam, wirkmächtig, und mit Ehrfurcht zu betrachten? Oder handelt es sich auch für Christen um ein genuines Zeugnis der Offenbarung, das einen substantiell eigenständigen Zugang zum göttlichen Geheimnis erschließt? Nur wenn man diese Fragen in aller Klarheit beantwortet, lassen sich Konsequenzen dahingehend ziehen, welche Bedeutung Korantexten im konfessionellen Religionsunterricht zukommen kann. Denn dass Korantexte auch im christlichen (oder jüdischen) Religionsunterricht eingesetzt werden können und sollen, ist von den Lehr- und Bildungsplänen her völlig klar.[22] Aber worin liegt ihr hermeneutischer Wert? Alle didaktischen Konzeptionen sind nur von dieser Grundfrage aus zu bestimmen.

Der Koran – ›Gottes Wort‹ auch für Christen?

An einer ›Front‹ braucht man heute zumindest aus katholischer Sicht theologisch nicht mehr zu kämpfen. Die Zeiten einer radikalen Koranbeschimpfung, einer bloßen Koranverunglimpfung oder -verketzerung sind im akademischen Diskurs und in offiziellen kirchlichen Stellungnahmen vorbei. Dass der Koran ein »Lügenbuch« sei, als »Werk des Teufels« denunziert oder bestenfalls als die »schlechtere Bibel«[23] disqualifiziert wurde, ist auf diesen Ebenen Vergangenheit. Wirkmächtig stehen die Erklärungen des Zweiten Vatikanischen Konzils als Schutzwall im Raum, denen zufolge die Kirche den Glauben der Muslime »mit Hochachtung betrachtet«, da ja auch sie »den alleinigen Gott anbeten, den lebendigen und in sich seienden, barmherzigen und allmächtigen, den Schöpfer Himmels und der Erde, der

---

[22] Vgl. *Monika Tautz* (2007), 350–362.
[23] Vgl. *Hartmut Bobzin:* Der Koran. Eine Einführung (München 1999), 15f.

zu den Menschen gesprochen hat« (NA 3), so die berühmt gewordene, wirkmächtige Grundaussage von *Nostra Aetate*. Auch die Muslime sind vom göttlichen »Heilswillen umfasst« (LG 16), heißt es explizit in *Lumen Gentium*. Aber erneut auffällig: Über den theologischen Rang des Koran wird in den Texten des Zweiten Vatikanischen Konzils kein einziges Wort gesagt – was die Brisanz der zugrunde liegenden Frage indirekt noch einmal bestätigt.

Wie weit kann man als Christ in der positiven Anerkennung des Koran gehen? Einige Positionen von christlichen Theologen, die sich um ein produktives und positives Verständnis des Islam bemühen, seien im Folgenden in aller Knappheit benannt. *Hans Küng* wagt sich in seiner Islam-Studie aus dem Jahre 2004 weit vor: Eingebettet in rhetorische Fragen kommt er zu dem Schluss, dass »wir konsequenterweise auch zugeben müssen, worauf es den Muslimen am allermeisten ankommt: dass Muhammad seine Botschaft nicht einfach aus sich selbst hat, dass seine Botschaft nicht einfach Muhammads Wort, sondern Gottes Wort ist«[24]. Bei allem Respekt vor der umfassenden Darstellung des Islam in diesem imposanten Entwurf: »Müssen *wir*« das »*zugeben*«? Das ist gewiss *eine* mögliche, respektable, glaubensgestaltende Position und Überzeugung, aber: Ist das eine *zwingende* Position? Lässt sich nur von ihr aus der interreligiöse Dialog zwischen Christen und Muslimen betreiben? Der katholische Systematiker *Gerhard Gäde* greift 2009 in seiner Studie »Islam in christlicher Perspektive« diese Position auf, gestaltet sie aber in seinem Sinne aus. »Aus der Sicht christlicher Theologie wird man auch den Koran [...] als Wort Gottes verstehen können«[25], führt er aus, und anderswo: »Als Christen, die an das Wort Gottes glauben, können wir also völlig mit

---

[24] *Hans Küng*: Der Islam (2004), 112. Ähnlich bereits 1994 der evangelische Theologe *Rudolf Leuze*. Vgl. *ders.*: Christentum und Islam (Tübingen 1994).
[25] *Gerhard Gäde*: Islam in christlicher Perspektive. Den muslimischen Glauben verstehen (Paderborn u. a. 2009), 182.

dem Koran übereinstimmen. Insofern dieser eine Wirklichkeit mitteilt, die nur Gott verlässlich mitteilen kann.«[26]

Andere im interreligiösen Dialog Engagierte versuchen diesen Vorstoß relativierend ernst zu nehmen, gleichzeitig aber zurückzunehmen oder zumindest zu differenzieren: *Christoph Gellner* gibt zu bedenken: »Christlicherseits kann dem Koran« gewiss »nicht derselbe Rang als Wort und Vermittlung Gottes zuerkannt werden wie Jesus Christus«[27]. Was aber heißt das? Darf man schlussfolgern: Der Koran erschließt zwar »Wort und Vermittlung Gottes«, aber irgendwie nur defizitär? Oder gar nur so weit, wie er letztlich das wiederholt, was aus der Bibel bereits bekannt ist, bei Abweichungen davon jedoch nicht? Genau so argumentieren die Theologen *Andreas Renz* und *Stephan Leimgruber,* wenn sie ausführen: Zu verantworten ist »lediglich eine eingeschränkte Anerkennung« des Koran und zwar im Blick auf jene Inhalte, »die mit dem biblisch-christlichen Glauben übereinstimmen bzw. diesem nicht widersprechen, während man die christlichen Glaubensüberzeugungen klar widersprechenden Inhalte und Auslegungen ausklammert und auf menschliche Einflüsse und Widersprüche zurückführt«[28].

Was also gilt? Kann der Koran auch *von Christen* (oder Juden) als Gottes Wort verstanden werden? Auch wenn die Komparative Theologie solche grundsätzlichen Einstufungen ablehnt, werden *drei* klar benennbare *Optionen* diskutiert.

- *Erstens:* Der Koran sei aus christlicher Sicht ein theologisch nicht relevantes menschliches Machwerk. Sein Wert liege – wie etwa bei Zeugnissen der profanen Literatur, die die Bibel rezipieren – im herausfordernden Beitrag zum Weiterleben biblischer Texte.
- *Zweitens:* So wie Muhammad als göttlicher Prophet gelten könne, ohne dadurch die zentrale Stellung Jesu als Heilsmittler zu gefährden, könne auch der Koran als göttliche Offen-

---

[26] Ebd., 183f.
[27] *Christoph Gellner:* Der Glaube der Anderen (2008), 80.
[28] *Andreas Renz/Stephan Leimgruber:* Christen und Muslime (2004), 119.

barung im Dienste der einen, ewigen Wahrheit und des all-
umfassenden Heils gelten.

– *Drittens:* Nur insofern der Koran christliche Lehren bestäti-
ge, könne er als Offenbarungszeugnis anerkannt werden.
Alle Nichtübereinstimmungen seien auf zeitbedingte kontextuelle Ursachen zurückzuführen, die man wissenschaftlich erklären könne. Derartigen Abweichungen könne man
aus christlicher Sicht – bei allem Respekt – keinen eigenständigen theologischen Wahrheitswert zusprechen.

Konsequenzen für trialogisches Lernen im Umgang mit dem Koran

Der didaktische Hauptzweck des Einsatzes von Koranversen in
von Seiten des Christentums betriebenen interreligiösen Lernprozessen liegt darin, über diese Verse die andere Religion besser und authentisch kennen zu lernen, das steht außer Frage.
Jegliche Versuche, den Islam besser zu verstehen, werden zumindest auch über ein Vertraut-Werden mit Aufbau, Aussagen
und dem islamischem Eigenverständnis des Koran konkretisiert
werden müssen. Was aber bedeutet der Koran nicht für
Muslime – das ist die Hauptfrage –, sondern für (Juden und)
Christen? Das ist die zweite und heftig umstrittene, trialogisch
aber grundlegend relevante Anschlussfrage. Und je nachdem,
welcher der drei skizzierten theologischen Optionen man zu-
neigt, wird die religionsdidaktische Konzeption des Einsatzes
von Korantexten im Religionsunterricht anders ausfallen. Wie
schon im Blick auf alle grundlegenden Studien zum interreligiösen Dialog überhaupt, so ist auch hier zunächst eines zu fordern: *Transparenz!* Direkt als Vorgabe formuliert: ›Bevor du einen didaktischen Entwurf zum Umgang mit dem Koran
vorlegst, sag mir erst, welche theologische Position du dazu einnimmst!‹

Folgt man Position eins, der zufolge der Koran allein ein
menschliches Machwerk ist, gibt es zwei didaktische Alternativen: Zum einen kann man Koranverse in den christlichen Religionsunterricht einbauen, um die Unterlegenheit des Islam zu
zeigen. Die Kontrastierung von Bibel und Koran dient dann

vor allem dazu, die Überlegenheit und Maßgeblichkeit der Bibel zu betonen. Eine derartige exklusivistisch gefärbte Variante könnte sich allerdings weder auf die offiziellen kirchlichen Aussagen über den Islam berufen[29], noch fände sie im Rahmen der offiziellen Lehrpläne statt. Dennoch ist es denkbar, dass einzelne Lehrerkollegen vor Ort bewusst oder unbewusst auf diese Art mit den Schriften der Weltreligionen, in diesem Fall mit dem Islam und dem Koran umgehen. Ein Ziel der künftigen trialogisch sensiblen religionspädagogischen Aus- und Fortbildung wird gewiss darin liegen, derartigen didaktischen Fehlformen entgegenzuarbeiten.

Eine Berufung auf das *erste Modell* der theologischen Einschätzung des Koran sollte also didaktisch reflektierter erfolgen. So kann es durchaus interessant und fruchtbar sein aufzuzeigen, welche biblischen Gestalten und Erzählungen auch im Koran weiterleben, auch wenn das Ziel ausschließlich darin liegt, die Bedeutung der Bibel stärken. Vielleicht wirken koranische Verse und Suren in dieser Konzeption durchaus als Herausforderung zurück an die christlichen Deuter, die so das Eigene noch einmal neu, noch einmal anders, noch einmal präziser erkennen und formulieren können. Ungewollt kann etwa ein 1989 erschienenes »Lexikon der biblischen Personen« zu einem solchen Verständnis beitragen, schildert es doch im Untertitel deren »Fortleben in Judentum, Christentum, Islam, Dichtung, Musik und Kunst«[30]. Tatsächlich, der Koran wird hier dargestellt als Teil der Rezeptionsgeschichte der Bibel – ebenso wie Dichtung oder Musik, also durchaus geschätzt und gewürdigt, aber letztlich nur als ein Phänomen, das den Ursprung und das Eigentliche, eben die Bibel, ins rechte Licht rückt. Einen theologisch gleichartigen Eigenwert besitzt der Koran in dieser Konzeption nicht.

---

[29] Vgl. *Timo Güzelmansur* (Hrsg.): Die offiziellen Dokumente der katholischen Kirche zum Dialog mit dem Islam (Regensburg 2009).

[30] Vgl. *Martin Bocian:* Lexikon der biblischen Personen. Mit ihrem Fortleben in Judentum, Christentum, Islam, Dichtung, Musik und Kunst (Stuttgart 1989).

Folgt man der *zweiten* oben skizzierten *Position,* der zufolge der Koran als originär göttliche Offenbarung gelten kann, so wird man den Koran in interreligiösen Lernprozessen als ganz eigenständige Quelle des unmittelbaren Zugangs zu Gott und seinem Heil präsentieren. Eine Orientierung an Modellen der (theozentrischen) pluralistischen Religionstheologie ist wahrscheinlich, in deren Verständnis das Christentum zwar ganz und gar wahr ist, wenngleich die Wahrheit keineswegs ausschließlich im Christentum verwirklicht ist. Die Komparative Theologie setzt noch einmal anders an. Der Koran wird hier vor allem als Weg eines neuen ästhetischen Zugangs zu Gott gesehen, der also nicht so sehr einzelne inhaltlich neue Aussagen enthält, sondern »im Zusammenspiel von Form und Inhalt« die »Gegebenheitsweise der Offenbarung« »primär ästhetisch vermittelt« und den »Modus der Offenbarung« in »erster Linie im Hören«[31] erschließt. Deutlich wird hier herausgestellt: Über das Christentum hinaus hat »Gott sich« des Menschen Mohammed und des Koran »bedient«, um »die Wahrheit über sich bekannt zu machen«[32], auch über die in der Bibel enthaltenen Aussagen und über die dortige Art der Offenbarung hinaus.

Didaktische Konsequenz für interreligiöses Lernen: Dieser Konzeption zufolge bietet die Auseinandersetzung mit dem Koran die Möglichkeit, über das aus dem Christentum Bekannte hinaus *Anderes, Weiteres, Neues* und *auf andere Art Vermitteltes* im Blick auf Gott, Wahrheit und Heil zu entdecken. Die Beschäftigung mit dem Koran ist dann als echte dialogische Suche zu konzipieren, in der es darum gehen kann, wirklich Originäres und im Kern Entscheidendes über Gott nur hier zu entdecken. – Eine dialoghermeneutisch reizvolle Perspektive, gewiss! Aber: Spätestens ein Blick in das mehr als 600 Seiten starke Kompendium »Die offiziellen Dokumente der katho-

---

[31] *Klaus von Stosch:* Wahrheit und Methode. Auf der Suche nach gemeinsamen Kriterien des rechten Verstehens heiliger Schriften, in: *Hansjörg Schmid/Andreas Renz/Bülent Ucar* (Hrsg.): »Nahe ist dir das Wort …« (2010), 244–260, hier: 256f.
[32] *Christoph Gellner* (2008), 77.

lischen Kirche zum Dialog mit dem Islam«[33] zeigt bei aller dortigen Wertschätzung von Dialog, Austausch und Begegnung: Diese Position kann sich – zumindest im Moment – weder auf eine kirchliche Mehrheit noch auf lehramtliche Aussagen stützen. Und es ist müßig darüber zu spekulieren, ob dies künftig möglich sein wird. Unabhängig von der Frage nach der existentiell-persönlichen Überzeugungskraft dieser Position sollte ein konfessioneller Religionsunterricht seine interreligiöse Programmatik nicht auf dieser Basis aufbauen, wenn er seine kirchliche Anbindung nicht aufgeben will.

Auf einer mehrheits- und maßgeblichkeitsbestimmten Basis des theologischen Selbstverständnisses der katholischen, wohl auch der evangelischen Kirche und des Judentums, ist derzeit allein die *dritte Position* für interreligiöse Prozesse tragfähig, in deren Verständnis der Koran als Offenbarungszeugnis anerkannt werden kann, sofern er christlichen Lehren nicht widerspricht. Auch in anderen Religionen, hier im Islam, findet sich diesem Verständnis nach ja »nicht selten ein Strahl jener Wahrheit«, der »alle Menschen erleuchtet« (NA 2), so die oben ausführlich charakterisierte Kernaussage jener inklusivistischen Position, die im Zweiten Vatikanischen Konzil formuliert wurde und seither maßgeblich ist.

Was bedeutet dies für interreligiöse Lernprozesse? Für Juden wie Christen ist es durchaus sinnvoll, davon auszugehen, dass sich im Koran tatsächlich echte Spuren göttlicher Offenbarung finden, echte ›Strahlen‹ der göttlichen Wahrheit – insofern sie biblische Entsprechungen haben. Die Suche nach Parallelen und Ähnlichkeiten zwischen Bibel und Koran ist deshalb ein zentraler Grundzug trialogischen Lernens. Unerheblich bleibt dabei die Frage, woher die Qualität dieser geoffenbarten Wahrheit stammt: Handelt es sich ›nur‹ um die wiederholende Verlängerung aus biblischer Tradition, oder ist es Ergebnis einer eigenen, im Kern eben gleichen Offenbarung? Diese Frage ist weder beantwortbar noch letztlich relevant. Entscheidend ist

---

[33] Vgl. Die offiziellen Dokumente der katholischen Kirche zum Dialog mit dem Islam (2009).

die klare Position: Ja, im Koran finden sich Elemente der göttlichen Offenbarung, die in interreligiösen Begegnungen und Lernprozessen auch als solche benannt werden können. Im Bild gesprochen: Die Wahrnehmung von bekannten Erzählungen, Gedanken und Überzeugungen kann im Spiegel einer ›Fremdsprache‹ durchaus das Bekannte noch einmal neu, tiefer, reicher erfahrbar machen. Darin liegt die eine Gewinndimension der Auseinandersetzung mit dem Koran aus jüdischer oder christlicher Perspektive.

Wie aber kann man mit den *Unterschieden* zwischen Bibel und Koran, den Weiterführungen, den Widersprüchen umgehen? Auch hier kann die Vorgabe aus Nostra Aetate helfen. Ganz realistisch wird dort ja benannt, dass es »Handlungs- und Lebensweisen« in anderen Religionen gibt, »Vorschriften und Lehren, die [...] in manchem von dem abweichen«, was die katholische Kirche »selbst für wahr hält und lehrt«, aber entscheidend: Die katholische Kirche betrachtet sie »mit aufrichtigem Ernst«! Und sie lehnt »nichts von alledem ab, was in diesen Religionen wahr und heilig ist« (NA 2)! Aus diesem Verständnis heraus werden Unterschiede also nicht geleugnet, wohl aber wird die Position relativiert, man müsse das Andere zurückweisen oder abwerten.

Auf den Koran übertragen: Es kann kein Zweifel daran bestehen, dass auch die nicht mit dem Christentum deckungsgleichen Ausführungen ihren eigenen Wert, ihre eigene Würde haben. Hochachtung kann auch jene Aussagen des Koran betreffen, »die dem Christentum durchaus kritisch entgegenstehen«[34]. Sie können auch genau *so* im Religionsunterricht vorgestellt werden. Der im Selbstverständnis des Islam maßgebliche Anspruch, dass die Bibel Gottes Wort zwar durchaus »enthält«, dass dem gegenüber der Koran jedoch Gottes Wort »ist«[35], kann jedoch weder von Juden noch von Christen geteilt

---

[34] *Tobias Specker:* Hochachtung und Kritik (2015), 18.
[35] *Stefan Schreiner:* Der Koran als Auslegung der Bibel – die Bibel als Verstehenshilfe des Koran, in: *Hansjörg Schmid/Andreas Renz/Bülent Ucar* (Hrsg.): »Nahe ist dir das Wort ...« (2010), 167–183, hier: 183.

werden, weil sie sonst konsequenterweise Muslime werden müssten. Diesem Anspruch muss in einem christlichen (und jüdischen) Religionsunterricht sogar explizit widersprochen werden: Einen genuin eigenen Wahrheitsanspruch, eine eigene Qualität als originäre Offenbarungsquelle hat der Koran nach inklusivistisch begründeter Auffassung nicht. Von dieser Überzeugung aus konzipierte interreligiöse Lernprozesse werden im Koran also nicht nach unbekannten und *neuen* Fundstücken oder Erfahrungszugängen von Offenbarung und Wahrheit suchen. Sehr wohl aber können sie im Kern bereits bekannte Elemente wiederfinden, vielleicht in sprachlich neuer, fruchtbarer Spiegelung, und zudem neue Aussagen, deren Fremdheit mit Würde und in Ehrfurcht betrachtet werden kann. Das schließt einen Widerspruch gegen einzelne Aussagen explizit nicht aus, sondern ein.

Bleibt man mit dieser Position hinter einer möglicherweise doch noch weitergehend denkbaren theologischen Wertschätzung des Koran zurück? Eine Gegenprobe belegt die Stringenz des hier aufgezeigten Modells. Sosehr ›dem Islam‹ – gewiss gibt es hier eine Variationsbreite – an einer theologischen Wertschätzung des Koran durch die trialogischen Partner gelegen ist, sosehr verweigert er genau diese Wertschätzung für jene Passagen der hebräischen und christlichen Bibel, die sich nicht im Koran finden. An eine Begegnung auf Augenhöhe ist hier gar nicht zu denken. Auch aus muslimischer Sicht kommt den von der eigenen Tradition abweichenden Texten und Traditionen nicht derselbe Stellenwert zu, wie den nach innen maßgeblichen. Hier kann – und muss – man trialogisch mit dem Wissen einer gegenseitigen Wertschätzung, aber eben auch einer gegenseitigen Konzentration auf die eigenen wahrheitsstiftenden Texte und einer dementsprechenden theologischen ›Abwertung‹ der abweichenden Traditionen gut leben. Ob in komparativen Annäherungen weitere Zugeständnisse und Verständniswege möglich werden, wird die Zukunft zeigen.

Fünf trialogische Schritte im interreligiösen Umgang mit dem Koran

Überprüfen wir den möglichen Ertrag, den eine Besinnung auf den Koran im trialogischen Lernen neu in die Parameter interreligiösen Lernens einbringen kann, anhand einer Neubetrachtung jener »fünf Schritte interreligiösen Lernens«[36], die sich in zahlreichen Publikationen zum Thema als Grundstandard etabliert haben.

1. *»Fremde Personen und religiöse Zeugnisse wahrnehmen lernen«* – Das Wahrnehmen des Fremden bezieht sich trialogisch auf vertrautes Fremdes. Die im Folgenden anhand von Detailuntersuchungen noch zu entfaltetenden Analysen zeigen in verblüffender Deutlichkeit, wie eng verwandt etwa die Rezeptionswege der großen biblischen Gestalten in den drei Religionen sind, bei aller eigenständigen Ausdeutung. Dabei gilt der Koran eben nicht nur als spätere Illustration und Veränderung der einen wahren, der biblischen Quelle, vielmehr beleuchten AT, NT und Koran die entsprechenden Personen und Erzählungen in unterschiedlicher Perspektive. In den Schulbüchern des evangelischen und katholischen Religionsunterrichts hat sich die Einsicht durchgesetzt, den Koran so weit wie möglich seinem eigenen Verständnis nach vorzustellen. Diese *perspektivische Darstellung* kann darauf verzichten, permanent Aussagen zum Wahrheitsgehalt in den Vordergrund zu stellen. Grundsätzlich sollte die Problematik der Fremdperspektive – für Schülerinnen und Schüler, aber auch für Lehrerinnen und Lehrer – aber didaktisch nicht unterschlagen werden.

Überprüfen wir diese Vorgaben exemplarisch an einem weit verbreiteten Schulbuch. »Für die gläubigen Muslime ist der Koran in jedem Wort die unmittelbare und unvergleichliche Offenbarung Gottes«[37]. So präsentiert das Religionsbuch für Gymnasien in Bayern (und darüber hinaus) *»Religion vernetzt«* in

---

[36] Vgl. etwa *Stephan Leimgruber:* Interreligiöses Lernen (2007), 108f.

[37] *Hans Mendl/Markus Schiefer Ferrari* (Hrsg.): Religion vernetzt 7. Unterrichtswerk für katholische Religionslehre an Gymnasien (München 2005), 110. Hervorhebung GL.

Klasse 7 den Koran. Die (Fremd-)Positionalität derAussage ist eindeutig markiert. Dass diese Perspektive aus christlicher Sicht differenziert werden muss, bleibt dabei angesichts der Verständnismöglichkeiten der Schülerinnen und Schüler auf dieser Altersstufe ungesagt. Abgedruckt wird zudem der Beginn von Sure 1, gesetzt neben die Bilder einer »Illumination der 1. Sure und der Sure 2,1–5 in Nasih Schrift«, um so die »Kostbarkeit und hohe Wertschätzung des Buches«[38] zu verdeutlichen, so die Erklärung im begleitenden Lehrerkommentar. Dass das Selbstverständnis des Koran »zwangsläufig zum Problem der Konkurrenz und Spannungen zwischen den Religionen«[39] führt, wird zwar erwähnt, ohne jedoch näher auf die Art des Problems einzugehen oder einen Umgang damit zu weisen. Die Frage nach dem hermeneutischen Stellenwert des Koran im konfessionellen Religionsunterricht wird also auch hier umgangen.

2. »*Religiöse Phänomene deuten*« – Trialogisch deuten heißt, die besondere Beziehung von Judentum, Christentum und Islam immer schon als eine Dimension von religionsdidaktischer Besinnung mit einzuschließen. In alle didaktischen und elementarisierenden Deutungen ist die Überlegung mit aufzunehmen, welche Konsequenzen sich aus dem aus der Sicht des Christentums Dargestellten für die je anderen Religionen ergeben. Der Koran ist als Teil des religiösen Deutekosmos mit zu berücksichtigen. Eine konkrete Perspektive: Bei der Vorstellung biblischer Figuren kann auch auf ihr Weiterleben im Koran verwiesen werden, sei es in der Übernahme zentraler Charakteristika, sei es in der Eigenprägung.

3. »*Durch Begegnung lernen*« – Trialogische Begegnungen sind, wie oben angedeutet, im Kontext schulischen Lernens nur selten und höchstens in Ansätzen zu verwirklichen. Im Blick auf den Koran geht es primär um die – medial vermittelte – Begegnung mit einem Buch, das als religiöse Urschrift einer anderen Religion dient, der hoher Respekt und tiefe Ver-

---

[38] *Dies.* (Hrsg.): Religion vernetzt 7. Lehrerkommentar (München 2005), 265.
[39] Ebd., 266.

ehrung gebührt. Die Begegnung mit dieser Schrift sollte auch für anders- oder nichtgläubige Schülerinnen und Schüler von Respekt und Ehrfurcht geprägt sein, ohne dass der von Muslimen erhobene Wahrheitsanspruch geteilt werden müsste.

4. »*Die bleibende Fremdheit akzeptieren*« – Gerade angesichts der Nähe, der vielen Ähnlichkeiten und Parallelen zwischen Judentum, Christentum und Islam gilt es die Unterschiede zu erkennen und stehen zu lassen. Nähe erzeugt intensivere Emotionen als Distanz. Viele Passagen des Koran sind wenigstens rudimentär christlich geprägten Schülerinnen und Schülern einerseits in Vielem vertraut (oftmals ohne dass ihnen das vorgängig bewusst wäre), andererseits gerade deshalb in einigen Aussagen sperrig und unverständlich. Manche koranischen Ausführungen sind beim besten Willen nicht mit christlichem Gedankengut vereinbar. Wie mehrfach betont: Das kann und darf auch nicht das didaktische Ziel trialogischen Lernens sein. Das oben zitierte Unterrichtswerk »Religion vernetzt« spart so aus guten Gründen diese Dimension nicht aus. An die Seite der perspektivischen Darstellung des Koran gemäß des islamischen Selbstverständnisses treten zwei Kapitel, in denen Unterschiede und Problemfelder genannt werden. Dazu werden weitere relevante Koranverse abgedruckt: Unter der Überschrift »Zwischen Tradition und Moderne«[40] findet sich eine feinfühlige Problematisierung der »Kopftuchfrage«. Dazu wird die für diese Fragestellung zentrale Sure 24,31 zitiert. Das Ziel der Unterrichtseinheit liegt nicht in einer Aburteilung, sondern darin, »das Kopftuchtragen als Symbolhandlung verstehen und bewerten«[41] zu können.

Die im Buch folgende Doppelseite stellt sich der Frage »Kampf im Namen Gottes?«[42]. Gleich sechs Einzelverse aus dem Koran werden dazu abgedruckt (2,190f.; 2,136; 16,125; 4,74; 10,99; 4,89), um so die unterschiedlichen Aussagen des Islam zur Frage nach Krieg und Gewalt zu beleuchten. Einer-

---

[40] Religion vernetzt 7, 118f.
[41] Religion vernetzt 7. Lehrerkommentar, 283.
[42] Religion vernetzt 7, 120f.

seits legitimieren sie »Gewalt, wenn es um die Auseinandersetzung mit den ›Ungläubigen‹ geht«, andererseits fordern sie
»zum konstruktiven Streiten ohne religiösen Zwang«[43] auf, so
die Erklärungen des Lehrerkommentars. Erneut geht es um
eine zwar nicht positionslose, aber eben auch nicht einseitig
wertende Darstellung. Viel wäre erreicht, wenn im Gefolge der
Formulierungen des Zweiten Vatikanischen Konzils gerade das
fremd Bleibende – so wie hier – mit Respekt, Achtsamkeit und
Ehrfurcht betrachtet würde.

5. »*In eine existentielle Auseinandersetzung verwickeln*« – Die
exemplarischen Ausführungen und Beispiele aus dem Schulbuch
haben es bereits deutlich gemacht: Gegen alle abstrakten Prozesse
eines ›Lernens über‹ zielt eine trialogische Religionspädagogik
zum einen darauf, die eigene Religion gerade in Nähe und Distanz zu den beiden Geschwisterreligionen tiefer und persönlicher
zu verstehen. Zum anderen geht es darum, die beiden anderen
Religionen eben nicht einfach nur als ›weitere Weltreligionen‹ in
den inneren Kenntniskatalog einzureihen oder abzuheften. Im
Koran spiegelt sich der in vielen Parallelgeschichten erzählte gemeinsame Glaube an den einen Gott. Verwandte Einzelschriften
und Identifikationsgestalten können im vergleichenden Blick auf
ihre biblische wie koranische Profilierung eine andere, tiefe, he-
rausfordernde existentielle Bedeutung erlangen. Davon wird im
Folgenden ausführlich die Rede sein.

1.2 Urbilder und Vorbilder – Große Gestalten

Da sich Judentum, Christentum und Islam gemeinsam auf die
Hebräische Bibel beziehen, überrascht es nicht, dass sie sich
auch gemeinsam an denselben großen Gründungsfiguren orientieren. Die Schicksale der zentralen Gewährsleute des Gottesglaubens werden in allen drei Religionen erzählt und gedeutet,
weil sich in ihnen die Gottesbeziehung in besonderer Weise
spiegelt und entfaltet. Religiöses Lernen findet seine Haft-

---

[43] Religion vernetzt 7: Lehrerkommentar, 284.

punkte an derartigen »Modellen[n], Vorbilder[n] und Leitfiguren«[44]. Was wir im Blick auf Abraham bereits gezeigt haben, gilt analog auch für Adam (und namenlos Eva), Kain und Abel, Noah, Lot, Jakob, Josef, Aaron und Mose, Elia[45], Elischa, Jona, Esra, Saul, David, Salomo und die Königin von Saba, Esra und Hiob, dann für die neutestamentlichen Charaktere Jesus, Maria, Zacharias und Johannes der Täufer, die zwar nicht in der Hebräischen Bibel auftauchen (können), in der jüdischen Tradition aber sehr wohl religiös gedeutet werden. Für jede dieser Figuren gilt: Stets gibt es verbindende Erzählelemente, zugleich aber auch Trennendes.

Diese Beobachtung führt zu einer weiteren *Grundaufgabe trialogischen Lernens:* Spätestens wenn in den Sekundarstufen von diesen *Figuren* die Rede ist, sollte immer wieder der Hinweis erfolgen, dass sie in allen drei Religionen eine wichtige Rolle spielen, teils in verbindender Gemeinsamkeit, teils in trennender Eigendeutung. Neben Texte aus der Bibel können Texte aus der Kindertora und des Kinderkoran treten, um diese Bedeutungsvielfalt zu verdeutlichen. Erste Hinweise auf diese religionenübergreifende Bedeutung können dabei sicherlich auch schon in der Primarstufe erfolgen, ohne hier schon genauer entfaltet zu werden, geht es doch zunächst einmal um ein erstes Kennenlernen der Grundgestalten des Glaubens. Wie intensiv, wie detailliert, wie differenziert die trialogische Perspektive didaktisch in der Sekundarstufe entfaltet wird, muss im Einzelfall entschieden werden. Im Blick auf Abraham und Jesus sollte in jedem Fall ein genauerer Vergleichsblick erfolgen, bei anderen Figuren exemplarisch. An einigen herausragenden Figuren sollen im Folgenden didaktisch relevante Grundzüge derartiger trialogischer Ausleuchtungen verdeutlicht werden.

Dem koranischen Verständnis nach hat sich Gott vor allem über große Propheten offenbart. Propheten vermitteln als Spre-

---

[44] Vgl. *Hans Mendl:* Modelle – Vorbilder – Leitfiguren. Lernen an außergewöhnlichen Biografien (Stuttgart 2015).
[45] Vgl. *Christfried Böttrich/Beate Ego/Friedmann Eißler:* Elia und andere Propheten in Judentum, Christentum und Islam (Göttingen 2013).

cher Gottes dessen Willen. Über deren genaue Anzahl gibt es dem islamischen Verständnis zufolge »keine genaue Informati-on«[46], wohl aber Grenzpfosten: Die Linie reicht von Adam bis Mohammed. Klassisch werden im Anschluss an Sure 2,253[47] vor allem fünf als die maßgeblichen, die größten Propheten he-rausgehoben: »Noah, Abraham, Moses, Jesus und Muham-mad«[48]. Andere Hervorhebungen betonen die Wichtigkeit von vier Propheten, die nicht – wie andere – als »nabi« bezeichnet werden, sondern als »rasul«, Gesandte oder Boten, die eine Buch-Offenbarung erhalten haben: Mose, David (die Psalmen), Jesus sowie Mohammed. Von Noach wird abschließend zu re-den sein, Abraham wurde bereits betrachtet. So fällt der erste vertiefende trialogische Vergleichsblick auf Mose.

Mose

Mose ist für das Judentum, das Christentum und den Islam als »erstrangiger Mittelsmann zwischen Gott und dem Volk Is-rael«[49] eine zentrale Gestalt, er »spielt im Kontext der drei abrahamitischen Religionen eine zentrale Rolle«[50]. Er gilt in al-len drei Traditionen

- als die »zweite große Leitfigur« nach Abraham,
- als »Prototyp des Propheten«,
- als »charismatisch-politischer Anführer des Exodus, der Be-freiung und Wüstenwanderung«,

---

[46] *Mustafa Köylü:* Prophetie im Islam aus traditionellem Blickwinkel, in: *Klaus von Stosch/Tuba Isik* (Hrsg): Prophetie in Islam und Christentum (Pa-derborn 2013), 119–143, hier: 121.

[47] Sure 2,253: »Jene Gesandten – die einen von Ihnen bevorzugten Wir vor den anderen; zu einigen von Ihnen sprach Allah und erhöhte andere um Stu-fen«.

[48] *Mustafa Köylü:* Prophetie im Islam, 122.

[49] *Stefan Jakob Wimmer/Stephan Leimgruber:* Von Adam bis Muhammad (2005), 158.

[50] *Jörg Ballnus:* Mose/Musa als prophetische Gestalt in Christentum, und Islam, in: *Anja Middelbeck-Varwick* u. a. (Hrsg.): Die Boten Gottes. Pro-phetie in Christentum und Islam (Regensburg 2013), 103–108, hier: 103.

– als zentraler »Empfänger der Jahwe-Offenbarung«[51], die in der Tora verschriftlicht wurde.

Diese grundlegenden *Gemeinsamkeiten* zeigen schon, dass es neben der (gerade nicht harmonistisch misszuverstehenden) abrahamischen Geschwisterlichkeit von Judentum, Christentum und Islam auch so etwas gibt wie eine *mosaische Geistesverwandtschaft*. Wie im Blick auf Abraham verlaufen aber auch hier die Deutungswege in sehr eigengeprägte Richtungen.

Für das *Judentum* hat die »facettenreiche Überlieferung«[52] von Mose einen viel höheren Stellenwert als für die beiden anderen Religionen. Er, der als einziger mit Gott »von Mund zu Mund, von Angesicht zu Angesicht« (Num 12,8) geredet hat, wird zur zentralen Identifikationsgestalt des nachbiblischen Judentums. Denn: »Niemals wieder ist in Israel eine Prophet wie Mose aufgetreten. [...] Keiner ist ihm vergleichbar.« (Dtn 34,10f.) Interreligiös von zentraler Bedeutung: Wird er so zwar als der »alles überragende, unvergleichliche Prophet« gezeichnet, so ist damit aus jüdischer Sicht explizit nicht ausgeschlossen, »dass es unter den Völkern der Welt Propheten wie Mose geben«[53] könnte. Im Judentum gilt Mose als Empfänger der Tora und somit als der Gesetzeslehrer schlechthin. Für viele Juden ist völlig klar, dass Mose jene Tradition stiftete, die forthin und bis zum heutigen Tag als Norm jüdischer Lebensführung und Religion galt und gilt. Die Berufung auf ihn garantiert jüdische Identität und Tradition.

Im *Christentum* spielt Mose durchaus auch eine wichtige Rolle, keineswegs jedoch eine vergleichbar zentrale wie im Judentum, auch eine weniger wichtige als im Islam. Mose wird im Neuen Testament 80mal erwähnt, mehr als jede andere Figur des Alten Testaments.[54] Drei Grundzüge der Charakterisierung

---

[51] Alle: *Hans Küng:* Das Judentum (1991), 83.

[52] *Christfried Böttrich/Beate Ego/Friedmann Eißler:* Mose in Judentum, Christentum und Islam (Göttingen 2010), 60.

[53] *Stefan Schreiner:* »Der Vater aller Propheten«. Mose als Prophet und die Prophetie des Mose in jüdischer, christlicher und islamischer Tradition, in: *Klaus von Stosch/Tuba Isik:* Prophetie (2013), 13–34, hier: 24.

[54] Vgl. *Böttrich/Ego/Eißler:* Mose (2010), 70.

fallen dabei ins Auge: Mose wird als »Vor-Bild Jesu Christi«[55] stilisiert. Einige Erzählungen um Jesus – etwa Joh 6,22–59 als Überbietungsgeschichte der Mose-Erzählung von Manna in der Wüste durch das neue Himmelsbrot – sind bewusst mit Anspielungen auf die Mose-Tradition erzählt, mit dem Ziel, trotz aller Anknüpfung primär die eindeutige Überlegenheit Jesu zu demonstrieren. Darauf aufbauend wird grundsätzlich entweder die kontinuierliche Fortführung oder der übersteigende Gegensatz betont: So wie Mose dem Volk Israel das lebensermöglichende Gesetz brachte, so kam durch Jesus das Evangelium in die Welt. Jesus wird nicht nur als ›neuer Mose‹ stilisiert, sondern auch als ›besserer Mose‹. So steht Mose drittens als Repräsentationsfigur für den ›alten Bund‹, dem Jesus seinen ›neuen Bund‹ an die Seite stellte (vgl. 2 Kor 3,12–18).

Für den *Islam* wiederum ragt Musa/Mose als erster Empfänger einer göttlichen Buchoffenbarung aus der Reihe der Propheten heraus. Auch im Koran ist Mose die »mit Abstand am häufigsten erwähnte biblische Gestalt«[56]. 136 mal wird sein Name genannt, in 502 Versen und in 36 Suren erfolgt ein expliziter Bezug auf ihn! Der Koran bringt Mohammeds Prophetentum ganz bewusst und »auf charakteristische Weise mit der Gestalt des Mose in eine typologische Beziehung«[57]. In einer großen, Kontinuität stiftenden heilsgeschichtlichen Schau wird Mose als erstem prophetischen Empfänger eines göttlichen Buches Mohammed, der ›neue Mose‹, als letzter Empfänger eines Buches gegenübergestellt, als ›Siegel der Propheten‹. Auffallend dabei die Ausblendungen: Der Koran kennt keinen direkten Bundesschluss Gottes mit Israel, berichtet nichts über das Pessach-Mahl, interessiert sich nicht für Mose als Stifter von Kult und Priestertum. Gleichwohl erhalten die Juden (und indirekt im Blick auf ihre Übernahme der Hebräischen Bibel als Altes

---

[55] *Hans Küng:* Das Judentum (1991), 83.

[56] *Böttrich/Ego/Eißler:* Mose (2010), 112.

[57] *Hartmut Bobzin:* »Das Siegel der Propheten«. Anmerkungen zum Verständnis von Muhammads Prophetentum, in: *Anja Middelbeck-Varwick* u. a.: Die Boten Gottes (2013), 23–36, hier: 36.

Testament auch die Christen) über Mose den Würdetitel der
›Leute der Schrift‹. Zudem wird Mose für Mohammed ganz
persönlich zum Vorbild: als Prophet; als Mensch in einer ganz
besonders engen, vertrauten Gottesbeziehung; in seiner Eigen-
schaft als religiöser, kultureller, militärischer und politischer
Führer eines ganz spezifischen, durch ihn befreiten und zu
Gott geführten Volkes; schließlich als Verkünder der maßgeblichen, sich auf Gottes Ursprung berufender Gesetze.

Welche Perspektiven ergeben sich aus diesen Charakterisierungen für ein trialogisch ausgerichtetes *interreligiöses Lernen*?
Zunächst gilt es – bei allem Recht auf elementarisierende Konzentration – *Mose als Kerngestalt aller drei Religionen* zu profilieren. Dass sich Judentum, Christentum und Islam in Mose
eine grundlegende Gemeinsamkeit teilen, ist viel zu wenig bewusst. Der immer noch ›gültige‹, noch nicht kompetenzorien-
tiert konzipierte »Grundlagenplan für den katholischen Religionsunterricht im 5. bis 10. Schuljahr« von 1984 widmet eine
ganze Unterrichtsreihe in Klasse 5 dem Thema »Unterwegs zur
Freiheit (Exodus)« und formuliert als Mindestanforderungen:
Die Schülerinnen und Schüler sollen
- »Die Gestalt des Mose charakterisieren
- Den Weg Israels von der Knechtschaft in die Freiheit nach-
  erzählen
- Die Bedeutung des Paschafestes erläutern
- Den Dekalog aufsagen«[58].
In trialogischer Perspektive müsste man heute als fünfte Anfor-
derung hinzufügen: ›Die Bedeutung des Mose in Judentum,
Christentum und Islam in Grundzügen verstehen.‹

Mose wird jedoch ein weiteres Mal didaktisch aufgegriffen.
Als mögliche Konkretion im Wahlthema »Gestalten der Bibel«
wird für Klasse 9/10 unter anderem Mose ins Spiel gebracht,
verbunden mit dem Stichwort »Wege in die Freiheit gehen«[59].
Hier ließe sich ein weiteres interreligiöses Stichwort einfügen:
›Mose als verbindende und trennende Figur in Judentum,

---

[58] Grundlagenplan 5. bis 10. Schuljahr (1984), 27.
[59] Ebd., 122.

Christentum und Islam‹. Denn dass und wie die drei Religionen eben ganz eigene Wege gehen, lässt sich an Mose geradezu idealtypisch veranschaulichen. Während das Judentum alttestamentliche Figuren wie zuvorderst Mose vor allem als identitätsstiftende Gestalten zur Verdeutlichung der eigenen Geschichte, Gottesbeziehung und Identität nutzen, dienen sie im Christentum primär zur Profilierung einer Anknüpfung an die Heilsgeschichte, die freilich in Jesus Christus ihren unüberbietbaren Höhe- und Schlusspunkt findet. Mose wird vor allem zum Typus, der in Jesus Christus überboten wird. Strukturell ähnlich im Islam: All das, was Mose für das Judentum auszeichnet, findet seine Bestätigung und aufgipfelnde Überbietung in Mohammed und dem Koran. An Mose ließe sich so mit älteren Schülerinnen und Schülern ein Aspekt herausarbeiten, den der 2003 veröffentlichte »Grundlagenplan für den katholischen Religionsunterricht in der gymnasialen Oberstufe/Sekundarstufe II« explizit als inhaltlich zu berücksichtigende Perspektive nennt: das in manchem vergleichbare, in manchem voneinander abweichende »Offenbarungsverständnis im Judentum, im Christentum und im Islam«[60].

Auffällig als Beobachtung in *genderspezifischer Perspektive:* Alle drei Religionen neigen zu einer zunehmenden ›Verniemandung‹ der ›Mose-Schwester‹ *Mirjam.* Deren eigenständige prophetische Ursprungsbedeutung[61] wird im Judentum noch miterzählt, wenn auch zur Herausstellung der Bedeutung ihres ›Bruders‹ Mose herabnivelliert; im Christentum zwar im Traditionsstrom des Alten Testament integriert, im Neuen jedoch verschwiegen; im Islam schließlich vollends namentlich wie personal unterschlagen. Bei aller trialogischen Konzentration auf Figuren, die in allen drei Religionen Gestalt gewinnen, dürfen jene nicht aus dem Blickfeld geraten, die marginalisiert werden, allen voran die starken eigenständigen Frauengestalten. Die kritische Anfrage an den Koran und den Islam muss im binnentria-

---

[60] Grundlagenplan Oberstufe/Sekundarstufe II (2003), 45.
[61] Vgl. *Ursula Rapp:* Mirjam. Eine feministisch-rhetorische Lektüre der Mirjamtexte der hebräischen Bibel (Berlin 2002).

logischen Diskurs erlaubt sein: Warum wird dort den biblischen
Frauen entweder der Name (Eva) oder gar die ganze Existenz
(Mirjam, Rebekka, Rut, Judit, Ester, etc.) vorenthalten?

David

Wie Mose wird auch David im Islam als ›rasul‹ geehrt, als einer
der wenigen herausragenden prophetischen Gesandten oder
Boten, die eine Buch-Offenbarung erhalten haben, in seinem
Fall das Buch der Psalmen (vgl. Sure 17,55). Die zentrale Bedeutung von Abraham oder Mose kommt ihm in keiner der
drei Religionen zu, gleichwohl lässt sich auch an ihm das Verbindende und Trennende von Judentum, Christentum und Islam aufzeigen. Zunächst fallen erneut einige grundlegende *verbindende Züge* auf:
- David gehört zu den großen, herausgehobenen prophetischen Leitfiguren der drei abrahamischen Religionen.
- David wird nicht nur in seiner historischen Rolle als bedeu-
  tendster König der israelitischen Geschichte herausgestellt,
  sondern gilt von daher ganz allgemein als »Prototyp des guten Herrschers«[62].
- David gilt als Dichter oder Empfänger der Psalmen, die im
  Koran erwähnt, aber textlich nicht aufgenommen werden.
- David, gezeichnet als exemplarischer Beter und Büßer, wird
  als Vater von Salomo, dem Erbauer des Tempels, benannt.

Erneut zeigt sich ein beeindruckender Grundbestand an gemeinsamen Charakterisierungen, die im Bewusstsein der Gläubigen in den einzelnen Religionen kaum präsent sein dürfte.
Aber auch hier gehen die internen Ausdeutungen innerhalb der
Einzelreligionen unterschiedliche Wege.

Im *Judentum* wird David zum Urbild des kommenden Messias, von dem man sich Rettung oder zumindest politische
Stärke erhofft. David, Archetyp des betenden Menschen, wird
unter das Maß des Mose gestellt, stilisiert man doch auch ihn
als vorbildlich gesetzestreu, ja: als Lehrer des mosaischen Ge-

---

[62] *Hans Küng:* Das Judentum (1991), 110.

setzes. Wie Mose kann auch David deshalb als Leitfigur für ein traditionskonformes religiöses Judentum fungieren. Schließlich wird er zur Symbolgestalt des 1948 (wieder-)gegründeten israelischen Staates, der nicht zufällig den sechseckigen, so unterschiedlich assoziationsbeladenen ›Davidsstern‹[63] in sein Staatswappen aufnimmt.

Im *Christentum* zeigt sich eine Entwicklung, deren Grundstrukturen sich schon im Blick auf Abraham und Mose ganz ähnlich nachzeichnen ließen. Die auf einen ›neuen David‹ bezogenen Messias-Verheißungen werden – schon in den Stammbäumen und Geburtserzählungen von Matthäus und Lukas – im Modus von Anknüpfung, Erfüllung und Überbietung auf Jesus übertragen. David wird zum Typus des gekommenen Messias Jesus Christus, der deshalb auch direkt immer wieder explizit als »Sohn Davids« (Mk 10,47 u. a.) bezeichnet wird. David wird darüber hinaus als Beispiel vorbildlicher Frömmigkeit stilisiert. Später gilt er als Leitfigur für christliche Könige und Kaiser.

Die Strukuren der christlichen Ausdeutung Davids findet sich analog im *Islam*. Hier wird ›Dawud‹/David zum Typus des Propheten Mohammed. Wie David, so gilt auch Mohammed als herausgehobener Prophet, als erfolgreicher großer Feldherr und als kluger, umsichtiger und mächtiger Staatsmann und Politiker. Und auch hier greift die nachkoranische Tradition ein typologisches Deutemuster auf, indem David zum Leitbild für Kalifen, also für die Stellvertreter oder Nachfolger Mohammeds, jedenfalls zum Vorbild und Führer der muslimischen Gemeinschaft wird.

Erneut fragen wir: Welche Perspektiven ergeben sich aus diesen Charakterisierungen für ein trialogisch ausgerichtetes *interreligiöses Lernen?* Wie bei Mose geht es darum, auch *David als Kerngestalt aller drei Religionen* zu profilieren. Im »Grundlagenplan für den katholischen Religionsunterricht im 5. bis 10. Schuljahr« findet sich für die sechste Klasse eine Unterrichtsreihe über »Könige in Israel – Hilfe und Gefahr«, in der

---

[63] Das Symbol findet sich erstmals im frühen Mittelalter. 1897 wurde es zum offiziellen Wahrzeichen des ersten Zionistenkongresses in Basel.

angezielt wird, dass die Schülerinnen und Schüler zumindest »Saul – David – Salomo in ein Zeitband der Geschichte Israels einordnen«, über »Grundkenntnisse aus dem Leben der Könige verfügen« können, sowie »messianische Verheißungen«[64] kennenlernen sollen. Auch hier sollte man aus trialogischer Sicht ergänzen: ›Die Schülerinnen und Schüler sollen die Bedeutung und Wirkungen Davids im heute gelebten Judentum, im Christentum und im Islam in Grundzügen kennenlernen.‹

Propheten

Schon mehrfach wurde betont, dass Judentum, Christentum und Islam als die drei klassischen (wenngleich nicht zwangsläufig einzigen) ›prophetischen Religionen‹ gelten, selbst wenn es auch in anderen Religionen in Ansätzen vergleichbare Vorstellungen gibt[65]. Sie bilden eine »eigene prophetisch orientierte Glaubensgemeinschaft von Monotheisten«[66] mit unverwechselbarer Signatur. Mit Abraham, Mose und David wurden drei der wichtigsten Propheten bereits näher vorgestellt – im Blick auf die gemeinsamen Charakterisierungen, aber zugleich im Blick auf trennende Deutelinien sowie hinsichtlich religionsdidaktischer Konsequenzen des Befundes. Anlass genug, um grundsätzlich darüber nachzudenken, was das Verständnis von Prophetie eint und wo sich die drei Religionen in ihrem Verständnis darüber, was ein Prophet ist, unterscheiden.

Die trialogisch ausgerichteten interreligiösen Forschungen der letzten Jahre haben eine überraschendes Erkenntnis erbracht: Wo die Rede von den drei ›prophetischen Religionen‹ eine besondere Nähe durch das Charakteristikum ›Prophetie‹ erwarten ließe, kennzeichnet dieses Kriterium in besonders eindrücklicher Weise die *Unterschiede* der drei theologischen Kon-

---

[64] Grundlagenplan 5. bis 10. Schuljahr (1984), 39.
[65] Vgl. *Bernhard Lang*: Der Prophet. Die Geschichte eines Intellektuellentyps von der Bibel bis heute, in: *Klaus von Stosch/Tuba Isik*: Prophetie in Islam und Christentum (2013), 35–67.
[66] *Karl-Josef Kuschel* (2007), 443.

zeptionen in Judentum, Christentum und Islam. *Hans Küng,* der in seiner epochalen Studie »Das Judentum« aus dem Jahre 1991 die trialogischen Gemeinsamkeiten an vielen Beispielen besonders deutlich herausstellte, bleibt hier in der Beschreibung des Verbindenden erstaunlich vage: Propheten gelten ihm zufolge in allen drei Religionen als »besonders berufene Künder Gottes«, als »Gipfelgestalten« der jeweiligen Religion, als »soziale, politische und theologische Kritiker der Gesellschaft«, als »Wächter, Warner, Prüfer und Mahner«[67].

Die damit vorgenommene Charakterisierung stimmt, bleibt aber eben offen und zwangsläufig undifferenziert, da das Verständnis im konkreten Einzelblick verschiedene Schwerpunkte setzt. Nähern wir uns der Problematik vom christlichen ›Normalverständnis‹ her, konkretisiert durch einen Blick in den »Grundlagenplan für den katholischen Religionsunterricht im 5. bis 10. Schuljahr« von 1984. Dort findet sich eine ganze Lerneinheit zum Thema Prophetie unter der Überschrift »Lästige Mahner«[68]. Auffällig: Hier geht es ausschließlich um die *Sozialpropheten,* um jene Schriftpropheten, die – als Gegenspieler der israelitischen Priester und Könige – als soziale und politische Mahner auftreten. »Propheten«, das sind im üblichen christlichen Sprachgebrauch Eli, Samuel, Elia, Elischa, Jeremia, Jesaja, Ezechiel, Jona, Amos, Hosea und all die anderen im Alten Testament eben genau so bezeichneten. Heute würde man die explizit so benannten Proph*etinnen* eigens erwähnen: etwa Mirjam, Debora oder Hulda. Ihr Geschick, ihr Profil wird im christlichen Religionsunterricht nachgezeichnet und auf – analog verstandene – Propheten späterer Episoden oder unserer Zeit wie Thomas Morus, Martin Luther King oder Oscar Romero verlängert. Gegebenenfalls reiht man auch noch Johannes den Täufer und Jesus selbst in diese prophetische Reihe ein. Dass Abraham und Mose, dass David als Propheten bezeichnet würden, mag zwar am Rande erwähnt werden, spielt aber keine nennenswerte didaktische Rolle. Sie werden zwar in anderen Lehreinheiten explizit di-

---

[67] *Hans Küng:* Das Judentum (1991), 125.
[68] Grundlagenplan 5. bis 10. Schuljahr (1984), 50f.

daktisch profiliert, jedoch ohne dass ihr Prophetentum dabei im Zentrum stehen würde. Und von Mohammed als Prophet ist *in diesem Zusammenhang* ohnehin keine Rede.

Dieser Befund widerspricht grundlegend dem *islamischen Verständnis.* Bis auf Jona wird kein einziger der sogenannten ›großen‹ oder ›kleinen‹ Schriftpropheten Israels »im Koran der Erwähnung für würdig befunden, keiner als Sprachrohr Gottes, als Warner und Künder ernster-froher Botschaft zur Kenntnis genommen«[69], von den Prophetinnen ganz zu schweigen. Angesichts der ansonsten so breiten Übernahme biblischer Figuren fällt dieser Befund um so mehr ins Auge: »Rätselhaft«[70]! Offensichtlich wird deren Funktion nicht benötigt: Das Mahnen, das Warnen, das Trösten, der prophetische ›Stachel im Fleisch‹ wird in einer Religion der Rechtleitung überflüssig. Was für ein tiefgreifender Unterschied zum Verständnis in Judentum und Christentum! Versuchen wir von hier aus eine Differenzierung:

Im *Judentum* wird der Begriff der Prophetie schon im Alten Testament in breiter »Vielgestaltigkeit«[71] verwendet. Neben Mose gelten vor allem die großen Individualpropheten als Zentralgestalten der israelitischen Geschichte, weit mehr als die (meisten) Könige. Eschatologische Erwartungen werden mit dem Auftritt eines großen Propheten verbunden (Dtn 18,15). In späterer Tradition schon zu alttestamentlicher Zeit werden die Propheten freilich zurückgedrängt, ihre Autorität wird mehr und mehr von den Gesetzeslehrern übernommen. Das Prophetische lebt dennoch fort als mahnende Besinnung auf die Treue zum Monotheismus, als Ausformulierung eines von Gott gegebenen Grundethos der sozialen Verantwortung in Berufung auf »nicht nur Israel betreffende Werte und Maßstäbe«[72], als provokativ-kritischer Geist einer Anmahnung von gerechten und friedlichen Lebensverhältnissen.

---

[69] *Hans Küng:* Das Judentum (1991), 124.
[70] *Böttrich/Ego/Eißler:* Elia und andere Propheten (2013), 144.
[71] Vgl. *Erich Zenger* u. a.: Einleitung in das Alte Testament (Stuttgart/Berlin/Köln 1995), 293.
[72] *Bernhard Lang:* Der Prophet, 41.

Dieser Grundduktus wird auch im *Christentum* bestimmend. Doch auch hier verliert die spezifisch prophetische Stimme an Profil und Kraft, nachdem sie bei Johannes dem Täufer und Jesus noch einmal laut erklingt. Die charismatische, ungebändigte Kraft der Prophetie wurde von institutionell geregelten Vertretungen übernommen, vor allem vom Bischofs- und Papstamt. Die alttestamtlichen Propheten deutet man als Vorausweiser auf Jesus Christus. Erneut – wie schon bei Mose und David – werden zahlreiche zentrale prophetische Traditionen im Blick auf die erzählerische und dann schriftliche Charakterisierung Jesu produktiv und überbietend aufgegriffen. In Jesus gehen die prophetischen Verheißungen in Erfüllung. In seinem Geist wirken sie auch gegenwärtig und künftig fort.

Im *Islam* kennt man die oben bereits benannte Unterscheidung zwischen den ›nabi‹ (das Wort wird im Koran 350mal verwendet) auf der einen Seite – den allgemeinen Propheten als vorbildlichen Modellen gelingenden Menschseins und als Sprachrohre des Willen Gottes. Über deren genaue Anzahl gibt es im Koran und in der islamischen Tradition keine genaue, konsensfähige Auskunft. Auf der anderen Seite stehen die ›rasul‹ (das Wort erscheint 75mal), die Gesandten oder Boten, die eine Buch-Offenbarung erhalten haben: Mose, David, Jesus sowie Mohammed als deren endgültiger Abschluss, als ihr ›Siegel‹. Zudem werden Adam, Noah und Abraham als Propheten verehrt, welche dieselbe Botschaft empfangen haben wie später Mohammed, der diese von allen geschichtlichen Verfälschungen und Überlagerungen reinigte. Der Koran hebt die Kontinuität der Prophetie explizit hervor: »Siehe, Wir haben dir Offenbarung gegeben [...] wie den Propheten« (Sure 4,163). Insgesamt kommen im Koran »fünfundzwanzig Propheten namentlich vor«[73], die meisten davon lassen sich biblischen Vor-Bildern zuordnen. Strukturell eine aufschlussreiche Parallele zum Christentum: *Nach* Mohammed wird auch im Islam die Prophetie domestiziert und institutionalisiert. Ihre Funktion geht an die Rechtsgelehrten über.

---

[73] *Böttrich/Ego/Eißler*: Elia (2013), 140.

Der Befund ist deutlich: Zwar kennt man die Rede von Propheten in Judentum, Christentum und Islam, zwar gibt es durchaus gemeinsame Grundcharakteristika in der Benennung dessen, was man unter einem Propheten versteht, gleichwohl stimmt der Befund des jüdischen Erziehungswissenschaftlers *Micha Brumlik:* »Propheten und Prophetie« spielen in diesen Religionen »eine ganz unterschiedliche Rolle«[74]. Ausgerechnet Prophetie wird so gerade nicht zum »verbindenden Element«[75] der ›prophetischen Religionen‹, sondern im Gegenteil zum trennenden.

Trialogisches Lernen wird hier vor allem als ein Lernen der Differenz zu profilieren sein. Der religionsdidaktisch sensibel durchkomponierte Entwurf einer islamischen »prophetischen Beheimatungsdidaktik« von *Tuba Isik* ist so gewiss ein innovativer Versuch, anhand von Mohammed ein durchaus kritisches zeitgenössisch-sensibles muslimisches Vorbildlernen zu konzipieren. Mohammed wird hier zum zentralen »Medium, mit dem und an dem Schülerinnen und Schüler an ihren Glauben herangeführt und in ihm beheimatet werden«[76], und zwar fernab eines »blinden Imitationslernen[s]«[77]. Dass Propheten hier – im Anschluss an Sure 33,21: »in den Gesandten Allahs hattet ihr ein schönes Beispiel für jeden, der auf Allah und den Jüngsten Tag hofft« – als ideale Vorbilder gesehen werden, dass Mohammed als überragendes Beispiel hierfür nutzbar gemacht wird: All das ist binnenmuslimisch stringent.

Ein ›prophetisches Lernen‹ jüdischer oder christlicher Provenienz hätte gleichwohl ein völlig anderes Profil. Der Überschneidungsfaktor bleibt äußerst gering. Der Blick auf den Grundlagenplan hat ja schon gezeigt, dass im Christentum der Schwerpunkt auf den »lästigen Mahnern« liegt, auf Impulsgebern, die »schärfer sehen und eine bestimmte Situation als

---

[74] *Micha Brumlik:* Propheten und Prophetie im Judentum, in: *Klaus von Stosch/Tuba Isik:* Prophetie (2013), 69–83, hier: 70.
[75] So die auffälligerweise nicht eingelöste Versprechung des Schlusskapitels in: *Anja Middelbeck-Varwick* u. a.: Die Boten Gottes (2013), 205.
[76] *Tuba Isik:* Prophetische Beheimatungsdidaktik. Ein Prophet im deutschen Religionsunterricht, in: ebd., 165–181, hier: 170.
[77] Ebd., 180.

Krisensituation diagnostizieren«[78], die dabei alles andere als perfekt sind, alles andere als einfach vorbildhaft. Auch Jesus selbst wird didaktisch kaum explizit als Prophet betrachtet, sondern eher unter anderen Gesichtspunkten[79]. Trialogisch und didaktisch lassen sich hier kaum Verbindungen schaffen, bleibt es bei einem aussagekräftigen Beispiel unterschiedlicher Deutungstraditionen. Dieser Befund leitet über zu einer zweiten zentralen *Kernfrage* trialogischer Bemühungen und eines trialogisch orientierten Lernens:

Konfliktfall II: *Die Bedeutung Mohammeds*

Welcher Platz und Stellenwert kommt Mohammed im trialogisch-interreligiösen Lernen aus christlicher (und auch aus jüdischer Sicht) zu? Neben der Frage nach der theologischen Bedeutung des Koran kennzeichnet diese Frage den zweiten grundlegenden Konflikt: Ist Mohammed in christlichem (und jüdischem) Verständnis ein Prophet in einer Reihe mit den alttestamentlichen Propheten, mit Johannes dem Täufer und Jesus von Nazareth? Können Christen oder Juden die muslimisch so zentrale Rede von Mohammed als ›Siegel der Propheten‹ mitsprechen?

Nur wenn man diese Fragen in aller Klarheit beantwortet, lassen sich Konsequenzen dahingehend formulieren, welcher Stellenwert Mohammed in interreligiösen Lernprozessen aus christlicher (und jüdischer) Sicht zukommen kann. Die jüdische Diskussion ist dabei wenig ergiebig, ist es doch »nie möglich, von *einer* jüdischen Position zu sprechen, schon gar nicht in Bezug auf ein so sensibles Thema«[80], so der Rabbiner *Jonathan*

---

[78] Grundlagenplan 5. bis 10. Schuljahr (1984), 50.

[79] Vgl. *Rita Burrichter:* Jesus als Prophet – (k)ein Thema des christlichen Religionsunterrichts. Eine fundamentaldidaktische Durchsicht ausgewählter Unterrichtswerke, in: *Klaus von Stosch/Tuba Isik:* Prophetie (2013), 211–226.

[80] *Jonathan Magonet:* Abraham – Jesus – Mohammed (2000), 117. Hervorhebung GL.

Magonet. Aus christlicher Sicht kann und muss die Position klarer gefasst werden. Denn *dass* Mohammed auch im konfessionellen Religionsunterricht eine wichtige Rolle spielen kann und soll, ist von den Lehr- und Bildungsplänen her völlig klar.[81] Aber welche? Korrelationsspezifisch lässt sich die Frage perfekt zuspitzen: Gehört Mohammed innerhalb des Versuchs, eine kritische, produktive Wechselbeziehung herzustellen, aus christlicher Sicht auf die Seite des Geschehens, dem sich »der überlieferte Glaube verdankt«, oder auf die andere Seite des Geschehens, auf welcher »Menschen heute ihre Erfahrungen machen«. Das Korrelationsmodell hilft, die Frage sehr genau zu stellen: Mohammed, wo steht er (aus christlicher Sicht!): auf der Seite der *Gründergestalten* des Glaubens wie Amos, Jeremia oder Jesus, oder auf der Seite der verdeutlichenden *Rezeptionsgestalten* des Glaubens wie Thomas Morus, Oscar Romero oder Mahatma Gandhi?

Der Einsatz im Unterricht hängt zentral von dieser Zuordnung ab, der man nicht ausweichen kann und darf, wenn man im Rahmen des christlich-konfessionellen Religionsunterrichts verantwortungsvoll vom Islam sprechen will. Dass Muslime von Christen erwarten, Mohammed als Propheten anzuerkennen, ist – gerade in interreligiösen Dialog- oder Trialogunternehmungen – vollkommen nachvollziehbar. Da sie ihrerseits Jesus als Propheten anerkennen, legt sich durchaus der Gedanke nahe, die vergleichbare Anerkennung auch umgekehrt zu erwarten. Dabei wird freilich übersehen, dass sie aufgrund der oben aufgezeigten grundlegenden Asymmetrie des Trialogs auf einer anderen Ebene liegt. Auch Christen erwarten ja weder von Juden noch von Muslimen, dass sie die Gottessohnschaft Jesu anerkennen. Also: Können Christen im Rahmen ihres

---

[81] Zeitgeschichtlich interessant: Der »Grundlagenplan für den katholischen Religionsunterricht im 5. bis 10. Schuljahr« (1984) führt noch keine eigene Unterrichtseinheit über den Islam auf. Er wird zum Teilthema in der Gesamtkonzeption der Einheit 8.2.: »Gott begegnen in den Religionen«. In allen Lehrplänen wird der Islam aber inzwischen zum eigenständigen Thema, meistens in Klasse 6 oder 7.

Glaubens Mohammed als Propheten anerkennen?[82] Diese Frage stellt sich insofern tatsächlich in aller Ernsthaftigkeit, als dass das Zweite Vatikanische Konzil – bei aller strategisch so grundsätzlichen Aufwertung der Muslime und ihrer Religion in *Nostra Aetate* 3 – eine konkrete Aussage sowohl zum Koran als auch zu Mohammed schlicht verweigert. Ob und gegebenenfalls wie er als Prophet gelten kann, wird nicht gesagt.

Wohl deshalb geht ein päpstliches Dokument aus dem Jahre 1981 so weit wie nur irgend möglich auf diese Fragestellung ein: Christen könnten Mohammed als »ein großes literarisches, politisches und religiöses Genie« anerkennen, dem »nicht die besonderen Gaben gefehlt haben, viele Menschen zur Verehrung des wahren Gottes zu führen«, so dass man auch als Christ bei ihm »gewisse ›prophetische Besonderheiten‹ entdecken« könne[83], so in der Schrift »Wege zum christlich-islamischen Dialog«, herausgeben vom Päpstlichen Sekretariat für die Nichtchristen. Deutlich wird in all den gewundenen, um Präzision ringenden Ausführungen das Bemühen einer möglichst positiven Zeichnung Mohammeds, freilich gepaart mit einer gleichzeitigen Vermeidung der Diskussion oder auch nur Verwendung des Propheten-Titels.

Einzelne im Dialog mit dem Islam besonders engagierte christliche Theologen gehen weiter: Der evangelische Theologe *Reinhard Leuze* etwa fordert die christliche Theologie seit 1994 immer wieder direkt dazu auf »Mohammed als Propheten anzuerkennen«, weil es schlicht »keine zureichenden theologischen Argumente« gebe, die »den Anspruch Mohammeds, Prophet des einen Gottes zu sein, widerlegen können«[84]. Schon

---

[82] Vgl. dazu: *Anja Middelbeck-Varwick:* Muhammad, der Prophet nach Jesus? Katholisch-theologische Bewertungen im Ausgang des Zweiten Vatikanischen Konzils, in: Cibedo-Beiträge 2/2010, 56–63.

[83] Vgl. *Sekretariat für die Nichtchristen/Maurice Borrmans* (Hrsg.): Wege zum christlich-islamischen Dialog ¹1981 (Frankfurt a. M. 1985), 79.

[84] Vgl. *Reinhard Leuze:* Christentum und Islam (Tübingen 1994), 34. Oder *ders.:* Der Prophet Muhammad in christlich-theologischer Perspektive, in: *Andreas Renz/Stephan Leimgruber:* Lernprozess Christen Muslime (2002), 203–213.

1943 wagte der evangelische Alttestamentler *Walther Zimmerli* in einem weit vorausblickenden Aufsatz über das Thema »Der Prophet im Alten Testament und im Islam« die Schlussbehauptung, Juden oder Christen hätten »nicht das Recht, an der Echtheit des prophetischen Erlebnisses Muhammeds zu zweifeln«. Man könne »schwerlich darum herumkommen, auch Muhammed echte Prophetie zuzubilligen«[85].

Wie Leuze und Zimmerli wagt sich auch *Hans Küng* in seiner Islam-Studie aus dem Jahre 2004 im Interesse des Vorantreibens der Dialogbemühungen weit vor: Er kommt zu dem Schluss, dass »wir« Mohammed »als nachchristlichen Propheten anerkennen [...] müssen«[86]. *Christoph Gellner* folgt ihm, indem er als Fazit seiner fundierten Überlegungen festhält: »Die Selbsteinschätzung Muhammads, Prophet des einen Gottes zu sein, ist christlicherseits nicht länger als Einbildung, vielmehr als Ausdruck der Tatsache anzuerkennen, dass Gott sich dieses Menschen bedient hat, um die Wahrheit über sich bekannt zu machen.«[87] Der katholische Systematiker *Gerhard Gäde* kommt schließlich 2009 in seiner Studie »Islam in christlicher Perspektive« zu einem ähnlichen Ergebnis, freilich aus einer theologisch völlig anders profilierten, hochkomplexen trinitarisch-inklusivistisch-superioristischen Position heraus, die hier nicht problematisiert werden kann.[88] Im Rahmen seiner »interioristischen Theologie« kann auch Gäde zu der Aussage gelangen: »Insofern auch Muhammad die Barmherzigkeit Gottes bezeugt, wird man ihn als Propheten des einzigen Gottes anerkennen können.«[89]

---

[85] *Walther Zimmerli*: Der Prophet im Alten Testament und im Islam [1]1943, in: *ders.*: Studien zur alttestamentlichen Theologie und Prophetie. Gesammelte Aufsätze, Bd. II (München 1974), 289–310, hier: 295.

[86] *Hans Küng*: Der Islam (2004), 112.

[87] *Christoph Gellner*: Der Glaube der Anderen (2008), 77.

[88] Vgl. die kritische Rezension von *Christian W. Troll* in: Theologische Revue 106 (2010), Sp. 164–168.

[89] *Gerhard Gäde*: Islam in christlicher Perspektive. Den muslimischen Glauben verstehen (Paderborn u. a. 2009), 195.

Diese Positionen sind jedoch Extrempositionen, die zwar innerhalb des kirchlichen Diskussionsrahmens erfolgen, sich aber eben auch an deren Rand bewegen. Andere Stimmen selbst innerhalb des christlich-muslimischen Dialogs kommen zu gegenteiligen Einschätzungen. Der Jesuit *Christian W. Troll* etwa verweist auf die grundlegende Asymmetrie der Frage einer gegenseitigen Anerkennung des Prophetenstatus von Jesus beziehungsweise Muhammad in Christentum und Islam: Jesus als Propheten »anzuerkennen, kostet den Muslim sozusagen nichts. Akzeptiert dagegen ein Christ ernstlich Muhammads Anspruch, der wahre und letzte Prophet zu sein, dann wendet er sich gegen das Zeugnis der wichtigsten Glaubensdokumente der Christenheit«[90]. Doppelte Konsequenz: Bei aller tatsächlichen, nicht nur rhetorischen Wertschätzung: »Prophet in dem Sinn, der diesem Titel im Koran und folglich im islamischen Glauben zukommt, kann Muhammad für Christen als Christen nicht sein.«[91] Und zweitens im Blick auf Prophetie im binnenchristlichen Verständnis: »Muhammad steht *nicht* in der Reihe der Propheten, die für das Bild des biblischen Propheten und den Charakter seiner Botschaft maßgebend geworden sind.«[92] Ganz ähnlich urteilt mit *Samir Khalil Samir* ein weiterer Jesuit, der sich um den islamisch-christlichen Dialog bemüht und Mohammed höchste Wertschätzung entgegenbringt: Könne man abschließend sagen, dass »Muhammad im Sinne der christlichen Theologie ein Prophet ist? Wir glauben es nicht«[93].

Welchen *Ertrag* bringt der Blick auf die Diskussion?

1. Die Frage, ob und inwiefern Mohammed auch aus christlicher Sicht als Prophet angesehen werden kann, ist eine *offene Frage* innerhalb des christlichen akademischen Diskur-

---

[90] *Christian W. Troll:* Muhammad – Prophet auch für Christen?, in: Stimmen der Zeit 225 (2007), 291–303, hier: 291.

[91] Ebd., 294.

[92] Ebd., 299. (Hervorhebung GL)

[93] *Samir Khalil Samir:* Die prophetische Mission Muhammads, in: Cibedo-Beiträge 2/2006, 4–11, hier: 9.

ses angesichts der Herausforderung des Lebens in der pluralen Welt der Gegenwart.

2. Trotz einiger Stimmen, die eine Anerkennung von Mohammed als Propheten auch aus christlicher Sicht zumindest für denkbar und möglich halten, überwiegen – wie auch aus jüdischer Sicht – bei weitem die Positionen, die eine solche Einschätzung ablehnen.

3. Aus trialogischer Perspektive ist die muslimische Binnenperspektive wahrzunehmen und wertzuschätzen: Für Muslime ist der Gesandte Mohammed der letzte Prophet, das alles entscheidende Siegel. Er setzt die über Adam, Abraham, Mose, Jesus und andere reichende Reihe der Propheten fort, schließt sie ab und gilt als solcher als *die* nachzuahmende Vorbildfigur[94] schlechthin.

4. Diese Sichtweise hat ein Recht auf Darstellung und Würdigung auch in jüdischer und christlicher Theologie und Religionsdidaktik, bleibt aber explizit eine perspektivische Fremdposition.

5. Aus christlicher Sicht ist es – zumindest nach derzeitigem Diskussionsstand – kaum möglich, Mohammed als Propheten in einer Reihe mit den alttestamentlichen Prototypen oder Jesus darzustellen.

6. Interreligiöse Lernprojekte stehen vor der Forderung, ihre eigene Position in dieser Frage vorab transparent offenzulegen, bevor sie konkrete Lernwege und Lernschritte entfalten. Wie im Blick auf alle grundlegenden Studien zum interreligiösen Dialog überhaupt gilt auch hier die Vorgabe: ›Bevor du einen didaktischen Entwurf zum Umgang mit Mohammed vorlegst, sag mir erst, welche theologische Position du zu ihm einnimmst!‹

Der Religionswissenschaftler *Bertram Schmitz* schließt sich dem eindeutigen Votum an: Eine interreligiöse Perspektive

---

[94] Vgl. *Tuba Isik*: Die Bedeutung des Gesandten Mohammed (2015), 256: Zentrales Unterrichtsziel des islamischen Religionsunterrichts: »Schülerinnen und Schüler sollen den Gesandten Muhammad in seinem Vorbildsein kennen lernen.«

könne nicht anders als den Terminus ›Prophet‹ für Mohammed abzulehnen, »wenn sie theologisch im Sinn der Offenbarungsautorität argumentiert«[95] – und das ist in einem positionierten, konfessionellen Argumentationsduktus unausweichlich. *Klaus von Stosch* versucht aus Sicht der Komparativen Theologie zu vermitteln. Er plädiert für »mehr Offenheit in der christlichen Würdigung Muhammads«[96]. Strategisch und psychologisch ist dieses Plädoyer nachvollziehbar, denkerisch aber inkonsequent. Die Positionierung im Modell von Korrelation macht die Alternative unausweichlich. Hier muss man sich für eine Option entscheiden: Entweder wird Mohammed der Seite der den Glauben begründenden Erfahrungen zugeordnet, oder auf die Seite der Rezeption. Da gibt es kein ›Dazwischen‹. Da ist eine ›größere Offenheit‹ unmöglich. Wie sähe umgekehrt eine größere Offenheit hinsichtlich einer muslimischen (oder jüdischen) Anerkennung der Gottessohnschaft Jesus Christi aus?

Mohammed – Prophet im christlichen Religionsunterricht?

Was bedeutet dies für trialogisch konzipierte Prozesse interreligiösen Lernens, etwa im katholischen Religionsunterricht? Religionsdidaktische Konzeptionen sind auf klare Vorgaben angewiesen. Im vierfachen Koordinatensystem (1) der derzeit vorherrschenden inklusivistischen theologischen Positionen, (2) des konfessionellen Charakters des Religionsunterrichts, (3) der konzeptionellen Orientierung am Korrelationsprinzip und (4) der Erfordernisse einer trialogischen Sensibilität kann nun die Grundfrage dieses Exkurses beantwortet werden: Welche Rolle kommt Mohammed im Rahmen einer Unterrichtseinheit über Prophetie zu? Lässt er sich als ›Prophet‹ charakterisieren? Die Antwort ist klar: Ja, Mohammed kann durchaus als

---

[95] *Bertram Schmitz:* Muhammad und Christus als Propheten? Eine religionswissenschaftliche und eine christlich-theologische Perspektive, in: *Anja Middelbeck-Varwick:* Die Boten Gottes (2013), 49–62, hier: 61.
[96] *Klaus von Stosch:* Muhammad als Prophet? Versuch einer christlichen Annäherung, in: *ders./Tuba Isik:* Prophetie (2013), 145–162. hier: 162.

Prophet gelten! Aber nur in dem Sinne, in dem auch andere nachbiblisch-historische Gestalten im *übertragenen Sinne* als Propheten angesehen werden können. Er kann als Mensch mit prophetischem Geist vorgestellt werden wie Thomas Morus, wie Friedrich Spee, wie Dietrich Bonhoeffer oder Martin Luther King, wie Edith Stein oder wie Rigoberta Menchú, ja, wie außerchristlich Mahatma Gandhi.

Tatsächlich, von diesen Figuren kann man als ›*Propheten*‹ reden und sie so im Religionsunterricht vorstellen, aber eben im übertragenen Sinne. Sie sind stellvertretende Zeugen für die Erfahrungen des Geschehens, »in dem Menschen heute« – in jedem Fall in nachbiblischer Zeit – »ihre Erfahrungen machen«, also *Repräsentanten des zweiten Pols des korrelativen Prozesses*. Repräsentanten des ersten Pols, also dem »Geschehen, dem sich der überlieferte Glaube verdankt«, sind sie nicht. Mohammed kann also religionspädagogisch als Prophet gesehen werden, aber nur in dem übertragenen Sinne, der sich auch auf andere Figuren anwenden lässt. Genau diese Position entspricht allerdings dem muslimischen Selbstanspruch gerade *nicht*! Mehr wird man aber weder von Seiten muslimischer Dialogpartner noch von Seiten der Vorreiter des interreligiösen Dialogs im Blick auf einen trialogisch sensiblen christlichen Religionsunterricht erwarten oder einfordern können und dürfen.

Schon diese Position geht freilich weit über den Status Quo hinaus, in dem Mohammed unter der Kategorie der Prophetie bislang überhaupt nicht wahrgenommen wird. In *Hans Mendls* 2015 erschienener Basisstudie über Modelle, Vorbilder und Leitfiguren[97] finden sich die abstrusesten Stars neben biblischen Figuren, moralischen Vorbildern, Heiligen und ›Propheten‹ aller Couleur. Auch nur einen kleinen Verweis auf Mohammed findet man nicht. Es wäre also bereits ein beträchtlicher Fortschritt, wenn der Begriff der Prophetie im gezeigten Sinne trialogisch geöffnet würde. Und von diesem Schritt der Integration Mohammeds in den Katalog der ›Propheten im übertragenen

---

[97] Vgl. *Hans Mendl*: Modelle – Vorbilder – Leitfiguren. Lernen an außergewöhnlichen Biografien (Stuttgart 2015).

Sinne‹ aus ließe sich die weiterführende Perspektive aufzeigen, dass Muslime selbst Mohammeds prophetischen Anspruch im Sinne des abschließenden und bestätigenden ›Siegels‹ noch einmal ganz anders verstehen.

Biblische Figuren im Koran

Ein Gesamtüberblick über die Ausgestaltung der biblischen Figuren im Koran zeigt gleich mehrere Ergebnisse. Zunächst ist darauf hinzuweisen, dass der Koran häufig an Bekanntes anknüpft. Er erzählt viele biblischen Traditionen nicht noch einmal, weil er sie als geläufig und bekannt voraussetzen kann. Immer wieder wird auf implizite Vorkenntnisse angespielt, die dann nicht entfaltet werden. So etwa kann der Besuch der drei Männer bei Abraham (Gen 18) aufgegriffen werden: »Kam nicht die Erzählung zu dir von Abrahams geehrten Gästen?« (Sure 51,24) Von hier aus erklären sich viele Aussparungen, Lücken, vermeintliche ›Fehlbefunde‹. Auch wenn in der Forschung unklar bleibt, welche Texte Mohammed selbst und seinen Hörern tatsächlich bekannt waren: Der Erzählkosmos der Bibel wird vorausgesetzt. Umso aufschlussreicher, welche biblischen Erbspuren direkt und unmittelbar aufgegriffen und ausgestaltet werden!

– Imposant ist zunächst die Auflistung all jener biblischen Figuren, die aufgegriffen und explizit erwähnt werden: Adam (und namenlos Eva), Kain und Abel, Noah, Abraham, Sara, Hagar, Isaak und Ismael, Lot, Jakob, Josef, Aaron und Mose, Elia, Elischa, Jona, Esra, Saul, David, Salomo und die Königin von Saba, Hiob; aus dem Neuen Testament Zacharias und Johannes der Täufer, Jesus und Maria.

– So wie alttestamentliche Figuren im Neuen Testament vor allem dann auftauchen, wenn an ihnen eine explizit christliche Perspektive deutlich werden kann im Sinne von Veranschaulichung, Typologie oder Überbietung, so nutzt auch der Koran die biblischen Figuren insgesamt, um auf die Kontinuität der Offenbarungsgeschichte zu verweisen, die in Mohammed ihren unüberbietbaren Gipfelpunkt findet. Aspekte auch der großen Figuren wie Adam, Abraham, Mose, David und Jesus, die nicht in diese Zielrichtung passen, bleiben unerwähnt.

– Zur Anreicherung der Figurenzeichnung im angestrebten Sinne können auch außerbiblische Quellen aus Judentum und Christentum genutzt werden, apokryphe Texte, Legenden, mündliche Traditionen und Ähnliches.

Aufschlussreich ist ebenfalls der Blick darauf, welche Figuren *nicht* rezipiert oder in der Rezeption wesentlich beschnitten werden, sowie ein Nachdenken darüber, warum das so sein mag.

– Da der Koran auf eine weitestreichende Rechtleitung setzt, werden alle Figuren und Gattungen nicht oder einseitig rezipiert, bei denen es um Zweifel, Suche, Ringen, Krise oder Unsicherheit geht: Hiob, Kohelet, die Psalmen, die Klagelieder, Judas oder Thomas.

– Da in der Rechtleitung eine perfekte Staatsform im Sinne Gottes angezielt wird, bedarf es keiner Kritik am Staatswesen oder an sozialen Missständen, was zur Nichtrezeption der Schriftprophetie, aber auch der Bergpredigt, der Hinwendung zu den Marginalisierten oder den Seligpreisungen Jesu führt.

– Da Frauen in diesem System nicht in vorderer Linie gesehen werden, entfallen fast alle Erzählungen, in denen eigenständige und starke Frauen im Zentrum stehen: Erzählungen um Sara, Mirjam, Rut, Ester, Judit oder Maria Magdalena. Andere Frauen verlieren ihren Namen (Eva). Verweisen Frauen auf große Propheten, werden sie durchaus erwähnt, allen voran Maria, die oft erwähnte Mutter Jesu – aber auch die Mutter Mose (Sure 28,7); die Gattin des Pharao (Sure 66,11); Zuleika, die Frau Potiphars (Sure 12,23ff.) und andere. Sie dienen freilich stets der Hervorhebung des männlichen Protagonisten.

– Da es um Eindeutigkeit und Klarheit der Rechtleitung geht, werden die biblisch vorherrschenden Sprachformen von umkreisenden Erzählungen, indirekten Annäherungen, bildlich-metaphorischen Zugängen oder Gleichnissen stark eingeschränkt.

Im Blick auf den zuletzt genannten Befund wird man aus jüdischer und christlicher Sicht zu *unterschiedlichen Einschätzungen* kommen können. Wenn man gerade die tastenden, suchenden, auch zweifelnden Grundzüge der Bibel schätzt, wenn man die Erzählungen um die weiblichen Figuren für fundamental wichtig hält, kann man den Koran mit guten Gründen als theologischen Rückschritt bezeichnen, als enttäuschendes Zeugnis eines großen *Verlustes* von vielen Dimensionen, die das biblische Spektrum so bunt, vieldeutig und spannend machen. Wenn man hingegen der Zuspitzung auf die genannten Aspekte zustimmt, wird man den Koran als klärendes Werk der konkreten Lebensanleitung schätzen, das gerade in dieser *Konzentration* seine Stärke entfaltet. Im trialogischen Diskurs lohnt sich der Streit um eine diesbezügliche Einschätzung, die sich quer durch die Religionen ziehen wird. Für das trialogische Lernen darf man jedoch bei aller Konzentration auf jene Figuren, die in allen drei Religionen präsent sind, diejenigen nicht vergessen, die im Islam verstummen. Gerade sie weisen auf bleibende Unterschiede hin.

1.3 Ein Gott – verschiedene Zugänge

Wir haben gesehen: Judentum, Christentum und Islam teilen zwar die Berufung auf grundlegend gemeinsame Texte und Figuren, in ihrer Auslegung dieser Texte und in ihrer Bedeutungszuschreibung im Blick auf diese Figuren finden sich jedoch beträchtliche Differenzen. Wo der Begriff der ›abrahamischen Ökumene‹ eine einseitige Konzentration auf Verbindendes suggeriert, erweist sich trialogisches Lernen von vornherein als Lernen an Gemeinsamkeiten *und* Unterschieden. Dieser Grundzug betrifft im Kern die alles entscheidende Frage: *Glauben Juden, Christen und Muslime wirklich an denselben Gott?*[98] Oder

---

[98] Vgl. *Michael Ulrich:* Juden, Christen und Muslime stehen als abrahamische Religionen vor dem *einen Gott*. Verbindendes und Trennendes auf einen Blick (Berlin [2]2014).

ist ihr Zugang zur letzten Wirklichkeit so verschieden, dass man schlicht zugeben muss, dass auch der Gottesglaube eher trennt als verbindet, dass es sich nicht um ein- und denselben Gottesglauben handelt, sondern um grundverschiedene Zugänge zu Gott?

Derselbe Gott?

Quer durch die Konfessionen und Religionen finden sich unterschiedliche Stimmen und Einschätzungen zu diesem Fragekomplex. Die Position der katholischen Kirche ist hier am eindeutigsten. In Berufung auf die Verbundenheit im Glauben Abrahams betont das II. Vatikanische Konzil, dass auch die Muslime »den alleinigen Gott anbeten« (NA 3), dass sie »mit uns den einen Gott anbeten« (LG 16). Juden – der »Stamm [...] Abrahams« – sind »von Gott geliebt«, um »der Väter willen« und »unwiderruflich« (NA 4). Dass sich Juden, Christen und Muslime an den gleichen Gott wenden und auf unterschiedlicher Weise in einer Beziehung zu diesem einen Gott stehen, wird seitdem immer wieder betont, sei es in offiziellen Verlautbarungen, sei es in den Äußerungen interreligiös engagierter Theologen wie *Hans Küng,* der ganz auf dieser Linie festhält: Die drei Religionen verbindet »der Glaube an den einen und selben Gott Abrahams«[99].

Die evangelische Kirche ist in dieser Frage gespalten. Zwar finden sich auch hier Stimmen wie die des Theologen *Bertold Klappert,* der in vergleichbarem Sinne ausführt: »Der Gott Abrahams und Saras ist immer auch der Gott Ismaels und Hagars«[100], folglich auch der Gott von Judentum und Christentum immer der des Islam. Aber noch die jüngste Erklärung der EKD »Christlicher Glaube und religiöse Vielfalt« (2015) ist hier viel skeptischer: Die »Auffassung«, Judentum, Christentum und Islam »glaubten an denselben Gott«, bleibe eine »leere Abstraktion«, die nicht weiter helfe, weil sie »von allem absieht, wo-

---

[99] *Hans Küng:* Das Judentum (1991), 42.
[100] *Berthold Klappert:* Abraham eint und unterscheidet (2000), 108.

rauf es« in diesen Religionen »ankommt«[101]. Schon 2006 hatte die Handreichung über »Klarheit und gute Nachbarschaft« ja sehr harsch formuliert. Die »Feststellung des ›Glaubens an den einen Gott‹ trage nicht sehr weit«, weil sich der evangelische Glaube nicht »mit einer ungefähren Übereinstimmung mit anderen Gottesvorstellungen begnügen«[102] könne. Deutlich ließen sich zwar durchaus Spuren oder Zeichen erkennen, »dass sich der Gott der Bibel auch Muslimen nicht verborgen« habe. Diese begründeten aber »*keinen gemeinsamen Glauben* und erst recht keine gemeinsame Verkündigung oder Frömmigkeitspraxis«[103].

Andere evangelische Dokumente stützen die Position, die Klappert benannt hat. Das Schlussdokument eines ersten Dialogtreffens von Vertretern des ÖRKs mit Vertretern des Islam von 1989 hielt programmtisch fest: »Judentum, Christentum und Islam gehören nicht nur historisch zusammen; sie *sprechen von demselben Gott,* Schöpfer, Offenbarer und Richter.«[104] Eine Orientierungshilfe der Evangelischen Kirche im Rheinland aus dem Jahr 1998 trägt den Titel »Christen und Muslime nebeneinander vor *dem einen Gott.* Zur Frage des gemeinsamen Betens«. Viele weitere Stimmen für beide Lager innerhalb der evangelischen Kirchen ließen sich nennen. Beide Positionen haben offenbar ein Heimatrecht in der Pluralität evangelischkirchlicher Realität unserer Zeit. Dass der Glaube an den einen Gott die abrahamischen Religion verbindet, erweist sich so als eine Position, die aus evangelischer Sicht zumindest möglich ist.

Für den *Islam* ist diese Frage am einfachsten zu beantworten: »Unser Gott und euer Gott ist ein einiger Gott« heißt es in Sure 29,46, »Allah ist unser Herr und euer Herr« in Sure 42,15. Die ›sahada‹, das als erste oder grundlegende Säule des Islam geltende Glaubensbekenntnis, fasst diesen Glauben in verbind-

---

[101] Christlicher Glaube und religiöse Vielfalt (2015), 64f.

[102] Klarheit und gute Nachbarschaft (2006), 18f.

[103] Ebd., 19. Hervorhebung GL.

[104] *World Council of Churches* (Hrsg.): Meeting in Faith. Twenty Years of Christian-Muslim Conversations (Genf 1989), 4.

licher, von allen Muslimen gesprochener Form zusammen: »Ich bekenne, dass es keinen Gott außer Gott gibt und dass Muhammad der Gesandte Gottes ist.« Als chronologisch letzte der abrahamischen Religionen kann der Islam Judentum und Christentum ohne Probleme in seine eigene heilsgeschichtliche Sicht integrieren: Der eine, im Koran »am häufigsten« durch die Charaktereigenschaft der »Barmherzigkeit«[105] charakterisierte Gott hat sich in den Propheten des Judentums und des Christentums gezeigt, seine Offenbarung wurde dort übermalt, vermischt und in einigen Zügen verfälscht. Mohammed, das Siegel der Propheten, stellte die eine allzeit gültige Offenbarung des einen Gottes im Koran in aller Klarheit und Reinheit wieder her. Muslime können ohne Schwierigkeiten »von drei Glaubensweisen« sprechen, »in denen sich die eine Religion des einen Gottes offenbart«[106]. Auf die Stärken und Schwächen eines solchen integralistischen Exklusivimus wurde oben bereits verwiesen. Aus jüdischer und christlicher Sicht ist zweierlei klar: Erstens, dass der damit formulierte Anspruch einer Integration in das muslimische Deutungsmodell zurückgewiesen wird; zweitens, dass sich umso dringlicher die Frage stellt, ob der Islam im Kern an denselben Gott glaubt.

Für das *Judentum* stellt sich zunächst die näherliegende Frage, ob der Gott des Neuen Testamentes auch der des Alten sei, ob sich Judentum und Christentum auf den gleichen Gott beziehen. In der theologischen Auslegungsgeschichte des Judentums gab es dabei immer sowohl Befürworter als auch Bestreiter dieser Einheit. Wegweisend für die Gegenwart wird eine Erklärung von mehr als 200 nordamerikanischen jüdischen Gelehrten und Rabbinern aus dem Jahr 2000, die unter der Überschrift »*Dabru emet*« (»Redet Wahrheit«) die theologischen Beziehungen von Judentum und Christentum ausleuchtet. Diese in höchstem Maße öffentlichkeitswirksame Erklärung gibt dabei keineswegs *die* allgemeine Auffassung *des* Judentums

---

[105] *Mouhanad Khorchide:* Islam ist Barmherzigkeit (2015), 37.
[106] *Muhammad S. Abdullah:* Islam für das Gespräch mit Christen (Gütersloh 1992), 14.

wieder – schon deshalb, weil es eine solche nicht gibt. Sie versteht sich explizit als Dialoganstoß, einerseits im Blick darauf, »eine Diskussion in der jüdischen Gemeinschaft in Gang zu setzen«[107] im Sinne einer Förderung der Bereitschaft innerhalb des Judentums, sich der theologischen Herausforderung durch das Christentum offen und vorurteilsfrei zu stellen. Andererseits zielt sie aber als Herausforderung auch auf dialogbereite Christen, sich ihrerseits im Blick auf »ihre theologischen Positionen gegenüber dem Judentum einer ernsthaften Überprüfung zu unterziehen«[108] haben. Gleich im ersten der acht Punkte der Erklärung wird in aller Deutlichkeit festgehalten: »Juden und Christen beten den gleichen Gott an. [...] auch Christen beten den Gott Abrahams, Isaaks und Jakobs, den Schöpfer von Himmel und Erde an.«[109]

Klarer kann man die Überzeugung eines grundlegend gemeinsamen Gottesglaubens nicht benennen – die freilich auch im Judentum nicht unumstritten ist. *Chana Safrai* betont in der Diskussion über »Dabru emet«, dass viele Juden in dieser Erklärung »nicht ihre *volle* Wahrheit« wiederfinden könnten, gerade im Blick auf einen dort unbenannt bleibenden wesentlichen »Unterschied im Gottesbegriff und im Gebetsbegriff«[110]. Auch viele andere jüdische Stellungnahmen bleiben skeptisch und betonen eher Differenzen als Gemeinsamkeiten.[111] Glauben Juden und Christen an denselben Gott? Die binnenjüdische Diskussion zu dieser Frage ist nicht abgeschlossen. Dass es die *Möglichkeit* zu einer klaren Bejahung geben kann, ist spätestens seit »Dabru emet« deutlich.

---

[107] *Michael A. Signer*: Reflexion. Ein jüdischer Blick auf »Dabru emet«, in: *Rainer Kampling/Michael Weinrich* (Hrsg.): Dabru emet – redet Wahrheit. Eine jüdische Herausforderung zum Dialog mit den Christen (Gütersloh 2003), 16–30, hier: 25.

[108] Ebd.

[109] Ebd., 9.

[110] *Chana Safrai*, in: ebd., 67–70, hier: 68f.

[111] Vgl. *Hubert Frankemölle* (Hrsg.): Juden und Christen im Gespräch über »Dabru emet – redet Wahrheit« (Paderborn/Frankfurt a. M. 2005).

Im Blick auf den Islam steht das Judentum vor einem anderen Dilemma. Da Juden und Muslime keine gemeinsame (heilige) Schrift teilen, kann es – anders als im Blick auf das Christentum – keinen Dialog über die unterschiedlichen Auslegungen dieser Schrift geben. Damit entfällt ein wesentliches Dialogelement. Umgekehrt erkennt das Judentum im Islam den gemeinsamen Grundzug des eindeutigen Monotheismus. Wegen dieser »obersten monotheistischen Orientierung hat das Judentum keine Schwierigkeiten«[112], den Islam als auf Gott bezogene nicht-jüdische Religion anzuerkennen, so *Michael Wyschogrod*.

Vor allem – nicht nur! – aus christlicher Sicht ist deshalb die Frage virulent, ob Christen mit Juden und Muslimen zusammen denselben Gott anbeten. Jüdische Einsprüche gegen diese harmonisierend-vereinnahmende Sicht lassen sich nicht überhören. *Edna Brocke* etwa widerspricht sehr deutlich. In ihren Augen sind »die Gottesbilder der drei Gruppierungen grundlegend unterschiedlich«[113]. Die grundlegenden Fragen nach der Vereinbarkeit der Gottesbilder stellt sich vor allem im Blick auf die Christologie und die Trinitätslehre, zwei Fragekreise, denen wir uns detailliert zu stellen haben. Eine Grobrichtung der Beantwortung lässt sich bestimmen, wenn man auf die oben entfalteten, aus christlicher Sicht skizzierten religionstheologischen Modelle zurückgreift.

Zunächst ist es evident, dass drei im Modell veranschaulichte Überzeugungen eine jegliche Besinnung auf einen gemeinsamen Gott ausschließen: die skeptizistische, der zufolge es keinerlei Gottheiten gibt; die relativistische, der zufolge es viele Zugänge zu letzten und gleichwertigen Wahrheiten gibt; aber auch die exklusivistische, der zufolge ausschließlich der eigene Weg der Erkenntnis und Anbetung Gottes der richtige ist. »Da-

---

[112] *Michael Wyschogrod*: Islam und Christentum aus der Sicht des Judentums, in: *Isma'il Raji al Faruqi* (Hrsg.): Judentum, Christentum, Islam. Trialog der Abrahamitischen Religionen (Frankfurt a. M. 1986), 29–40, hier 32.

[113] *Edna Brocke:* Aus Abrahams Schoß (2004), 161.

bru emet« ist sich vor allem dieser zuletzt genannten Einschrän-
kung bewusst. Das dialogische Angebot kann sich, so schreiben
die jüdischen Gelehrten und Rabbiner explizit, nur an solche
Christen richten, »die der festen Überzeugung sind, dass Gott
den Bund mit dem jüdischen Volk bis an das Ende der Zeit
bewahren will«, die sich deshalb »aller Bekehrungsversuche
enthalten«[114]. Exklusivistische Überzeugungen werden den Gedanken, dass Juden, Christen und Muslime denselben Gott anbeten, ablehnen.

In zwei anderen der aufgeführten Modelle ist dagegen eine
positive Erwägung dieser Option denkbar. Sowohl im inklusivistischen als auch im theozentrisch-pluralistischen Modell bildet ja
die Überzeugung, dass es nur einen Gott gibt und dass sich dieser
Gott in den Religionen unterschiedlich erkennen lässt, die grundlegende Basis. Einmal – inklusivistisch – strahlt das in der eigenen Religion enthaltene Wahrheits- und Heilpotential Gottes in
Abstufung auf andere Religionen ab, in erster Linie auf Judentum und Islam, ohne dabei substantiell Eigenes und Neues zu
schaffen. Dieses Modell war im Zweiten Vatikanischen Konzil
entworfen worden, wird seitdem in den offiziellen Erklärungen
der katholischen Kirche wiederholt, modifiziert und ausgebaut.
Auch in der Erklärung des Ökumenischen Rats der Kirchen war
schon 1969 – wie oben bereits zitiert – eindeutig formuliert worden: Judentum, Christentum und Islam »sprechen von dem selben Gott«[115]. Im anderen, von beiden Großkirchen kritisierten,
theologisch aber durchaus diskutierten theozentrisch-pluralistischen Modell liefern andere Religionen möglicherweise *neue* Erkenntnisse und Zugänge zu dem einen Gott, die in der eigenen
Religion so nicht präsent waren.

Im Rahmen dieser Modelle kann man also gewiss sagen, dass
Juden, Christen und Muslime *denselben Gott anbeten*. In allen
drei Religionen ist ein solches Verständnis *möglich*, in keiner
der drei ist es selbstverständlich. Eine erkenntnistheoretische

---

[114] *Rainer Kampling/Michael Weinrich:* Dabru emet (2003), 24.
[115] *World Council of Churches* (Hrsg.): Meeting in Faith. Twenty Years of
Christian-Muslim Conversations (Genf 1989), 4.

Einsicht stützt diese Position, eine Rückbesinnung auf einen Grundsatz theologischen Sprechens, der zumindest im Christentum als grundlegend gilt: Über Gott kann man immer nur in *analoger Sprache* reden, einer Sprache, die immer Annäherung bleibt. Gott lässt sich nicht definieren, analysieren, detailliert beschreiben wie ein Gegenstand der Schöpfung oder wie eine menschliche Person. Um diese Grundeinsicht zu fixieren, hat die Dogmatik einen Lehrsatz entwickelt, der zu dem aus der Mystik entlehnten Sprachmittel des Paradoxons greift. Denn das ist schon paradox: Ein Lehrsatz definiert, dass etwas nicht zu definieren ist! So nämlich hat das vierte Lateran-Konzil im Jahr 1215 die Lehre von der *analogen Erkenntnis* formuliert: »Zwischen dem Schöpfer und dem Geschöpf kann man keine so große Ähnlichkeit feststellen, dass zwischen ihnen keine noch größere Unähnlichkeit festzustellen wäre.« (DH 806)

Das heißt aber doch: Was immer unser (geschöpflicher) Verstand ausdenken und aussagen mag über Gott (den Schöpfer): Es ist immer mehr falsch als wahr! Stets ist die Unähnlichkeit, das Unpassende größer als das Ähnliche, Passende. Und doch *können* wir nur so ›Gott denken‹! Und doch *dürfen* wir so von Gott denken, denn eine andere Denkart ist uns nun einmal nicht gegeben! So sind durchaus positive und affirmative menschliche Aussagen über Gott möglich. In den Äußerungen von akademischen Theologen und kirchlichen Amtsträgern sollte viel häufiger betont werden, dass diese offiziell kirchliche Analogielehre »das erste, letzte und umfassende Grundgesetz jeder möglichen Theologie«[116] darstellt. Jeglicher menschliche Zugang reicht schlicht nicht aus, um Gott anders als in Analogie zu erfassen, und das heißt eben:

– in Andeutungen, die nur Konturen erahnen lassen;
– in Metaphern, deren Sinnfülle nie erschöpfend ausgedeutet werden können;
– im Zusammenfügen von Mosaiksteinen, die nie ein komplettes Bild ergeben.

---

[116] *Herbert Vorgrimler*: Neues Theologisches Wörterbuch (Freiburg i. Br. 2000), 37.

Diese Einsicht aber schafft genau den Freiraum, ohne den Theologie und Religionspädagogik gar nicht leben könnten. Von dieser reflexiven Besinnung auf den analogen Charakter theologischer Sprache aus – die erneut keineswegs alle Juden, Christen und Muslime teilen – ist ein gemeinsames Bekenntnis zu dem einen Gott der abrahamischen Religion *theologisch möglich* und sinnvoll. In jedem Fall wird dieses Bekenntnis zur Voraussetzung jeglicher ernsthaften trialogischen Verständigung, in der es darum geht, »sich gegenseitig als Brüder und Schwestern im Glauben an den einen Gott Abrahams anzuerkennen«[117].

Ein theologischer Verzicht scheint dabei dringend geboten: der Verzicht auf den Versuch einer psychologischen Ausleuchtung des ›göttlichen Plans‹. Immer wieder versuchen aus dem Christentum stammende trialogische Vordenker, aus dem *Faktum* der Existenz der drei Abrahamsreligionen auf einen *vorgängigen Plan* Gottes zu schließen, der diese Dreiheit immer schon so gewollt habe. Man müsse deshalb versuchen, diesen Plan zu ergründen und sich dementsprechend zu verhalten. Mit derartig weit ausgreifenden Spekulationen tut man dem Trialog keinen Gefallen. Welchen denkerisch verantwortbaren Zugang zu derartigen Erkenntnissen könnte es geben? Als Ausgangssituation reicht das Wissen um die faktische Existenz der drei Abrahamsreligionen aus, wenn es verbunden wird mit dem Bekenntnis, dass diese drei Religionen gemeinsam den einen Gott verehren, den sie – dem christlich theologischen Verständnis zufolge – alle nur in analoger Erkenntnis begreifen und bekennen. *Andreas Renz* kommt zu einem vergleichbaren Fazit: Judentum, Christentum und Islam »beziehen sich auf ein und denselben Gott, wenn auch nicht in derselben, völlig identischen Art und Weise.«[118]

Entscheidend also: Diese *Verehrung* selbst, die Art und Weise der denkerischen wie rituellen Annäherung an Gott, die

---

[117] *Christoph Gellner:* Der Glaube der Anderen (2008), 93.
[118] *Andreas Renz:* Beten wir alle zum gleichen Gott? Wie Juden, Christen und Muslime glauben (München 2011), 182.

Möglichkeiten, diesen Gott und seine Heilsgeschichte zu verstehen, *weichen dabei beträchtlich voneinander* ab. Sosehr es sich um die Verehrung des einen Gottes handelt, so verschieden sind die Zugänge und Verstehensweisen. Genau diese Spannung prägt den Trialog, um die Auslotung und Gestaltung dieser Spannung dreht sich das trialogische Lernen.

- Das jüdische Bekenntnis wird mit Gott nicht nur den Schöpfer, Bewahrer und Richter *allen* Lebens verbinden, sondern zugleich den in der Tora zu Grunde gelegten spezifischen Weg mit seinem Volk.
- Das christliche Bekenntnis wird, ausgehend von den mit dem Alten Testament geteilten Überzeugungen, Jesus Christus als das zentrale Geheimnis eines sich trinitarisch der Welt mitteilenden, liebenden Gottes verkünden.
- Das muslimische Bekenntnis wird den barmherzigen Gott erschließen über den Koran als Höhe- und Endpunkt aller vorherigen Offenbarungen, der den Menschen als Rechtleitung an die Hand gegeben ist.

Diese *Unterschiede des Zugangs* wiegen schwer, keine Frage. Deshalb bleibt der Trialog eine anspruchsvolle Aufgabe, ein dauerhaftes Ringen um Plausibilität, Identität und Verständnis.

Konfliktfall III: *Jesus Christus*

Zwei zentrale Konfliktfälle des Trialogs wurden bereits benannt, beide verankert im Selbstanspruch des Islam: der Konflikt um den Anspruch des Koran als Offenbarungsschrift sowie der Konflikt um eine theologische Einschätzung der Rolle von Mohammed. Zwei weitere zentrale Kernkonflikte werden durch die Ansprüche des Christentums ausgelöst: der Konflikt um die Gottessohnschaft, Messianität, Kreuzigung und Auferweckung Jesu Christi, sowie die Frage, ob das Christentum durch das Dogma der Trinität nicht den in Judentum und Islam in Reinform bewahrten Monotheismus aufgegeben habe. Auch diesen Konfliktfragen *muss* sich der Trialog, muss sich eine trialogische Religionspädagogik stellen.

Trialogische Auseinandersetzungen werden im Blick auf Jesus Christus letztlich zu unterschiedlichen Einschätzungen gelangen, das ist von vornherein klar. Würden Juden oder Muslime die christliche Deutung teilen, müssten sie logischerweise auch Christen werden. Das ist aber gerade nicht das Ziel von Trialog. Trialogisches Lernen kann im Blick auf Jesus Christus nur zwei realistische Ziele verfolgen: Aus christlicher Sicht gilt es zunächst, die jüdischen und muslimischen Deutungen Jesu überhaupt erst einmal differenziert wahrzunehmen, wertzuschätzen und zu kommunizieren. Im Blick auf das Jesusbild in Judentum und Islam liegt das Ziel andererseits darin, eventuelle Fehldeutungen des christlichen Selbstverständnisses zu korrigieren und so die christlichen Überzeugungen zumindest zu plausibilisieren.

Zur jüdischen ›Heimholung Jesu‹

Sowohl im Judentum als auch im Islam haben die letzten Jahrzehnte große Annäherungen an einen respektvollen, verständnissuchenden Umgang mit Jesus gebracht, nach langen Jahrhunderten von überwiegendem Desinteresse, Abqualifizierung oder Marginalisierung (die sich umgekehrt ähnlich in der christlichen Abwertung des Judentums oder der Wahrnehmung des Islam finden). Schon im ausgehenden 19. Jahrhundert begann ein Prozess, den man als die »Heimholung Jesu ins Judentum«[119] bezeichnen kann. Immer mehr jüdische Denker erkannten und betonten, dass Jesus als Jude geboren wurde, lebte und starb, dass sein Gottesglaube und seine ganze Verkündigung im Kontext des Judentums blieben. Der jüdische Religionsphilosoph *Martin Buber* konnte so schon 1950 in seinem Dialogwerk »Zwei Glaubensweisen« schreiben, er habe Jesus »von Jugend auf als meinen großen Bruder empfunden«[120]. *Schalom Ben-Chorin* mit seinem Werk »Bruder Jesus. Der Nazarener in

---

[119] *Karl-Josef Kuschel* (2007), 465.
[120] In: *Martin Buber*: Werke Bd. 1: Schriften zur Philosophie (München 1962), 657.

jüdischer Sicht« (1967) und *Pinchas Lapide* mit »Der Jude Jesus« (1979) machten diese Position später im deutschsprachigen Raum bekannt. Zahlreiche weitere Belegstimmen ließen sich anführen.

Dabei blieb aber eine Trennlinie immer klar: Der Glaube Jesu vereint, der Glaube *an* Jesus trennt. Sosehr es für Juden möglich ist, Jesus als herausragenden Juden seiner Zeit zu sehen; sosehr einzelne Juden wie Martin Buber ganz persönlich eine tiefe »Vertrautheit mit Person und Sache«[121] Jesu bezeugen; sosehr Jesu Wirkungsgeschichte auch im Blick einer Ausrichtung auf den einen Gott hervorgehoben werden kann – *an* diesen Jesus als den Christus, den Sohn Gottes, den Messias, den Präexistenten und Auferweckten zu glauben ist für Juden, die Juden bleiben wollen, unmöglich.[122] Die Erklärung »Dobru emet« formuliert diese Trennlinie in aller Deutlichkeit: »Christen kennen und dienen Gott durch Jesus Christus und die christliche Tradition. Juden kennen und dienen Gott durch die Tora und die jüdische Tradition. Dieser Unterschied«[123] bleibe unauflöslich. »All das trennt uns notwendig«[124], hatte *Schalom Ben-Chorin* schon 1967 geschrieben. Diese zweipolige jüdische Position – die Wertschätzung Jesus als Juden, die Ablehnung Jesu als Christus des Glaubens – ist inzwischen im Judentum weit verbreitet.

Zur muslimischen Wertschätzung von Jesus als Prophet

Ganz anders im Blick auf den Islam: Sehr zögerlich dringt die Tatsache in das christliche Bewusstsein (und die christliche Theologie), dass Jesus auch im Islam eine hochgeschätzte Figur ist. In 15 von 114 Suren wird er erwähnt, in 93, nach anderer

---

[121] *Karl-Josef Kuschel:* Martin Buber (2015), 257
[122] Abgesehen von einer sehr kleinen Gruppe von ›Judenchristen‹, die sich quer durch die Jahrtausende als eigenständige Gemeinschaft erhalten hat.
[123] *Rainer Kampling/Michael Weinrich:* Dabru emet (2003), 11.
[124] *Schalom Ben-Chorin:* Bruder Jesus. Der Nazarener in jüdischer Sicht (München 1967), 11.

Zählung 120[125] Koranversen finden sich Bezugnahmen auf ihn. Überhaupt: Der Koran ist die einzige außerbiblische »Heilige Schrift einer Weltreligion, in der Jesus eine wichtige Rolle spielt«[126]. Er gehört zu den großen ›rasul‹, den herausgehobenen prophetischen Gesandten oder Boten, die eine Buch-Offenbarung erhalten haben, und deren Reihe in Mohammed ihren krönenden Abschluss findet.

Viele Elemente der muslimischen Charakterisierung Jesu/Isa sind dabei aus der Bibel übernommen, gleichzeitig finden sich aber auch grundsätzliche Ausblendungen oder Umdeutungen. In aller Knappheit seien die wesentlichen Züge der koranischen Jesusgestaltung skizziert:

- Sure 3 und Sure 19 schildern die Geburt *Johannes des Täufers*. Dessen öffentliches Wirken als Prophet interessiert den Koran genauso wenig wie die Umstände seines Todes oder wie die Taufe Jesu. Er fungiert vielmehr als Parallelfigur, in der Gott das Wunder der jungfräulichen Geburt Jesu bereits vorwegnimmt und sich so von vornherein als Souverän über seine Schöpfung beweist.

- Was hier schon deutlich wird, bestätigt sich grundsätzlich in der koranischen Charakterisierung: Dieser Jesus bewirkt *Beglaubigungswunder,* doch sie verweisen immer über ihn hinaus und dienen »zur höheren Ehre Gottes«[127].

- In Sure 3 und Sure 19 richtet sich das Interesse aber zudem auf *Maria,* die jungfräuliche Mutter Jesu. Von Geburt an wurde sie von Gott in besonderer Weise auserwählt. Als vorbildhaft Glaubende und in bleibender Reinheit und Sündlosigkeit steht sie unter Gottes besonderem Schutz. Wie folgt werden die Worte der Engel an Maria benannt: »O Maria, siehe, Allah hat dich auserwählt und hat dich gereinigt und hat dich erwählt vor den Weibern der Welt.« (Sure 3,42) Im Zentrum stehen die »unbefleckte Reinheit Marias und die

---

[125] So *Martin Bauschke:* Der Sohn Marias. Jesus im Koran (Frankfurt a. M. 2012), 1.
[126] Ebd., 165.
[127] Ebd., 81.

wunderbare Wirksamkeit des allmächtigen Gottes an seinem und durch seinen Gesandten und Propheten Jesus, Messias, Sohn der Maria«[128].

– Die Aussagen, dass Jesus jungfräulich empfangen wurde, dass er ein Geschöpf des Geistes und damit Gottes selbst ist, dienen hier nicht der Hervorhebung Jesu – obwohl all dies von keinem anderen Propheten, auch nicht von Mohammed, erzählt wird –, heben vielmehr die *Einzigartigkeit Gottes* hervor.

– Jesus selbst werden die Worte in den Mund gelegt: »Siehe ich bin Allahs Diener. Gegeben hat Er mir das Buch, und Er machte mich zum Propheten.« (Sure 19,30) Gleichzeitig wird jedoch betont, dass der Anspruch der Gottessohnschaft in die Irre führt: »Nicht steht es Allah zu, einen Sohn zu zeugen.« (Sure 19,35) Ein Diener, ein gottgesandter Prophet, ein schon als Kind Weissagender und Wundertätiger[129], ein jungfräulich und geistgezeugt Empfangener: ja – *ein Gottessohn: nein!*

– Diese *Abgrenzung* ist so wichtig, dass sie mehrfach wiederholt wird. In Sure 4,171 wird zunächst erneut die Wertschätzung Jesu in starken Aussagen betont: »O Volk der Schrift, überschreitet nicht euren Glauben und sprecht von Allah nur die Wahrheit. Der Messias Jesus, der Sohn der Maria, ist der Gesandte Allahs und Sein Wort, das er in Maria legte, und Geist von Ihm«. Dann jedoch die Grenzziehung: »sprechet nicht: ›Drei‹. [...] Allah ist nur ein einziger Gott«.

– Da Jesus als Gesandter und Prophet Gottes gesehen wird, kann der Islam den Gedanken *nicht* zulassen, dass Jesus gemartert wurde und *am Kreuz gestorben* ist. Sure 4,157f. schildert – aus Respekt vor der Größe eines echten Propheten – die Ereignisse um Jesu Tod anders als in den neutestamentlichen Schriften: »doch ermordeten sie ihn nicht und kreuzigten ihn nicht, sondern einen ihm ähnlichen«. Und »es erhöhte ihn Allah zu Sich«.

---

[128] *Christfried Böttrich/Beate Ego/Friedmann Eißler:* Jesus und Maria in Judentum, Christentum und Islam (Göttingen 2009), 139.
[129] Vgl. Sure 3,46.49.

– In Sure 3 wird diese *Erhöhung Jesu* als ›Abberufung‹ und Heimholung charakterisiert, gestaltet im Duktus der direkten Anrede: »O Jesus, siehe, Ich will dich verscheiden lassen und will dich erhöhen zu Mir« (Sure 3,55).

Ein dichtes, vieldimensionales Geflecht der Zeichnung Jesu, in Teilen aus dem Neuen Testament übernommen, in Teilen aus der frühchristlichen Literatur, in Teilen in eigener Schwerpunktsetzung. Zwei grundlegende Bedeutungsebenen lassen sich voneinander unterscheiden: Zum einen wird Jesus als herausragender Prophet und Gesandter Gottes gezeichnet, ein wundertätiger Jungfrauensohn, durch dessen Besonderheit die überragende Schöpfungsmacht Gottes aufscheint. Er gilt gerade dadurch »als der vollkommen vorbildhafte Mensch und Gottesknecht«, dass er explizit »nicht begehrt, mehr als das zu sein«[130]. Zum anderen ist es aus genau diesem Grund für Muslime undenkbar, dass dieser Gesandte am Kreuz gestorben ist, vielmehr wurde er von Gott abberufen, heimgeholt, erhöht zur ewigen Existenz in der Nähe Gottes.

Insgesamt gibt es zahlreiche Überschneidungsfelder, in denen christliche und muslimische Jesusdeutung sich entsprechen: gemeinsam sehen sie den Propheten Jesus als besonderes Geschöpf aus Gottes Geist; als vom Geist erwählten Diener Gottes; als Wundertäter, der die Offenbarungen der Tora bestätigt; als Mensch, der von Gott durch Erhöhung und Himmelfahrt zu sich in sein Reich geholt wurde. Bei allen zu benennenden Unterschieden darf dieser gemeinsame Befund nicht vergessen werden.

Wie kann man trialogisch mit dem hier nur knapp skizzierten Befund umgehen? Welche *Perspektiven* ergeben sich für ein *trialogisches Lernen* an der Konfliktfigur Jesus? Aus jüdischer und christlicher Sicht gilt es zunächst, diese differenzierte und außerordentlich wertschätzende Präsenz Jesu (und Marias) im Koran überhaupt erst einmal wahrzunehmen und bekannt zu machen. Wie wichtig Jesus für Muslime in ihrer eigenen Tradi-

---

[130] *Martin Bauschke:* Jesus im Koran. Ein Schlüssel zum Dialog von Christen und Muslimen (Erftstadt ²2007), 82.

tion ist, ist den meisten Nichtmuslimen nach wie vor eher unbekannt. Dass sich Mohammed »Jesus, dem Sohn der Maria, besonders nahe«[131] gefühlt habe, verschärft die Schieflage der Wahrnehmungen noch einmal. Von daher wird umgekehrt der muslimische Wunsch zumindest psychologisch nachvollziehbar, dass Juden und Christen im Gegenzug auch Mohammed wichtig sein solle, dass sie ihn als Propheten anerkennen sollten. Wenn im christlichen Religionsunterricht Jesus direkt zum Thema wird, sollte der an Vergleichstexten belegte Hinweis auf die jüdische und muslimische Wertschätzung nicht fehlen.

In der Logik des 1984 erschienenen »Grundlagenplans für den katholischen Religionsunterricht im 5 bis 10. Schuljahr« bieten sich zwei der dort für die neunte Klasse vorgeschlagenen Unterrichtseinheiten für derartige trialogische Erweiterungen an. In den bislang interreligiös völlig unprofilierten Einheiten »Erlösung und Befreiung durch Jesus Christus«[132] sowie in der direkt anschließend vorgesehenen Einheit über »Passion Jesu und Leidensgeschichten der Menschen«[133] kann beides zugleich in ersten Hinführungen thematisiert werden: die große Wertschätzung Jesu im Judentum und im Islam (in ihrer je eigenen, vollkommen voneinander unterschiedenen Begründung und Form), gleichzeitig aber auch deren grundlegende Ablehnung des christlichen Kernglaubens an die Gottessohnschaft und Heilsbedeutung Jesu. Und auch andere Einheiten, etwa über Weihnachten[134], können erste Hinweise auf die Jesusrezeption in Judentum und Islam bereits exemplarisch und thematisch angepasst übernehmen.

Aus diesen Hinführungen können später systematische Vertiefungen werden: Im Grundlagenplan für die gymnasiale Oberstufe/Sekundarstufe II aus dem Jahre 2003 wird dieser Perspektive explizit Raum eingeräumt. Für die thematische Einheit »Gott und sein letztgültiges Wort: Jesus Christus« wird hier

---

[131] *Böttrich/Ego/Eißler:* Jesus und Maria (2009), 200.
[132] Grundlagenplan 5.–10. Schuljahr (1984), 74f.
[133] Ebd., 76f.
[134] Vgl. *Karl-Josef Kuschel:* Weihnachten und der Koran (Düsseldorf 2008).

als ein Konkretionspunkt direkt benannt: »Jüdische und islamische Jesusdeutungen«[135]. In der Praxis wird dieser Punkt jedoch im Rahmen einer breiten Palette von thematischen Annäherungen an Jesus Christus oft marginalisiert.

Schade, denn trialogische Erweiterungen bergen ein großes didaktisches Potential, allerdings in aller Ambivalenz: Vielleicht kann gerade so das spezifisch Christliche umso deutlicher profiliert werden. Durchaus denkbar ist freilich umgekehrt, dass vor allem die jüdische Jesusdeutung viele Jugendliche deutlich mehr anspricht und überzeugt als die spezifisch christliche. Auch ein solcher Prozess könnte jedoch einer Positionsklärung dienen. Zudem wird man die koranischen Ausdeutungen kritisch betrachten müssen, bei allem Verständnis für die muslimische Motivation der Jesusdeutungen: Dass dort gerade die legendarischen, wunderbetonenden Aspekte hervorgehoben, während sämtliche im biblischen Sinne prophetischen Worte und Handlungen verschwiegen werden, dass der irdische Jesus völlig hinter den stilisierten Boten zurücktritt, blendet inhaltlich wie atmosphärisch einen zentralen Zug biblischer Theologie aus.

Die koranischen Schilderungen der Umstände um Jesu Tod und Erhöhung lassen sich schon durch den – für kritische Leserinnen und Leser unerlässlichen – Prüfblick der Profanhistoriker nicht validieren. Hier werden Juden wie Christen wie Nichtgläubige im Blick auf die Kreuzigung Jesu auf das Zeugnis der wissenschaftlichen Plausibilität verweisen müssen. Nicht die Ablehnung der Gottessohnschaft, die Ausblendung der gesamten Passion und Heilsrelevanz Jesu wird hier also zum Kernpunkt der trialogischen Auseinandersetzung. Dass Muslime (wie auch Juden) diese christlichen Glaubensartikel nicht teilen, ist klar und von vornherein ein Grenzpfosten jeglicher trialogischer Begegnung – der Schülerinnen und Schülern natürlich vor Augen geführt und begründet werden muss. »An diesem Punkt« – so *Martin Bauschke* mit Recht – »wird es wohl nie zu einer Übereinstimmung zwischen Christen und Musli-

---

[135] Grundlagenplan Oberstufe/Sekundarstufe II (2003), 48.

men kommen«[136]. Auch das ganz auf ein »gegenseitiges Verstehen und ein fruchtbares Gespräch«[137] ausgerichtete »Lexikon der Begegnung Judentum– Christentum – Islam« formuliert hier eindeutig: »Der jüdisch-christlich-muslimische Dissens in der Gottesfrage« unter diesem »Gesichtspunkt ist geschichtlich unaufhebbar.«[138]

Aber zentral: Dass das muslimische Jesusbild um die entscheidenden *irdischen, historisch plausiblen Herzstücke* von Leben und Lehre entleert wird, das vor allem wird man aus christlicher Sicht im Trialog anfragen müssen. Und hier werden Konflikte und unterschiedliche Sichtweisen bestehen bleiben, ein auch für interreligiös Lernende wichtiges Ergebnis! Alle von Respekt getragenen Darstellungen der muslimischen Jesusdeutung werden um diese sich anschließenden sehr klaren Gegeneinschätzungen nicht herumkommen.

Konfliktfall IV: *Trinität*

Ähnliche unvereinbar bleibende Positionierungen werden auch im vierten großen Konfliktfeld am Ende stehen, dem Streit um die christliche Lehre der Trinität. Hier werden keine Übereinkünfte zu erzielen sein, vielmehr geht es um eine Klärung der Positionen. Wenn man mit Juden und Muslimen um die Trinität ringt, geht es – wie in der Darstellung im Religionsunterricht – vor allem darum, die dem eigenen Verständnis wirklich entsprechenden Vorstellungen von Trinität deutlich zu machen und Missverständnisse oder Verzerrungen auszuräumen. Erneut ist die Grenze klar: Juden und Muslime werden sich nicht einem trinitarischen Gottesbild zuwenden, das kann und soll explizit nicht das Ziel trialogischer Bestrebungen sein. Das Ziel liegt in einer angemessenen Entfaltung der eigenen Überzeugung. Hier

---

[136] *Martin Bauschke:* Jesus im Koran (2007), 135.
[137] Lexikon der Begegnung Judentum – Christentum – Islam (Freiburg i. Br. 2009), 7.
[138] Ebd., 122.

deckt sich das trialogische Anliegen mit der Zielformulierung binnenchristlicher religionsdidaktischer Bemühungen.

Die Anfragen an das Christentum werden hier von jüdischer wie muslimischer Seite in seltener Gleichmütigkeit erhoben: Verrät das Christentum in der Rede vom dreifaltig-einen Gott in Vater, Sohn und Geist nicht den monotheistischen Grundzug der abrahamischen Religion? Juden halten an ihrem Glaubensbekenntnis fest, das in Dtn 6,4 – also im »Schma Israel« – in aller Knappheit zusammengefasst wird: »Höre Israel! Jahwe, unser Gott, Jahwe ist einzig.« Im Koran werden die Forderungen konkret: »Sprechet nicht: ›Drei‹ [...] Allah ist nur ein einziger Gott« (Sure 4,171). Die Aussage, dass Gott einen Sohn gezeugt haben solle, wird scharf zurückgewiesen: »Wahrlich, ihr behauptet ein ungeheuerlich Ding« (Sure 19,88). »Setzt Ihm keine Gefährten zur Seite« (Sure 30,31)! Dass der Geist Gottes ein derartiger personal gedachter ›Gefährte‹ sein könnte, wird im Koran nicht einmal als zurückzuweisender Gedanke verbalisiert, sosehr hier – wie auch im Judentum – der Geist als Gottes wirksame Kraft auf Erden wie im Menschen verstanden werden kann. Auch für Juden sind die christlichen Aussagen zur Trinität im Blick auf die Gottheit von Sohn und Geist nicht plausibel. Über diese »entscheidende Differenz« müsste zwar einerseits »unter den prophetischen Religionen weiter gesprochen werden«[139], andererseits wird diese Differenz dadurch im Kern nicht ausgeräumt.

Wie kann man von christlicher Seite aus mit diesem grundlegenden kritischen Vorwurf umgehen, den Monotheismus zu ›verraten‹? Zunächst durch demütige Selbsterforschung. Gewiss, es gab und gibt im Christentum Tendenzen dahingehend, in Sprachformen von Vater, Sohn und Geist zu reden, die ein *tritheistisches Missverständnis* fördern – nach außen, aber auch nach innen. Ob alle Christen tatsächlich die theologischen Feinheiten des trinitarischen Verständnisses kennen oder teilen, darf bezweifelt werden. Wenn schon nach empirischen Umfragen nur 33 % der Jugendlichen in Deutschland (zwischen 12

---

[139] *Hans Küng:* Das Judentum (1991), 469.

und 25 Jahren) als Selbsteinschätzung angeben, dass ihnen »an Gott glauben«[140] wichtig ist; wenn nur noch 35 % der Katholiken unter diesen Jugendlichen angeben, an einen »persönlichen Gott«[141] zu glauben, dann darf man im Blick auf ein Wissen um, geschweige denn ein Bekenntnis zu einem spezifisch trinitarischen Gott von noch weit niedrigeren Werten ausgehen. Eine altersdifferenzierende empirische Überprüfung dieses Befundes wäre gewiss eine lohnenswerte Aufgabe. Zunächst wäre also aus christlicher Sicht zu fragen: Wie zentral ist das trinitarische Bekenntnis *tatsächlich* verankert im Glaubensleben der Christen, allen offiziellen, eindeutigen dogmatischen Bekundungen zum Trotz?

Das aber wäre nur eine – freilich dringend erforderliche – Selbstvergewisserung, die trennen könnte zwischen der ja im Neuen Testament vorgegebenen und für Christen unaufgebbaren expliziten Rede von Vater, Sohn und Geist auf der einen Seite, und dem Versuch, diese Beziehung später systematisch-logisch im Credo zu formulieren auf der anderen. Die zweite Frage wäre demnach die nach einem angemessenen *Verständnis* von Trinität, das den Vorgaben der Tradition genauso entspricht wie dem Anspruch auf doppelte Vermittelbarkeit: einerseits heutigen christlichen Kindern und Jugendlichen gegenüber, andererseits aber auch den trialogischen Partnern der Geschwisterreligionen Judentum und Islam. Wie also kann man das Bekenntnis zu einem trinitarischen Gott verstehen, das nach christlichem Verständnis nie und zu keiner Zeit den Monotheismus verlässt, sondern entfaltet?

---

[140] Weitere 17 % kreuzen an »teils-teils«. Vgl. *Shell Deutschland Holding* (Hrsg.): Jugend 2015. Eine pragmatische Generation im Aufbruch (Frankfurt a. M. 2015), 254.

[141] 27 % der evangelischen Jugendlichen stimmen dieser Einschätzung zu. Hinzu kommen 23 % (katholisch) und 22 % (evangelisch), die jeweils angeben, an eine »überidische Macht« zu glauben, eine Kategorie, die sich mit Trinität gewiss noch schwerer vereinbaren lässt. Vgl. ebd.

Annäherungen an Gott als den ›dreifaltig Einen‹

Mehr als alle dogmatischen Traktate und theologischen Explikationen können hier *Bilder* und *Metaphern* weiterhelfen. Pädagogisch wie trialogisch kommt ihnen der Vorteil zu, nicht in theoretischer und abstrakter Binnensprache zu verbleiben, sondern sich dem Anspruch auszusetzen, komplexe Sachverhalte stimmig und elementar in einfache Vorstellungen zu gießen. Die folgenden Versuche sind in trialogischer wie christlich-religionspädagogischer Praxis vielfach erprobt. Blicken wir zur Schärfung des Problembewusstseins zunächst auf den alltäglichen Sprachgebrauch. Wenn ein Kind angesichts einer Geburtstagseinladung seinem Opa ein Geschenk mit den Worten überreicht: »Das schenke ich dir *im Namen von* Papa, Mama und mir« (oder kürzer: »das ist von Papa, Mama und mir«), dann ist völlig klar: Bei »Papa, Mama und mir« handelt es sich um drei klar getrennte Personen. Die im christlichen Kontext gebräuchliche trinitarische Rede von »*Im Namen* des Vaters, des Sohnes und des Heiligen Geistes« nutzt also eine Sprachform, die im Alltag tatsächlich auf drei unabhängige Subjekte schließen lässt. Wie sollen Kinder, wie sollen Angehörige einer anderen Religion hier nicht von einem ›Dreigottglauben‹ ausgehen?

Vier Veranschaulichungen zum christlichen Verständnis von Trinität bieten sich als Zugänge an, je nach Verständnishorizont. Die Reichweite der Übertragbarkeit ist jeweils begrenzt. Gibt es für die scheinbar absurde Denkprovokation Trinität Parallelen, die aus unserer alltäglichen Lebenswelt heraus einsichtig und plausibel sind?

– Das trinitarische Gottesbild lässt sich verstehen im Bild der *Sonne,* die nicht zufällig in vielen und zudem völlig verschiedenartigen Weltreligionen als Ursymbol des Göttlichen fungiert. Dass das Leben in unmittelbarer Abhängigkeit von der Sonne entstanden ist und von ihr geprägt bleibt, ist kultur- und zeitübergreifend unmittelbar einsichtig. »Gott der Herr ist Sonne und Schild« (Ps 84,12), heißt es im Buch der Psalmen. In Judentum wie Christentum kann Gott als »Sonne der Gerechtigkeit« (Mal 3,20) gepriesen werden, im religiösen Kinderlied dichtet man »Gottes Liebe ist wie die Sonne, sie ist immer und überall da«. Gottvater kann dabei versinnbildlicht werden als die Gestalt und Form der Sonne, als Kreis oder Kugel, rund, ohne Anfang und Ende, jenseits von Zeit und unserer Raumsphäre. Jesus Christus wird dann betrachtet als das Licht, das auf der Erde ankommt, unser Leben hell macht, uns sehen lässt, Orientierung und Zuversicht schenkt. Der Heilige Geist schließlich kann verstanden werden als Wärme, als Strahl, als spürbare Kraft. Diese drei Dimensionen – Form, Licht, Kraft – gehören unverzichtbar zur Sonne, alle sind lebensnotwendig, auf keine könnte verzichtet werden, und dennoch sind sie alle real voneinander unterscheidbar und in eigener Weise erfahrbar. Drei sind eins, eins ist drei!

– Das trinitarische Gottesbild lässt sich verstehen wie ein *Raum*, etwa ein Zimmer. Der Raum hat drei klar voneinander unterscheidbare Dimensionen: Höhe, Breite, Tiefe. Damit ein Raum aber ein Raum sein kann, braucht es alle drei Dimensionen. Fehlt eine einzige, ist es kein Raum. Es kann aber auch keine hinzukommen. Allein das notwendige Zusammenspiel von Höhe, Breite und Tiefe ergibt einen Raum. Das Eine existiert in drei Dimensionen, jede – in sich individuell bestimmbare – Dimension ist gleichzeitig ein notwendiges Element des Einen. Eine Analogie, die Abstraktionsvermögen verlangt und ihre klaren Grenzen hat, aber vielleicht eher technisch denkende Kinder und Jugendliche anspricht. Vielleicht noch stimmiger deshalb das dritte Modell:

– Das trinitarische Gottesbild lässt sich verstehen wie H_2O. H_2O, das eine chemische Molekül, kann in drei unterschiedlichen Aggregatzuständen, also Seinsweisen existieren: als Eis, als Wasser, als Dampf. Eis, Wasser und Dampf sind jeweils ganz und gar und ausschließlich H_2O – und sind doch ganz und gar real voneinander unterschieden. Ihr Wesen, ihre Substanz ist gleich, ihre Wirkweise, ihre empirisch erfahrbare Erscheinung aber ganz und gar unterschieden. Auch für dieses Bild braucht es naturwissenschaftliche Abstraktionsfähigkeit, die meistens nicht vor dem Jugendalter zu finden ist – für abstrahierungsfähige Menschen aber ist dieses Bild (immer noch eine Analogie mit Grenzen der Vergleichbarkeit) von eindrücklicher Überzeugungskraft. Tatsächlich: Eins kann drei sein, drei kann eins sein – ein solches Modell ist in der Natur vorgebildet! Warum dann also nicht auch im Blick auf Gott?

So vorbereitet – oder auch ohne diese bildlichen Hilfsmodelle – kann man eine religiöse Sprache einführen, die enger in der religiösen Bildlichkeit verbleibt[142]: Gott, der dreifaltig Eine, ist gleichzeitig: Gott *über mir* (‚der Vater‹), Gott *neben mir* (‚der Sohn‹) und Gott *in mir* (‚der Geist‹). Das Christentum – hierin verbunden mit dem Judentum und dem Islam – ist geprägt durch den Glauben an Gott, der Himmel und Erde erschaffen hat, der das Leben trägt es vollendet über die Grenzen von Zeit und Raum hinaus (‚Gott über mir‹)! Der darüber hinausgehende spezifische Zugang des Christentums kennt zusätzlich die Rede vom menschgewordenen Gott, der als historisch fassbare Person hier auf Erden lebte, als Bruder und Begleiter (‚Gott neben mir‹)! Noch darüber hinausgehend bekennen Christen den Glauben daran, dass Gott den Menschen seine Kraft schickt, die ergreifen kann, ausfüllen, antreiben, befähigen zu einem sinnerfüllten Leben (‚Gott in mir‹)!

Kein Tritheismus liegt hier vor, sondern das Bekenntnis zu einem Gott, der umfassend wirkt. Gewiss sind in diesen elementarisierenden Zugängen nicht alle Dimensionen der christlich-dogmatischen Gottesrede ausgeschöpft. Die vier Zugänge sind jeder für sich oder alle zusammengenommen ein elementarisierter, pädagogisch vereinfachter Zugang zu hochkomplexer Materie. Gerade aus trialogischer Perspektive lässt sich Trinität so jedoch durchaus begreifen und begreiflich machen. Diese Bilder helfen, die christliche Vorstellung zu plausibisieren und missverständliche Deutungen auszuräumen oder gar nicht erst entstehen zu lassen. Dass Juden und Muslime diese Bilder nicht auf den eigenen Gottesglauben übertragen, ist von vornherein

---

[142] Vgl. *Hans Küng:* Der Islam (2004), 616.

klar. Vielleicht können sie so aber besser verstehen, wie das Christentum Trinität begrifflich zu fassen versucht.

Binnenchristlich haben diese Bilder einen anderen Wert: Das mit ihnen mögliche Verständnis von Trinität lässt sich – auf dem Hintergrund der jüdischen wie muslimischen Anfrage – bereits gut in der achten Klasse fruchtbar machen, wo der Grundlagenplan in seinem Thema »Der lebendige Gott« als einen zentralen Inhaltspunkt benennt: »Einheit des Sohnes mit dem Vater im Geist (Trinität)«[143]. Eine differenzierte, interreligiös sensibilisierte Vertiefung wird in der Oberstufe möglich, wo zum Gesamtthema »Die Suche nach Lebenssinn und die Unbegreiflichkeit Gottes« die Perspektive eingespielt wird: »Das christliche Bekenntnis zum trinitarischen Gott«[144].

Vier Konfliktfälle trialogischer Verständigung und trialogischer Religionspädagogik wurden benannt: Die Frage nach dem theologischen Stellenwert des Koran; die Frage danach, ob Judentum und Christentum Mohammed als Prophet anerkennen können; die Frage nach der jüdischen und muslimischen Deutung Jesu; die Frage nach einem angemessenen Verständnis von Trinität. Auffällig ist, dass diese vier Grundkonflikte in den bisherigen Publikationen zum Trialog und zu interreligiösem Lernen allgemein eher gemieden wurden[145]. Bei anderen Themen lassen sich leichtere Konsenslinien und komparatistische Teilannäherungen erzielen. Sicherlich ist es auch durchaus sinnvoll, bei trialogischen Unternehmungen zunächst mit konsensfähigeren Themen zu beginnen, zunächst Potentiale der Gemeinsamkeit zu aktivieren. Ein sich selbst und die anderen ernstnehmender Trialog, eine nachhaltig operierende trialogische Religionspädagogik wird sich aber gerade im Blick auf diese heiklen Punkte bewähren müssen.

In mehreren Zugängen wurde in diesem Buch bislang das Feld der textbezogenen und lehrzentrierten Gemeinsamkeiten

---

[143] Grundlagenplan 5. – 10. Schuljahr (1984), 65.
[144] Grundlagenplan Oberstufe/Sekundarstufe II (2003), 45.
[145] Z. B. bei den Jahresthemen des »Trialogs der Kulturen« der *Herbert-Quandt Stiftung*.

und Unterschiede von Judentum, Christentum und Islam be-
leuchtet. Trialog heißt hier vor allem Austausch über Glaubens-
sätze und Überzeugungen. Trialogisches Lernen vollzieht sich
hier primär als ein stark textbezogenes, gleichwohl auch stets
existentiell bedeutsames Vergleichen der Grundschriften und
Lehrtraditionen im Blick auf Gemeinsamkeiten und Unterschiede. Trialog vollzieht sich aber auch auf ganz anderen Ebenen.
Sie werden im Folgenden ins Zentrum gerückt.

2. Gemeinsames Handeln – getrennte Begründungen

Im Blick auf die interreligiösen Publikationen der jüngsten Vergangenheit fallen zwei Tendenzen ins Auge: Zunächst widmet
sich ein überwiegender Teil der – weltgesellschaftlich wie im
Blick auf Deutschland zentral wichtigen – Beziehung von Christentum und Islam. Innerhalb dieser Schwerpunktsetzung wiederum werden vor allem die Felder der *Ethik* und des *gemeinsamen sozialen Handelns* ins Zentrum gerückt, bei denen die
oben benannten Konfliktfelder ausgespart bleiben können.
Hier werden ganz praktische gemeinsame Perspektiven eröffnet. Hier zeigen sich Wert und Stärke der drei monotheistischen
Religionen als Motor gesellschaftlicher Dynamik und der Wär-
mespeicher der Anregung für eine menschliches Miteinander.
Trialogisches Lernen braucht in der Tat auch diese Ausrichtung, nicht als Schwerpunkt, sondern als gleichberechtigte Ergänzung zum bislang Vorgestellten.

2.1 Konvergenzen im Menschenbild

Die konkreten Ausformulierungen von Ethos und Moral setzen
zwei grundlegende Klärungen voraus: das Verständnis der Welt
als Gottes Schöpfung und darin eingeschlossen das Bild vom
Menschen als Gottes Geschöpf. Judentum, Christentum und Islam thematisieren und teilen in diesen beiden Feldern die wesentlichen Überzeugungen.

Rechtleitung in der guten Schöpfung Gottes

Das Buch Genesis erzählt in zwei Zugängen die Schöpfung der Welt und die Erschaffung des Menschen: im ›Sieben-Tage-Werk‹ sowie in der ›Paradies-Erzählung‹ um Adam und Eva. Der Koran greift gleich mehrfach die grundlegenden Elemente beider Traditionen auf. Dass sich die Welt Gottes guter Schöpfung verdankt, ist ein Gedanke, der auch im Islam zentrale Bedeutung erlangt. »Von seinen ersten Sätzen an [...] durch alle Schichten hindurch ist das Schöpfungsthema ein wichtiger Bestandteil seiner Botschaft«[146]. Dabei sind die Bezüge auf die Texte der hebräischen Bibel eindeutig markiert. In Sure 32,4 heißt es etwa: »Allah ist's, der die Himmel und die Erde, und was zwischen beiden ist, in sechs Tagen erschuf.«[147] Die Suren 6 und 16 entfalten weitere Schöpfungstätigkeiten wie die Erschaffung von Gestirnen, Wasser, Getreide und Früchten sowie Tieren.

Zentral: Der biblische Text schließt mit der Einsicht: »Gott sah, dass es gut war.« (Gen 1,21) Diese Wertung wird im Koran bestätigt, ist doch in Sure 32,7 die Rede von Gott als demjenigen, der »alle Dinge gut erschaffen« hat. Mehr als in der Bibel wird im Koran freilich betont, dass der Schöpfung so ein »*Zeichen*charakter« zukommt, sie »weist auf die Güte Gottes hin und ist Wegweiser zur Erkenntnis Gottes.«[148]

Im Zentrum der Schöpfungserzählungen stehen in Bibel wie Koran die Erschaffung des Menschen, die Klärung seiner Stellung in der Schöpfung sowie die Umschreibung seiner Beziehung zu Gott. Von den Schöpfungstexten des Buches Genesis ausgehend kann kein Zweifel daran bestehen: *Alle* Menschen haben eine von Gott verliehene, unverlierbare Würde: sei es, wie im Koran, durch die Aussage: »Wir zeichneten die Kinder

---

[146] *Christfried Böttrich/Beate Ego/Friedmann Eißler:* Adam und Eva in Judentum, Christentum und Islam (Göttingen 2011), 138.

[147] Vgl. Sure 11,4: »Er ist's, der erschaffen die Himmel und die Erde in sechs Tagen«.

[148] *Böttrich/Ego/Eißler:* Adam und Eva (2011), 166.

Adams aus« (Sure 17,70), sei es, wie in der für Juden wie Christen normgebenden ersten Schöpfungserzählung, durch die Formulierung der Erschaffung des Menschen als Gottes »Abbild, uns ähnlich« (Gen 1,26). Alle Menschen sind – im mythologischen Bild gesprochen – Kinder Adams und Evas, Teil einer Menschheitsfamilie im Wissen darum, dass der Begriff ›Familie‹ eben alles andere impliziert als nur unproblematisch-harmonische Gemeinsamkeit. Die explizite Berufung auf Adam (und – im Koran namentlich nicht genannt – Eva, »dein Weib«, Sure 20,117) ist so integraler Bestandteil in Judentum, Christentum und Islam. Man kann sagen: »Juden, Christen und Muslime führen auf je verschiedene Weise eine adamitische Existenz.«[149]

Dabei setzt der *Koran* einige eigene Impulse.[150] Zwar nennt er den aus Gen 1,26 hergeleiteten Begriff der Gottesebenbildlichkeit des Menschen nicht[151], dafür betont er jedoch zwei andere Gedanken, die in vergleichbarer Weise die Besonderheit des Menschen unter den Geschöpfen herausstellen. Einerseits die Überzeugung, dass der Mensch ein unmittelbarer Ausdruck des göttlichen Schöpfungswillens ist (etwa: Sure 37,81f.). Andererseits den der ›khalifa‹, der *Gottesstellvertreterschaft*. In Sure 2,30 wird aus der Perspektive der göttlichen Stimme betont: »Siehe, Ich will auf der Erde einen einsetzen an Meiner Statt«. Mit dieser Zusprechung höchster Würde soll sich der Mensch aber auch in seinem Verhalten ausrichten an den Eigenschaften, die Gott in besonderer Weise auszeichnen, Gerechtigkeit und Barmherzigkeit. Nur so kann er dem Anspruch entsprechen, als Gottes Stellvertreter agieren zu können.

---

[149] *Karl-Josef Kuschel* (2007), 209.

[150] Vgl.: *Amina Boumaaiz/Bernd Feininger/Jörg Imran Schröter:* »Bin Ich nicht Euer Herr« (Sure 7,172). Aspekte zum Menschenbild im Islam, in: *Katja Boehme* (Hrsg.): »Wer ist der Mensch?« Anthropologie im interkulturellen Lernen und Lehren (Berlin 2013), 101–143.

[151] Vgl.: *Abdullah Takim:* Stellvertreter oder Ebenbild Gottes? Der Mensch in Christentum und Islam, in: *Hansjörg Schmid* u. a. (Hrsg.): Verantwortung für das Leben. Ethik in Christentum und Islam (Regensburg 2008), 46–51.

Woher aber nimmt der Mensch die Fähigkeit zu solchem Handeln? Nicht nur aus seiner Geschöpflichkeit als solcher, obwohl er muslimischem Verständnis zufolge eine natürliche Anlage zur richtigen Religion besitzt. Sure 30,30 spricht vom rechten Glauben als »einer Schöpfung Allahs, zu der Er die Menschen erschaffen« hat. Der Mensch hat also islamischer Überzeugung zufolge als Gottes Geschöpf nicht nur die natürliche Anlage zur Religiosität, sondern auch die Hinordnung auf die einzig richtige Religion in sich. Hinzu kommt jedoch jene Rechtleitung durch die Offenbarung, die Adam als erster Prophet – unverfälscht und in vollem Umfang – empfing, die später dann von Mohammed wiederhergestellt wurde. *Geschöpflichkeit* und *Rechtleitung* durch die Offenbarung ermöglichen dem Menschen ein gutes und richtiges Leben.

Gleichwohl weiß auch der Koran um die Gefährdungen des Menschen, um die Möglichkeiten des Scheiterns und die Versuchungen der Sünde. Von Anfang an hat er »ein Dreifaches im Blick: Der Mensch ist von Gott aus niedrigster Materie, praktisch aus Nichts, zu dem erschaffen, was er ist; er hat eine göttliche Belehrung erhalten; dennoch lehnt er sich gegen Gott auf.«[152] Gerade deshalb braucht er die Ermahnungen der Rechtleitung.

In zwei grundlegenden Deutungen weicht der Koran dann freilich vom Christentum ab. Der Gedanke einer ›*Erbsünde*‹ ist ihm *fremd*. Die Welt ist grundsätzlich und bleibend gut. Die Möglichkeiten des richtigen Lebens bleiben prinzipiell erhalten, auch wenn sie in bestimmten Situationen und auf Zeit durch menschliches Fehlverhalten und Vergesslichkeit verstellt werden. Von dieser Überzeugung ausgehend ist es aber nur folgerichtig, dass der Islam *keine Rede von Erlösung* kennt.[153] Eine Erlösung ist nicht erforderlich, der zentrale Gedanke ist die bleibende Rechtleitung. Hier unterscheiden sich Judentum und Christentum auf der einen, der Islam auf der anderen Seite in

---

[152] *Böttrich/Ego/Eißler:* Adam und Eva (2011), 147.
[153] Vgl. *Hansjörg Schmid* u. a. (Hrsg.): Heil in Christentum und Islam. Erlösung oder Rechtleitung (Stuttgart 2004).

einem wesentlichen Punkt. Auch wenn weitere Differenzierungen möglich wären, lässt sich sagen: Judentum und Christentum sind – wie einige asiatische Religionen – *Erlösungsreligionen*, die eine grundsätzliche Veränderung des Seins durch göttlichen Eingriff erhoffen oder bekennen. Der Islam ist eine *Rechtleitungsreligion*, die den von Gott vollends offenbarten Weg zu gelingendem Leben weist.

Trotz dieser Unterschiede lässt sich ein Grundbestand an trialogischen Gemeinsamkeiten erkennen. Judentum, Christentum und Islam teilen im Blick auf den Gedanken der Schöpfung und auf das Menschenbild[154] grundlegende Motive und Erzählungen. Sie sind verbunden durch Bezüge auf gemeinsame Figuren und konsequenzenreiche Überzeugungen. Der Grundgedanke einer ›adamitischen Existenz‹ bleibt deshalb alles andere als eine leere Formel. Er führt zu zentralen Gemeinsamkeiten dieser Religionen auf einer ganz basalen Ebene.

Signaturen einer ›adamitischen Existenz‹

Adamitische Existenz bedeutet für Juden, Christen und Muslime:

- die Grundüberzeugung, dass es den einen, in personalen Kategorien gedachten Gott gibt, der sich den Menschen *offenbart* hat, bei aller bleibenden Entzogenheit und Rätselhaftigkeit;
- das Sich-Einlassen auf ein durch Endlichkeit und Sterblichkeit bestimmtes Leben, das sich allein der *Schöpfungskraft Gottes* verdankt, nicht naturwissenschaftlichen Zufällen;
- die Möglichkeit, sich im *Gebet* an diesen Gott zu wenden und das Vertrauen darauf, dass die Schöpfung einen tieferen *Sinn* in sich trägt, so schwer erkennbar dieser auch sein mag;
- den Glauben daran, dass sowohl ein *sinnvolles Leben* in eigener Verantwortung als auch eigenes gutes Handeln möglich ist, geführt durch die göttliche *Rechtleitung;*

---

[154] Vgl. *Stefan Jakob Wimmer/Stephan Leimgruber:* Von Adam bis Muhammad (2005), 89–109.

- die Prägung durch Prozesse der im Bild der Vertreibung aus dem Paradies gezeichneten »Gottesentfremdung«, der durch die Scham-Entdeckung symbolisierten »Selbstentfremdung« sowie der »sozialen Entfremdung«[155];
- das Wissen um die *Schuldfähigkeit* des Menschen und seine Angewiesen-Sein auf die göttliche Barmherzigkeit;
- das Sich-Einlassen auf den Gedanken eines göttlichen *Gerichtes,* das am Ende als Bilanz des Lebens fungiert;
- die Hoffnung auf ein ›Leben‹ *nach dem Tod* als – nur in Andeutungen denkbares – ›Sein bei Gott‹;
- die Überzeugung, dass diese Vorgaben *für alle* Menschen gelten, unabhängig davon, ob sie es wissen und sich danach ausrichten oder nicht.

Vor allem der letzte Punkt zeigt auf, dass von einem adamitischen Bewusstsein aus die Heilsmöglichkeit aller Menschen von Anfang an vor Augen steht, unabhängig davon, wie unterschiedlich diese Wege in den einzelnen Religionen ausformuliert werden. Die unverlierbare geschöpfliche Menschen*würde* kommt allen zu. Dass sich daraus nicht einfach folgern lässt, dass allen Menschen den abrahamischen Religionen zufolge auch die 1948 formulierten Menschen*rechte* in vollem Umfang zukommen, zeigen die komplizierten binnentheologischen Differenzierungen innerhalb dieser Religionen im Blick auf diese Fragestellung – auf die hier nicht einzugehen ist.

Für unsere Fragestellung zentral: Im Bild der Kinder Adams hält das Alte Testament eine Vorstellung zur grundsätzlichen Gleichheit und Verbundenheit *aller* Menschen bereit, der Juden, Christen und Muslime zustimmen können. Von hier aus ist eine trialogische Verständigung in Ehrfurcht und Respekt möglich, die den Anspruch auf die eigene Wahrheit und die eigenen Vorstellung von Heilswegen nicht zurückstellt.

---

[155] Alle Begriffe bei: *Karl-Josef Kuschel* (2007), 132.

Konsequenzen für den Religionsunterricht

Welche Perspektiven ergeben sich aus dem Gedanken einer Judentum, Christentum und Islam verbindenden ›adamitischen Konsequenz‹ für trialogisch ausgerichtetes *interreligiöses Lernen?* Zunächst gilt es erneut *Schöpfung als Kerngedanke aller drei Religionen* zu profilieren. Dass Judentum, Christentum und Islam in der Darstellung der Welt als Schöpfung, in der Berufung auf Adam, in den Grundzügen des Menschenbildes und in der dadurch bedingten Fähigkeit einer moralischen und verantwortungsgeprägten Existenz fundamentale Gemeinsamkeit teilen, wird viel zu wenig in das Bewusstsein gerückt. Machen wir erneut die Praxisprobe!

Der »Grundlagenplan für den katholischen Religionsunterricht im 5. bis 10. Schuljahr« von 1984 räumt der Schöpfungsthematik gleich drei Unterrichtseinheiten ein: in Klasse 5/6 mit dem Wahlthema »Staunen, Aufmerksamkeit, Ehrfurcht: Umgang mit der Schöpfung«[156]; in Klasse 7/8 erneut mit einem Wahlthema unter der Überschrift »Verantwortung für die Umwelt«[157]; in Klasse 9/10 schließlich mit einem weiteren Wahlthema »Zugänge zur Wirklichkeit – Mythen verstehen«, in dem explizit Gen 1 in Vergleich gesetzt werden soll zu einem außerbiblischen Schöpfungsmythos, wobei der Koran als mögliche Vergleichsquelle signifikanterweise unbenannt bleibt. Der »Grundlagenplan für den katholischen Religionsunterricht in der gymnasialen Oberstufe/Sekundarstufe II« (2003) kennt zwar in dem übergreifenden Thema »Ethisches Handeln im eschatologischen Horizont« den Verweis auf das aus der Mittelstufe als bekannt vorausgesetzte »christliche Menschenbild«[158], eine trialogische, überhaupt: interreligiöse Ausweitung findet sich hier jedoch nicht.

Eigentümlich: Altorientalische, indische oder germanische Schöpfungsmythen werden als kontrastreiche, gattungsspezi-

---

[156] Grundlagenplan 5. bis 10. Schuljahr (1984), 98.
[157] Ebd., 114.
[158] Grundlagenplan Oberstufe/Sekundarstufe II (2003), 45.

fisch analoge Vergleichstexte herangezogen, der Koran aber wird im Blick auf Schöpfung und Menschenbild ignoriert. Wieder zeigt sich die Dringlichkeit einer trialogischen Sensibilisierung. Gewiss kann und muss nicht jedes Thema im Religionsunterricht explizit trialogisch entfaltet werden, dazu reicht die Zeit nicht, das könnte in ermüdender methodischer Wiederholung zudem sogar kontraproduktiv wirken. Ohne ein wenigstens grundlegendes Wissen um Schöpfungsverständnis und Menschenbild der Muslime aber fehlt sämtlichen Aussagen über ein potentielles gemeinsames Ethos, über mögliche gemeinsame Initiativen und Projekte Bodenhaftung und Fundament. Wenden wir uns diesem aus vielerlei Gründen zentralen Feld trialogischen Austausches und trialogischer Sensibilisierung zu:

2.2 Vereint im Ethos

Unabhängig von den umstrittenen und nur in äußerster Differenzierung zu beantwortenden Fragen nach einer theologischen Einheit der drei Abrahamreligionen Judentum, Christentum und Islam wird die Dringlichkeit einer Besinnung auf die gemeinsame ethische Prägekraft immer deutlicher. Nach dem islamistischen Terroranschlag auf das World Trade Centre am 11.09.2001 stellte die Weihnachtsausgabe des Magazins »Stern« die »Zehn Gebote« auf die Titelseite, verbunden mit der in der Titelstory explizit ausformulierten Forderung: »Die Gesellschaft braucht Werte und Normen so nötig wie Ampeln und Verkehrsschilder – und nach dem 11. September dringender als vorher.«[159] Fünf Jahre später rückt der »Spiegel« in seiner Osterausgabe 2006 Mose als »Mose Superstar« in den Vordergrund, verbunden mit der explizit trialogisch ausbuchstabierten Perspektive: »Moses Zehn Gebote und die gemeinsamen Wurzeln von Juden, Christen und Moslems«[160].

---

[159] Stern 18.12.2011.
[160] Der Spiegel 15.04.2006.

Nicht Abraham gerät hier ins Zentrum der trialogischen Wahrnehmung, sondern Mose. Eindeutig: Wenn es um Ethos, Moral, das soziale und politische Zusammenleben geht, dann ist Mose die zentrale Orientierungsfigur. Er »könnte durchaus geeignet sein, die geistige Schirmherrschaft für die Suche nach einem friedlichen Miteinander in Freiheit und Gerechtigkeit zu übernehmen«[161]. Als Empfänger des Dekalogs, der ›Zehn Gebote‹, wird Mose in der Tat zur zentralen Orientierungsfigur für ethisches Lernen in trialogischer Perspektive. Wie aber steht es um die Präsenz und Bedeutung des Dekalogs? Gibt er in Judentum, Christentum und Islam tatsächlich die zentrale Richtung ethischer Ausrichtung vor?

Der Dekalog

Angetrieben von dem Versuch, ein bereits vorhandenes gemeinsames Weltethos aus den großen Weltreligionen herauszudestillieren, spricht *Hans Küng* von »einem gemeinsamen Grundethos der drei prophetischen Religionen«[162], verdeutlicht an einem mehrfach abgedruckten Schaubild, das dem »jüdisch-christliche[n] Dekalog« den sogenannten »islamische[n] Pflichtkodex«[163] (aus Sure 17) als Entsprechung gegenüberstellt. Tatsächlich lassen sich erstaunliche Übereinstimmungen feststellen, aber erneut im Rahmen beträchtlicher Unterschiede. Um Gemeinsamkeiten und Unterschiede im Grundethos von Judentum, Christentum und Islam darzustellen, bedarf es einer genauen Analyse.

Der detaillierte Blick auf die beiden *Urtexte* des Dekalogs, Ex 20,1–17 und Dtn 5,6–21 führt zunächst mehr als 20 kleine, zwar nicht zentrale, aber eindeutig identifizierbare Unterschiede auf, die den Schluss zulassen, dass hier gewachsene Texte vorliegen. Es handelt sich noch nicht um einen »normativ kanonisierten Text«, vielmehr gab und gibt es »Spielraum für

---

[161] *Böttrich/Ego/Eißler:* Mose (2010), 108.
[162] *Hans Küng:* Der Islam (2004), 130
[163] Ebd., 131.

unterschiedliche Interpretationen«[164]. Wer im Text nach der bekannten Zehn-Zahl sucht, wird enttäuscht: Aus einer im Text numerisch unmarkierten Vielzahl von Geboten und Verboten machte die spätere Tradition schon in biblischer Zeit aus pädagogischen Gründen die fingerkonform abzählbare Zahl zehn (vgl. Ex 34,28). Kriterien für die Möglichkeiten der Auswahl nennen die Texte nicht. Die letztlich normativ benannten zehn Gebote können also unterschiedlich bestimmt werden – und werden es auch. Die bis heute existierenden *unterschiedlichen Zählarten* aber verraten viel über die unterschiedliche Ausrichtung und Intention. Gerade in trialogischer Hinsicht wird eine feine Differenzierung unumgänglich.

Auch wenn es schon innerhalb der *jüdischen Traditionen* mehr als eine Zählart des ›Zehnworts‹ gibt, verbinden sie sich doch in einem entscheidenden Impuls, den das Christentum in seinen dann entwickelten zwei Zählweisen unterschlägt. Vor die Nennung der konkreten Gebote tritt folgende Vor-Gabe: »Ich bin Jahwe, dein Gott, der dich aus Ägypten geführt hat; aus dem Sklavenhaus« (Ex 20,2). In jüdischer Tradition wird diese Setzung als ›erstes Gebot‹ gezählt. Da es kein Ge- oder Verbot im eigentlichen Sinne ist, keinen unmittelbar ethischen Kern zu besitzen scheint, wurde es christlicherseits nicht rezipiert, sondern eher als Hinführung und Präambel verstanden. Dabei hängt an dieser Vorgabe die ganze Substanz der Folgegebote. Der Dekalog erhält nur von dieser Voraussetzung aus seinen spezifischen Sinn. Wie das Vorzeichen einer mathematischen Klammer bestimmt er die Qualität des Folgenden. Das Besondere dieser Vorgabe lässt sich mit einem vielfach verwendeten Wortspiel verdeutlichen: Ausgangspunkt ist der in Ex 20,2 erinnerte bedingungslose *Zuspruch* Gottes, die Erfahrung seiner rettenden Macht. Nur von ihm aus erklärt sich der *Anspruch* an eine moralische und spirituelle Lebensführung. *Zuspruch* – *An*spruch: entscheidend ist die Reihenfolge! Basis

---

[164] *Rainer Lachmann:* Der Dekalog, in: *Gottfried Adam/Friedrich Schweitzer* (Hrsg.): Ethisch erziehen in der Schule (Göttingen 1996), 148–160, hier: 150.

und Grundlage des Dekalogs ist das vorgängige und bedingungslose Ja Gottes: zu seiner Schöpfung als Ganzer, zu seinem aus der Sklaverei befreiten Volk, zu jedem einzelnen Menschen.

Zentral: Der Dekalog versteht sich grundlegend nicht als Pflichtethik, derzufolge man aus Einsicht oder Verpflichtung das Gute deshalb tut, weil man es ›muss‹, oder als Gehorsamsethik, die ihre Stringenz vor allem aus dem Glauben und der Angst vor der strafmächtige Autorität zieht. Der Dekalog enthält im Gegenteil eine *Befähigungsethik*: Als von Gott Befähigte sind die Israeliten als zunächst Angesprochene in der Lage, in Orientierung an den dann benannten An-Geboten ein moralisch und sozial gutes Leben führen zu können. Zuspruch und Anspruch sind eng ineinander verflochten. Dass der Glaube an diese Befähigung nicht blinder Optimismus ist, dass das Judentum nur zu gut um die Fehlbarkeit, Trägheit, Selbstzentriertheit und Gebrochenheit des Menschen weiß, wird dabei nicht verschwiegen. In tiefer Weisheit und in Form einer die Wahrheit narrativ umkreisenden Erzählung schildert die Genesis ja unverblümt: Kaum weiß der Mensch ›nach dem Sündenfall‹ um die Unterscheidung von ›gut‹ und ›böse‹, schon missbraucht er seine Freiheit – zu einem der furchtbarsten Verbrechen überhaupt, dem Brudermord (vgl. Gen 4). Klarer kann man nicht davor warnen, allzu einseitig auf den Zuspruch Gottes an den Menschen zu setzen. Ohne die gleichzeitige Betonung des Anspruchs, seiner Verantwortungsfähigkeit auch gerecht zu werden, seine Befähigung zu Nächstenliebe und Weltgestaltung zum Wohle aller einzusetzen, verkürzt man das Menschenbild der Genesis.

Diese Theo-Logik wird im Christentum durchaus geteilt, wurde durch die Nicht-Zählung des ersten jüdisch benannten Gebotes der Tora aber zunehmend marginalisiert. Man kann sagen: Die »notwendige inhaltliche Verknüpfung von Präambel und den Zehn Worten ist im Laufe der Geschichte christlicher Theologie mehr und mehr in Vergessenheit geraten«[165]. Erst seit der Mitte des 20. Jahrhunderts lassen sich Bemühungen

---

[165] *Monika Tautz:* Interreligiöses Lernen (2007), 250.

um eine »hermeneutisch reflektierte Wiedergewinnung«[166] beobachten. Aus heutiger Sicht kann man diese Tendenz nur
nachdrücklich unterstützen, da nur so der spezifische Charakter des Dekalogs zum Tragen kommt.

Wie zählt das Judentum die Gebote weiter?

2. Verbot der Verehrung anderer Götter
3. Verbot des Missbrauchs des göttlichen Namens
4. Heiligung des Sabbats
5. Ehrung der Eltern
6. Verbot des Mordens
7. Verbot des Ehebrechens
8. Verbot des Diebstahls
9. Verbot der Falschaussage
10. Verbot des Begehrens

Das *Christentum* hat diese Zählung nicht übernommen. Unabhängig von der Ausblendung des ersten jüdischen Gebotes
hat es *zwei Zählweisen* etabliert, auffälligerweise in Aufspren-
gung der üblichen konfessionellen Binnendifferenzierung. In
der Zählart, die sich die römisch-katholische Kirche mit den
Lutheranern teilt, rücken die als 2–10 benannten Gebote jeweils um eine Position nach vorn. Das letzte Gebot wird – eigentlich wenig logisch – unterteilt in das ›Begehren nach der
Frau deines Nächsten‹ und das noch näher ausdifferenzierte
›Begehren von Hab und Gut‹. Mit dieser Zählart ergibt sich
die bildhafte Tradition: Die ›erste Tafel‹ umfasst die drei Gebote, welche die Beziehung von Gott und Mensch regeln, die
›zweite Tafel‹ regelt die Beziehungen der Menschen untereinander.

In der zweiten christlichen Zählart verbinden sich die theologisch am weitesten voneinander entfernten Konfessionen mit
einer diametral entgegengesetzten Begründung in der gleichen
Konsequenz: die reformierte und die orthodoxe Kirche. Abwei-
chend von der katholisch-lutherischen Tradition fügen sie als
›drittes Gebot‹ explizit das Verbot ein: »Du sollst dir kein Gottesbild machen und keine Darstellung von irgendetwas am

---

[166] Ebd.

Himmel droben, auf der Erde unten oder im Wasser unter der Erde« (Ex 20,4). In der jüdischen wie katholisch-lutheranischen Zählung wird dieses biblisch ja explizit aufgeführte Gebot nicht eigens gezählt sondern unter das Verbot, andere Götter zu verehren, subsumiert, weil es im Kern um ein »*Götzen*bild- und Bild*verehrungs*verbot«[167] geht, nicht um ein grundsätzliches Verbot der Herstellung von Bildern. Um die Zehnzahl zu erreichen, werden dann die zwei den Dekalog abschließenden Begehrens-Verbote wie im Judentum zu einem zusammengefasst. Warum aber diese Heraushebung des klassisch so benannten ›Bilderverbots‹?

In der Tat aus entgegengesetzten Gründen: Da in der orthodoxen Kirche die Gestaltung und meditative Betrachtung von Ikonen ein zentrales Element der Spiritualität darstellt, wird eigens betont, dass es sich dabei nicht um eine Vergöttlichung der Bilder handelt. Ikonen *verweisen* auf Gott, ihnen kommt nicht selbst die Verehrung zu. Die lateinische Unterscheidung differenziert bewusst: die *adoratio* kommt nur Gott zu, die im Bild fixierbare *veneratio* kann auch Heiligen oder Engeln gelten. Das Verbot der Bilderverehrung ruft diese Unterscheidung nachdrücklich ins Bewusstsein. Anders in der reformierten Tradition. In der radikalen Konzentration auf ›das Wort‹ werden hier tatsächlich menschliche Kunstwerke, die das Göttliche abbilden, strikt abgelehnt. Bildwerke lenken vom Eigentlichen, vom Wort, ab, deshalb muss das entsprechende biblische Gebot eigens benannt werden. Die jüdische Tradition vertraut hier zusammen mit der katholisch-lutherischen Zählweise darauf, dass die Mitnennung im Götzenverehrungsgebot ausreicht, um potentielle Missstände aufzudecken und zu korrigieren.

Im differenzierten Spektrum dieser jüdisch-christlichen Ausformung des Dekalogs werden so durchaus bereits unterschiedliche Schwerpunktsetzungen deutlich. Vor allem die Verschleierung der Grunddynamik von Zuspruch und Anspruch in der

---

[167] *Bernd Schröder/Daniel Krochmalnik/Harry Harun Behr* (Hrsg.): »Du sollst Dir kein Bildnis machen ...«. Bilderverbot und Bilddidaktik im jüdischen, christlichen und islamischen Religionsunterricht (Berlin 2013), 8.

christlichen Tradition kann dazu führen, dass der Grundcharakter der Zehn Gebote als Zuspruchs-, Beziehungs- und Befähigungsethik, als »eine Art Wegweisung« zu »der den Menschen von Jahwe geschenkten Freiheit«[168], aus dem Blick gerät oder bewusst verändert wird. Dieser Charakter geht im Übergang zu dem an Rechtleitung interessierten *Islam* endgültig verloren. Überhaupt fällt auf: Bei aller breiten Rezeption der auf Mose zurückgehenden Erzählzüge und Verse im Koran findet sich keine direkte Übertragung des Dekalogs. In einer Kombination aus zwei in vielem ähnlichen Gesetzestafeln in Sure 6,151–153 und Sure 17,22–39 lassen sich gleichwohl in Vielem dem Dekalog ähnliche Aussagen finden, so dass die Rede von einem »gemeinsamen Ethos« eine veritable Grundlage findet:

- das Verbot der Verehrung anderer Gottheiten (Sure 17,22): »Ihr sollt Ihm nichts an die Seite stellen« (Sure 6,151);
- das Gebot, allein Gott zu dienen (Sure 17,23);
- das Gebot, die Eltern zu ehren (Sure 6, 151; 17,23);
- das Verbot des Mordens, »es sei denn um der Gerechtigkeit willen« (Sure 6,151; 17,33);
- das Verbot des Ehebrechens, konkret »der Hurerei« (Sure 17,32);
- das Verbot des Übergriffs auf das »Gut der Waise[n]« (Sure 6,152; 17,34);
- das dem Verbot der Falschaussage entsprechende Gebot, Verträge zu halten (Sure 17,34): im »Spruch seid gerecht« (Sure 6,152);
- das dem Begehrensverbot zumindest strukturell vergleichbare Gebot, anderen in »vollem Maß« und »mit richtiger Waage« zu geben (Sure 6,152; 17,35).

Im Vergleich mit dem jüdisch-christlichen Dekalog fallen drei zentrale Unterschiede auf. Zunächst fehlt jeglicher Verweis auf die Verbindung dieser Gebote mit der Herausführung des Volkes Israel aus der Sklaverei. Damit wird die bereits im Christentum zurückgedrängte Dynamik von Zuspruch und Anspruch aufgegeben. Die Gebote sind Gehorsam einfordernde Setzun-

---

[168] *Monika Tautz:* Interreligiöses Lernen (2007), 254.

gen, die als Rechtleitung gelingendes Leben ermöglichen und den Menschen als selbstverantwortlichen »aktiven Gestalter seiner Um- und Mitwelt«[169] charakterisieren. Einer expliziten Betonung von Beziehung und Befähigung bedarf es nicht.

Zweiter Unterschied: Der Islam kennt kein Äquivalent zum Sabbatgebot oder zur Sonntagsruhe. Ein Ruhen Gottes – und im Anschluss daran: ein der Gottesverehrung zugedachter Ruhetag der Menschen – ist im Koran »schlechterdings nicht denkbar«[170]. Sure 2,255 erklärt grundlegend: »Allah! es gibt keinen Gott außer Ihm, dem Lebendigen, dem Ewigen! Nicht ergreift Ihn Schlummer und nicht Schlaf.« Der Sabbat wird so nicht zum göttlichen Ruhetag sondern zum Erinnerungstag an seine Thronbesteigung: »Siehe, euer Herr ist Allah, welcher die Himmel und die Erde in sechs Tagen erschuf; alsdann setzte Er sich auf den Thron.« (Sure 7,54) In dieser Bedeutungsverschiebung kann das Gebot der Heiligung des Sabbats aus dem Kanon des Dekalogs verschwinden. Der Freitag als »Tag der Versammlung« (Sure 62,9) ist nicht arbeitsfrei, ihm kommt nicht die gleiche Bedeutung zu wie im Judentum dem Schabbat oder im Christentum dem Sonntag.

Dritter Unterschied: Hans Küng setzt dem breit ausdifferenzierten alttestamentlichen Begehrensverbot Sure 17,37 entgegen: »Schreite nicht auf der Erde stolz einher«. Diese Parallelisierung überzeugt nicht, geht es dabei doch um völlig andere Verhaltensweisen. Das Besondere am Begehrensverbot ist die Verinnerlichung und Psychologisierung: Es geht dem Dekalog nicht nur um das tatsächliche Verhalten, sondern um die innere Gesinnung, die letztlich zu bestimmten Verhaltensweisen führt. Diese Tendenz wird Jesus in seiner Ethik konsequent aufgreifen und weiterführen, etwa in Mk 7,2f.1: »Denn von innen, aus dem Herzen der Menschen, kommen die bösen Gedanken, Unzucht, Diebstahl, Mord, Ehebruch, Habgier, Bosheit, Hinterlist, Ausschweifung, Neid, Verleumdung, Hochmut und Unver-

---

[169] *Harry Harun Behr:* Menschenbilder im Islam, in: Handbuch Christentum und Islam in Deutschland (2014), 489–529, hier: 496.
[170] *Böttrich/Ego/Eißler:* Mose (2010), 170.

nunft.« Diese Verinnerlichung, diese Ausweitung der Tat-Ethik hin zu einer Ethik, die den inneren Motivationen und Triebkräften nachspürt, findet sich im Koran nicht in gleicher Weise.

Auf dem Weg zu einer ›trialogischen Ethik‹?

Der Befund lässt sich so bilanzieren: Tatsächlich gibt es ein ›Grundethos der abrahamischen Religionen‹; tatsächlich gibt es so etwas wie eine ›trialogische Ethik‹; tatsächlich lässt sie sich mit zentralen Vorgaben des Dekalogs veranschaulichen hinsichtlich einer Klärung der Beziehung von Gott und Mensch, aber auch hinsichtlich der Beziehung von Menschen untereinander. Was im Detail mit den vermeintlich vergleichbaren Formulierungen ganz konkret gemeint ist und wie schwer die eben doch auch klar benennbaren Unterschiede wiegen, lässt sich nur von Expertinnen und Experten im Blick auf einzelne Fragestellungen klären. Hier bieten sich komparatistischen Zugängen breite Felder. In jedem Fall bleibt das Austarieren einer solchen spezifisch jüdisch-christlich-muslimischen Ethik eine zentrale Aufgabe künftiger Expertengespräche.

Einige zentrale Punkte einer solchen trialogischen Ethik, die in jeder der einzelnen Religionen weitere notwendige Konkretion, Begründung, Vertiefung und Ausdifferenzierung findet, seien in aller Vorsicht skizziert:

- Grundlegend ist das Bewusstsein einer Geschöpflichkeit des Menschen.
- Der Mensch darf dabei auf die Gerechtigkeit und Barmherzigkeit Gottes vertrauen.
- In den Offenbarungen sind dem Menschen An-Gebote, Regeln und Fähigkeiten gegeben, das Leben nach Gottes Rechtleitung nicht nur zur bewusst wahrgenommenen Gottesbeziehung, sondern auch zur erfüllten Gemeinschaft der Menschen untereinander zu gestalten.
- In dieser Gemeinschaft gelten das Ehren der Eltern, das Verbot des Mordens, das Verbot des Ehebrechens, das Verbot des Diebstahls sowie das Verbot der Falschaussage als weitgehend unverrückbare Weisungen.

- Der Blick weitet sich: Grundsätzlich sind die Menschen verantwortlich gegenüber der Welt als Gottes Schöpfung.
- Gott befähigt nicht nur zum verantwortungsvollen und richtigen Leben, er wird am Ende aller Zeiten auch als – barmherziger – Richter fungieren.

Welche Konsequenzen ergeben sich aus diesen Ausführungen über den Dekalog für *trialogisch ausgerichtetes ethisches Lernen* allgemein? Zunächst wird man darauf hinwirken müssen, dass die Diskurse um ethisches Lernen eine interreligiöse Sensibilität und Ausrichtung überhaupt erst einmal entwickeln. Das 1996 von Gottfried Adam und Friedrich Schweitzer herausgegebene religionsdidaktische Standardwerk »Ethisch erziehen in der Schule« kann bei breitester inhaltlicher Differenzierung noch völlig ohne jegliche Ausblicke auf die Geschwisterreligionen auskommen. Auch aktuellen religionspädagogischen Grundlagenwerken zum ethischen Lernen[171] fehlt nach wie vor fast durchgängig jegliche interreligiöse Sensibilisierung.

Die Gegenprobe in den Grundlagenplänen für den katholischen Religionsunterricht bestätigt den Befund. In der Sekundarstufe I soll der Dekalog in der fünften Klasse im Rahmen der Unterrichtseinheit »Unterwegs zur Freiheit (Exodus)« thematisiert werden. Er wird dort als »Weisung zu einem befreiten Leben«[172] vorgestellt, freilich ohne den Verweis auf seine interreligiöse Bedeutung für das heutige Judentum oder den gegenwärtigen Islam. Auch im für die achte Klasse vorgesehenen ethischen Grundthema »Der Glaube gibt dem Leben Ziele (Normen und Gebote)«[173] fehlen jegliche interreligiösen Verweise. Im Blick auf die Oberstufe ändert sich der Befund zumindest tendenziell. Der Komplex »Ethisches Handeln im eschatologischen Horizont« umfasst einen von fünf Themenschwerpunkten, nimmt also einen großen Raum ein. Als ein kleiner, nicht weiter aus-

---

[171] Vgl. etwa: *Rainer Lachmann/Gottfried Adam/Martin Rothgangel* (Hrsg.): Ethische Schlüsselprobleme. Lebensweltlich – theologisch – didaktisch (Göttingen ²2015).
[172] Grundlagenplan 5. – 10. Schuljahr (1984), 27.
[173] Vgl. ebd., 68f.

geführter Unterpunkt wird hier eingefordert, »moralische Grundnormen in den Weltreligionen«[174] zu berücksichtigen. Eine grundlegende *trialogische Sensibilisierung* ist hier ein dringendes Desiderat.

2.3 Verbunden im sozialen Handeln

Dass das Ethos auch in trialogischer Hinsicht nicht konsequenzenlos bleiben darf, ist allen Beteiligten klar. Ethos verlangt nach Konkretion im Handeln. Aus der Bibel leiten Juden und Christen zentrale sozialethische Forderungen ab, in denen die Zuwendung zu den Armen und Benachteiligten, den Kranken und Marginalisierten als grundlegender Wesenszug von Frömmigkeit und Gottesglauben abzulesen ist. Gottesliebe und Menschenliebe sind nicht voneinander zu trennen. Dieser Gedanke findet sich in ähnlicher Form im Islam. Die ›zakat‹, die Sozialabgabe innerhalb der muslimischen Gemeinschaft, gehört zu den ›Fünf Säulen des Islam‹. Auch hier gehören Gebet und soziales Handeln, spirituelle Frömmigkeit und Hinwendung zum bedürftigen Nächsten untrennbar zusammen.

Einsatz für den Weltfrieden

Juden, Christen und Muslime, die von der Wichtigkeit der Förderung des Trialogs überzeugt sind, können gar nicht anders, als diese Impulse auch auf die je anderen zu beziehen. Und mehr: Sie sind aufgerufen, »sich zusammenzutun und gemeinsam für eine wichtige Sache zu engagieren«[175], sei dies im Einsatz für Flüchtlinge, Hilfebedürftige und sozial Benachteiligte, sei das in Friedensinitiativen, sei dies im Einsatz für den Wert und Schutz menschlichen Lebens, sei es – ausgehend von der gleichermaßen geteilten Überzeugung vom »Wertcharakter al-

---

[174] Grundlagenplan Oberstufe/Sekundarstufe II (2003), 56.
[175] *Max Bernlochner:* Interkulturell-interreligiöse Kompetenz (2013), 308.

les Geschaffenen«[176] – im Einsatz für den Erhalt und verantworteten Umgang mit der Schöpfung.

Die Forderung von »Dabru emet« – »Juden und Christen müssen sich gemeinsam für Gerechtigkeit und Frieden einsetzen«[177] – lässt sich direkt auf den Islam erweitern. Die am 13.10.2007 – ursprünglich von 138, inzwischen von über 400 – muslimischen Gelehrten an die weltweit zentralen Kirchenführer gerichtete Erklärung »A Common Word Between Us and You«[178] hebt vor allem die gemeinsame Verantwortung von Christen und Muslimen für den *Weltfrieden* hervor: »Die Grundlage für diesen Frieden existiert bereits. Sie besteht in den grundlegenden Prinzipien beider Religionen selbst: der Liebe zu dem Einen Gott und der Nächstenliebe.«[179] Explizit aufgenommen werden dabei Aussagen der hebräischen Bibel, so dass das Judentum implizit in den Horizont mit eingeschlossen wird. Die Erklärung schließt mit dem eindringlichen Appell: »Laßt uns […] wetteifern in Rechtschaffenheit und guten Werken. Laßt uns einander respektieren, fair, gerecht, und freundlich zueinander sein, und in aufrichtigem Frieden, Eintracht und gegenseitigem Wohlwollen miteinander leben.«[180] Gewiss bleiben – das zeigen auch die ambivalenten Reaktionen auf diese Erklärung – Rückfragen an einzelne Ausführungen oder an den hermeneutischen Duktus. Gleichwohl liegt hier ein im deutschen Sprachraum noch völlig unzureichend rezipiertes Positionspapier vor, das »einen einzigartigen Anstoß gegeben hat, neu über« die trialogischen Beziehungen nachzudenken, um »durch einen langfristigen, offenen Gesprächsprozess eine neue Qualität«[181] von Begegnung und Austausch zu erreichen.

---

[176] *Monika Tautz:* Interreligiöses Lernen (2007), 273.

[177] *Rainer Kampling/Michael Weinrich:* Dabru emet (2003), 11.

[178] www.acommonword.com

[179] *Friedmann Eißler* (Hrsg.): Muslimische Einladung zum Dialog. Dokumentation zum Brief der 138 Gelehrten (»A Common Word«), EZW-Texte 202 (Berlin 2009), 17.

[180] Ebd., 35.

[181] *Friedemann Eißler:* Einleitung, ebd., 11.

Gesellschaftspolitische Initiativen

Neben derartige – aus verbindender Gottesbeziehung und verbindendem Ethos erwachsende – friedenspolitische Aktionen und Projekte können sozial-prophetische und gesellschaftspolitische Initiativen treten. *Simone Rappel* konkretisiert zunächst die gemeinsamen sozial-prophetischen Dimensionen von Judentum, Christentum und Islam: »Möglichkeiten zum Handeln gibt es [...] viele. Dazu gehört, Dinge, die schlecht sind, klar beim Namen zu nennen und zu zeigen, wie es besser gehen könnte«[182]. Diese mahnende und anregende sozialprophetische Stimme wirkt jedoch auch politisch weiter, so Simone Rappel: Menschen aus den abrahamischen Religionen »können sich kritisch, fragend, korrigierend, beratend, Richtung weisend und Alternativen aufzeigend in den Diskurs für eine bessere Welt einmischen und aus ihrer von der je eigenen Glaubensüberzeugung getragenen Perspektive meinungsbildend und politikgestaltend wirken.«[183] Die zu Beginn des Buches genannten trialogisch getragenen Äußerungen gegen fundamentalistischen Terror zeigen beispielhaft auf, wie derartige gesellschaftsgestaltende Positionierungen aussehen können.

Dass und wie diese Vorgaben für trialogische Lernprozesse am Lernort Schule (und in Übertragung: am Lernort Gemeinde) fruchtbar gemacht werden können, zeigen exemplarisch und überzeugend die bereits erwähnten Projekte des Wettbewerbs »Schulen im Trialog«, den die Herbert Quandt-Stiftung seit 2005/2006 ausschreibt. Als letztgenannte Teilkompetenz trialogischen Lernens benennt *Clauß Peter Sajak*, der religionspädagogische Begleiter und Mentor des Projekts, die bewusst über den schulischen Raum hinausgehende Perspektive: Schülerinnen und Schüler »entwickeln Formen der Verständigung und

---

[182] *Simone Rappel:* Beobachterbericht zum Forum: Verantwortliches und wirtschaftliches Handeln, in: *Hansjörg Schmid:* Verantwortung für das Leben? (2008), 181–186, hier: 186.
[183] Ebd.

der Zusammenarbeit *mit außerschulischen Institutionen* und ihrem *lokalen Umfeld*«[184].

Schulartdifferenzierend werden in einem umfangreichen »Methodencurriculum für das trialogische Lernen«[185] Unterrichtsideen und Projekte vorgestellt, die zum Teil unterrichts- und schulbezogen bleiben, zum Teil aber bewusst auf ein öffentliches Handeln abzielen. Das Spektrum reicht von der Organisation einer Projektwoche zum Thema »Abraham« in einer Grundschule über die trialogische Planung und Durchführung von Gedenktagen in der Sekundarstufe I; von der Aufführung eines »Konzertes der Kulturen« oder der Organisation einer »Lessing-Konferenz« in der Sekundarstufe II bis hin zur langfristigen Einrichtung eines schulisch getragenen Sozialpraktikums unter dem Titel »Compassion im Trialog«. In den »Weltethos-Schulen«[186] werden ähnliche Projekte initiiert. All diese hier nicht im Detail nachzuzeichnenden Beispiele zeigen, dass Trialog nicht ausschließlich eine intellektuelle Auseinandersetzung intendiert, nicht nur auf die seltenen Möglichkeiten diskursiver trialogischer Begegnung setzt, sondern auch auf das aus einem gemeinsamen Ethos erwachsende Handeln in Kultur, Gesellschaft, Öffentlichkeit und Politik.

Zwei wichtige öffentliche Felder religiöser Erziehung und Bildung sind die Kindertagesstätten und der schulische Religionsunterricht. Welche Perspektiven können hier das trialogische Lernen und die trialogische Religionspädagogik setzen?

2.4 Religiöses Lernen in Kitas und Religionsunterricht

Entgegen früher vorherrschenden Überzeugungen, denen zufolge es zunächst darauf ankäme, eine religiöse Beheimatung in der eigenen Religion zu schaffen, *bevor* man dann – aus star-

---

[184] *Ann-Kathrin Muth/Clauß Peter Sajak:* Standards für das trialogische Lernen (2011), 24. Hervorhebungen GL.
[185] In: *Clauß Peter Sajak:* Trialogisch lernen (2010), 175–255.
[186] www.weltethos.org/schule/.

ker konfessioneller Identität heraus – dialog- oder ggfs. trialog-
fähig würde, erkennt man seit einiger Zeit zweierlei:
– Die meisten Kinder wachsen heute ohne starke konfessionelle Identität auf. Schon deshalb ist das Modell ›erst
Identität – dann Austausch‹ untauglich (geworden).
– Kinder werden schon früh mit ethnischer, kultureller und religiöser Vielfalt konfrontiert. Gerade in Kindertageseinrichtungen »spiegelt sich unsere multikulturelle Gesellschaft eindrücklich wider«[187], wenn auch in regional unterschiedlicher
Intensität. Etwa jedes achte Kind in den deutschen Kitas ist derzeit muslimisch. Begegnung und Vielfalt prägen also für die
meisten Kinder das Leben von Anfang an. Ihre auch religiöse
Identität ist deshalb von vornherein durch sich stets durchdrin-
gende Lernprozesse von Selbstbesinnung *und* Austausch, von
Selbstwahrnehmung *und* Fremdwahrnehmung geprägt.

Hinwendung zum interreligiösen Lernen in den Kitas

Die meisten Kindergärten und Kindertagesstätten haben auf
diese Veränderungen längst reagiert, selbst wenn »interreligiöse
Bildung in Kitas bislang noch nicht zu einem zentralen Thema
geworden«[188] sein mag. Auch die Einrichtungen in kirchlicher
Trägerschaft öffnen ihre Lernprogramme interreligiös, bei aller
möglichen Konzentration auf die Einführung in die eigene Konfession. Sie zielen darauf ab, den Kindern dabei zu helfen, »mit
der eigenen Religion vertraut zu werden, *zugleich* aber in einen
Austausch mit denen zu treten, die einer anderen Religion angehören«[189], geprägt von den Leitzielen »Offenheit, Achtung und
Wertschätzung […] Toleranz und Respekt«[190]. Da die meisten

---

[187] *Matthias Hugoth:* Handbuch religiöse Bildung in Kita und Kindergarten
(Freiburg i. Br. 2012), 218.
[188] *Anke Edelbrock/Albert Biesinger/Friedrich Schweitzer* (Hrsg.): Religiöse
Vielfalt in der Kita. So gelingt interreligiöse und interkulturelle Bildung in
der Praxis (Berlin 2012), 19.
[189] *Matthias Hugoth:* Handbuch religiöse Bildung (2012), 219.
[190] *Edelbrock/Biesinger/Schweitzer:* Religiöse Vielfalt in der Kita (2012),
22.

Kinder jedoch über keine ausgeprägte ›eigene Religion‹ verfügen, und da auch viele Erzieherinnen und Erzieher sich im Blick auf die vermeintlich eigene Religion unsicher sind, Zweifel haben, oft auch diesbezüglich nur oberflächlich ausgebildet werden, wird damit ein schwieriges Feld abgesteckt. Häufig wird man sich mit einem vorbereitenden Lernen begnügen müssen, das dann im schulischen Religionsunterricht aufgegriffen, vertieft und differenziert werden kann. Jüngste Studien belegen nachdrücklich, dass eine transparent vollzogene Einbeziehung der Eltern die religiösen, auch die spezifisch interreligiösen Lernprozesse in den Kindertagesstätten fördert.[191]

Welche Elemente kann eine spezifisch trialogische Perspektive für das interreligiöse Lernen in den Kitas einspeisen? Zunächst ist ganz realistisch festzustellen, dass Interreligiosität in den Kitas vor allem die gemeinsame Präsenz von christlichen und muslimischen Kindern bedeutet, einmal abgesehen von den vielen Kindern ohne religiöse Beheimatung und Prägung. Jüdische Kinder oder Mädchen und Jungen aus anderen Religionen werden im Normalfall nur vereinzelt hinzukommen. Das Spektrum der Einrichtungen ist allerdings breit. So gibt es durchaus spezifisch muslimische sowie jüdische[192] Einrichtungen, die ganz bewusst den Schwerpunkt auf eine Einführung in die eigene Religion legen und eine angezielte Beheimatung ins Zentrum stellen. Explizit trialogische Kitas, die das Miteinander von jüdischen, christlichen und muslimischen Kindern programmatisch fördern, sind die absolute Ausnahme. Im Zürcher

---

[191] *Anke Edelbrock/Friedrich Schweitzer/Albert Biesinger* (Hrsg.): Wie viele Götter sind im Himmel? Religiöse Differenzwahrnehmung im Kindesalter (Münster u. a. 2010); *Albert Biesinger/Anke Edelbrock/Friedrich Schweitzer* (Hrsg.): Auf die Eltern kommt es an! Interreligiöse und interkulturelle Bildung in der Kita (Münster u. a. 2011); *Friedrich Schweitzer/Anke Edelbrock/Albert Biesinger* (Hrsg.): Interreligiöse und interkulturelle Bildung in der Kita. Eine Repräsentativbefragung von Erzieherinnen in Deutschland – interdisziplinäre, interreligiöse und internationale Perspektiven (Münster u. a. 2011).

[192] Derzeit gibt es in Deutschland 21 jüdische Kindergärten. Vgl. www.zentralratdjuden.de/topic/586.jüdische-bildung.html.

Lehrhaus gibt es ein solches Pilotprojekt, die konkrete Umsetzung selbst dort ist jedoch alles andere als einfach[193].

Die trialogische Perspektive kann in den meisten öffentlichen, kirchlichen oder sonstigen privat getragenen Kitas so vor allem in der Begegnung, dem Austausch und dem gemeinsamen Erleben und Handeln von christlichen und muslimischen Kindern stattfinden. Das Judentum – als gemeinsamer und verbindender Dritter – kann man bei geeigneten Anlässen (etwa: Weihnachten) durchaus bereits ins Bewusstsein rufen. Von *muslimischer Seite* werden grundlegende Wünsche deutlich artikuliert: »Muslimische Kinder haben ebenfalls das Recht auf religiöse Begleitung und Bildung«, schreibt der Religionspädagoge *Rauf Ceylan*. »Die Lebenswirklichkeit dieser Kinder muss sich in den Kindertagesstätten insgesamt widerspiegeln«[194]. Dass dazu eine interreligiös neu sensibilisierte Ausbildung der Erzieherinnen und Erzieher notwendig wird, versteht sich dann von selbst, ebenso wie die Forderung danach, dass religiöse »Bildung als Querschnittsaufgabe«[195] in allen, gerade auch nicht kirchlichen Einrichtungen verankert werden muss.

Aus *jüdischer Sicht* stellt sich das Problem in eigener Zuspitzung dar. In den Kontexten eines Lebens als Minderheit und in religiöser Diaspora werden religiöse Eltern den Schwerpunkt sehr bewusst und nachvollziehbar zunächst auf die »Identitätsaffirmation jüdischer Kinder«[196] legen. Zudem gibt es eine gut begründete Skepsis gegen jegliche »undifferenzierte Behand-

---

[193] Vgl. *Michel Bollag/Andreas Stehle:* Lieber miteinander streiten als einsam Recht haben. Das Züricher Lehrhaus »Judentum – Christentum – Islam«, in: *Biesinger/Edelbrock/Schweitzer:* Auf die Eltern kommt es an! (2011), 178–184.

[194] *Rauf Ceylan:* »Interkulturelle und interreligiöse Bildung in Kindertagesstätten«. Ein Kommentar zu den empirischen Befunden der Erzieherinnenbefragung aus muslimischer Perspektive, in: *Schweitzer/Edelbrock/Biesinger* (Hrsg.): Interreligiöse und Interkulturelle Bildung in der Kita (2011), 70–74, hier: 73.

[195] Ebd.

[196] *Alfred Bodenheimer:* Zwischen religiöser Identität und gleichwertiger Akzeptanz. Interreligiosität und Interkulturalität in Kindertagesstätten – eine jüdische Perspektive, in: ebd., 75–81, hier: 76.

lung« jüdischer Praxis oder Glaubensüberzeugung, die eher »zusätzlichen Schaden anrichten«[197] könne als trialogisches Verständnis stiften. Nur »schwer vorstellbar« erscheint es etwa *Alfred Bodenheimer,* dass »in einer Kita das Judentum ohne die Präsenz jüdischer Kinder behandelt werden«[198] könne. Andererseits dürfe es eben auch gerade nicht darum gehen, jüdische Kinder als ganz besondere, andere, fremde Kinder herauszustellen.

Diese Warnungen stellen wichtige Mahntafeln auf. Wie eine neue, trialogisch sensible interreligiöse Ausrichtung in den Kindergärten und Kindertagesstätten künftig aussehen kann, ist erst in allerersten Modellen und Ideen[199] erkennbar. Als zentrale religionspädagogische Aufgabe, ausgespannt in der Polarität von Wahrnehmung und Gestaltung, steht sie jedoch jetzt schon klar vor Augen. Die Entwicklungen im Blick auf den Religionsunterricht sind hier schon deutlich klarer ausdifferenziert.

Jüdischer und muslimischer Religionsunterricht

Die rechtlichen Grundlagen des Religionsunterrichts in Deutschland[200] gehen nach wie vor auf die zentralen Setzungen des Grundgesetzes (1949) zurück. Bedingt durch historische Eigenentwicklungen sind die konkreten Auslegungen in den Bundesländern dabei durchaus verschieden, diese Besonderheiten zeigen sich auch im Blick auf die Einrichtungen eines jüdischen und muslimischen Religionsunterrichts. Zwei Artikel des Grundgesetzes erlangen für die Fragestellung zentrale Bedeutung:

---

[197] Ebd., 77.
[198] Ebd., 78.
[199] Gute Beispiele in: *Edelbrock/Biesinger/Schweitzer:* Religiöse Vielfalt in der Kita (2012), 38–165.
[200] Vgl. dazu: *Georg Hilger/Stephan Leimgruber/Hans-Georg Ziebertz:* Religionsdidaktik. Ein Leitfaden für Studium, Ausbildung und Beruf (München [6]2010), 302ff.

> **Art. 4 Abs. 1–2**
> (1) Die Freiheit des Glaubens, des Gewissens und die Freiheit des religiösen und weltanschaulichen Bekenntnisses sind unverletzlich.
> (2) Die ungestörte Religionsausübung wird gewährleistet.

Mit diesem Artikel garantiert die Bundesrepublik Deutschland die grundsätzlich freie Ausübung von Religion, ohne über Grenzlinien dieser ›ungestörten‹ Freiheit nachzudenken. Heute stellen sich jedoch Fragen, ob es Grenzen der weltanschaulichen Toleranz geben *muss*, wenn durch die Ausübung bestimmter religiöser Praktiken andere Grundrechte gefährdet werden. Eine für unsere Fragestellungen zentrale Konsequenz der Religionsfreiheit ist die Übertragung des Konzeptes der *positiv gewährten Religionsfreiheit* in den Kontext Schule. Wie folgt formuliert das Grundgesetz den für die Schule grundlegenden Artikel 7:

> **Art. 7 Abs. 1–3**
> (1) Das gesamte Schulwesen steht unter der Aufsicht des Staates.
> (2) Die Erziehungsberechtigten haben das Recht, über die Teilnahme des Kindes am Religionsunterricht zu bestimmen.
> (3) Der Religionsunterricht ist in den öffentlichen Schulen mit Ausnahme der bekenntnisfreien Schulen ordentliches Lehrfach. Unbeschadet des staatlichen Aufsichtsrechtes wird der Religionsunterricht in Übereinstimmung mit den Grundsätzen der Religionsgemeinschaft erteilt. Kein Lehrer darf gegen seinen Willen verpflichtet werden, Religionsunterricht zu erteilen.

Die wichtigsten Bestimmungen des Grundgesetzes verlangen nach Erläuterung und Konkretisierung. Das *Aufsichtsrecht* und die *Aufsichtspflicht* des Staates implizieren zunächst, dass die Glaubensgemeinschaften nicht eigenmächtig über Inhalte, Formen und Rahmenbedingungen des Religionsunterrichtes bestimmen können. Religionsunterricht ist nicht die Fortsetzung binnenreligiöser Unterweisung am Lernort Schule, sondern orientiert und legitimiert sich zuallererst am staatlich vorgegebenen Bildungsauftrag. Die Kontrolle von Inhalten und die Durchführung des Unterrichts liegen genauso beim Staat wie die disziplinarische Hoheit. Angesichts der Kulturhoheit der Bundesländer tritt der Staat diese Rechte und Verpflichtungen an die einzelnen Länder ab.

Durch die in Artikel 4 des Grundgesetzes garantierte »ungestörte Religionsausübung« jedes Einzelnen räumt der Staat den Erziehungsberechtigten das Recht ein, ihre Kinder begründungsfrei *vom Religionsunterricht abzumelden*. Mit 14 Jahren können die Jugendlichen dieses Recht selbst ausüben, lediglich in Bayern und im Saarland gibt es davon eine Ausnahme. Laut Artikel 137(1) der Bayerischen Verfassung gilt dort das Recht auf Eigenbestimmung über »Teilnahme am Religionsunterricht und an kirchlichen Handlungen und Feierlichkeiten« erst »vom vollendeten 18. Lebensjahr« an.

Doch es gibt weitere Einschränkungen: In Artikel 141 des Grundgesetzes wird in der sogenannten »Bremer Klausel« von all den dargelegten Rechtsgrundlagen eine Ausnahme gewährt, da diese Regelungen »keine Anwendungen in einem Lande« finden, »in dem am 1. Januar 1949 eine andere landesrechtliche Regelung bestand«. Im Anschluss an diese Regelung und aufgrund regionaler Besonderheiten gelten die oben skizzierten Vorgaben in einigen Bundesländern (Bremen, Berlin, Brandenburg) nicht.

Zum eigentlichen Problempunkt wird die Bestimmung, dass der Religionsunterricht »in Übereinstimmungen mit den Grundsätzen der Religionsgemeinschaft« erteilt werden muss. Im Blick auf die Großkirchen war immer klar, wer als staatlicher Partner diese Grundsätze repräsentiert und institutionell überprüft. Aber wer übernimmt diese Rolle im Blick auf andere Konfessionen und Religionen? Seit 1985 gibt es in Nordrhein-Westfalen, inzwischen auch weit darüber hinaus einen regulären orthodoxen Religionsunterricht, bei dem die »Kommission der Orthodoxen Bischofskonferenz in Deutschland«[201] als reli-

---

[201] Vgl. www.obkd.de.

giöser Ansprechpartner fungiert. Wie aber sieht es aus im Blick auf einen jüdischen und muslimischen Religionsunterricht in Deutschland?

Ansprechpartner für den *jüdischen Religionsunterricht*[202] ist der Zentralrat der Juden, aufgefächert in 23 Landesverbände, mit derzeit insgesamt etwa 101.000 Mitgliedern, bei geschätzten 250.000 Jüdinnen und Juden, die gegenwärtig in Deutschland leben.[203] Jüdischer Religionsunterricht wird entweder in spezifischen Schulen in jüdischer Trägerschaft[204] erteilt, im Sinne des Grundgesetzes aber auch als Schulfach an öffentlichen Schulen, sofern eine ausreichende Zahl von Schülerinnen und Schülern zusammenkommt. Abgesehen von den Möglichkeiten in wenigen Großstädten wird der auf Wunsch benotete Unterricht nachmittags in den Räumen der Religionsgemeinschaft erteilt. Solche Angebote finden sich in Baden-Württemberg, Bayern (dort unter dem Namen »Israelitische Religionslehre«), Niedersachsen und Nordrhein-Westfalen, zum Teil bis hin zur Zulassung als Abiturfach, zudem in Hamburg und Berlin an jeweils einer Schule. Seit 1979 bietet die Hochschule für Jüdische Studien in Heidelberg spezifische akademische Studiengänge an, die explizit auch die Ausbildung von Religionslehrerinnen und Religionslehrern für diesen Unterricht einschließt.

Sehr viel komplizierter stellt sich die Situation des *islamischen Religionsunterrichtes*[205] dar, weil der Islam keinen all-

---

[202] Vgl. die nicht in Buchform publizierte Dissertation: *Jessica Schmidt-Weil:* Die Suche nach dem identitätsformenden Potential des Religionsunterrichts in jüdischen Gemeinden in Deutschland (Frankfurt a. M. 2007).

[203] Zahlen nach: *Marcus Schroll:* Jüdisches Leben in Deutschland heute, in: Katechetische Blätter 140 (2015), 97–99. In Österreich leben ca. 15.000 Jüdinnen und Juden. Vgl. ebd., 100. In der Schweiz werden 18.000 Jüdinnen und Juden gezählt. Vgl. ebd., 107.

[204] Derzeit gibt es in Deutschland 10 jüdische Schulen von der Grundschule bis zum Gymnasium. Vgl. www.zentralratdjuden.de/topic/586.jüdische-bildung.html. In Wien gibt es sechs jüdische Schulen, zwei führen bis zur Matura. Vgl. Katechetische Blätter 140 (2015), 100.

[205] Vgl.: *Bülent Ucar/Danja Bergmann* (Hrsg.): Islamischer Religionsunterricht in Deutschland. Fachdidaktische Konzeptionen: Ausgangslage, Erwartungen und Ziele (Göttingen 2010); *Kinan Darwisch:* Islamischer Religions-

seits akzeptierten, weithin repräsentativen Dachverband kennt. Dass die rund 800.000[206] muslimischen Schülerinnen und Schüler in Deutschland das Recht auf den grundgesetzlich garantierten Religionsunterricht in ihrer eigenen Religion haben, ist unbestritten. Die Forderung nach der Einführung eines solchen Schulfachs wird schon seit 20 Jahren von einem breit und bunt aufgestellten »Chor«[207] lautstark erhoben. Die praktischen Hürden und konzeptionellen Widerstände sind angesichts vieler ungelöster Fragen jedoch groß: Wer garantiert und kontrolliert die »Übereinstimmungen mit den Grundsätzen der Religionsgemeinschaft«? Wer ist für Lehrpläne, Schulbücher, die Ausbildung der Religionslehrkräfte zuständig?

Zunächst behalfen sich viele Bundesländer mit der Einführung einer »Islamischen Unterweisung«, oft eingebunden in Formen des muttersprachlichen (das hieß fast durchgängig: türkischen) Ergänzungsunterrichts, erteilt durch türkische, in der Türkei ausgebildete Lehrkräfte in der Landessprache. Nicht nur, dass diese Regelung nicht-türkische Schülerinnen und Schüler ausschloss (und somit in den als Ersatzfach verpflichtenden Ethik-Unterricht nötigte), auch die Ausbildung außerhalb Deutschlands, die Konzentration auf die nichtdeutsche Landessprache sowie die gesamte Ausnahmesituation wurde und wird zunehmend als unbefriedigend empfunden. Die durch diese Rahmenbedingungen gesetzte Wahrscheinlichkeit, dass die »gesellschaftliche Realität und Religion nahezu notwendigerweise in eine Diastase treten«[208], ist einfach zu hoch. Damit

---

unterricht in Deutschland. Darstellung und Analyse der islamischen Unterrichtsprojekte (Marburg 2013); *Havva Engin:* Die Institutionalisierung des Islams an staatlichen und nichtstaatlichen Bildungseinrichtungen, in: Handbuch Christentum und Islam in Deutschland (2014), 369–391.

[206] Diese Zahl bezieht sich auf die Verhältnisse vor den großen Flüchtlingsströmen im Jahr 2015.

[207] *Monika Tautz:* Interreligiöses Lernen (2007), 130.

[208] *Peter Müller:* (Religions-)Pädagogische Überlegungen, in: *Urs Baumann* (Hrsg.): Islamischer Religionsunterricht. Grundlagen, Begründungen, Berichte, Projekte, Dokumentationen (Frankfurt a. M. 2001), 163–181, hier: 170.

ist keinem der Beteiligten gedient. Die *Ziele* der Bestrebungen sind deshalb klar formuliert:

- die Einführung des islamischen Religionsunterrichts als ordentliches, auf Deutsch erteiltes Lehrfach analog zum christlichen Religionsunterricht;
- die Ausbildungsmöglichkeit zum Beruf der Religionslehrkraft als ordentliches Studienfach an deutschen Universitäten;
- die Einstellung und Bezahlung analog zu christlichen Religionslehrkräften;
- die Zusammenarbeit mit muslimischen Institutionen, die dem Anspruch des Grundgesetzes genügen;
- die Profilierung einer eigenständigen, auf den deutschsprachigen Kontext hin konzipierten muslimischen Religionspädagogik und Religionsdidaktik.

Auf dem langen und mühsamen Prozess zur Erreichung dieser Ziele sind viele wichtige Zwischenetappen erreicht:

- In Münster/Osnabrück, Tübingen, Frankfurt a. M./Gießen und Erlangen-Nürnberg – und weiteren kleineren Dependancen – wurden Studiengänge zur Ausbildung im Fach Islamische Religionslehre eingerichtet, an weiteren Hochschulen (etwa an den baden-württembergischen Pädagogischen Hochschulen[209] Karlsruhe, Weingarten, Ludwigsburg und Freiburg i. Br.) gibt es Angebote zu Erweiterungsstudien.
- Nach deutschem Standard wurden Lehrpläne und Unterrichtsbücher erstellt.
- In vielen Bundesländern gab und gibt es – zum Teil breit angelegte und auf Verstetigung abzielende – Modellversuche, in denen in Zusammenarbeit mit regionalen Zusammenschlüssen muslimischer Verbände und unter wissenschaftlicher Begleitung die Ausformungen eines ordentlichen islamischen Religionsunterrichtes vorbereitet wurden.

---

[209] Vgl. *Lothar Kuld/Bruno Schmid:* (Hrsg.): Islamischer Religionsunterricht in Baden-Württemberg. Zur Differenzierung des Lernfelds Religion (Berlin 2009).

- In Nordrhein-Westfalen wird seit 2012/13, in Niedersachsen seit 2013/14 das Fach »Islamischer Religionsunterricht« offiziell und flächendeckend angeboten.
- In Baden-Württemberg, Bayern, Hessen und weiteren Bundesländern wird dieser Schritt vorbereitet.
- In mehreren Bundesländern wird zudem ein eigener alevitischer Religionsunterricht[210] an jeweils wenigen Schulen erteilt.

Die Entwicklung schreitet zügig voran. In Grundbausteinen lassen sich bereits die Konturen einer islamischen Religionsdidaktik innerhalb des deutschen Bildungssystems erkennen. *Tuba Isik* bestimmt deren Hauptaufgaben zunächst als Erschließung einer »grundsätzlichen Beheimatung im islamischen Glauben« sowie einer »Reformulierung der Vorbildfunktion des Gesandten Muhammads in religionspädagogischer Absicht«[211]. 2014 legte *Gül Solgun-Kaps* erste Ansätze für eine islamische »Didaktik für die Grundschule«[212] vor. Mehrere Schulbücher für den muslimischen Religionsunterricht sind erstellt und im Einsatz. Aber längst nicht alle Problem sind gelöst. Die Frage des muslimischen Ansprechpartners ist eher im Sinne von regionalen Einigungen und Kompromissen beantwortet. Um die flächendeckende Akzeptanz bei muslimischen Schülerinnen und Schülern, bei Eltern und Verbänden muss immer noch gerungen werden. Nach wie vor fehlen Ausbildungsstätten sowie Lehrerinnen und Lehrer. Trotzdem zeigt sich eine enorme Entwicklung in diesem Bereich, die freilich die in Österreich und der Schweiz schon lange herrschenden Bedingungen in vielem erst langsam einholt.

---

[210] Vgl. *Havva Engin:* Die Institutionalisierung des Islams (2014), 375–377.
[211] *Tuba Isik:* Die Bedeutung des Gesandten Muhammad für den Islamischen Religionsunterricht. Systematische und historische Reflexionen in religionspädagogischer Absicht (Paderborn 2015), 223.
[212] *Gül Solgun-Kaps* (Hrsg.): Islam – Didaktik für die Grundschule (Berlin 2014).

Trialogische Perspektiven für den Religionsunterricht

Die allermeisten jüdischen wie muslimischen Verantwortlichen sind sich in einer strukturellen Überlegung einig: Wo immer es organisatorisch möglich und sinnvoll ist, sollte der Religionsunterricht in klarer Positionalität, in der Regel konfessionell erteilt werden. Wo diese Voraussetzungen nicht gegeben sind, kann nach alternativen Organisationsformen und Bedingungen von Zusammenschlüssen gesucht werden. Da die öffentlichen Vertreterinnen und Vertreter der drei abrahamischen Religionen hier weitgehend einer Meinung sind, ist die Form des konfessionellen Religionsunterrichts derzeit zwar nicht unumstritten, aber gerade in diesem starken Schulterschluss in den meisten Bundesländern der organisatorische Normalfall. Einspruch gegen die Emanzipationsbemühungen des Islam um einen eigenen, mit dem Grundgesetz konformen Religionsunterricht wagt kaum eine politische Initiative. Auch Stimmen zur Abschaffung des jüdischen Religionsunterricht sind politisch schwer denkbar. Nur deshalb – so lässt sich vermuten – bleiben derzeit auch die öffentlichen Infragestellungen des christlich-konfessionellen Religionsunterrichts relativ moderat. Dass eine Besinnung auf den Trialog nicht nur den Austausch untereinander und die Kenntnis voneinander vorantreiben, sondern zudem eine gemeinsame Repräsentanz des monotheistischen Glaubens in eine zunehmend säkularisierte Gesellschaft hinein bewirken kann, wird nur an wenigen anderen Praxisfeldern so deutlich wie im Blick auf den konfessionellen Religionsunterricht.

Die Vorgabe eines im Normalfall konfessionell ausgerichteten Religionsunterrichts betrifft auch das trialogische Lernen. In erster Linie soll es ein *Prinzip innerhalb des jeweils konfessionell geprägten Unterrichts* sein. Dabei ist zu berücksichtigen, dass sich der jüdische und islamische Religionsunterricht noch in Entfaltung befinden. In diesen Phasen wird zunächst dem Aufbau einer kritisch verantworteten Eigenidentität im Kontext der postmodernen Gesellschaft das Hauptaugenmerk gelten. Sich hier immer schon auch dem Austausch, dem Miteinander zu widmen, ist ein hoher Anspruch. Jahrzehntelang vertraut mit der Tradition konfessionellen Unterrichtens in einem zunehmend säkularen Kontext, gleichzeitig jedoch geübt in Kooperation und Austausch, argumentieren Christen aus einer anderen Position. Gleichwohl findet sich in den ersten Entwürfen zu einer Didaktik des muslimischen Religionsunterrichts von Anfang an der Baustein »Interreligiosität als fester Bestandteil«, schon weil muslimische Schülerinnen und Schüler im deutschen Sprachraum ja »in einer multireligiösen Welt« leben und sich so von klein auf »auf interreligiösem Gebiet verbal adäquat ausdrücken«[213] müssen. Die »Sensibilisierung für inter- und multireligiöse Prozesse«[214] gehört so zu den leitenden Orientierungskompetenzen dieses noch jungen Schulfachs.

Umso wichtiger die eindeutige Klärung: Ein – wie immer zu nennender oder zu konzipierender – gemeinsam verantworteter und durchgeführter ›trialogischer Religionsunterricht‹ wird von jüdischer, christlicher oder islamischer Seite aus *explizit nicht angestrebt*, ist weder wünschenswert noch realistisch. Wo sich die beiden christlichen Konfessionen nur zögerlich und mit Mühe auf einen »konfessionell-kooperativen Religionsunterricht«[215] verständigen können, wäre der Versuch des Entwurfs eines trialogischen Unterrichts – schon wegen der vielen Asymmetrien, der ungleichen Zahlen, der eben doch tiefgreifenden Unterschiede – undenkbar. Dass die Lösung im Plädoyer für einen »interreligiös ausgerichteten, konfessionell-kooperativen Religionsunterricht«[216] liegen könnte, erscheint angesichts der Verschränkung zweier hochkomplexer thematischer Ausrichtungen und Organisationsformen ebenfalls zweifelhaft.

Sollte sich organisatorisch tatsächlich regional oder langfristig flächendeckend ein konfessioneller Religionsunterricht nicht

---

[213] *Miyesser Ildem:* Materialien, in: *Gül Solgun-Kaps* (Hrsg.): Islam (2014), 93–98, hier 96.
[214] *Yasemin Harter:* Wissensvermittlung und Kompetenzerwerb, in: ebd., 185–194, hier: 188.
[215] Vgl. *Reinhold Boschki/Claudia Schlenker:* Konfessionelle Kooperation – eine neue Zauberformel, in: KatBl 127 (2002), 366–372.
[216] So mit Verve *Monika Tautz:* Interreligiöses Lernen (2007), 155f.

halten können, wäre eher ein »Religionsunterricht für alle« nach dem »Hamburger Modell«[217] realistisch: konfessionsübergreifend, aber nicht religionskundlich, konzipiert unter Beteiligung aller potentiellen Partner. Derzeit sind jedoch schon die grundlegenden Bedingungen für dieses Modell nur an wenigen Standorten gegeben. Eine breitflächige Zustimmung von Seiten der anderen Religionen und Konfessionen ist ebenfalls im Moment schwer vorstellbar. *Tuba Isik* etwa blickt aus muslimischer Sicht »sehr kritisch« auf dieses Modell, das zu »Überforderung und Verunsicherung«[218] führen könne und schon die Ansätze einer zumindest auch anzuzielenden Beheimatung verhindere.

Wie also kann *trialogisches Lernen* unter den derzeit vorherrschenden Bedingungen im schulischen Religionsunterricht konkret umgesetzt werden?

- Zunächst als *durchgängiges didaktisches Prinzip.* In der Reflexion und Planung von Inhalten und Lernwegen sollte stets das Neben- und Miteinander von Judentum, Christentum und Islam mit bedacht werden. Nicht in jeder Lerneinheit wird diese Perspektive konkret für die Schülerinnen und Schüler relevant, eher wohldosiert und genau reflektiert.
- Dann als *Grunddimension innerhalb des religionspädagogischen Diskurses.* Religionspädagogik lässt sich im Kontext von Pluralität nicht mehr begrenzt auf den Binnenraum christlicher Erfahrung und Reflexion betreiben. Die trialogische Öffnung ermöglicht eine erste, konzentrierte und auf vielen Ebenen gut begründete Blickausweitung, die durch weitere zu ergänzen wäre: den Blick auf noch einmal andere Religionen und auf nicht-religiöse Lebensauffassungen.
- Dann als *Aufforderung zu und Ermöglichung von Begegnung,* wo immer dies möglich und sinnvoll ist. Der konkrete

---

[217] Vgl. *Thorsten Knauth:* Position und Perspektiven eines dialogischen Religionsunterrichts in Hamburg, in: *Eva-Maria Kenngott/Rudolf Englert/ Thorsten Knauth* (Hrsg.): Konfessionell – interreligiös – religionskundlich. Unterrichtsmodelle in der Diskussion (Stuttgart 2015), 69–85.
[218] *Tuba Isik:* Die Bedeutung des Gesandten Muhammad (2015), 249.

Austausch mit Expertinnen und Experten, das Gespräch unter Gleichaltrigen, das Mitarbeiten in gemeinsamen Initiativen und Projekten kann das Erlernte vertiefen und lebendig werden lassen und zudem zum Anlass weiterer trialogischer Vertiefung anregen.

- Die *Zusammenarbeit in »kooperativen Fächergruppen«*[219]. An vielen Schulen ist der Zusammenschluss der religiösen und ethischen Fachschaften längst Realität. Gemeinsam lassen sich die religiösen und ethischen Dimensionen besser in den Schulalltag einspeisen. Die – auf menschliche und fachliche Kooperationsbereitschaft und -kompetenz angewiesene – Zusammenarbeit stärkt diese Felder im schulischen Anspruch und Alltag. Durch gemeinsames Auftreten stärken die monotheistischen Religionen ihre Präsenz und Einflussmöglichkeiten.

- Der Einbau von *Phasen gemeinsamen Lernens,* des *Lehrertausches* und *gruppenmischender Projektarbeit.* Trialog kann – im Idealfall von Vertretern aller drei, oft zumindest von zwei Religionen – die Aufteilung in getrennte Lerngruppen im Blick auf didaktisch sinnvolle Unterrichtsabschnitte oder Projekte[220] aufsprengen. Gemeinsamer, von zwei Lehrpersonen im Team-Teaching organisierter Unterricht ist dabei genauso denkbar wie ein für kurze Unterrichtsphasen inszenierter Lehrertausch. Gerade in Projektarbeit können Gruppen verschiedener Konfessionen und Religionen zusammenarbeiten. Hier lassen sich viele Modelle denken, die freilich vor Ort mit den mühsamen Bedingungen und den praktisch zur Verfügung stehenden Ressourcen schulischer Realität abzugleichen sind. Gewiss werden solche Formen eher die Ausnahmen trialogischen Lernens bilden.

---

[219] Vgl. *Katja Boehme:* Die kooperative Fächergruppe, in: Katechetische Blätter 127 (2002), 375–382.

[220] Praxisberichte aus Österreich, wo gemeinsame Projekte leichter möglich sind, bei: *Martin Jäggle:* Begegnungen von jüdischen und muslimischen Schülerinnen und Schülern mit katholischen Schülerinnen und Schülern, in: *Hans Schmid/Winfried Verburg* (Hrsg.): Gastfreundschaft. Ein Modell für den konfessionellen Religionsunterricht der Zukunft (2011), 88–93.

Trialogisches Lernen performativ? – Grenzziehungen

Eine Grenzlinie gilt es dabei zu benennen. Seit mehr als zehn Jahren hat sich in der Religionspädagogik das konfessionsübergreifende Prinzip des *performativen Lernens* als Weiterentwicklung der Korrelationsdidaktik etabliert. Bei aller Eigenprägung durch unterschiedliche Autorinnen und Autoren: Performation gewinnt als religionspädagogisches Prinzip ihr spezifisches Profil durch die reflektierte Konzentration auf das handelnde Vollziehen. Der aus dem Englischen übernommene Begriff des Performativen (to *perform* = handeln, vollziehen, inszenieren, durchführen) wird dabei aus zwei verschiedenen Kontexten entlehnt:

- aus der Sprechakttheorie, die damit Sprachformen bezeichnet, in denen eine Handlung durch die Sprache selbst vollzogen wird (etwa: grüßen, segnen, verfluchen);
- aus der Theaterwelt, wo er eher der Aspekt der Aufführung und Inszenierung betont wird.

In jedem Fall betont die Dimension des Performativen den aktiven Vollzug, das Erleben im Tun, die Erfahrung – verstanden als Kombinationsprozess von Erlebnis und Reflexion. In religionspädagogischer Perspektive geht es letztlich darum, dass angesichts des religiösen Erfahrungsdefizits eines Großteils der Heranwachsenden ein ›Reden über Religion‹ durch ›Erfahrungen in Religion‹ zwar nicht ersetzt, sehr wohl aber ergänzt und vertieft werden soll. Voraussetzung für ein jegliches diskursives ›Reden über Religion‹ sind *vorherige* und *begleitende* ›Erfahrungen in Religion‹. Im Vordergrund steht eine neue Betonung der Wahrnehmungskompetenz, der Ausdruckskompetenz sowie der Partizipationskompetenz im Sinne einer bewussten strategischen Aufwertung dieser Bereiche. Religionsunterricht soll »mit dem praktizierten Modus einer religiösen Weltwahrnehmung und -deutung vertraut machen«[221], schreibt *Hans Mendl*, einer der führenden Vertreter der Konzeption einer performati-

---

[221] *Hans Mendl:* Religionsdidaktik kompakt. Für Studium, Prüfung und Beruf (München 2011), 180.

ven Religionsdidaktik. Wenn kognitiv ausgerichtetes religiöses Lernen nicht rückgebunden ist an vorheriges und begleitendes Erleben, trocknet es aus. Und da derartige Erlebnisse nicht vorausgesetzt werden können, *muss* der Religionsunterricht selbst zum Ort der Ermöglichung solcher inszenierter Erfahrungen werden – Inszenierung verstanden als ein Probehandeln auf Zeit, das dennoch authentische Erfahrungen ermöglicht.

Derartige Erfahrungen beziehen sich auf die punktuelle Teilhabe an Meditation und Gebet, an religiösen Gesten und Ritualen, an gemeinsamem Singen, an szenischer Darstellung und dem konkreten Begehen und Erspüren religiöser Orte, an moralischen Probehaltungen und Probehandlungen, an Kontakt zu oder der Mitarbeit auf Zeit in sozialkaritativen Einrichtungen, an den Erfahrungen in unterschiedlichsten Feldern der gelebten Glaubenspraxis. Sie muss selbstverständlich vorbereitet, ergänzt und begleitet werden von Reflexion, distanzierter Betrachtung, Analyse und Auswertung. Es geht um eine erfahrbare Innensicht von religiösen Vollzügen, auch wenn sie nicht (ausschließlich) am authentischen Vollzugsort von Religion stattfinden, sondern in den künstlichen Landschaften des Religionsunterrichts. Gegen Befürchtungen der Überforderung hilft die Einsicht, dass *Performation* zwar zu einem *durchgehenden Unterrichtsprinzip* werden kann, dass es aber methodisch vor allem in bestimmten Momenten und Phasen prägend wird. Je nach Klassenstufe, spezifischer Lerngruppe und didaktischer Ausrichtung bleibt die Entscheidung zur konkreten Umsetzung an den Einzelfall und die Situation gebunden.

Performativ ausgerichteter Religionsunterricht steht dabei immer in der Gefahr von Grenzverletzungen, die aber bei sorgsamer Planung vermeidbar sind. Schon das Positionspapier der deutschen Bischöfe von 2005 mahnt an: Erstens darf der Religionsunterricht nicht »selbst zum religiösen Ort mit eigenen Symbolen und Ritualen werden«[222]. Eine künstliche, abgehobene Eigenreligiosität – doch wohl meist eine Pseudoreligiosität – im Religionsunterricht ist abzulehnen. Zweitens muss aber für

---

[222] Der Religionsunterricht vor neuen Herausforderungen (2005), 25.

die Kinder und Jugendlichen immer klar erkennbar bleiben, dass pädagogische Rituale und Lerninszenierungen etwas anders sind als authentische liturgische Handlungen und Gebete. Schon im Blick auf die eigene Religion, für unsere Fragestellung jedoch zentral: gerade im Blick auf Fremdreligionen gilt der Grundsatz: »Gebet und Liturgie dürfen nicht zu pädagogischen Zwecken instrumentalisiert werden.«[223] So verbietet sich das ›Nachspielen‹ von Teilen einer Eucharistiefeier genauso wie die im christlichen Religionsunterricht durchaus beliebte ›Inszenierung‹ eines Pessach-Mahles oder das spielerische ›Nachsingen‹ eines Muezzin-Rufes. Genau hier zeigt sich, dass performatives Lernen vor allem im Blick auf die eigene Religion konzipiert ist. Didaktisch wie methodisch wird man im Blick auf andere Religionen nur äußerst zögerlich und sorgsam Elemente performativen Lernens einsetzen. Die Gefahr von Grenzüberschreitungen und Vereinnahmungen sind hier zu hoch. *Karlo Meyer* rät zur Vorsicht: »Bei der Einfühlung in intensives und intimes religiöses Erleben anderer ist [...] die Frage der Angemessenheit zu stellen.«[224]

Trialogisches Lernen ist letztlich ein Prinzip, das zwar die ersten praktischen Einsätze bereits hinter sich hat, bislang aber eher in Modellversuchen ausprobiert wurde. Der harte Bewährungstest des langfristigen und herausfordernden schulischen Alltags steht noch aus. Auf weitere Schritte der Entfaltung und Differenzierung, auf künftige Möglichkeiten der Zwischenbilanzierung darf man gespannt sein.

Im Hallraum dieser Warnung vor Grenzverletzungen durch fehlverstandene performative Lernformen bleibt ein letztes Praxisfeld trialogischen Lernens zu skizzieren und religionspädagogisch zu profilieren. In ihm mischen sich persönliche Frömmigkeit, Begegnung im Alltag, institutionell organisiertes

---

[223] Ebd., 25f.
[224] *Karlo Meyer:* Methodische Überlegungen zur Einfühlung in fremde religiöse Traditionen – Chancen, Probleme und angemessene Wege, in: *Herbert Stettberger/Max Bernlochner:* Interreligiöse Empathie lernen (2013), 155–173, hier: 172.

Lernen und Begegnung der Religionen. Es geht abschließend um das weite Feld der Spiritualität, des gelebten Glaubens.

3. Gemeinsame Spiritualität – getrennte Theologie

Ergiebiger als die fruchtlose Suche nach einer allgemein gültigen Definition des postmodernen Container-Begriffs ›Spiritualität‹ ist die Ergründung der Frage, ob es so etwas gibt wie eine ›trialogische Spiritualität‹. Existiert eine Judentum, Christentum und Islam verbindende, nach innen wie nach außen praktizierte Frömmigkeit, eine über sich selbst hinaus verweisende Geistigkeit? Nicht so sehr *dieser* Begriff wurde bislang freilich ausbuchstabiert, sondern der einer Spiritualität, die sich auf den gemeinsamen Stammvater Abraham bezieht.

3.1 Abrahamische Spiritualität

Was soll das sein, eine ›abrahamische Spiritualität‹? Der die abrahamische Ökumene maßgeblich vorantreibende katholische Alttestamentler *Manfred Görg* (1938–2012) war sich sicher, dass dieser Begriff Entscheidendes benennt. In einem 2003 publizierten Essay führte er aus: Abrahamische Spiritualität umfasst die »völlige Überantwortung an den Gott [...], der sich als Garant der Zukunft zu erkennen gibt«[225]. *Karl-Josef Kuschel* nimmt den Gedanken auf und benennt konkrete Elemente einer derartigen ›abrahamischen Spiritualität‹[226], die keineswegs alle Erzählelemente des Abraham-Erzählkranzes aufgreift, sondern Schwerpunkte setzt:
- ›Abrahamische Spiritualität‹ umfasst ein Leben aus Gottvertrauen, im Wissen um die Risiken dieser Vertrauenssetzung,

---

[225] *Manfred Görg:* Der eine Gott in den »abrahamitischen Religionen«, in: Blätter Abrahams. Beiträge zum interreligiösen Dialog (München 2003), Heft 2, 7–18, hier: 15.
[226] Im folgenden z. T. orientiert an: *Karl-Josef Kuschel* (2007), 621f.

die nicht als pauschale Garantie für ein glückliches Leben missverstanden werden darf.

– Sie ermuntert zu einer lebendigen Gottesbeziehung in Gebet und Meditation in der Hoffnung auf eine tiefe Verbundenheit.

– Sie orientiert sich an der Suche nach dem wahren Gott, verweigert sich allen Versuchungen von Vergötzungen und Vergöttlichungen.

– Sie weiß um die im Leben mögliche Notwendigkeit eines Aufbrechens aus alten Gewohnheiten ohne alle Sicherheiten und Verheißungen.

– Sie fordert die Bereitschaft dazu ein, das preiszugeben, was zu festen Besitzständen und Überzeugungen zu gehören schien.

– Sie öffnet sich in Gastfreundschaft für Menschen, mit denen sich Berührungen ergeben, nimmt aber auch selbst gern Gastfreundschaft an.

– Sie lebt aus der Kraft, im Vertrauen auf Gott ohne Scheu und Angst auf Neues zuzugehen.

Möglich, dass sich Juden, Christen und Muslime einerseits innerhalb ihrer jeweiligen Traditionen, andererseits in Gemeinsamkeit auf derartige trialogisch geprägte spirituelle Wege im Gefolge Abrahams einlassen. Umstritten ist indes, welche konkreten Formen solche gemeinsame spirituelle Wege und Erfahrungen einnehmen können. Am heftigsten diskutiert wird die Frage, ob Juden, Christen und Muslime zusammen und gemeinsam beten dürfen. Kann und darf es trialogische liturgische Feiern geben, die man in abrahamischer Eintracht gestaltet und feiert?

Als der Jude *Walter Homolka,* der Christ *Martin Bauschke* und die Muslima *Rabeya Müller* 2004 ein erstes deutschsprachiges »abrahamisches Gebetbuch« als Einladung zu Erfahrungen im gemeinsamen Gebet vorlegten, war ihnen bewusst, »spirituelles Neuland zu betreten«[227]. Einige Jahre sind vergangen,

---

[227] *Martin Bauschke/Walter Homolka/Rabeya Müller* (Hrsg.): Gemeinsam *vor* Gott. Gebete aus Judentum, Christentum und Islam (Gütersloh 2004), 9.

mehrere Berichte von »gemeinsame[n] Erfahrungen mit ihrem gemeinsame[n] Gott«[228] liegen inzwischen vor, das erschlossene Land ist nicht mehr völlig unberührt – bleibt aber umstritten: Wer sollte, wer darf es betreten? Welche Regeln und Gesetze sollen dort herrschen? Wie funktioniert »spirituelle Gastfreundschaft«[229], wie ›trialogische Spiritualität‹?

3.2 Gebet und Liturgie

Der 27. Oktober des Jahres 1986 markiert ein bis heute interreligiös maßgebliches, gleichzeitig umstrittenes Datum. Papst Johannes Paul II. lud zu diesem Tag mehr als 120 Vertreterinnen und Repräsentanten verschiedener Religionen zu dem nachmals bekannten »*Friedensgebet von Assisi*«[230] ein. Die UNO hatte 1986 zu einem »Internationalen Jahr des Friedens« ausgerufen – und dieser in seiner Art vollkommen neuartige multireligiöse Gebetstag wurde zum sinnfälligen Zeichen eines neuen Miteinanders der Religionen im Einsatz für den Weltfrieden. Umso wichtiger wird ein Blick auf die genauen Rahmenbedingungen.

Das ›Friedensgebet von Assisi‹

Johannes Paul II. empfing die Religionsvertreterinnen und Religionsvertreter zunächst persönlich am Eingang der Marienkirche am Fuß von Assisi. In der Kirche sprach er daraufhin ein Grußwort. Anschließend zogen alle gemeinsam nach Assisi hinauf. Die Gläubigen einer jeden Gemeinschaft beteten daraufhin zwar *gleichzeitig,* aber jeweils *nach ihrer Tradition* an *verschiedenen Standorten* in der Stadt. Danach begaben sich alle

---

[228] Ebd., 17.
[229] Ebd., 19.
[230] Vgl. *Gerda Riedl:* Modell Assisi. Christliches Gebet und interreligiöser Dialog in heilsgeschichtlichem Kontext (Berlin/New York) 1998); *Roman A. Siebenrock/Jan-Heiner Tück* (Hrsg.): Selig, die Frieden stiften. Assisi – Zeichen gegen Gewalt (Freiburg i. Br. 2012).

schweigend zum Platz vor der Basilika San Francesco. Ohne erkennbare Rangfolge sprachen die Repräsentanten dann *nacheinander*, aber *voreinander* und *laut* ein Gebet aus ihrer Tradition, gefolgt vom Austausch von Friedenssymbolen und einer päpstlichen Schlussansprache.[231]

Praktiziert wurden also drei verschiedene Formen des später explizit so benannten *multireligiösen Gebets:*

– Der wortlose gemeinsame Weg, geprägt durch individuelle Gebete.
– Das gleichzeitige, in Form und Inhalt voneinander abweichende Gebet, zwar nebeneinander, in der Nähe von Andersgläubigen, nicht aber am gemeinsam geteilten gleichen Ort.
– Nacheinander laut und in Gemeinschaft gesprochene Gebete der jeweiligen Traditionen.

Schon das war ein mutiges Zeichen von interreligiöser Öffnung, bis heute umstritten! Gleichzeitig soll klar benannt werden, welche Formen eines *interreligiösen Gebets* hier nicht gewählt wurden, obwohl sie zumindest denkbar wären:

– Das von Gläubigen einer Gemeinschaft laut gesprochene, von anderen innerlich mitvollzogene Gebet.
– Das gemeinsame Gebet in Formen und Aussagen, die für alle Beteiligte akzeptierbar sind.

Sogleich wurde ein ganzes Bündel von Vorwürfen laut, und kritische Stimmen finden sich bis heute – und zwar in (doch wohl) allen Religionen. Wir beschränken uns auf die wichtigsten Anfragen aus christlicher Sicht:

– Wird hier nicht ein typisch postmoderner Synkretismus gefördert, ein *Vermischen* der Religionen, ein Verwischen der Grenzen?
– Reduziert man hier nicht die großen Traditionen der Weltreligionen auf einen *kleinsten gemeinsamen Nenner,* wodurch dann alles Profil, alle Strahlkraft, alle Faszination der einzelnen Religionen verloren geht?

---

[231] Zu den Dokumenten vgl.: Die Friedensgebete von Assisi. Einleitung von *Franz Kardinal König.* Kommentar von *Hans Waldenfels* (Freiburg i. Br. 1987).

- Schafft man so nicht doppelte Verwirrung?
- Kann nicht der Eindruck entstehen, einige Religionen wollten einander in Friedfertigkeit und Glaubenstiefe über-
trumpfen, also den Anlass intentionswidrig als Missions-
möglichkeit umdeuten?
- Zwingen wir nicht – aus einladender christlicher Warte –
Vertreterinnen und Vertreter anderer Religionen in eine *Rolle,* die diese nur mit inneren Widerständen und um den Preis
heftiger Anfragen aus ihren Traditionen einnehmen?
- Wird hier nicht gerade das *christliche Proprium,* der exklusiv christliche Glaube an Gott als Vater, Sohn und Geist verraten?

Johannes Paul II. war sich solcher Anfragen bewusst. In einer
Ansprache vom 22.10.1986 klärte er seinen Zugang zu Gebeten anderer Traditionen: »Wir respektieren dieses Gebet«, betonte er, freilich ohne sich dabei »Gebetsformen, die andere
Glaubensauffassungen ausdrücken« selbst »zu eigen machen«
zu wollen. Genauso sähen es ja die Vertreterinnen und Vertreter
der anderen Religionen auch. Also: Gewiss handele es sich
»nicht um religiösen Synkretismus, sondern um die aufrichtige
Haltung des Gebets zu Gott, in gegenseitiger Achtung.« Bewusst habe man die Formulierung gewählt: »*zusammenzusein,
um zu beten.* Man kann sicher *nicht ›zusammen beten‹,* d. h.
ein gemeinsames Gebet sprechen, aber man kann zugegen sein,
wenn die anderen beten.«[232]

Es war Johannes Paul II. ein dringendes Anliegen, diese
Form des gemeinsamen Friedensgebets – auch gegen inner-
kirchliche Widerstände – weiterwirken zu lassen. 1993 und
2002 lud er erneut nach Assisi ein. Zudem übertrug er der internationalen Gemeinschaft Sant' Egidio den Auftrag, jährlich
derartige Treffen durchzuführen, die seitdem an wechselnden,
repräsentativen Orten stattfinden. Weltweit finden in vielen
Städten und Gemeinden ähnliche Treffen statt. Das ›Modell As-

---

[232] In: *Ernst Fürlinger* (Hrsg.): »Der Dialog muss weitergehen«. Ausgewählte vatikanische Dokumente zum interreligiösen Dialog (1964–2008)
(Freiburg i. Br. 2009), 128. (Hervorhebungen GL)

sisi‹ als symbolische Umsetzung der Möglichkeiten des multireligiösen Gebets hat eine enorme Wirkung entfacht, verbunden mit der Frage, ob die formalen Vorgaben des ersten Treffens von 1986 die Möglichkeiten bereits endgültig ausloten, oder ob noch weitergehende Formen gesucht und gestaltet werden können.

Aus *trialogischer Sicht* stellt sich diese Frage in noch größerer Dringlichkeit und Sachlogik. In Assisi waren Buddhisten zugegen, Hindus und Jains, Muslime, Shintoisten und Sikhs, Vertreterinnen und Vertreter afrikanischer wie nordamerikanischer Stammesreligionen, aber auch Parsen, Juden und Christen unterschiedlicher Konfession – wie soll bei so unterschiedlichen Religionen, bei so unterschiedlichen Gottesvorstellungen, ja: beim Fehlen von klar erkennbaren Gottesvorstellungen ein gemeinsames Gebet möglich sein? ›Zusammensein, um zu beten‹, an einem Ort, zur gleichen Zeit, in respektvoller Konzentration auf die Äußerungen, Gesten und Formen des jeweils Anderen – das scheint in einem derart breiten interreligiösen Feld tatsächlich die angemessene Form zu sein. Ist aber für Juden, Christen und Muslime – bei allen Unterschieden vereint im Glauben an den einen Gott – nicht doch über das multireligiöse Gebet hinaus auch ein gemeinsames *interreligiöses Gebet* denkbar, sofern es sich an genau zu bestimmende Gebote des Respekts und der Ehrlichkeit hält?

Zur Möglichkeit trialogischer Gebetsgemeinsamkeit

Diese Anfrage steht seit längerer Zeit im Raum, erwachsen aus den christlich-jüdischen wie den christlich-muslimischen Dialogunternehmungen, den abrahamischen Initiativen – aber auch aus dem gemeindlichen und schulischen Alltag, wo dialogische oder trialogische Projekte nicht selten nach einer auch rituellen oder liturgischen Abrundung suchen. Häufig wird die Ansicht vertreten: ›Wie seltsam: an denselben Gott zu glauben; miteinander und voneinander zu lernen; miteinander in konkreten Projekten zu kooperieren – und dann nicht einmal zusammen beten zu können!‹

Mahnende Stimmen gibt es zuhauf. Die jüdische Theologin *Edna Brocke* etwa betont: »ein jeweiliges Beten von Juden, Christen und Muslimen« könne »*nur* ein getrenntes Beten sein«[233], wobei die Anwesenheit von Gästen jederzeit möglich ist. Der katholische Religionspädagoge *Martin Jäggle* gibt zu bedenken, ob hier nicht »Gemeinschaft um den Preis der Ent-Fremdung angestrebt« werde, die das Eigene und respektvoll zur Kenntnis zu nehmende Andere eben »regressiv«[234] der zwanghaften Friedensbekundung unterordne. Die 2006 erschienene Handreichung der EKD »Klarheit und gute Nachbarschaft. Christen und Muslime in Deutschland« betont nachdrücklich: »Ein gemeinsames Gebet in dem Sinne, dass Christen und Muslime ein Gebet gleichen Wortlautes zusammen sprechen, ist nach christlichem Verständnis nicht möglich«[235].

Zur Orientierung gab die Deutsche Bischofskonferenz im Jahr 2003 – fünf Jahre später noch einmal überarbeitete – »Leitlinien für das Gebet von Christen, Juden und Muslimen« heraus. Längst hatte sich die Praxis von gemeinsamen dialogischen oder trialogischen Gebeten Raum verschafft, sei es bei Kirchentagen, im Rahmen von Wochen der Brüderlichkeit, in Schulgottesdiensten oder in religionsverbindenden Familien. Die Leitlinien versuchten einem Wildwuchs Einhalt zu gebieten, gleichzeitig Anfragen mit klaren Perspektiven zu beantworten, schließlich sei der »Wunsch nach Selbstvergewisserung, Identitätsstärkung und so auch Verstehen von Unterschieden«[236] in den letzten Jahren immer deutlicher zu Tage getreten. Was also ist im Blick auf gemeinsames Gebet nach Ansicht der Bischöfe zu beachten?

---

[233] *Edna Brocke:* Aus Abrahams Schoß, 162.
[234] *Martin Jäggle:* Begegnungen (2011), 92.
[235] Klarheit und gute Nachbarschaft (2006), 115.
[236] Sekretariat der Deutschen Bischofskonferenz (Hrsg.): Leitlinien für das Gebet bei Treffen von Juden, Christen und Muslimen. Eine Handreichung der deutschen Bischöfe (Bonn ²2008), 6.

Grundlegend geht es bei der Formulierung der Leitlinien um die Gestaltung von Ausnahmesituationen, findet doch der Normalfall des Betens im Rahmen der eigenen konfessionellen Gemeinschaft statt. *Eine* Form der Öffnung ist unstrittig: Die Möglichkeit der Einladung zur (stillen) Teilnahme an Gebet und Gottesdienst an Menschen der jeweils anderen Religion, das »Modell der liturgischen Gastfreundschaft«[237]. Diese »respektvolle Teilnahme am Gebet der jeweils anderen Religion« verbunden mit dem potentiellen inneren »Einstimmen in Aussagen, die man aus seiner eigenen Glaubensüberzeugung vollziehen kann«[238], wird auch von der EKD als denkbare Möglichkeit interreligiöser Praxis empfohlen. Schon hier sollte man allerdings die Gefahren der nicht intendierten Tabuverletzung nicht unterschätzen. Wir erinnern uns an die Mahnungen aus Romanen der Gegenwart, die sich über die »Mode, den Juden beim Beten zuzuschauen«[239] mokieren, eine »Neugier« mit »makabrer Lüsternheit«[240]. Oder an die Entlarvung der Anbiederung unter Verwendung pseudojüdischer Verhaltensweisen wie dem Wunsch eines »schönen Schabbes«[241]. Schon liturgische oder geistliche Gastfreundschaft öffnet ein potentiell vom Gefühl der Übergriffigkeit bestimmtes heikles Feld.

Eine eindeutige Grenzverletzung liegt dann vor, wenn es um die aktive und explizite Teilnahme am kultischen Gebet, an liturgischen Vollzügen anderer Gemeinschaften geht. Für Gläubige jedweder Religion gilt analog, was *Christian W. Troll* wie folgt exemplarisch benennt: »Für einen Christen hat es ebensowenig Sinn, sich in die Reihen der das rituelle Gebet vollziehenden Muslimen« einzufügen, wie es umgekehrt für einen Muslimen Sinn machen würde, »an der Eucharistiefeier aktiv teilzunehmen«[242]. Der Respekt vor der eigenen Überzeugung

---

[237] *Maria Holzapfel-Knoll/Stephan Leimgruber:* Gebete von Juden, Christen und Muslimen (München 2009), 12.
[238] Klarheit und gute Nachbarschaft (2006), 116.
[239] *Anna Mitgutsch:* Haus der Kindheit, 174.
[240] Ebd., 282.
[241] *Lena Gorelik:* Hochzeit in Jerusalem, 78.
[242] *Christian W. Troll:* Gebet und interreligiöses Gebet aus katholischer

wie auch der Respekt vor der anderen Tradition verbieten im Normalfall eine derartig aktive Ausübung fremdreligiöser Praktiken. Gerade in Kitas und Schulen lassen sich derartige Phänomene vermehrt beobachten, praktiziert eher aus unreflektierter Anpassung denn aus bewusst intendierter Grenzüberschreitung. Diese Tendenzen sollten Erziehende, Lehrende und Ausbildende mit wacher Aufmerksamkeit wahrnehmen, sensibel aufgreifen und kritisch diskutieren.

Grundsätzlich halten die katholischen Bischöfe die klaren Trennungen der Räume und Rituale für notwendig. Sie heben besonders den schulischen Raum hervor: »Deshalb bleiben je eigene Schulgottesdienste für Christen und andere Religionen unverzichtbar.«[243] Als »allgemeine grundsätzliche Regel« wird – anknüpfend an das Modell Assisi – eingeschärft, »dass auf das gemeinsame Beten – sei es von frei verfassten oder sei es von aus der Tradition ausgewählten Texten – verzichtet«[244] werden soll. Es kommt, so die analog formulierten Bestimmungen der EKD im Jahre 2006, »aus theologischen Gründen nicht in Betracht«[245]. Katholische wie evangelische Kirche waren sich hier lange Zeit in ihren offiziellen Positionierungen völlig einig. 2015 liest sich die Vorgabe der EKD anders: Hier wird die Möglichkeit, dass man »Worte aus seiner eigenen Tradition heraus artikuliert, in denen sich Menschen unterschiedlicher Religionen gleichsam unterbringen und bergen können«[246], zumindest nicht grundsätzlich ausgeschlossen, vielmehr der feinfühligen Wahrnehmung der jeweiligen Situation anheimgestellt.

Deshalb nachgefragt: Sind die in den offiziellen katholischen Vorgaben genannten Perspektiven aus trialogischer Sicht überzeugend? Auch in den Augen der katholischen Bischöfe gibt es ja durchaus Situationen, in denen »in wirklichem Respekt vor-

---

Sicht, in: *Multireligiöse Studiengruppe* (Hrsg.): Handbuch Interreligiöser Dialog. Aus katholischer, evangelischer, sunnitischer und alevitischer Perspektive (Köln 2006), 119–122, hier: 121.

[243] Ebd., 40.
[244] Ebd., 43.
[245] Klarheit und gute Nachbarschaft (2006), 117.
[246] Christlicher Glaube und religiöse Vielfalt (2015), 53.

einander und in Kenntnis der Verschiedenheiten«[247] ein in aller Behutsamkeit gestaltetes gemeinsames Gebet möglich und auch sinnvoll sein kann: bei besonderen Begegnungen in Kindertagesstätten, Schulen oder Universitäten, bei gemeinsamen Projekten und Initiativen, bei kultur- und religionsverbindenden Familienfeiern, bei spezifischen öffentlichen Anlässen von Freude oder Trauer. Dabei könne es nie um eine Ersetzung der je eigenen Traditionen gehen, sondern um gut zu begründende Erweiterungen, die sich an die Vorgaben des ›Modell Assisi‹ halten.

Zumindest im Blick auf Juden und Christen deutet das Positionspapier der katholischen Bischöfe bereits Ausnahmen an. Hier »erscheint ein gemeinsames Beten nicht grundsätzlich ausgeschlossen«[248]. Dass bei besonderen Gelegenheiten darüber hinaus auch bestimmte, gut miteinander vertraute christlich-muslimische Gruppen gemeinsame Gebetsformen finden könnten, wird in der jüngeren theologischen Diskussion mehr und mehr bejaht.[249] An diesen Punkten kann ein Weiter-Denken anknüpfen. Bevor die Möglichkeiten eines trialogisch-gemeinsamen Betens – unter genau zu benennenden Bedingungen und in spezifischen Ausnahmesituationen – auszuloten sind, lohnt sich ein wenigstens skizzenhafter Blick auf die je eigenen Traditionen des Betens in den drei Religionen:

– Für religiöse *Juden* bestimmt das Gebet den alltäglichen Ablauf: Persönliche oder familiäre, rituelle und frei formulierte Segensgebete strukturieren den Tag. Feste, Feiern und Synagogen-Gottesdienste sind von rituellen Gebeten bestimmt. Das Anlegen der Gebetsriemen im orthodoxen Judentum signalisiert eine besondere Gebetsfrömmigkeit. Das gemeinschaftliche Gebet hat insgesamt einen höheren Stellenwert als das persönlich-individuelle Gebet.

---

[247] Leitlinien für das Gebet bei Treffen von Juden, Christen und Muslimen (2008), 6.
[248] Ebd., 36f.
[249] Vgl. z. B.: *Christian W. Troll:* Beten von Christen und Muslimen, in: Stimmen der Zeit 226 (2008), 363–376.

- Religiös praktizierende *Christen* kennen ganz ähnlich sowohl rituelle als auch persönliche Gebete, die den Alltag sowie die Feiertage und die Liturgie bestimmen. Katholiken heben Gebete durch das Kreuzzeichen als besondere Handlungen hervor. Das Gebet ist dabei zumindest prinzipiell trinitarisch bestimmt: als Gebet mit und zu Jesus Christus, in der Kraft des Heiligen Geistes und zu Ehren Gottes des Vaters. Juden wie Christen kennen die Gebetsgesten von Lob, Preis, Dank, Bitte und Klage.

- Für die meisten religiösen *Muslime* umfasst Beten[250] in erster Linie die Erfüllung der rituellen Gebetspflicht, die fünf Mal am Tag in Ausrichtung der Beter auf Mekka vorgeschrieben ist: »verrichtet das Gebet [...] und beugt euch mit den Beugenden« (Sure 2,43), heißt es im Koran. Dieses im Zustand der kulturellen Reinheit zu vollziehende, Gott anbetende ›salat‹ bildet die zweite der ›fünf Säulen des Islam‹, ergänzt um das zentrale Freitagsgebet, um die spezifischen Feiertagsgebete zum Opferfest und zum Fest des Fastenbrechens oder um das rituelle Totengebet. Daneben kennt der Islam aber auch andere Gebetsformen[251], etwa die Rezitation und Meditation des Koran oder die Betrachtung der ›99 schönen Namen Gottes‹. Freie, individuelle und spontane (Bitt-)Gebete finden sich im Islam durchaus, vor allem im Bereich der Mystik, nehmen aber einen deutlich geringeren Platz ein als in Judentum und Christentum. Zudem ist der Gestus der Klage ebenfalls zwar nicht unbekannt, aber eher in Randbereichen anzutreffen.

Der Blick auf diese unterschiedlichen Traditionen mahnt gleichermaßen zu Vor- und Rücksicht: Die gut gemeinte Einladung zu gemeinsamem Gebet kann die Gewohnheiten einer der drei

---

[250] Vgl. *Hamideh Mohagheghi*: Theologie des Herzens. Im Gebet Liebe und Nähe Gottes erfahren, in: *Hansjörg Schmid* u. a. (Hrsg.): »Im Namen Gottes ...« Theologie und Praxis des Gebets in Christentum und Islam (Regensburg 2006), 54–70.

[251] Vgl. Lexikon der Begegnung Judentum – Christentum – Islam (2009), 589–595.

Religionen unbewusst als Norm setzen. Allzu leicht kann ein ungewollter Zwang entstehen oder die Vereinnahmung wider Willen. Für Muslime ist sicherlich vorrangig das persönliche Bittgebet, ›du'a‹[252] genannt, gegebenenfalls noch das »freiwillige Zusatzgebet«[253] (Nafila), geeignet für interreligiöse Öffnungen, weil nur hier die Vorschriften für die rituellen Reinigungen anders handhabbar sind, nur hier räumliche, textliche und gestische Freiheiten möglich werden. Das tägliche Pflichtgebet, das als »das ›Herz des Islam‹ bezeichnet werden kann«[254], wird immer ein spezifisch muslimisches Gebet bleiben und immer seine zentrale Bedeutung behalten.

Was also ist zu beachten bei der Planung und Durchführung von trialogischen Gebeten als selten ermöglichte, sensibel zu planende, respektvoll durchzuführende und genau zu begründende Zeichen spiritueller Verbundenheit?

- Für gemeinsame Gebete sollten *Orte, Plätze oder Gebäude* dienen, die neutral sind, weder in Ästhetik oder Symbolik noch in Alltagspraxis einseitig von einer der drei Religionen bestimmt werden.

- Die Gestaltung sollte in *Gestik und Symbolik* sparsam sein, zurückgreifen auf für alle akzeptierbare Formen. Da Gesang in den Religionen unterschiedlich religiös genutzt oder nicht genutzt wird, sollte Musik im Normalfall bestenfalls instrumental beteiligt sein.

- Auf *Spezifika* einer Religion, die in den anderen nicht bekannt sind oder nicht praktiziert werden, sollte verzichtet werden.

- Sollten neben nacheinander und voreinander gesprochenen Gebeten *gemeinsame Texte* gesprochen werden, bedarf es der sensiblen vorherigen Abklärung, ob der jeweilige Wortlaut tatsächlich im Namen aller drei Religionen verantwortbar ist.

---

[252] Vgl. dazu: *Naciye Kamcili-Yildiz/Fahimah Ulfat*: Islam von Abendgebet bis Zuckerfest. Grundwissen in 600 Stichwörtern (München 2014), 40.
[253] Ebd., 99.
[254] *Monika Tautz* (2007), 242.

Unbedingt sind die Mahnungen zu beachten, dass solche *gemeinsamen interreligiösen Gebete im trialogischen Kontext* mit Vorsicht und großem Taktgefühl zu gestalten sind. Die Gefahr von impliziter Nötigung, von Grenzverletzungen und Tabubrüchen lässt sich kaum leugnen. Im schulischen Kontext etwa sollte man im Normalfall bei dem ja bereits sehr weit gehenden Modell des multireligiösen Gebetes bleiben, das inzwischen in »vielen Schulen eingeführt« wurde und sich als »eine Bereicherung der Schulkultur«[255] etabliert hat. Wenn hier – basierend auf Einladung und Freiwilligkeit – erste Ansätze einer »interreligiös sensible[n] spirituelle[n] Kompetenz«[256] angebahnt werden können, ist schon viel erreicht.

Andererseits können interreligiöse Gebete bei sehr speziellen Anlässen des Trialogs umso beeindruckendere Zeugnisse für den gemeinsamen Gottesglauben darstellen. Zudem »stimmen Juden, Christen und Muslime« in der »wahrhaft grundlegenden Glaubenserfahrung überein«, dass das schweigende Gebet die »höchste Form der Sprache vor dem unaussprechlichen Geheimnis des Schöpferseins Gottes«[257] ist, so führte *Walter Strolz* in einem frühen Vorläufer trialogischer Theologie schon 1984 aus. Das gemeinsame schweigende Gebet kann so sehr wohl eine theologisch unumstrittene Möglichkeit gemeinsamen Betens darstellen.

›Abrahamisches Beten‹

Doch gerade für explizit gestaltete trialogische Anlässe wird als weitere sinnvolle Zwischenform das sogenannte »*abrahamische Beten*«[258] vorgeschlagen: Zunächst werden voreinander

---

[255] Vgl. *Maria Holzapfel-Knoll/Stephan Leimgruber:* Gebete (2009), 22.

[256] *Dorothee Herborn:* »Und alle sprechen doch mit Gott, oder?« Spirituelles Lernen am Beispiel der Gebetspraxis von Juden, Christen und Muslimen (Jahrgänge 5/6), in: RelliS 2/2015, 24–29, hier: 24.

[257] *Walter Strolz:* Heilswege der Weltreligionen. Bd. 1: Christliche Begegnung mit Judentum und Islam (Freiburg i. Br. 1984), 117.

[258] *Bauschke/Homolka/Müller:* Gemeinsam vor Gott (2004), 15. Hervorhebung GL.

Gebete der jeweils eigenen Traditionen gesprochen, verbunden mit der Einladung zum eigenen stillen Nach-Denken. Zum Abschluss wird dann zu einem gemeinsam verantworteten und von allen zu sprechenden Gebet eingeladen. Inzwischen sind mehrere Textsammlungen und konkrete Gestaltungsvorschläge für derartige Anlässe ausgearbeitet worden.[259] Warum also sollte es das im Geist der Berufung auf Abraham nicht geben: »Spirituelle Gastfreundschaft im Gebet«[260]?

Dass gemeinsames Beten ein bis ins Letzte gemeinsames Gottesbild voraussetze – so manche Gegner jeglichen interreligiösen Gebets[261] –, ist schon binnenchristlich, selbst binnenkatholisch eine Forderung, die an der Realität vorbeigeht. Spätestens in persönlichen Gesprächen wird deutlich, dass selbst innerhalb von Kerngemeinden die Einzelnen de facto sehr verschiedenartige Gottesvorstellungen ausgebildet haben, ohne dass dadurch ein gemeinsames Gebet unmöglich würde. Selbst innerhalb der christlichen Konfessionen besteht also eine erhebliche Weite von Gottesbildern. In charismatischen Lobpreisgemeinden wird anders gebetet und geglaubt als in liberalen City-Kirchen. Das aber muss nicht grundsätzlich trennen: Kerngemeinsamkeiten können ausreichen für eine auf diese Gemeinsamkeiten konzentrierte Gebetspraxis, das ist schon innerhalb der katholischen Kirche aus guten Gründen fester Brauch.

Warum also sollte es prinzipiell unmöglich sein, Texte, die in allen drei Religionen unabhängig voneinander gebetet werden oder zumindest gebetet werden könnten, dann auch tatsächlich gemeinsam zu beten – im Wissen um gleichzeitig verbindende wie trennende Gottesvorstellungen?[262] So theologisch richtig es sein mag, dass für Christen Beten »immer«

---

[259] Vgl. ebd.; *Maria Holzapfel-Knoll/Stephan Leimgruber:* Gebete (2009).

[260] *Martin Bauschke:* Gemeinsam vor Gott. Beobachtungen und Überlegungen zum gemeinsamen Beten von Juden, Christen und Muslimen, in: *Hansjörg Schmid:* »Im Namen Gottes ...« (2006), 203–215, hier: 213.

[261] Vgl. *Maria Holzapfel-Knoll/Stephan Leimgruber:* Gebete (2009), 19.

[262] Ein Befürworter: *Martin Bauschke:* Gemeinsam vor Gott. Christliche Positionen zum gemeinsamen Beten von Juden, Christen und Muslimen, in: CIBEDO-Beiträge 3/2007, 21–26.

bedeute, »zum dreieinen Gott zu beten«[263], sosehr gibt es Ge-
betstexte, die diesen Gedanken keineswegs betonen, man
denke nur an die Psalmen oder an das ›Vaterunser‹, ein Gebet,
das grundlegend immer schon »Gebet der Juden und Christen«[264] war. Warum sollten – vorherige sensible Abgleichung
vorausgesetzt – Juden, Christen und Muslime einen Psalm
wie Psalm 8 (»Herr, unser Herrscher, wie gewaltig ist dein Name …«) nicht »gemeinsam beten«[265]? Warum sollten nicht
sorgsam für den gemeinsamen Einsatz aufbereitete Texte möglich sein, wie der an den »verborgenen, ewigen, unermess-
lichen, erbarmungsreichen Gott«[266], verfasst von *Hans Küng*
nach langjähriger, umfassender Dialogpraxis; das Klagegebet,
geschrieben von der Muslima *Rabeya Müller* an den »Herr[n]
über Leben und Tod«[267]; oder das aus dem Judentum stammende Gebet zur »Zeit der Not und der Angst«[268]. Warum
sollte es Juden und Christen unmöglich sein, einzelne gottes-
fürchtige Texte aus muslimischer Geistigkeit mitzubeten, etwa
die Preisungen der ›99 schönen Namen Gottes‹ – einer Tradition, die ihre Wurzeln im Judentum hat?[269]

»Berücksichtigt man die Unterscheidung zwischen Vollzug,
Verständnis und Ausrichtung des Gebets«, schreibt der evangelische Theologe *Reinhold Bernhardt,* »dann relativieren sich
viele der theologischen Gründe, die gegen das gemeinsame Gebet«[270] zu sprechen scheinen. Diese Perspektive erfährt auch
ganz aktuell durch *Papst Franziskus* nachhaltige Unterstüt-

---

[263] Leitlinien für das Gebet ([2]2008), 33.
[264] Vgl. *Hubert Frankemölle:* Vater unser – Awinu. Das Gebet der Juden
und Christen (Paderborn/Leipzig 2012).
[265] So der Vorschlag von *Karl-Josef Kuschel* (2007), 208.
[266] Vgl. *Hans Küng:* Der Islam (2004), 761f.
[267] In: *Bauschke/Homolka/Müller:* Gemeinsam *vor* Gott (2004), 144f.
[268] Ebd., 133.
[269] Vgl. *Zaynab Khamehi* (Hrsg.): Die 99 Namen Gottes. Zeugnisse aus Judentum, Christentum und Islam (Düsseldorf 2008).
[270] *Reinhold Bernhardt:* Zur ›Legitimität‹ gemeinsamen Betens von Christen und Muslimen, in: *Jürgen Micksch:* Evangelisch aus fundamentalem
Grund (2007), 186–206, hier: 204.

zung, schließt er seine im Juni 2015 veröffentlichte Enzyklika »Laudato Si'« doch mit *zwei* Gebeten: einem internen, mit dem »wir Christen die Verpflichtungen gegenüber der Schöpfung übernehmen«, aber eben auch einem geöffneten Gebet, das »wir mit allen teilen können, die an einen Gott glauben, der allmächtiger Schöpfer ist«[271]. Die Wege für gemeinsame Gebete sind offen ...

Christinnen und Christen, die sich für derartige Möglichkeiten in genau bestimmbaren, mit aller Sensibilität und Vorsicht zu prüfenden Ausnahmen einsetzen, sollten sich freilich immer fragen, ob *ihr* diesbezüglicher Wunsch aus Sicht der jüdischen und muslimischen Partnerinnen und Partner auch geteilt wird. Wie überhaupt bei Dialog und Trialog liegt hier die Versuchung nahe, die eigene Rolle und Position den anderen überzustülpen. Der sunnitische Theologe *Hüseyin Inam* gibt etwa zu bedenken, dass für viele Muslime »aufgrund der dogmatischen Unterschiede eine Hingabe in den gesamten Gebetsprozess« kaum möglich sei. Diese für viele eher Verwirrung stiftenden Formen blieben muslimischen Gläubigen »weiterhin fremd«[272].

Eine deshalb dringend angeratene Vorsicht muss auch im Blick auf eine weitere Perspektive gelten: Christen haben keine Scheu, die Räume anderer Religionen zu betreten, an den Ritualen anderer Religionen als Gast teilzunehmen, ja: etwa auch in Synagogen oder Moscheen zu beten – in ehrfürchtiger Wahrung des Respekts vor den dort geltenden Gepflogenheiten. Diese Offenheit darf man umgekehrt von Juden und Muslimen nicht automatisch erwarten oder gar einfordern. Das Betreten eines fremden Kult- und Liturgie-Raums ist für Juden wie Muslime keineswegs selbstverständlich, geschweige denn die bezeugende Teilnahme an christlichem Gebet und Gottesdienst. Erneut zeigt sich eine Asymmetrie in den trialogischen Bezie-

---

[271] *Papst Franziskus:* Laudato Si'. Über die Sorge für das gemeinsame Haus. Verlautbarungen des Apostolischen Stuhls 202 (Bonn 2015), Nr. 246.
[272] *Hüseyin Inam:* Gebet und interreligiöses Gebet aus sunnitischer Sicht, in: *Multireligiöse Studiengruppe:* Handbuch Interreligiöser Dialog (2006), 127–135, hier: 134.

hungen, die gerade auch das folgende Feld bestimmen wird: die Sakralraumpädagogik.

3.3 Sakralräume als religiöse Lernorte

Die Sakralraumpädagogik, oftmals auf Kirchen und damit den binnenchristlichen Raum beschränkt, hat sich seit einigen Jahren als äußerst produktive eigenständige Teildisziplin der Religionspädagogik profiliert. Zahlreiche Studien, Handbücher, Praxismodelle etc. wurden dazu publiziert. Kirchenbesichtigungen, aber auch Moschee- oder Synagogenbesuche gehören inzwischen wo immer möglich zum schulischen Pflichtprogramm. Räume, in denen für Gläubige Gott besonders gegenwärtig ist, oder in denen der soziale Kontakt der Glaubensgemeinschaft genauso wichtig ist wie die Möglichkeit, mit Gott in Kontakt zu treten, eröffnen besondere interreligiöse Lernchancen. Hier kann es zu authentischen Begegnungen mit grundlegenden, identitätsstiftenden Artefakten der jeweils anderen Religionen kommen. Diese – eine Sichtbarkeit nach außen und einen kulturellen Prägewillen signalisierenden – Gebäude haben ihren festen Platz in der Lebenswelt von Kindern, Jugendlichen und Erwachsenen. Lernprozesse können hier an der alltagspraktischen Präsenz dieser Gebäude anknüpfen.

Sakralraumpädagogik

Auch wenn die konkreten Bezeichnungen wechseln können: Immer geht es dieser neuen religionspädagogischen Teildisziplin der Sakralraumpädagogik darum, die religiös bedeutsamen Räume so zu erschließen, dass drei Zielperspektiven miteinander verbunden werden können: »Alphabetisierung, Er-Innerung und Beheimatung«[273] von Religion. In Zeiten der zunehmenden

---

[273] Ein Überblick bei: *Katharina Kindermann/Ulrich Riegel:* Kirchenräume erschließen. Zum aktuellen Stand des kirchenraumpädagogischen Diskurses, in: RpB 70 (2013), 67–78, hier 70.

Fremdheit vieler Menschen allen Formen von Sakralräumen gegenüber kommt es zunächst darauf an, die Sprache eines religiös genutzten Raumes lesen zu lernen, seine Architektur, Ausstattung und Gesamtwirkung erfassen und deuten zu können. Diese Deutung erfolgt jedoch in der Regel im Kontext der jeweiligen Religion, ist gebunden an Texte, Rituale und Symbole, die eine weitreichende geschichtliche Sphäre und zudem die aktuelle liturgische Gebrauchstradition dieses Raumes mit aufrufen. Möglich werden soll so eine ganz individuelle Beheimatung in solchen Räumen, die Chance, sich dort selbst einen lebensbedeutsamen Platz zu erschließen: sei dies im bloßen Erfassen des Raumes, sei dies als Anstoß zu Meditation oder Gebet, sei dies im kunstgeschichtlichen Betrachten, sei dies unter genau zu definierenden Bedingungen in der Teilnahme an Ritual oder Liturgie.

Nachdem sich die Sakralraumpädagogik zunächst auf Kirchen beschränkt hatte, erschien 2005 ein erstes – ungenannt trialogisch ausgerichtetes – Arbeitsbuch über »Synagoge – Kirche – Moschee«. Das Anliegen der Verfasser dieses in der Praxis vielfach gut nutzbaren Arbeitsbuches? Sie wollen das »sichtbare Nebeneinander von Synagogen, Kirchen und Moscheen« dafür nutzen, »die andere Religion direkt kennen zu lernen«, bieten die religiösen Räume doch oft die Chance, »erste Wege zum anderen unmittelbar und unkompliziert«[274] zu gehen. Raumpädagogische, Liturgie-propädeutische, kunstpädagogische und umfassende religionswissenschaftliche Zugänge bahnen nicht nur Wege zu den Räumen, sondern zu dem spirituellen Leben, das diese Räume füllt und prägt. All diese Zugänge zielen darauf ab, vielfältige »Ideen zum Erleben eines Lern- und Lebensraumes«[275] auszubuchstabieren.

Verpflichtet sind diese Zugänge einer methodisch breit entfalteten *Erkundungspädagogik,* der zufolge sich die Kinder (auch Jugendliche und Erwachsene) Räume selbst kreativ und individuell erschließen können. Genau hier zeigen sich aber die

---

[274] *Christina Brüll* u. a.: Synagoge – Kirche – Moschee. Kulträume erfahren und Religionen entdecken (München 2005), 9.
[275] Ebd., 103ff.

Grenzen der Übertragung von konfessionell beheimateten Lernprozessen auf trialogische Lernwege. Voraussetzung für derartige Methoden ist nämlich ein unbeaufsichtigter, freier und selbst bestimmter Aufenthalt einer Lerngruppe in einem Sakralraum. In Kirchen ist das – bei Einhaltung gewisser Respektsregeln – sinnvoll und üblich. In Moscheen oder Synagogen werden sich christliche Gruppen jedoch ohne Aufsicht und Führung oder geleitetes Gespräch in der Regel nicht frei bewegen und aufhalten dürfen. Schon der Wunsch, sich allein einen anders-religiösen Raum sakralpädagogisch erschließen zu dürfen, dürfte fast immer auf Unverständnis und Verweigerung stoßen. Deswegen lassen sich zentrale Grundformen der Kirchenraumpädagogik im Blick auf die Trias »entdecken – deuten – gestalten«[276] auf die anderen Religionen bestenfalls in Ansätzen übertragen. So sinnvoll es ist, sich die anderen Religionen über ihren Gebetsraum zu erschließen – über Architektur, Kunst, Mobiliar, über Aussehen, Geruch, und Klang, über Ausführungen zu Funktion, Gottesdienst- und Gebetspraxis –, als eigener freier Erlebnisraum wird er im Normalfall nicht zur Verfügung stehen.

Synagogenpädagogik? – Moscheepädagogik?

Die Synagoge erfüllt im *Judentum* andere Funktionen als eine Kirche. Der neu geformte Begriff einer »Synagogenpädagogik«[277] wurde in Analogie zur ›Kirchen(raum)pädagogik‹ gebildet, ohne bislang bereits ein wirklich eigenständiges Profil aufweisen zu können. Bereits im dritten vorchristlichen Jahrhundert als eigenständige Tradition neben dem Jerusalemer Tempel entstanden, blieben Synagogen nach der Zerstörung des Tempels im Jahr 70 n. Chr. als zentrales Gotteshaus des Ju-

---

[276] *Clauß Peter Sajak* (Hrsg.): Gotteshäuser. Entdecken – Deuten – Gestalten. Lernen im Trialog 1 (Paderborn 2012), 10. Hier sehr gute, in der Praxis erprobte Ideen und Materialien.
[277] Vgl. *Esther Kontarsky:* Synagogenpädagogik im Judentum, in: ebd., 26–31.

dentums übrig. Nicht Opferpraxis, sondern Tora-Studium und Gebet, nicht Priester, sondern Rabbiner als Gesetzeslehrer prägen seitdem das Erscheinungsbild des Judentums. Aber Synagogen sind mehr: Versammlungsraum, Schule, Lernort, Aufbewahrungsort der heiligen Tora-Rollen, Kommunikationszentrum. Ausgerichtet nach Jerusalem erinnern sie gleichwohl an die Verbindung zum Tempel. Statuen, Darstellung von Menschen oder einen Altar findet man nicht. Ornamentik, Tiersymbole, Gebetsaufschriften, sogar Orgeln finden sich in Synagogen durchaus, je nach regionalen Kontexten und traditioneller Zuordnung. Ihre Architektur und Ausstattung hat sich oftmals an die jeweiligen Leitkulturen angepasst.

Für Juden ist die Synagoge immer ein Ort nicht nur des Gebetes, sondern vor allem des Lernens und der Bildung gewesen. Erst relativ neu ist die Erkenntnis, dass auch Nichtjuden an und in Synagogen lernen können, wenn auch im Normalfall nicht frei und unbeaufsichtigt. Zwei Typen von Synagogenführungen haben sich etabliert. Während die Führung durch ehemalige Synagogen eigentlich eher eine Museumsführung ist, die gegebenenfalls Verlängerungen in die Gegenwart mit einschließt, dient die andere, trialogisch gesehen herausforderndere Form explizit dazu, das Judentum als »lebenszugewandte Existenzform und als religiöse Identität«[278] in den Mittelpunkt zu stellen: Führungen, die in aktiv genutzten Synagogenräumen stattfinden, und entweder vom zuständigen Rabbiner oder von geschultem Personal der jüdischen Gemeinde vor Ort durchgeführt werden.

Im *Islam* hat sich der analog gebildete Begriff der »Moscheepädagogik«[279] noch nicht durchgesetzt. Die Moschee gilt als zentraler Ort des gemeinschaftlichen Gebets an jenen Gott, der an vielen Orten verehrt werden kann, sofern sie ›rein‹ sind. Moscheen werden nicht mit Straßenschuhen betreten, zudem bieten Waschräume die Möglichkeit zu den rituell für Betende vorgeschriebenen Reinigungen. Üblicherweise schmücken Ge-

---

[278] Ebd., 31.
[279] Vgl. *Ali Özgür Özdil:* Moscheepädagogik im Islam, in: *Clauß Peter Sajak:* Gotteshäuser (2012), 20–25.

betsteppiche und Kalligraphien (als einziges nicht architekto-
nisches Schmuckwerk) den Gebetsraum in der Moschee. Ein
im engeren Sinne ›geweihter Raum‹ ist eine Moschee ebenso
wenig wie eine evangelische Kirche, auf die dieser Begriff eigenem Verständnis nach auch nicht passt. Ob der übliche Über-
begriff ›Sakralraumpädagogik‹ im Blick auf Moscheen – und
andere zentrale Stätten der Religionen – stimmig ist, darf deshalb bezweifelt werden. Ein neuer übergeordneter Begriff hat
sich jedoch noch nicht gebildet. Muslimische Verbände haben
in den letzten Jahren mehr und mehr ein Doppeltes erkannt: einerseits die Chancen für eine binnenmuslimische »Moscheekatechese«[280], andererseits die »Nutzung der Moschee für das
entdeckende Lernen für Schulklassen«[281] im Blick auf nicht-
muslimischen Kindern und Jugendlichen. Sie fördern so die
durch die und in den Moscheen gegebene Ermöglichung einer
grundlegenden »Einübung von Dialog«[282].

Dass Gotteshäuser dazu helfen, die eigene Religion verständ-
licher, erfahrbarer, konkreter werden zu lassen, hat sich also in
allen drei abrahamischen Religionen als Erkenntnis und Praxis
durchgesetzt. Gleichwohl bleiben sie – bei aller potentiellen
Gastfreundschaft – monoreligiöse Räume. Die Gestaltungsver-
suche von »trialogischen Gebetsräumen« oder eines »trialogischen Fensters«[283] sind ausgezeichnete Projektideen, wenn man
sich bewusst bleibt, dass sie jeweils aus christlicher Sicht und im
Rahmen von christlich orientierten Bemühungen geschaffen
werden. Ob sich die oft wohlmeinend mitverplanten Juden
und Muslime so vereinnahmen lassen, muss unklar bleiben.
Der tatsächliche Ausbau multireligiöser Andachtsräume[284] in

---

[280] Begriff von *Rauf Ceylan*, vgl. *ders.*: Tradition und Reform. Religionspädagogische Herausforderungen für eine zeitgemäße Moscheekatechese,
in: Religionspädagogische Beiträge, i.E.
[281] *Ali Özgür Özdil*: Moscheepädagogik im Islam, 23.
[282] Ebd., 24.
[283] Beide in: *Clauß Peter Sajak*: Gotteshäuser (2012), 63–66.
[284] Vgl. *Karl-Josef Kuschel*: Multireligiöse Andachtsräume – eine Problem-
anzeige. Theologische und interreligiöse Perspektiven, in: Kunst und Kirche
2 (2010), 5–11.

Schulen und anderen öffentlichen Einrichtungen steckt – zumindest im deutschen Sprachraum – noch in den Kinderschuhen. Auch weitere Perspektiven bleiben vorerst offen: Ob die Versuche, interreligiöse Häuser als Orte gelebten religiösen Austausches einzurichten – wie das 2014 eröffnete »Haus der Religionen« in Bern oder das »Bet- und Lehrhaus Petriplatz« in Berlin –, auf Dauer erfolgreich sein werden, bleibt abzuwarten.

3.4 Das Leben feiern – Feste im Jahreskreis

Das ist ganz anders im Blick auf das letzte hier zu beleuchtende trialogische Praxisfeld. Dass man miteinander feiert, sich gegenseitig eigene Festtagstraditionen vorstellen und zur Teilhabe einladen kann, ist eine der ersten Erfahrungen interreligiöser Begegnungen und Verständigungen. Oben wurde ja bereits erwähnt, dass es aus mehreren Gründen fragwürdig ist, Kinder oder Jugendliche als Expertinnen oder Experten in Sachen (Fremd-)*Religion* zu funktionalisieren. Im Blick auf die – auch – religiöse Gestaltung von Familienfesten bringen sie *Alltags*kompetenz mit, die sie dem Prinzip der Freiwilligkeit folgend in Kindertageseinrichtungen und Schulen einfließen lassen können. Sich gegenseitig Rituale und Traditionen vorzustellen, von Festabläufen und -hintergründen zu erzählen, ggfs. sich zur gemeinsamen Gestaltung von Teilelementen dieser Feste einzuladen, sofern dies ohne Tabubrüche und falsche Übergriffigkeit möglich ist – diese Elemente sind Grundbestände trialogischen (und interreligiös weiter geöffneten) Lernens.

Elisabeth Naurath schildert anschaulich, wie schon Grundschulkinder den jüdischen Glauben »mit allen Sinnen entdecken« können. Für einen besonderen, den normalen Schulrhythmus durchbrechenden Projekttag eingeladene jüdische Gäste bereiten einen Tisch mit Gegenständen »ihres religiös geprägten Alltags und ihrer Festsymbolik«[285]. Von den Objekten

---

[285] *Elisabeth Naurath:* Mit Grundschulkindern ins Gespräch kommen. in: KatBl 140 (2015), 108–113, hier: 110f.

aus ergeben sich Fragen, Erklärungen, Gespräche, aber auch das behutsame und respektvolle Berühren und Ausprobieren in dem Rahmen, den die Gäste vorgeben. Solche auch im Blick auf den Islam möglichen Projekte verlangen Fingerspitzengefühl, die Präsenz von einzuladenden Partnerinnen und Partnern der Geschwisterreligionen sowie den besondere Rahmen einer Abweichung vom Unterrichtsalltag. In vereinfachter, elementarisierter Form lassen sich Teile davon auch auf kleinerem Format umsetzen. Dass sich Schülerinnen und Schüler gerade in ganz praktischen Begegnungen so am besten und nachhaltigsten einer Nachbarreligion annähern können, liegt auf der Hand. In jedem Fall gilt: Ein interreligiöser Festtagskalender[286] und eine behutsam ausgestaltete multireligiöse Festtagskultur gehören in jede Kindertageseinrichtung und Schulklasse.

Bevor die konkreten trialogischen Perspektiven ausgeleuchtet werden, zunächst eine grundlegende Vorabbesinnung: Warum gibt es überhaupt religiöse Festkreise? Was ist ihr anthropologischer, ihr theologischer, ihr religionspädagogischer Sinn? Ausgeführt werden zunächst Überlegungen im Blick auf das Christentum, die dann im Folgenden trialogisch erweitert werden.

Vom Sinn des Festkreises

Auch wenn es im Alltag kaum jemandem bewusst sein mag – wie bei keiner anderen Erscheinung von Religion zeigt sich im Jahreskreis die *Nähe von Religion und Spiel*. In einem jeden Kirchenjahr spielt das Christentum die grundlegenden Stationen des Lebens Jesu nach. Speziell im Katholizismus werden diesem jesuanischen Spielkreis ein marianischer Spielkreis sowie ein Heiligenkalender beigefügt. Im Zentrum steht jedoch auch hier das Leben und Wirken Jesu. Von Zeugung, Heranreifung im Mutterleib bis zur Geburt, vom Heranwachsen und Erwachsenwerden hin zum öffentlichen Auftreten, von Wort und

---

[286] Jeweils im Spätherbst vor dem betreffenden Jahr ist ein besonders gut geeigneter Kalender erhältlich bei: www.integrationsbeauftragte.berlin.de.

Wirkung bis zu Passion, Tod und Auferweckung, von den Nachwirkung der Erscheinungen des Auferweckten bis zur Weiterwirkung in der Kirche – Jahr für Jahr spielen die Kirchen das Leben Jesu nach, verbinden dabei Erinnerung mit Realpräsenz, die das in Erinnerung Gerufene jetzt und hier ganz konkret werden lässt. Religiös praktizierende Kinder und Jugendliche wachsen so ganz unbemerkt hinein in das Leben Jesu und die Ausgestaltung seiner Wirkung. Wo könnte man besser, einfacher und unaufdringlicher etwas über Jesus lernen als in diesem Spiel? Ein perfektes pädagogisches Konzept, das wahrscheinlich nie theoretisch erdacht oder entworfen werden musste!

Erstaunlich genug: Das Spiel funktioniert, alle Beteiligten spielen mit. Was wäre das angespannte Warten im ›Advent‹, wenn alle immer schon darauf hinweisen würden, unter welchen Umständen Jesus dann geboren würde? Was wäre die Weihnachtsfeierlichkeit angesichts beständiger Vorerinnerung an Karfreitag? Was wäre die Trauer der Passion in ständiger Vorahnung der Osterfreude? Die Spielregeln heißen: Schauen auf das Gegenwärtige, Ausblenden des Wissens um Kommendes! So tun, als würde man die ganze Geschichte nicht schon kennen! Ganz und gar in die Emotionalität des jeweiligen Augenblicks eintauchen, unter Absehung des Wissens um den Fortgang! Nur so funktioniert das – ganz ernste! – Spiel der Liturgie, nur so lässt sich der im Kern theologisch und pädagogisch bestimmte Festkreis gestalten. Wiederholung wird zum Stil- und Lernprinzip. Und das ist auch sinnvoll: Schließlich mag sich Jahr für Jahr der gleiche Kreis von Bräuchen und Geschichten entfalten, die Subjekte selbst sind jedoch nicht mehr die Gleichen.

Nur so kann das psychologische Grundziel des kirchlichen Jahreskreises erreicht werden: die *Rhythmisierung* des Lebens. Ein ewig gleicher Zeitstrom, ein unterschiedsloses Abtropfen immer gleicher Tage wäre unerträglich. Menschen brauchen eine Orientierung gebende Einteilung, das zeigt schon die ja keineswegs zwangsläufige Strukturierung des zunächst formlosen Zeitstroms in Jahre, Monate, Wochen, Tage, Stunden, Mi-

nuten, Sekunden. Im Kontext zunehmender interkultureller Information wissen wir, dass diese Einteilung sinnvoll, aber kulturell geformt und somit auch anders denkbar ist. Aber diese
formale Zerstückelung von Zeit reicht nicht aus: Menschen
brauchen darüber hinaus emotionale Orientierung und Perspektive, Anlass zu Vorfreude, Fixierung von Sehnsucht, Konkretisierung von Hoffnung. Genau das liefert das Kirchenjahr:
Klar abgegrenzte Zeiträume (drei Festkreise); klar benannte
Höhe- und Wendepunkte (Weihnachten, Ostern, Pfingsten); inhaltliche und ästhetische Füllungen der Zeitstränge (Freudezeit,
Trauerzeit, Wartezeit; Schmuckvorgaben). Wie genau die Ausgestaltung des Kirchenjahres sich an diesen auch psychologisch
bestimmten Funktionen orientiert, wird deutlich, wenn wir
darauf schauen, wie sich die Verteilung der Feste auf die natürlichen Bedingungen unseres Lebensbereichs beziehen lassen.
Die Hauptfeste liegen für die Bewohner der Nordhalbkugel in
Spätherbst, Winter und Frühling, just in jener Zeit also, in der
die Menschen angesichts von Dunkelheit, Widrigkeit und Kälte
eine Perspektive und eine Rhythmisierung besonders benötigen.
Der Sommer hingegen ist sich selbst genug. Zeit der Ernte, Zeit
der Fülle – hier ›braucht‹ es keine zusätzlichen Perspektiven
durch zentrale christliche Feste.

Überhaupt: Das Kirchenjahr orientiert sich in seiner inhaltlichen wie ästhetischen Gestaltung ganz eng am *Naturkreislauf*.
Theologisch gesprochen: Schöpfungstheologie und Christologie
durchdringen einander. Das Nachfeiern des Lebens Jesu und
das Werden wie Vergehen in der Natur spiegeln sich gegenseitig, verbunden durch ungezählte Symbole. In der längsten
Nacht des Jahres entsteht das neue Licht. Mit dem Aufblühen
der Natur wächst Jesus heran. In die Zeit der Reifung und
Ernte fällt die Zeit der christusgewirkten Entfaltung der frühen
Kirche. Zahlreiche weitere Verbindungen ließen sich nennen.
Diese Korrelationen beziehen sich freilich nur auf die Abläufe
der nördlichen Halbkugel als Entstehungsraum des Christentums. Christen auf der südlichen Halbkugel brauchen schon
ein großes Einfühlungsvermögen, wenn sie bei hellster Mittags-
sonne und 40 Grad die Weihnachtsgeschichte hören, angefüllt

mit einer von Dunkelheit und Kälte bestimmten Metaphorik. Für Kinder und Jugendliche in unserer Gesellschaft aber bedeutet diese Verbindung von Festgestaltung und Naturkreislauf eine ganzheitliche Rhythmisierung von Zeit, in der Religion ein integraler Bestandteil von Alltagserfahrung sein kann.

Diese aus christlicher Sicht formulierten Grundeinsichten gewinnen in trialogischer Perspektive neue Bedeutung und Tiefe. Juden, Christen und Muslime sind – bei aller konkret unterschiedlichen Ausdifferenzierung – in zentralen Grundzügen im Umgang mit und in der Gestaltung von Zeit eng miteinander verbunden. Das Judentum begründete Traditionen, die von Christentum und Islam aufgegriffen und im Rahmen eigener Weltdeutungen übernommen oder verändert wurden.

Berechnung der Zeit

Eine für Kinder und Jugendliche spannende und in der Schule mehrfach behandelte Frage: Was ist eigentlich Zeit? Wie wird sie eingeteilt? Drei kosmologische Grunddaten prägen die menschliche Zeitberechnung[287]:

- Die Drehung der Erde um die Sonne, wobei man lange Zeit von der umgekehrten Bewegungsdynamik ausging: als drehe sich die Sonne um die Erde. Das dadurch geprägte *Sonnenjahr* (ca. 365,25 Tage) bestimmt maßgeblich den Vegetationszyklus.
- Die Drehung des Mondes um die Erde, die sich in dessen abnehmender und zunehmender Sichtbarkeit erfahren lässt und vielfache Naturphänomene beeinflusst. Ein kompletter *Mondzyklus* oder Monat dauert ca. 29,5 Tage.
- Die Drehung der Erde um sich selbst, die *Tag* und Nacht, Phasen von Helligkeit und Dunkelheit bestimmt.

Diese Vorgaben wurden durch Naturbeobachtung schon in frühesten Kulturen erhoben, an ihnen orientiert sich die Zeitberechnung. Während die Einheiten von siebentägigen Wochen

---

[287] Vgl. *Gertrud Wagemann*: Feste der Religionen – Begegnung der Kulturen (München 2014), 10–12.

(andere Kulturen kennen acht- oder zehntägige Einheiten), von Stunden, Minuten und Sekunden beliebige Setzungen sind, findet der Mensch die Einheiten von Jahr, Monat und Tag vor. Wie aber lässt sich aus diesen Vorgaben eine stimmige Zeitberechnung erstellen?

– Entscheidend bis zum heutigen Tag ist eine Vorgabe, die aus dem *Judentum* stammt, das seinerseits auf bereits zuvor geprägte Vorstellungen zurückgriff. Die jüdische Zeitregelung wurde von Christentum wie Islam beerbt und nach je eigenen Vorgaben variiert. Sie richtet sich nach einem ›Lunisolarkalender‹, der sich in der Berechnungseinheit ›Monat‹ am Mond, in der Berechnungseinheit ›Jahr‹ an der Sonne ausrichtet, und die Überbrückungszeit durch die Einfügung von ›Schaltmonaten‹ ausgleicht. Das Mondjahr ist gegenüber dem Sonnenjahr um ca. elf Tage kürzer. Im Judentum werden deshalb innerhalb von 19 Jahren sieben Schaltmonate eingefügt.

– Das *Christentum* übernimmt diesen Grundzug, nicht jedoch die Tradition des Schaltmonats. Im Rückgriff auf den sogenannten ›Julianischen Kalender‹ – eingeführt von Julius Caesar 46 v. Chr. – wird stattdessen jedes vierte Jahr ein Schalttag (der 29. Februar) eingefügt. Fast allgemein gültig ist jedoch seit 1582 der ›Gregorianische Kalender‹, der zehn Tage aus der zuvor geltenden, durch mangelnde Präzision ungenau berechnenden Zählung streichen ließ.[288] Einige östliche Kirchen richten sich freilich immer noch nach dem ›Julianischen Kalender‹, dadurch ergeben sich interkonfessionelle Abweichungen in der Berechnung der Festtage.

– Der *Islam* richtet sich ausschließlich am knapp 354tägigen Mondjahr aus. In Sure 9,36f. wird festgelegt: »Siehe, die Anzahl der Monate bei Allah sind zwölf Monate«, und jegliches »Verschieben ist eine Mehrung des Unglaubens«. Als

---

[288] Hintergrund: Das so berechnete Kalenderjahr ist ca. 11 Minuten zu lang. Im Laufe der Jahrhunderte summierte sich diese Abweichung auf zehn Tage und wurde entsprechend korrigiert. Seit 1582 gleicht man anders aus: In jeweils 400 Jahren wird je dreimal auf den zusätzlichen Schalttag verzichtet.

Konsequenz ergibt sich, dass die islamischen Monate sich im Blick auf die anderen Zeitberechnungen, auf die Jahreszeiten und den Vegetationszyklus jedes Jahr um im Normalfall 11 Tage verschiebt. Da auch diese Rechnung nicht komplett aufgeht, werden in 30 Jahren insgesamt elf Schalttage eingefügt. Der Fastenmonat Ramadan ›wandert‹ aus diesen Gründen quer durch die sich nach dem Sonnenjahr bestimmenden Jahreszeiten.

Noch ein zugleich gemeinsamer wie dann eben doch variierender Vergleichspunkt der Zeitberechnung: Das religiöse Judentum zählt die Zeitrechnung vom Jahr 3761 v. Chr. an, befindet sich 2016 also im Jahr 5776. Das Christentum, und mit ihm weite Teile der gegenwärtigen Welt, rechnet ab dem (historisch nicht ganz zutreffend berechneten) Jahr der Geburt Jesu. Der Islam wiederum beginnt die Jahreszählung mit der Auswanderung des Propheten Mohammed von Mekka nach Medina im Jahr 622 n. Chr., nutzt freilich von dort aus die 354tägigen (Mond-)Jahreszählung. 2016 wird so das muslimische Jahr 1437/1438 gezählt.

Die entscheidende trialogisch verbindende Gemeinsamkeit liegt in einer Mischung von linearen und zyklischen Zeitordnungen: Einerseits ist für Juden, Christen und Muslime sowohl die Welthistorie als auch die eigene Lebensgeschichte linear und einmalig, erhält dadurch eine besondere Würde und das Prägemal der Einzigartigkeit. Andererseits fügt sich in diesen linearen Zeitstrahl eine zyklische Struktur der spiralartigen Wiederholung, die verlässliche Wiederfolge der Jahre und Monate, der siebentägigen Wochen und Tage. Diese Zusatzstruktur sorgt für die Gefühle von – begrenzter – Berechenbarkeit, Verlässlichkeit, Beheimatung und Gestaltung. Nur so ist eine Erinnerungskultur möglich, die sich einerseits auf lang zurückliegende Ereignisse im Zeitstrahl bezieht, im zyklischen Raster der erinnerten Wiederholung aber eine Verbindung in die Gegenwart ermöglicht. Diese *Erinnerungskultur* prägt alle drei Religionen.

Festgestaltung

Konkret fassbar wird diese Kultur nicht nur in Erzählungen, sondern grundlegend in *Ritualen* und *Brauchtum,* vor allem aber in periodisch wiederkehrenden *Festen und Feiern.* Der Deutsche Katechten-Verein DKV stellt nicht zufällig die jüngst erschienene Broschüre über die Feste in Judentum, Christentum und Islam – eingerichtet für den konkreten Einsatz in Religionsunterricht und Gemeindearbeit – unter den Titel »Abrahams Kinder«. Sie regt dazu an, »neben den eigenen Festtagen und -zeiten auch diejenigen [...] anderer Konfessionen und Religionen zu achten und diese in das Schulleben zu integrieren«. Schließlich liege es auf der Hand: »Wer andere Religionen und ihre Feste kennen lernt, erlebt die Bedeutsamkeit von Ritualen und Feste für alle Menschen und fragt neu nach eigenen Traditionen, deren Bedeutung und aktuellen Gestalt.«[289] Kaum ein Lernbereich enthält so viel praktisches Potential für Einfühlung und Handlungsorientierung.

Innerhalb der in Judentum, Christentum und Islam gleichermaßen fest etablierten – ja keineswegs zwingenden – siebentägigen Wochenstruktur wird *ein* Tag als Höhepunkt ausgestaltet: im Judentum als letzter Tag der Woche der Schabbat/Samstag; im Christentum der Sonntag als erste Tag der Woche[290] in Erinnerung an die Auferweckung Jesu Christi – beide Feier-Tage verbunden durch das Gebot der Ruhe und Arbeitsfreiheit. Dieses Gebot kennt der Islam nicht: Der hier zentrale Freitag als gemeinsamer Gebetstag ist zwar herausgehoben aus dem Siebener-Rhythmus, nicht aber durch Arbeitsruhe.

Im *Judentum* dienen fast alle Feste mehreren Zwecken zugleich: Sie gestalten die Zeit (etwa: Rosch Haschana, Neujahr, das ›Haupt des Jahres‹), beziehen sich auf die landwirtschaftlichen Prozesse (etwa: Sukkot, das ›Laubhüttenfest‹, Schawuot,

---

[289] Abrahams Kinder. Wie Juden, Christen und Muslime ihren Glauben feiern. Anregungen zum interreligiösen Lernen (München 2015), 5.
[290] Seit der Reform der Zeitberechnung (01.01.1976) gilt in den westlichen Kulturen offiziell der Montag als erster Tag der Woche.

das ›Wochenfest‹), erinnern an zentrale Ereignisse der biblisch berichteten Geschichte (etwa: Chanukka, das ›Lichterfest‹; Pessach, das ›Überschreitungsfest‹), an nach-biblische legendarisch-historische Anlässe (etwa: Purim, das ›Los-Fest‹) oder an Ereignisse der jüngeren Geschichte (etwa Jom haSchoah, die Erinnerung an die Shoa; Jom haAzmaut, den ›Unabhängigkeitstag‹). Jedes Fest ruft dabei immer mehrere Dimensionen auf: religiöse, historische, brauchtumsbezogene, politische, gesellschaftliche.

Der *Islam* kennt zwei Hauptfeste, Id al-Fitr, das Fest des Fastenbrechens, sowie Id ad-Adha, das Opferfest. Daneben treten – je nach binnenmuslimischer Tradition unterschiedlich – feierliche Erinnerungen an herausgehobene Stationen aus dem Leben des Propheten Mohammed: etwa Laila al-Qadr (›Nacht der Bestimmung‹), Maulid an-Nabi (›Geburtstag des Propheten Mohamed‹), Lailat al-Miradsch (›Nacht der Himmelsreise‹).[291] In Judentum wie Islam ist die Familie der bevorzugte Ort des Festgestaltung. Dementsprechend variieren die konkreten Gestaltungsformen nicht nur von Region zu Region sowie abhängig von unterschiedlichen religiösen Gruppierungen, sondern zudem angesichts der jeweiligen Familientradition.

Die rhythmische Kultur von vergegenwärtigender Erinnerung an grundlegende bedeutsame Ereignisse der linear verstandenen Geschichte zeigt sich auch an einem Brauch, der erneut in allen drei abrahamitischen Religionen (und darüber hinaus) zu finden ist: dem *Fasten*[292]. Sei es als zentraler Fast-Tag des Jom Kippur (›Versöhnungstag‹) wie im Judentum, wo es weitere vier Fasttage gibt; sei es in den 40tägigen, ursprünglich als Taufvorbereitung strukturierten Fastentagen vor Ostern (und Weihnachten, so die ursprüngliche Sinngebung des Advents) im Christentum; sei es im Fastenmonat Ramadan, einer weiteren der ›Fünf Säulen‹ im Islam, oder zu anderen traditionellen Fasten-Zeiten dort, denn »vorgeschrieben ist euch das Fasten«

---

[291] Vgl. hierzu jeweils: *Naciye Kamcili-Yildiz/Fahimah Ulfat:* Islam (2014).
[292] Vgl. die vom ›Abrahamischen Forum‹ in Deutschland herausgegebene Broschüre: Fasten in den abrahamischen Religionen (Köln 2013).

(Sure 2,183). Der bewusste vorübergehende Verzicht auf Nahrungsaufnahme dient zugleich der vertieften, ungestörten Selbstbesinnung als auch vor allem der konzentrierten Zuwendung zu Gott.

Was sich im Blick auf das Fasten bereits angedeutet hat, wird auf einer weiteren Ebene konkret. Warum immer, ob ursprünglich aus hygienischen und medizinischen oder kultischen Gründen: In den abrahamischen Religionen gibt es zum Teil sehr konkrete *Speisevorschriften,* die de facto natürlich ganz unterschiedlich genau eingehalten werden. Im Judentum gelten die Gebote der koscheren Speisen (›Kaschrut‹): Erlaubt ist nur der Verzehr von koscher geschlachteten, also geschächteten und völlig ausgebluteten Säugetieren, die gespaltene Hufen haben und Wiederkäuer sind. Weiterhin erlaubt ist der Verzehr von genau aufgelisteten Hausvögeln sowie Wassertieren, die Schuppen und Flossen haben. Grundsätzlich geboten ist zudem die Trennung von milchigen und fleischigen Speisen, auch in Bezug auf die Benutzung von Geschirr und Besteck. Ähnlich und zugleich anders im Islam: Bis heute gelten die Regeln der Trennung des Erlaubten (›halal‹) vom Verbotenen (›haram‹). Aufgrund koranischer Festlegung grundsätzlich verboten sind Alkohol, Schweinefleisch und nicht ordnungsgemäß geschächtetes Fleisch, aber auch die Beimischung bestimmter Zusatzstoffe. Im Christentum sind die Speisevorschriften am wenigsten klar ausgeprägt. Im Brauch, freitags kein Fleisch zu speisen, findet sich noch am ehesten eine Erinnerung an in früheren Epochen und in konfessioneller Eigenprägung bedeutsame Vorschriften.

Judentum, Christentum und Islam kennen aber nicht nur die feierliche Ausgestaltung rhythmisierter Zeit. Auch die lineare Zeitordnung wird festlich ausgestaltet, besonders im Blick auf die *Knotenpunkte des Lebens.* Alle drei Religionen gestalten die frühkindliche Initiation, sei dies im Christentum durch die Taufe oder in Judentum und Islam durch die Beschneidung der männlichen Kinder – in der Feier von »Brit Milah« am achten Tag nach der Geburt im Judentum, im Islam in der Beschneidung am siebten Tag (so die traditionelle Bestimmung) oder im späteren Kindesalter (so eine spätere, vor allem in der Türkei übliche Traditionslinie). Judentum und Christentum kennen die Gestaltung des bewusst vollzogenen, religiöse Mündigkeit vermittelnden Abschlusses der Initiation, sei es Erstkommunion/Firmung oder Konfirmation, sei es durch Bar-Mitzwa/Bat-Mitza. Im Islam ist eine solche Gestaltung unbekannt und theologisch wie pädagogisch unnötig. Die Eheschließung und damit Familiengründung wird erneut in allen drei Religionen mit religiösen Ritualen vollzogen. Schließlich wird der Umgang mit Sterben und Trauer[293], mit Abschied und dem erhofften Übergang in die Gemeinschaft mit Gott religiös gestaltet.

Als interreligiös grundlegendes Prinzip kann gelten: *Trialogisches Lernen sollte in der Lebenswelt der Kinder und Jugendlichen ansetzen.* An keiner anderen Stelle sind die Bezüge und Anknüpfungspunkte so greifbar wie in der Gestaltung von »heiligen Zeiten als Strukturprinzip des menschlichen Lebens«[294].

– Sich der eigenen Traditionen bewusst zu werden,
– die anderen Traditionen wahrzunehmen und kennenzulernen,
– den gemeinsamen wie unterschiedlich gestalteten Umgang mit Zeit zu reflektieren,
– andere zu – genau bedachten, mit allen Beteiligten abgestimmten – Teilelementen der je eigenen Gestaltung einzuladen,
– mögliche verbindende Gestaltungen zu suchen,

all das sind ganz konkret mögliche Schritte eines alltagszentrierten, auf den Umgang mit Zeit und Festen bezogenen trialogischen Lernens, wo man »in der Begegnung mit Menschen und ihren Festen die Vielfalt und zugleich das Verbindende erfah-

---

[293] Im Blick auf den unterschiedlichen Umgang mit Tod und Bestattung vgl. die trialogisch vorbildhaften Materialien und Impulse in: *Karlo Meyer:* Glaube, Gott und letztes Geleit. Unterrichtsmaterial zu jüdischen, christlichen und muslimischen Bestattungen (Göttingen 2015.)
[294] *Clauß Peter Sajak* (Hrsg.): Feste feiern. Jahreszeiten – Mahlzeiten – Lebenszeiten (Paderborn 2013), 12.

ren«[295] kann. In Unterrichtseinheiten oder schulischen Projekten können diese Mosaiksteine systematisch auf völlig unterschiedlichen Ebenen entfaltet werden: indem Schülerinnen und Schüler einen trialogischen Festkalender erstellen, ein trialogisches Kochbuch entwickeln und einzelne Rezepte ausprobieren, oder indem sie sich mit dem unterschiedlichen Umgang mit dem Tod auseinandersetzen.[296]

Wallfahrt

Ein – im Sinne der Logik der hier vorliegenden Darstellung – letztes Mal zeigt sich die Gleichzeitigkeit von tiefer Verbundenheit, aber auch konkret unterschiedlicher Ausdeutung und Praxis von Judentum, Christentum und Islam im Motiv der Wallfahrt. Dass sich Menschen als *Pilger* auf den Weg machen, um an besonderen ›heiligen‹ Orten ihre Gottheiten dankend und preisend zu verehren und sich bittend oder klagend an sie zu wenden, ist ein uraltes, auch in vielen nicht monotheistischen Religionen weit verbreitetes Phänomen. Der Weg selbst, das meistens genügsame, von Verzicht geprägte Unterwegs-Sein, das Aufbrechen aus dem Alltag und das schließliche Ankommen sind Etappen, die einen spirituellen Eigenwert besitzen.

Im biblischen *Judentum* gab es verschiedene Formen von Wallfahrt, überlagert und gekrönt von den drei großen, dem Jahreslauf und Vegetationszyklus zugeordneten Wallfahrtsfesten zum Tempel in Jerusalem: Pessach, Schawuot und Sukkot. Ex 23,14 mahnt an: »Dreimal im Jahr sollst du mir ein Fest feiern«. Von frommen Juden wurde diese mit einem Vollzug der Opferriten verbundene Wallfahrt zum Tempel wenigstens einmal im Jahr erwartet. Für in der Diaspora lebende Juden genügte vermutlich eine wenigstens einmal im Leben vollzogene Wallfahrt. Nach der Zerstörung des Tempels änderte sich der Charakter der Wallfahrten, deren Ziel nach wie vor Jerusalem

---

[295] *Gertrud Wagemann:* Feste der Religionen (2014), 9.
[296] So drei anregende Projektideen in: *Clauß Peter Sajak* (Hrsg.): Feste feiern (2013), 41ff.

blieb, nun freilich reduziert auf das Relikt der ›Klagemauer‹. Der ursprünglich fröhliche Feierton wich einer Grundstimmung von Klage und Trauer sowie der Hoffnung auf eine künftige Besserung der Situation. In eschatologischer Hinsicht mündet sie in die Vision der endzeitlichen ›Wallfahrt zum Zion‹ (Jes 2,2–5), in der sich »viele Völker« auf den Weg nach Jerusalem machen als Zeichen der religionsübergreifenden universalen Gottesherrschaft.

Diese Vision wird in der Erzählung vom Jerusalemer Pfingstereignis im Neuen Testament aufgegriffen (Apg 2). Ganz offensichtlich hielt sich zudem der Jude Jesus an die Wallfahrtsbräuche seines Volkes. So entwickelte sich in nach-biblischer Zeit ein *christliches* Wallfahrtswesen, das sich bald nicht nur auf die Heiligen Stätten in Jerusalem und Rom aus-richtete, sondern weitere klassische Wallfahrtsorte ins Zen-trum rückte: etwa die Städte der Apostelgräber Santiago de Compostela und Trier. Während die evangelische Tradition die meisten Wallfahrtsformen eher skeptisch beurteilt oder ab-lehnt, nehmen diese in der katholischen und orthodoxen Volksfrömmigkeit einen breiten Raum ein.

Der *Islam* hat eine eigene Wallfahrtstradition ausgebildet, die so sehr im Zentrum der Religion verankert ist, dass sie zu den maßgeblichen ›Fünf Säulen‹ zählt: den ›hadsch‹, die große Pilgerfahrt nach Mekka[297]. Jeder gesunde, volljährige und aus-reichend vermögende Muslim ist verpflichtet, einmal im Leben diese Pilgerreise zu unternehmen: »Und der Menschen Pflicht gegen Allah ist die Pilgerfahrt zum Hause, wer da den Weg zu Ihm machen kann.« (Sure 3,97) In genau festgelegter Zeit (zehn Tage im letzten Mondmonat des islamischen Jahres) und mit klar bestimmten Vorgaben, Ritualen und Vorschriften ist diese Wallfahrt zu vollziehen, die nicht nur nach Mekka, sondern auch in umliegende, pflichtgemäß aufzusuchende Orte führt und festen Traditionen folgt.[298] Außerhalb dieser großen Pilger-fahrt können Gläubige die ›umra‹, die kleine, kürzere und nicht

---

[297] Vgl. dazu: *Naciye Kamcili-Yildiz/Fahimah Ulfat:* Islam (2014), 92f.
[298] Eindrücklich literarisch beschrieben wird diese Tradition in: *Ilja Troja-*

so stark ritualisierte Pilgerfahrt vollziehen, die sich auf Zeremonien unmittelbar in Mekka beschränkt. Der Islam kennt aber darüber hinaus auch Wallfahrten an zahlreiche weitere Heiligtümer, allen voran nach Jerusalem und Medina.

Zeitberechnung, Festkreis, Festgestaltung, Speisegebote, die Traditionen von Fasten und Wallfahrt: Die trialogische Spannung aus Verbundenheit und Eigenprägung von Judentum, Christentum und Islam zeigt sich nicht nur im Blick auf
- gemeinsame und eigene Schriften,
- gemeinsame und eigene Glaubensüberzeugungen,
- gemeinsame und eigene moralische wie soziale Praxis und Ethos,
- gemeinsame und eigene Spiritualität,
- sondern auch im Blick auf gemeinsam und je eigen mögliche Alltagsgestaltung.

Vor allem auf dieser Ebene lassen sich schon für Kinder und Jugendliche Kontakte anbahnen, lässt sich Austausch herstellen, sind Einladung und Kennenlernen abseits von theoretischem Diskurs möglich. Schulische Lernprozesse können in den Unterrichtseinheiten, die sich ganz spezifisch mit den Religionen Judentum und Islam beschäftigen, hier sehr gut anknüpfen, um dann auch andere Dimensionen des Trialogs auszuloten. Entscheidend jedoch: Das trialogische Profil *kann* in allen thematischen Einheiten religiösen Lernens als *mitlaufendes Prinzip* fruchtbar werden. So entstünde eine trialogisch sensible Lernkultur. *Darum* könnte und sollte sich eine künftig weiter zu profilierende trialogische Religionspädagogik in Forschung und Diskurs, in Praxis und Reflexion kümmern.

---

now: Zu den heiligen Quellen des Islam. Als Pilger nach Mekka und Medina (München/Zürich 2004).

Ausblick

Der noachidische Bund – Heilsmöglichkeit für alle

Eine trialogisch orientierte christliche Religionspädagogik konzentriert den Blick des interreligiösen Lernens auf das nahe Fremde, auf die Geschwisterreligionen Judentum und Islam. Das legt sich aus vielen Gründen nahe und öffnet viele Zukunftswege. Von all dem war ausführlich die Rede. Aber es birgt auch Risiken. So dürfen und sollen die anderen Religionen nicht aus dem Blick geraten. Sie, die fremden fernen Religionen, haben ihren eigenen Platz im interreligiösen Lernen, und es ist höchste Zeit, dass konzentrierte Studien zu den interreligiösen Lernprozessen mit Buddhismus, Hinduismus, Daoismus und anderen Religionen von dazu qualifizierten Fachleuten erarbeitet und von dort aus didaktisch-methodisch erweitert werden.

Aber wie lässt sich aus trialogischer Sicht eine derartige interreligiöse Ausweitung auf *alle* Religionen *theologisch* begründen? Und welche *religionspädagogischen Konsequenzen* ergeben sich aus dieser Begründung? Mit knappen Ausführungen zu diesem Fragebündel soll das Buch schließen, um den Trialog nicht als selbstgenügsame Binnenkommunikation der abrahamischen Religionen erscheinen zu lassen, sondern seinerseits als kommunikativ und dialogisch offen für den Austausch mit weiteren Religionen und Weltanschauungen, seien sie religiös oder nicht. Eine letzte biblische Perspektive soll diese Öffnung verdeutlichen, die in allen drei abrahamischen Religionen – zumindest untergründig – als Wertschätzungspotential anderer vorhanden ist. Hier gilt es also, einen im Kapitel zu den herausragenden und trialogisch zentralen Figuren zunächst ausgesparten Charakter und Themenkreis aus guten Gründen jetzt erst abschließend zu profilieren: Dazu werden Noach und der noachidischen Bund ins Zentrum gerückt, von Gott aus *allen* Menschen angeboten als Versprechen eines glückenden Lebens.

Vereint im noachidischen Bund

Der abrahamische Bund zwischen Gott und Mensch ist ja nicht der erste, von dem die Genesis erzählt. Ihm voraus geht jener Bund, den Gott nach der Urflut mit Noach schloss, jenes Versprechen, das der Familie des Urvaters und mit ihm sämtlichen Lebewesen der Schöpfung zugesagt ist: »Hiermit schließe ich meinen Bund mit euch und mit euren Nachkommen und mit allen Lebewesen bei euch« (Gen 9,9f.). Nie wieder soll das Leben in einer Urflut zerstört werden. Im Zeichen des Regenbogens verpflichtet sich Gott dazu, der Schöpfung fortan einen Grundschutz zu gewähren. Dem Menschen obliegen als seinem Beitrag zum Bund nur einige zentrale, eben die – jüdischer nachbiblischer Tradition gemäß so benannten – ›noachidischen‹ Gebote[1].

Entscheidend für unsere Fragestellung: Die nachidischen Gebote gelten für alle Menschen! Wo der abrahamische Bund all jene Menschen verbindet, die sich in Judentum, Christentum oder Islam dem Eingottglauben verpflichtet wissen; wo der spätere Bund mit Mose bzw. Jakob noch spezifischer mit dem ›auserwählten Volk‹, dem Judentum, geschlossen wird; da ist dieser erste Bund wie ein umfassender äußerer Ring von sich dann immer mehr einschließenden konzentrischen Kreisen zu denken. Im noachidischen Bund zeigt sich das grundlegend universale, eben nicht partikular zentrierte Denken des Judentums, das sich als Urmotiv auch in die Folgereligionen hinein ziehen wird. Im christlichen Verständnis wird im ›neuen Bund‹ – im letzten Abendmahl über Jesus »für viele« (Mk 14,24), »für euch« (Lk 22,20) eröffnet – für Glaubende ein neuer Heilszugang ohne Bedingungen ermöglicht.

Nur folgerichtig, dass Noach (wie Adam, Abraham, Mose und David) eine der zentralen Bezugsgestalten in Judentum, Christentum und Islam gleichermaßen ist, wenn auch – wie stets – mit je unterschiedlicher Ausgestaltung und Profilierung.

---

[1] Vgl. dazu: *Klaus Müller:* Tora für die Völker. Die noachidischen Gebote und Ansätze zu ihrer Rezeption im Christentum (Berlin 1994).

Im *Judentum* wird Noach als Gerechter porträtiert, der Gottes Weisungen getreulich ausführt. Er baut die Arche, sammelt die Tiere, garantiert die Rettung über die Urflut hinweg, so wie es ihm von Gott verheißen ist. Sein Brandopfer signalisiert den grundlegenden Neuanfang Gottes mit der ganzen Schöpfung, in jenem Bund, der sich im Symbol des Regenbogens augenfällig zeigt. Auf seine drei Söhne Jafet, Ham und Sem werden die Völker der in biblischer Zeit bekannten Völker zurückgeführt. Die Menschheit wird so als Völkerfamilie vorgestellt, deren einzelne Zweige gleichwohl klar voneinander unterschieden sind. Schon in Noach wird so die zentrale Grundspannung des jüdischen Selbstverständnisses im Blick auf andere Völker und Religionen deutlich: er steht für »Universalität (Verantwortung für die Gesamtmenschheit)« und zugleich für die »Partikularität (Auserwähltheit, Differenz, Separation)«[2].

Im *Christentum* kommt Noach letztlich keine zentrale Bedeutung zu. Seine alttestamentlichen Charakterisierungen werden übernommen, ohne dass ihnen zentrale eigene Züge hinzugefügt würden. Nur wenige neutestamentliche Erwähnungen Noachs lohnen der Benennung: Bei Matthäus und Lukas wird die Sintfluterzählung mit den apokalyptischen Endzeitereignissen parallelisiert (vgl. Mt 24, 32–42; Lk 17,22–37). In Hebr 11,7 wird Noachs exemplarischer Gehorsam hervorgehoben. Die Petrusbriefe schließlich entwickeln eine moralisierende Anwendung der Noach-Geschichte, betonen die Möglichkeit der Rettung und rufen zu einer bewussten Glaubensentscheidung auf.

Im Gegensatz zur christlichen Rezeption spielt Noach im *Islam* eine sehr viel bedeutsamere Rolle. Im *Koran* gilt Noah/Nuh zusammen mit Abraham, Mose, Jesu und Mohammed als einer der fünf »Standhaften unter den Gesandten« (Sure 46,35), mit denen Gott »einen festen Bund » (Sure 33,7) einging. Er trägt den traditionellen Beinahmen des »Nadschij Allah«[3], des von Gott Geretteten. Mehrfach wird er im Koran

---

[2] *Karl-Josef Kuschel* (2007), 247.
[3] *Böttrich/Ego/Eißler*: Elia (2013), 151.

erwähnt, Sure 71 trägt seinen Namen. Im muslimischen Festkalender wird seiner in der sunnitischen Tradition im Aschu-
ra-Fest gedacht: Nach der Sintflut habe er an diesem Tag mit
der Arche den Berg Dschudi erreicht. Wie in Judentum und
Christentum wird er hier als Symbolfigur für eine erneuerte
Schöpfung gefeiert.

Nach Arche und Regenbogen, nach Taube und Bund, nach
den Namen der Söhne (nur einer wird namenlos erwähnt)
wird man im Koran allerdings vergeblich suchen. Noach –
ganz offensichtlich als Archetyp Mohammeds gezeichnet –
steht hier vor allem im Konflikt mit seiner Umwelt, die ihn ab-
lehnt, mit Spott überhäuft, seinen Warnungen nicht lauscht.
Sein Profil wird so ganz im Zeichen der Warnung entworfen:
»O mein Volk, siehe, ich bin euch ein offenkundiger Warner.«
(Sure 71,2) Er ruft auf zur rettenden Gottesfurcht, diese Skizzierung steht im Vordergrund. Ihr dient auch eine Ergänzung
zu dem aus der Bibel bekannten Personal: Explizit wird Noachs
Frau eingeführt. Wie ihrem ungläubigen Sohn (Sure 11,42f.)
wird auch ihr der Unglaube zum Verhängnis (vgl. Sure 66,10).
Nicht mehr die Familie gilt als Hort zentraler Bindungen, sondern allein die im Gehorsam dem Prophet gegenüber deutlich
werdende Entfaltung des rechten Glaubens.

Soweit in aller Knappheit die Profilierung Noachs in Judentum, Christentum und Islam. Was aber zeichnet die im Islam
und im Christentum nicht explizit rezipierten noachidischen
Gebote aus? Worin liegen die Verpflichtungen, die Gott in diesem ersten allgemeinen Bund dem Menschen auferlegt hat im
Sinne einer Ermöglichung von gelingendem Leben, einer grundlegenden Rechtleitung? Die Ausführungen im Buch Genesis
nennen zunächst nur zwei Bedingungen: »Fleisch, in dem noch
Blut ist, dürft ihr nicht essen« (Gen 9,4) – eine rituelle und hy-
gienische Regelung, die später umgedeutet wird. Wichtiger:
»Für das Leben des Menschen fordere ich Rechenschaft« (Gen
9,5) – das Verbot des Mordens. In Verbindung mit anderen biblischen Aussagen und späteren Reflexionen werden in der Fol-
gezeit aus diesen Vorgaben sieben im Talmud fest etablierte
Weisungen, die als ›noachidische Gebote‹ eine »jüdische Theo-

logie des Nichtjuden als Fremder, der Fremder bleiben will«[4], markieren. Dem Menschen als allgemeinem Bundespartner Gottes in diesem Sinne obliegt

- das *Gebot der Rechtspflege,* also der Einhaltung von fixierten Strukturen von Gerechtigkeit,
- das *Verbot des Götzendienstes,* also der Anbetung und Vergötterung anderer Wesen oder Dimensionen,
- das *Verbot der Gotteslästerung,* also der Verletzung des Respekts gegenüber dem einen Gott,
- das *Verbot von Unzucht,* also des verantwortungslosen, andere Menschen schädigenden Umgangs mit der eigenen Sexualität,
- das *Verbot des Blutvergießens,* also des Verletzens oder Tötens anderer Menschen aus niederen, egoistischen Motiven,
- das *Verbot des Raubs,* also der Aneignung des Besitzes anderer, schließlich
- das *Verbot* des Genusses eines Glieds vom *lebenden Tier,* also eine Art Schutz der Tierwelt vor potentieller menschlicher Grausamkeit.

Entscheidend: Diese noachidischen Gebote gehen chronologisch und sachlogisch dem in manchem ähnlichen Dekalog *voraus.* Doch wo dieser sich explizit als Ausformulierung der Beziehung von Gott und Mensch *innerhalb* des auserwählten Volkes präsentiert, gelten diese sieben Weisungen eben potentiell allen Menschen. ›Gerechte unter den Völkern‹ (»Chassidim Umot ha-Olam«) werden diejenigen Menschen genannt, die sich an die noachidischen Gebote halten.

Übertragen wir diesen Gedanken auf die heutige Situation im Wissen darum, dass diese jüdische Tradition in Christentum und Islam bestenfalls in verschütteten Traditionen oder indirekten Brechungen weiterlebt. Nein, diesen noachidischen Geboten sollen sich Menschen anderer Religionen oder Weltanschauungen in ihrem praktischen Verhalten nicht anschließen müssen. Erst recht nicht geht es darum, dass sie den dahinter stehenden Anspruch des Eingottglaubens übernehmen

---

[4] *Karl-Josef Kuschel* (2007), 285.

sollen. Die noachidischen Gebote bieten vielmehr eine *binnen-*theologische Ausgangsbasis und Begründung dafür, das Gemeinsame der Menschheit auch ethisch und lebenspraktisch zu verstehen.

Trialogisches Lernen im Zeichen Noachs

Am Endes Buches noch ein letztes Mal nachgefragt: Was also ist trialogisches Lernen? Als prinzipielles Beachten, dass der Monotheismus in *drei* Religionen Gestalt gewinnt, als Lernen *angesichts* des Wissen um Judentum, Christentum und Islam sowie als Lernen *zwischen* Juden, Christen und Muslimen könnte trialogisches Lernen Noach wie folgt präsentieren. Zunächst ist es gut und richtig, die Geschichte von der Arche sowie der Rettung von Mensch und Tier schon im Elementarbereich einzuführen, im Grundschulbereich zu vertiefen. Kaum eine biblische Geschichte spricht Kinder so sehr an und führt zu so tief eingespeicherter langfristigen Erinnerung. Der Grundlagenplan schlägt ganz konsequent und stimmig die Behandlung Noachs im Kontext der »Schöpfungserzählungen«[5] für das erste oder zweite Schuljahr vor. Schon hier kann man die Erzählungen so präsentieren, dass Kinder verstehen: Es sind Geschichten, die sich an Juden, Christen und Muslime gemeinsam richten und für alle drei Religionen bedeutsam sind.

Damit verschwindet Noach im Normalfall jedoch aus dem Blickpunkt der religionspädagogischen und didaktischen Aufmerksamkeit. Meist wird er als beliebte Kindheitsfigur abgespeichert, ohne dass er für Jugendliche oder Erwachsene eine tiefere Bedeutung erlangen würde. Seine bundestheologischen, ethischen und interreligiösen Facetten gehen damit verloren. Dabei bietet doch gerade die Anknüpfung an eine – zumindest in weiten Teilen positive – Kindheitserinnerung eine besonders gute Chance zum späteren aufbauenden Lernen! Wie also könnte Noach, könnten die noachidischen Gebote fruchtbar

---

[5] Grundlagenplan für den katholischen Religionsunterricht in der Grundschule (1998), 47.

werden im Aufbau trialogisch sensibler interreligiöser Kompetenz?

Im Blick auf Noach geht es zunächst um fundiertes *Wissen* im Bezug auf die abrahamischen Religionen Judentum, Christentum und Islam und die von ihnen geprägten Kulturen. Noach kann hier entdeckt werden als zentrale Figur der Bibel, die *in allen drei Religionen* eine besondere Rolle spielt. Kinder, Jugendliche und Erwachsene lernen seine Geschichte(n) kennen als Teil der religiösen Tradition. Er steht für Bedrohung, Gericht, Gehorsam, Konsequenz, Verantwortung, Überleben und die Ermöglichung eine lebenswerten Existenz für Tiere und Menschen. Wo Judentum und Christentum vor allem den Bund mit Gott betonen, das Versprechen eines neuen Anfangs und einer neuen gemeinsamen Existenz aller Lebewesen auf der Erde, rückt der Islam die Entscheidung zum rechten Glauben ins Zentrum.

Für das *interreligiöse Lernen* zentral wird der darauf aufbauende Schritt. Wie gesehen: Aus guten Gründen hat sich *Abraham* auf breiter Ebene als *Symbolfigur* für das trialogische Lernen etabliert. Aus den monotheistischen Religionen selbst bietet sich *Noach* als *zweite grundlegende Symbolgestalt* an. In seiner Geschichte, in der Tradition der mit ihm assoziierten Gebote liegt das Potential bereit für eine aus den Religionen selbst heraus begründete Wertschätzung und Verbindung *aller Menschen*. Dieser in Judentum, Christentum und Islam grundgelegte Gedanke ist viel mehr als Bildsprache: Als ›Kinder Noahs‹ sind alle Menschen miteinander verbunden, weil Gott mit ihnen einen lebensermöglichenden Bund geschlossen hat! Von diesem Gedanken aus können Juden, Christen und Muslime – ihrerseits als ›Kinder Abrahams‹ noch enger miteinander verbunden – sich nicht nur dem Gespräch miteinander widmen, sondern sich grundsätzlich allen Menschen, allen Religionen und Weltanschauungen gegenüber offen zeigen. Interreligiöses Lernen trägt ein besonders trialogisches Profil im Zeichen Abrahams. Es kann und muss sich weiteren Religionen, Weltanschauungen, Themen, Formen und Zugängen öffnen im Profil Noahs. Ein weiteres, ein weites Feld!

Papst Franziskus weist den abrahamischen Religionen den Weg zu gemeinsamer Dankbarkeit und gemeinsamer Verantwortung. Wie bereits erwähnt: Programmatisch endet seine Enzyklika »Laudato si‘« ja nicht nur mit einem spezifisch christlichen Schöpfungsgebet, sondern zudem mit einem Gebet, »das wir mit allen teilen können, die an einen Gott glauben, der allmächtiger Schöpfer ist«[6]. *Trialogisches Lernen* sollte darauf abzielen, dass Juden, Christen und Muslime ein solches Gebet gemeinsam sprechen können, wohlreflektiert, in voller Übereinstimmung mit ihren eigenen Glaubensprinzipien, im Wissen um die grundsätzlichen Gemeinsamkeiten der drei Religionen bei gleichzeitig eigenständigen und trennenden Überzeugungen. *Trialogische Religionspädagogik* sollte die Bedingungen und Möglichkeiten dazu erforschen, analysieren, konzeptionalisieren und theoretisch wie praktisch vorbereiten.

So also könnten Juden, Christen und Muslime in abrahamischem Geist und noachidischer Öffnung gemeinsam beten[7]:

---

[6] *Papst Franziskus:* Laudato Si‘. Über die Sorge für das gemeinsame Haus, Nr. 246.
[7] Ebd.

Gebet für unsere Erde

Allmächtiger Gott,
der du in der Weite des Alls gegenwärtig bist
und im kleinsten deiner Geschöpfe,
der du alles, was existiert,
mit deiner Zärtlichkeit umschließt,
gieße uns die Kraft deiner Liebe ein,
damit wir das Leben und die Schönheit hüten.
Überflute uns mit Frieden,
damit wir als Brüder und Schwestern leben
und niemandem schaden.
Gott der Armen,
hilf uns,
die Verlassenen und Vergessenen dieser Erde,
die so wertvoll sind in deinen Augen,
zu retten.
Heile unser Leben,
damit wir Beschützer der Welt sind
und nicht Räuber,
damit wir Schönheit säen
und nicht Verseuchung und Zerstörung.
Rühre die Herzen derer an,
die nur Gewinn suchen
auf Kosten der Armen und der Erde.
Lehre uns,
den Wert von allen Dingen zu entdecken
und voll Bewunderung zu betrachten;
zu erkennen, dass wir zutiefst verbunden sind
mit allen Geschöpfen
auf unserem Weg zu deinem unendlichen Licht.
Danke, dass du alle Tage bei uns bist.
Ermutige uns bitte in unserem Kampf
für Gerechtigkeit, Liebe und Frieden.

Dankeswort

Sich an einen programmtischen Neuentwurf wie die hier skizzierte ›trialogische Religionspädagogik‹ zu wagen, erfolgt nicht voraussetzungs- oder standortfrei. Viele Einflüsse kommen zusammen: Vier Jahre als Doktorand am von Hans Küng geleiteten »Institut für Ökumenische Forschung« in Tübingen; eine mehr als 20-jährige freundschaftlich-kollegiale Weggefährtenschaft mit meinem ›Doktorvater‹ Karl-Josef Kuschel, dem Promotor des Trialog-Gedankens; kollegiale Anregungen und diskursiver Austausch mit interreligiös engagierten Kolleginnen und Kollegen wie Johannes Lähnemann, Werner Haußmann, Stephan Leimgruber, Christoph Gellner, Klaus von Stosch oder Elisabeth Naurath; eigene Schulerfahrungen als Lehrer oder Praktikumsbetreuer.

Wie sich daraus eigene Gedanken formen, wie manche übernommen werden, andere sich respektvoll aber aus Überzeugung in andere Richtungen entwickeln, lässt sich im Einzelfall kaum mehr nachvollziehen. In jedem Fall enthält die hiermit konkret vorliegende Version der trialogischen Religionspädagogik subjektive Färbungen. Einzelne Wertungen und Schwerpunktsetzungen lassen sich mit guten Gründen anders vornehmen. Genau das erhoffe ich mir von diesem Buch, das ganz unterschiedliche Ebenen aufruft: eine produktive Anregung für den interreligiösen Diskurs.

Mein Dank gilt nicht nur den vielen Impulsgebern, den Wegbereitern und Wegbegleitern, sondern ganz konkret: Für das kritische Gegenlesen des Manuskriptes Frau stud. theol. Selina Röck sowie Herrn Akademischer Rat a. Z. Michael Winklmann. Für konkrete Anregungen danke ich Karl-Josef Kuschel sowie meiner Frau Annegret Langenhorst. Besonders danke ich meinem Vater Helmut Langenhorst für das gründliche Korrekturlesen der Druckfahnen.

Augsburg, im Januar 2016 *Georg Langenhorst*

Bibliographie

1. Eigene Vorarbeiten zum Thema

›Interreligiöses Lernen‹ auf dem Prüfstand. Religionspädagogische Konsequenzen aus der Verhältnisbestimmung von Christentum und Weltreligionen, in: *Religionspädagogische Beiträge* 50 (2003), 89–106

Trialogische Religionspädagogik. Konturen eines Programms, in: *Religion an höheren Schulen* (51) 2008, 289–298

Zeugnisse der Bibelrezeption oder Quellen der Offenbarung? Korantexte im katholischen Religionsunterricht, in: *Frank van der Velden* (Hrsg.): Die Heiligen Schriften des anderen im Unterricht. Bibel und Koran im christlichen und islamischen Religionsunterricht (Göttingen 2011), 103–122

Trialog im Zeichen Abrahams? Chancen und Grenzen trialogischen Lernens im konfessionellen Religionsunterricht, in: *Harry Harun Behr/Daniel Krochmalnik/Bernd Schröder* (Hrsg.): Der andere Abraham. Theologische und didaktische Reflexionen eines Klassikers (Berlin 2011), 187–216

»Verstehst Du auch, was Du liest?« (Apg 8,30) Interreligiöses Lernen mit literarischen Texten, in: *Manfred L. Pirner/Johannes Lähnemann/Werner Haußmann* (Hrsg.): Medien-Macht und Religionen. Herausforderung für interkulturelle Bildung. Referate und Ergebnisse des Nürnberger Forums 2010 (Hamburg 2011), 303–313

Juden, Christen, Muslime – verbunden als Erben Abrahams? Trialogische Perspektiven des konfessionellen Religionsunterrichts, in: *Ulrich Kropač/Georg Langenhorst* (Hrsg.): Religionsunterricht und der Bildungsauftrag der öffentlichen Schulen. Begründung und Perspektiven des Schulfaches Religion (Babenhausen 2012), 113–130

Interreligiöses Lernen mit literarischen Texten? Theologisch-literarische Perspektiven – Beispiel Islam, in: *Michael Hofmann/Klaus von Stosch* (Hrsg.): Islam in der deutschen und türkischen Literatur (Paderborn u. a. 2012), 109–135

Blickwinkel öffnen. Interreligiöses Lernen mit literarischen Texten (zus. mit *Christoph Gellner*), Ostfildern 2013

»Es muss Parteiungen geben unter euch« (1 Kor 11,19). Vom Herrenmahl in Korinth zur trialogischen Religionspädagogik im 21. Jahrhundert, in: *Josip Gregur/Peter Hofmann/Stefan Schreiber* (Hrsg.): Kirchlichkeit und Eucharistie. Intradisziplinäre Beiträge der Theologie im Anschluss an 1 Kor 11,17–34 (Regensburg 2013), 217–235

SAID und der Islam: »renitente Gebete« als Fortschreibung muslimischer Mystik, in: *Cibedo-Beiträge* 1 (2013), 4–11

»Ich war angekommen«. Literarische Wege ins Judentum im Werk von Anna Mitgutsch, in: *Kirche und Israel* 28 (2013), 63–77

Lebenswelten außerhalb des eigenen Blickfeldes. Weltreligionen in der Kinder- und Jugendliteratur, in: *BiblioTheke* 3/2013, 15–21

Amos, Jesaja, Jesus ... Muhammad? Prophetie als interreligiöses Problem aus Sicht der Korrelationsdidaktik, in: *Klaus von Stosch/Tuba Isik* (Hrsg.): Prophetie in Islam und Christentum (Paderborn u. a. 2013), 235–257

»Die erzählte Geschichte ist, was am Ende zählt«. Postmoderne Spiegelungen jüdischen Lebens im literarischen Werk Benjamin Steins, in: *Communicatio Socialis* 46 (2013), 164–182

Blickwinkel öffnen. Die Spiegelung von Judentum und Islam in der Gegenwartsliteratur, in: *Bibel und Kirche* 68 (2013), 170–175

Eine literarische »Reise in das Innere des Judentums«. Interreligiöses Lernen mit Texten von Barbara Honigmann, in: *Trierer Theologische Zeitschrift* 122 (2013), 337–354

Zwischen Katholizismus, Islam und Buddhismus. Christoph Peters‹ literarische Welt, in: *Stimmen der Zeit* 231 (2013), 44–54

Lena Gorelik: »... nicht besonders religiös«. Deutsch-jüdische Literatur der ›dritten‹ Generation, in: *Freiburger Rundbriefe*. Neue Folge 21 (2014), 42–54

»Ich gönne mir das Wort Gott«. Annäherungen an Gott in der Gegenwartsliteratur (Freiburg i. Br. 2014), bes. 180–257

Dialog, in: *Burkard Porzelt/Alexander Schimmel* (Hrsg.): Strukturbegriffe der Religionspädagogik (Bad Heilbrunn 2015), 92–97

Religionspädagogik und Komparative Theologie. Eine Verhältnisbestimmung aus Sicht der Religionspädagogik, in: *ders./Rita Burrichter/Klaus von Stosch* (Hrsg.): Komparative Theologie: Herausforderung für die Religionspädagogik. Perspektiven zukunftsfähigen interreligiösen Lernens (Paderborn 2015), 89–110

2. Forschungsbibliographie

Aufgenommen werden ausschließlich im Fließtext des Buches zitierte Werke.

Abdul al Ra'uf, Muhammad: Judaismus und Christentum aus der Sicht des Islam, in: *Isma'il Raji al Faruqi* (Hrsg.): Judentum, Christentum, Islam. Trialog der Abrahamitischen Religionen (Frankfurt a. M. 1986), 41–51

Abdullah, Muhammad S.: Islam für das Gespräch mit Christen (Gütersloh 1992)

Abrahams Kinder. Wie Juden, Christen und Muslime ihren Glauben feiern. Anregungen zum interreligiösen Lernen (München 2015)

Asbrand, Barbara: Zusammen Leben und Lernen im Religionsunterricht. Eine empirische Studie zur grundschulpädagogischen Konzeption eines interreligiösen Religionsunterrichts im Klassenverband der Grundschule (Frankfurt a. M. 2000)

Bahr, Matthias/Reinhold Boschki: Nostra Aetate religionspädagogisch gelesen, in: *Katechetische Blätter* 140 (2015), 101–105

Balic, Smail: Abraham als Symbol der Einheit, in: *Moslemische Revue* 22 (2001), 143–147

Ballnus, Jörg: Mose/Musa als prophetische Gestalt in Christentum, und Islam, in: *Anja Middelbeck-Varwick* u. a. (Hrsg.): Die Boten Gottes. Prophetie in Christentum und Islam (Regensburg 2013), 103–108

Barner, Wilfried (Hrsg.): Geschichte der deutschen Literatur von 1945 bis zur Gegenwart (München [2]2006)

Bauer, Thomas: Die Kultur der Ambiguität. Eine andere Geschichte des Islams (Berlin 2011)

Baur, Katja (Hrsg.): Zu Gast bei Abraham. Ein Kompendium zur interreligiösen Kompetenzbildung (Stuttgart 2007)

Bauschke, Martin: Gemeinsam vor Gott. Beobachtungen und Überlegungen zum gemeinsamen Beten von Juden, Christen und Muslimen, in: *Hansjörg Schmid* u. a. (Hrsg.): »Im Namen Gottes …« Theologie und Praxis des Gebets in Christentum und Islam (Regensburg 2006), 203–215

ders.: Jesus im Koran. Ein Schlüssel zum Dialog von Christen und Muslimen (Erftstadt [2]2007)

ders.: Der jüdisch-christlich-muslimische Trialog (Norderstedt 2007)

ders.: Der Sohn Marias. Jesus im Koran (Frankfurt a. M. 2012)

ders.: Der Freund Gottes. Abraham im Islam (Darmstadt 2014)

ders./Walter Homolka/Rabeya Müller (Hrsg.): Gemeinsam *vor* Gott. Gebete aus Judentum, Christentum und Islam (Gütersloh 2004)

Bechmann, Ulrike: Abraham als Vater der Ökumene? Interview zur aktuellen Diskussion, in: *Welt und Umwelt der Bibel* 4/2003, 44–47

dies.: Abraham und Ibrahim. Die Grenzen des Abraham-Paradigmas im interreligiösen Dialog, in: *Münchner Theologische Zeitschrift* 58, 2007, 110–126

dies./Maha El-Kaisy-Friemuth: Urbild des Glaubens: Abraham als gemeinsamer Stammvater, in: *Volker Meißner* u. a. (Hrsg.): Handbuch christlich-islamischer Dialog. Grundlagen – Themen – Praxis – Akteure (Freiburg i. Br. 2014), 117–128

Behr, Harry Harun: Die Abraham-Konstruktion im Koran, in: *ders./Daniel Krochmalnik/Bernd Schröder* (Hrsg.): Der andere Abraham. Theologische und didaktische Reflektionen eines Klassikers (Berlin 2011), 109–145

ders.: Menschenbilder im Islam, in: Handbuch Christentum und Islam in Deutschland. Grundlagen, Erfahrungen und Perspektiven des Zusammenlebens (Freiburg i. Br. 2014), 489–529

Bernhardt, Reinhold: Der Absolutheitsanspruch des Christentums. Von der Aufklärung zur pluralistischen Religionstheologie (Gütersloh 1990)

ders.: Prinzipieller Pluralismus oder mutualer Inklusivismus als hermeneutisches Paradigma einer Theologie der Religionen?, in: *Peter Koslowski* (Hrsg.): Die spekulative Philosophie der Weltreligionen (Wien 1996), 17–31

ders.: Ende des Dialogs? Die Begegnung der Religionen und ihre theologische Reflexion (Zürich 2005)

ders.: Zur ›Legitimität‹ gemeinsamen Betens von Christen und Muslimen, in: *Jürgen Micksch* (Hrsg.): Evangelisch aus fundamentalem Grund. Wie sich die EKD gegen den Islam profiliert (Frankfurt a. M. 2007), 186–206

Bernlochner, Max: Interkulturell-interreligiöse Kompetenz. Positionen und Perspektiven interreligiösen Lernens im Blick auf den Islam (Paderborn u. a. 2013)

Bertels, Gesa/Manuel Hetzinger/Regina Laudage (Hrsg.): Interreligiöser Dialog in Jugendarbeit und Schule (Weinheim 2013)

Bobzin, Hartmut: Der Koran. Eine Einführung (München 1999)

ders.: »Das Siegel der Propheten«. Anmerkungen zum Verständnis von Muhammads Prophetentum, in: *Anja Middelbeck-Varwick* u. a. (Hrsg.): Die Boten Gottes. Prophetie in Christentum und Islam (Regensburg 2013), 23–36

Bodenheimer, Alfred: Zwischen religiöser Identität und gleichwertiger Akzeptanz. Interreligiosität und Interkulturalität in Kindertagesstätten – eine jüdische Perspektive, in: *Friedrich Schweitzer/Anke Edelbrock/Albert Biesinger* (Hrsg.): Interreligiöse und Interkulturelle Bildung in der Kita. Eine Repräsentativbefragung von Erzieherinnen in Deutschland – interdisziplinäre, interreligiöse und internationale Perspektiven (Münster u. a. 2011), 75–81

Boehme, Katja: Die kooperative Fächergruppe, in: *Katechetische Blätter* 127 (2002), 375–382

dies. (Hrsg.): »Wer ist der Mensch?«. Anthropologie im interkulturellen Lernen und Lehren (Berlin 2013)

Böttrich, Christfried/Beate Ego/Friedmann Eißler: Abraham in Judentum, Christentum und Islam (Göttingen 2009)

dies.: Jesus und Maria in Judentum, Christentum und Islam (Göttingen 2009)

dies.: Mose in Judentum, Christentum und Islam (Göttingen 2010)

dies.: Adam und Eva in Judentum, Christentum und Islam (Göttingen 2011)

dies: Elia und andere Propheten in Judentum, Christentum und Islam (Göttingen 2013)

Brocke, Edna: Aus Abrahams Schoß? Oder weshalb es keine »abrahamitischen Religionen« gibt, in: *Kirche und Israel* 24 (2009), Heft 2, 157–162

Brüll, Christina u. a.: Synagoge – Kirche – Moschee. Kulträume erfahren und Religionen entdecken (München 2005)

Brum, Alexa: Der trialogische Wettbewerb aus jüdischer Perspektive, in: *Clauß Peter Sajak* (Hrsg.): Trialogisch lernen. Bausteine für interkulturelle und interreligiöse Projektarbeit (Seelze 2010), 49–55

Brumlik, Micha: Überlegungen zu einem künftigen jüdisch-muslimischen Dialog, in: *Niklas Günther/Sönke Zankel* (Hrsg.): Abrahams Enkel. Juden, Christen, Muslime und die Schoa (Stuttgart 2006), 83–91

ders.: Propheten und Prophetie im Judentum, in: *Klaus von Stosch/Tuba Isik* (Hrsg.): Prophetie in Islam und Christentum (Paderborn 2013), 69–83

Buber, Martin: Begegnung. Autobiographische Fragmente (Stuttgart 1960)

ders.: Das dialogische Prinzip (Heidelberg 1962)

ders.: Schriften zur Philosophie, Werke Bd. 1 (München 1962)

Büttner, Gerhard/Veit-Jacobus Dieterich: Entwicklungspsychologie in der Religionspädagogik (Göttingen 2013)

Burrichter, Rita/Georg Langenhorst/Klaus von Stosch (Hrsg.): Komparative Theologie: Herausforderung für die Religionspädagogik. Perspektiven zukunftsfähigen interreligiösen Lernens (Paderborn 2015)

Busse, Heribert: Die theologischen Beziehungen des Islams zu Judentum und Christentum (Darmstadt 1988)

Calis, Nuran David: Der Mond ist unsere Sonne. Roman (Frankfurt a. M. 2011)

Ceylan, Rauf: »Interkulturelle und interreligiöse Bildung in Kindertagesstätten«. Ein Kommentar zu den empirischen Befunden der Erzieherinnenbefragung aus muslimischer Perspektive, in: *Friedrich Schweitzer/Anke Edelbrock/Albert Biesinger* (Hrsg.): Interreligiöse und interkulturelle Bildung in der Kita. Eine Repräsentativbefragung von Erzieherinnen in Deutschland – interdisziplinäre, interreligiöse und internationale Perspektiven (Münster u. a. 2011), 70–74

Christlicher Glaube und religiöse Vielfalt in evangelischer Perspektive. Ein Grundlagentext des Rates der Evangelischen Kirche in Deutschland (EKD) (Gütersloh 2015)

Clément, Catherine: Theos Reise. Roman über die Religionen der Welt (München/Wien 1998)

Dehn, Ulrich: Der christlich-islamische Dialog vor dem Hintergrund gesamtgesellschaftlicher Veränderungen, in: *Matthias Rohe* u. a. (Hrsg.): Handbuch Christentum und Islam in Deutschland. Grundlagen, Erfahrungen und Perspektiven des Zusammenlebens (Freiburg i. Br. 2014), 1011–1038

Denzinger Heinrich: Kompendium der Glaubensbekenntnisse und kirchlichen Lehrentscheidungen, hrsg. von *Peter Hünermann* (Freiburg i. Br. [44]2014)

Der Religionsunterricht in der Schule. Ein Beschluss der Gemeinsamen Synode der Bistümer in der Bundesrepublik Deutschland (Bonn 1974)

Der Religionsunterricht vor neuen Herausforderungen, Die deutschen Bischöfe 80 (Bonn 2005)

Deutsche Shell (Hrsg.): Jugend 2002. Zwischen pragmatischem Idealismus und robustem Materialismus (Hamburg 2002)

»Dialog«, in: Lexikon für Theologie und Kirche, Bd. 3 (1995), Freiburg i. Br., Sp. 191–197

Dieckmann, Elisabeth/Clauß Peter Sajak (Hrsg.): Weißt du, wer ich bin? Initiativen und Projekte für das interreligiöse und interkulturelle Lernen (Berlin 2014)

Dressler, Bernhard: Interreligiöses Lernen – Alter Wein in neuen Schläuchen? Einwürfe in eine stagnierende Debatte, in: *Zeitschrift für Pädagogik und Theologie* 55 (2003), 113–124

Edelbrock, Anke/Albert Biesinger/Friedrich Schweitzer (Hrsg.): Religiöse Vielfalt in der Kita. So gelingt interreligiöse und interkulturelle Bildung in der Praxis (Berlin 2012)

Eißler, Friedmann (Hrsg.): Muslimische Einladung zum Dialog. Dokumentation zum Brief der 138 Gelehrten (»A Common Word«), EZW-Texte 202 (Berlin 2009)

ders. (Hrsg.): Im Dialog mit Abraham, EZW-Texte 209 (Berlin 2010)

ders.: Gott, Gottesbilder, interreligiöse Ökumene im Namen Abrahams. Wider die Konfessionalisierung der Religionen im Zeichen einer »abrahamischen Ökumene«, in: *Glaube und Lernen* 28 (2013), 49–67

Engin, Havva: Die Institutionalisierung des Islams an staatlichen und nichtstaatlichen Bildungseinrichtungen, in: *Matthias Rohe* u. a. (Hrsg.): Handbuch Christentum und Islam in Deutschland. Grundlagen, Erfahrungen und Perspektiven des Zusammenlebens (Freiburg i. Br. 2014), 369–391

Falaturi, Abdoljavad: Der Islam im Dialog. Aufsätze (Hamburg [5]1996)

Fowler, James W.: Stufen des Glaubens. Die Psychologie der menschlichen Entwicklung und die Suche nach Sinn [1]1980 (Gütersloh 2000)

Frankemölle, Hubert (Hrsg.): Juden und Christen im Gespräch über »Dabru emet – redet Wahrheit« (Paderborn/Frankfurt a. M. 2005).

ders.: Vater unser – Awinu. Das Gebet der Juden und Christen (Paderborn/ Leipzig 2012)

Frischmuth, Barbara: Das Heimliche und das Unheimliche. Drei Reden (Berlin 1999)

dies.: Vergiss Ägypten. Ein Reiseroman (Berlin 2008)

Fürlinger, Ernst (Hrsg.): Der Dialog muss weitergehen. Ausgewählte vatikanische Dokumente zum interreligiösen Dialog (Freiburg i. Br. 2009)

Gäde, Gerhard: Islam in christlicher Perspektive. Den muslimischen Glauben verstehen (Paderborn u. a. 2009)

Gellner, Christoph: Der Glaube der Anderen. Christsein inmitten der Weltreligionen (Düsseldorf 2008)

Gellner, Undine: Theos Reise: Die Religionen der Welt für junge Leute. Ein

Roman-Sachbuch im Religionsunterricht der Sekundarstufe II, in: *Religionsunterricht an höheren Schulen* (43), 2000, 388–391

Gioia, Francesco (Hrsg.): Interreligious Dialogue. The Official Teaching of the Catholic Church (1963–1995) (Boston 1997)

Görg, Manfred: Abraham als Ausgangspunkt für eine »abrahamitische Ökumene«?, in: *Andreas Renz/Stephan Leimgruber* (Hrsg.): Lernprozess Christen Muslime. Gesellschaftliche Kontexte – Theologische Grundlagen – Begegnungsfelder (Münster 2002), 142–151

ders.: Der eine Gott in den »abrahamitischen Religionen«, in: *Blätter Abrahams. Beiträge zum interreligiösen Dialog* (München 2003), Heft 2, 7–18

ders.: Abrahambilder in der Bibel. Mythos – Erinnerung – Glaube, in: *Zur Debatte* 6/2008, 10–12

Gorelik, Lena: Hochzeit in Jerusalem. Roman [1]2007 (München 2008)

dies.: Lieber Mischa (München 2011)

Gräebe, Uwe: »Abraham« – ein hilfreiches Modell jüdisch-christlich-muslimischer Verständigung?, in: *Ökumenische Rundschau* 49 (2000), 337–345

Graßal, Lucas: Wie Religion(en) lehren? Religiöse Bildung in deutschen religionspädagogischen Konzeptionen im Licht der Pluralistischen Religionstheologie von John Hick (Berlin 2013)

Grethlein, Christian: Interreligiöse Themen, in: *Martin Rothgangel/Gottfried Adam/Rainer Lachmann* (Hrsg.): Religionspädagogisches Kompendium (Göttingen [7]2012), 403–415

Gülen, M. Fethullah: Die Notwendigkeit des interreligiösen Dialogs. Eine muslimische Perspektive, in: *Dialog und Bildung* 2: Materialien zu Dialog und Bildung: Interreligiöser Dialog, 1/2015, 34–54

Güzelmansur, Timo (Hrsg.): Die offiziellen Dokumente der katholischen Kirche zum Dialog mit dem Islam (Regensburg 2009)

Harter, Yasemin: Wissensvermittlung und Kompetenzerwerb, in: *Gül Solgun-Kaps* (Hrsg.): Islam – Didaktik für die Grundschule (Berlin 2014), 185–195

Harz, Frieder: Interreligiöse Erziehung und Bildung in Kitas (Göttingen 2014)

Haußmann, Werner: Dialog mit pädagogischen Konsequenzen. Ein Vergleich der Entwicklungen in England und der Bundesrepublik Deutschland (Hamburg 1993)

ders.: multi-faith-approach, in: *Gottfried Bitter* u. a. (Hrsg.): Neues Handbuch religionspädagogischer Grundbegriffe (München 2002), 393–395

ders./Johannes Lähnemann (Hrsg.): Dein Glaube – mein Glaube. Interreligiöses Lernen in Schule und Gemeinde (Göttingen 2005)

Herborn, Dorothee: »Und alle sprechen doch mit Gott, oder?« Spirituelles Lernen am Beispiel der Gebetspraxis von Juden, Christen und Muslimen (Jahrgänge 5/6), in: *RelliS* 2/2015, 24–29

Herweg, Rachel/Rabeya Müller: Real-Trialog oder Quadratur des Kreises. Erfahrungen mit abrahamischen Teams an deutschen Schulen und Einrichtungen der Erwachsenenbildung, in: *Reinhard Möller/Hans-Christoph Goßmann* (Hrsg.): Interreligiöser Dialog. Chancen abrahamischer Initiativen (Berlin 2006), 223–229

Herzgsell, Johannes: Das Christentum im Konzert der Weltreligionen. Ein Beitrag zum interreligiösen Vergleich und Dialog (Regensburg 2011)

Hick, John: Gott und seine vielen Namen [1]1980 (Frankfurt a. M. 2001).

ders./Paul Knitter (Hrsg.): The Myth of Christian Uniqueness. Towards a Pluralistic Theology of Religions (New York 1987)

Hinterhuber, Eva Maria: Abrahamischer Trialog und Zivilgesellschaft. Eine Untersuchung zum sozialintegrativen Potenzial des Dialogs zwischen Juden, Christen und Muslimen (Stuttgart 2009)

Hinze, Bradford E./Irfan A. Omar (Hrsg.): Heirs of Abraham. The Future of Muslim, Jewish, and Christian Relations (New York 2005)

Hofmann, Michael: Interkulturelle Literaturwissenschaft. Eine Einführung (Paderborn 2006)

ders./Julia-Karin Patrut: Einführung in die interkulturelle Literatur (Darmstadt 2015)

ders./Klaus von Stosch (Hrsg.): Islam in der deutschen und türkischen Literatur (Paderborn 2012)

Holzapfel-Knoll, Maria/Stephan Leimgruber: Gebete von Juden, Christen und Muslimen (München 2009)

Homolka, Walter/Hanna Liss/Rüdiger Liwak (Hrsg.): Die Tora. Die Fünf Bücher Mose und die Prophetenlesungen (hebräisch-deutsch) in der revidierten Übersetzung von Rabbiner Ludwig Philippson (Freiburg i. Br. 2015)

Honigmann, Barbara: Damals, dann und danach (München/Wien 1999)

dies.: Bilder von A. (München 2011)

Hugoth, Matthias: Handbuch religiöse Bildung in Kita und Kindergarten (Freiburg i. Br. 2012)

Hull, John: A Gift to the Child. A New Pedagogy for Teaching Religion to Young Children, in: *Religious Education* 91 (1996), 172–188

Identität und Verständigung. Standort und Perspektiven des Religionsunterrichts in der Pluralität. Eine Denkschrift der Evangelischen Kirche in Deutschland (Gütersloh 1994)

Ildem, Miyesser: Materialien, in: *Gül Solgun-Kaps* (Hrsg.): Islam – Didaktik für die Grundschule (Berlin 2014), 93–98

Inam, Hüseyin: Gebet und interreligiöses Gebet aus sunnitischer Sicht, in: *Multireligiöse Studiengruppe* (Hrsg.): Handbuch Interreligiöser Dialog. Aus katholischer, evangelischer, sunnitischer und alevitischer Perspektive (Köln 2006), 127–135

Internationale Theologenkommission: Das Christentum und die Religionen,

Arbeitshilfen 136, hrsg. vom Sekretariat der Deutschen Bischofskonferenz (Bonn 2006)

Isik, Tuba: Prophetische Beheimatungsdidaktik. Ein Prophet im deutschen Religionsunterricht, in: *dies./Klaus von Stosch* (Hrsg.): Prophetie in Islam und Christentum (Paderborn 2013), 165–181

dies.: Die Bedeutung des Gesandten Muhammad für den Islamischen Religionsunterricht. Systematische und historische Reflexionen in religionspädagogischer Absicht (Paderborn 2015)

dies.: Bibel- und Korandidaktik in komparativer Absicht in einem kooperativ-konfessionellen Religionsunterricht, in: *Rita Burrichter/Georg Langenhorst/Klaus von Stosch* (Hrsg.): Komparative Theologie: Herausforderung für die Religionspädagogik. Perspektiven zukunftsfähigen interreligiösen Lernens (Paderborn 2015), 263–275

Jäggle, Martin: Begegnungen von jüdischen und muslimischen Schülerinnen und Schülern mit katholischen Schülerinnen und Schülern, in: *Hans Schmid/Winfried Verburg* (Hrsg.): Gastfreundschaft. Ein Modell für den konfessionellen Religionsunterricht der Zukunft (2011), 88–93

Jamal, Helgard: Abraham. Mit Kindern Gott entdecken / Mit Natur gestalten / Mit Figuren erzählen. Biblische Geschichten im Elementarbereich in Begegnung mit Judentum und Islam, Bd. 3 (Hamburg 2006)

Jebautzke, Kirstin/Ute Klein: Lernwerkstatt Weltreligionen. Judentum – Christentum – Islam – Buddhismus – Hinduismus (Hamburg 2013)

Josua, Hanna Nouri: »Ich bin derjenige, der Ibrahim am ähnlichsten ist«. Abraham als Spiegelbild Muhammads und die Notwendigkeit einer independenten Koranlektüre, in: *Friedmann Eißler* (Hrsg.): Im Dialog mit Abraham (Berlin 2010), 58–71

Kaddor, Lamya/Rabeya Müller: Der Koran für Kinder und Erwachsene (München 2008)

Kamcili-Yildiz, Naciye/Fahimah Ulfat: Islam von Abendgebet bis Zuckerfest. Grundwissen in 600 Stichwörtern (München 2014)

Kampling, Rainer/Michael Weinrich (Hrsg.): Dabru emet – redet Wahrheit. Eine jüdische Herausforderung zum Dialog mit den Christen (Gütersloh 2003)

Kaul-Seidmann, Lisa/Jorgen Nielsen/Markus Vinzent: Europäische Identität und kultureller Pluralismus. Judentum, Christentum und Islam in europäischen Lehrplänen. Empfehlungen für die Praxis (Bad Homburg 2003)

Kaznelson, Siegmund (Hrsg.): Jüdisches Schicksal in deutschen Gedichten. Eine abschließende Anthologie (Berlin 1959)

Kermani, Navid: Gott ist schön. Das ästhetische Erleben des Koran (München 1999)

ders.: Wer ist Wir? Deutschland und seine Muslime (München 2009)

ders.: Ungläubiges Staunen. Über das Christentum (München 2015)

Khorchide, Mouhanad: Islam ist Barmherzigkeit. Grundzüge einer modernen Religion [1]2012 (Freiburg i. Br. 2015)

Klappert, Berthold: Abraham eint und unterscheidet. Begründungen und Perspektiven eines nötigen »Trialogs« zwischen Juden, Christen und Muslimen, in: *Rudolf Weth* (Hrsg.): Bekenntnis zu dem einen Gott? (Neukirchen-Vluyn 2000), 98–122

Klarheit und gute Nachbarschaft. Christen und Muslime in Deutschland. Eine Handreichung des Rates der EKD (Hannover 2006).

Klausnitzer, Wolfgang: Voraussetzungen des Dialogs aus christlicher Sicht, in: *Philipp Thull/Hamid Reza Yousefi* (Hrsg.): Interreligiöse Toleranz. Von der Notwendigkeit des christlich-islamischen Dialogs (Darmstadt 2014), 33–40

Knitter, Paul: Ein Gott – Viele Religionen. Gegen den Absolutheitsanspruch des Christentums [1]1985 (München 1988)

Knoblauch, Christoph: Interreligiöser Dialog beginnt an den Wurzeln. Religionsunterricht und Religious Studies auf der Suche nach interreligiösem Verständnis. Eine Analyse und empirisch-explorative Vergleichsstudie beider Konzeptionen (Ostfildern 2011)

Köylü, Mustafa: Prophetie im Islam aus traditionellem Blickwinkel, in: *Klaus von Stosch/Tuba Isik* (Hrsg): Prophetie in Islam und Christentum (Paderborn 2013), 119–143

Kontarsky, Esther: Synagogenpädagogik im Judentum, in: *Clauß Peter Sajak* (Hrsg.): Gotteshäuser. Entdecken – Deuten – Gestalten. Lernen im Trialog 1 (Paderborn 2012), 26–31

Kratz, Reinhard/Tilman Nagel (Hrsg.): »Abraham, unser Vater«. Die gemeinsamen Wurzeln von Judentum, Christentum und Islam (Göttingen 2003)

Krochmalnik, Daniel: Trialogus, Jüdische Stimme, in: *ders./Bernd Schröder/Harry Harun Behr* (Hrsg.): Was ist ein guter Religionslehrer? Antworten von Juden, Christen und Muslimen (Berlin 2009), 15–18

ders.: Die Abraham-Formel im Trialog der Monotheisten, in: *Harry Harun Behr/Daniel Krochmalnik/Bernd Schröder* (Hrsg.): Der andere Abraham. Theologische und didaktische Reflektionen eines Klassikers (Berlin 2011), 55–73

ders. u. a. (Hrsg.): Das Gebet im Religionsunterricht in interreligiöser Perspektive (Berlin 2014)

Krötke, Wolf: Abraham in christlicher Perspektive. Worauf baut der christlich-muslimische Dialog?, in: *Friedmann Eißler* (Hrsg.): Im Dialog mit Abraham (Berlin 2010), 36–47

Kropač, Ulrich: Religiöse Pluralität als religionsdidaktische Herausforderung, in: *Christoph Böttigheimer/Hubert Filser* (Hrsg.): Kircheneinheit und Weltverantwortung (Regensburg 2006), 471–486

Küng, Hans: Das Judentum (München/Zürich 1991)

ders.: Der Islam. Geschichte – Gegenwart – Zukunft (München/Zürich 2004) *ders.:* Handbuch Weltethos. Eine Vision und ihre Umsetzung (München/Zürich 2012)

ders./Walter Homolka: Weltethos aus den Quellen des Judentums (Freiburg i. Br. 2008)

ders./Karl-Josef Kuschel (Hrsg.): Erklärung zum Weltethos. Die Deklaration des Parlaments der Weltreligionen (München 1993)

Küster, Volker: Verwandtschaft verpflichtet. Erwägungen zum Projekt einer »Abrahamitischen Ökumene«, in: *Evangelische Theologie* 62 (2002), 384–398

Kuld, Lothar: Heilige Schriften lesen: TeNaK, Bibel und Koran aus didaktischer Perspektive, in: *Clauß Peter Sajak* (Hrsg.): Heilige Schriften. Texte – Themen – Traditionen (Paderborn 2014), 33–36

ders./Bruno Schmid (Hrsg.): Islamischer Religionsunterricht in Baden-Württemberg. Zur Differenzierung des Lernfelds Religion (Berlin 2009)

Kurt, Aline: Kinder lernen Weltreligionen kennen: Unterrichtsmaterialien zu den fünf großen Religionen (Kempen 2011)

Kuschel, Karl-Josef: Streit um Abraham. Was Juden, Christen und Muslime trennt – und was sie eint (München 1994)

ders. (Hrsg.): Christentum und nichtchristliche Religionen. Theologische Modelle im 20. Jahrhundert (Darmstadt 1994)

ders.: Vom Streit zum Wettstreit der Religionen. Lessing und die Herausforderung des Islam (Düsseldorf 1998)

ders.: Juden – Christen – Muslime. Herkunft und Zukunft (Düsseldorf 2007)

ders.: Leben ist Brückenschlagen. Vordenker des interreligiösen Dialogs (Ostfildern 2011)

ders./Jürgen Micksch: Abrahamische Ökumene. Dialog und Kooperation(Frankfurt a. M. 2011)

ders.: Martin Buber – seine Herausforderung an das Christentum (Gütersloh 2015)

Lachmann, Rainer: Der Dekalog, in: *Gottfried Adam/Friedrich Schweitzer* (Hrsg.): Ethisch erziehen in der Schule (Göttingen 1996), 148–160

Lähnemann, Johannes: Weltreligionen im Unterricht. Eine theologische Didaktik für Schule, Hochschule und Gemeinde, 2 Bde. (Göttingen 1986)

ders. (Hrsg.): »Das Projekt Weltethos« in der Erziehung. Referate und Ergebnisse des Nürnberger Forums 1994 (Hamburg 1995)

ders.: Evangelische Religionspädagogik in interreligiöser Perspektive (Göttingen 1998)

ders. (Hrsg.): Unterrichtsprojekte Weltethos, Bd. 1: Grundschule, Hauptschule, Sekundarstufe I; Bd. 2: Realschule, Gymnasium, Berufsschule (Hamburg 2000)

ders.: Interreligiöses Lernen I: Islam, in: *Gottfried Bitter* u. a. (Hrsg.): Neues Handbuch religionspädagogischer Grundbegriffe (München 2002), 283–287

Landthaler, Bruno/Hanna Liss (Hrsg.): Erzähl es deinen Kindern. Die Torah in fünf Bänden (Berlin 2014–2016)

Lang, Bernhard: Der Prophet. Die Geschichte eines Intellektuellentyps von der Bibel bis heute, in: *Klaus von Stosch/Tuba Isik* (Hrsg.): Prophetie in Islam und Christentum (Paderborn 2013), 35–67

Lapide, Pinchas: Das jüdische Verständnis vom Christentum und Islam, in: *Martin Stöhr* (Hrsg.): Abrahams Kinder. Juden – Christen – Moslems (Frankfurt a. M. 1983), 1–28

Lehmann, Karl: Vom Dialog als Form der Kommunikation und Wahrheitsfindung in der Kirche heute, hrsg. von der Deutschen Bischofskonferenz (Bonn 1994)

Leimgruber, Stephan: Interreligiöses Lernen (München 1995)

ders.: Interreligiöses Lernen. Neuausgabe (München 2007)

Leuze, Rudolf: Christentum und Islam (Tübingen 1994)

Lévinas, Emmanuel: Dialog, in: *Franz Böckle* (Hrsg.): Christlicher Glaube in moderner Gesellschaft, Teilband 1 (Freiburg i. Br. 1981), 61–85

Lexikon der Begegnung Judentum – Christentum – Islam (Freiburg i. Br. 2009)

Liss, Hanna: Die Heilige Schrift des Judentums: der TeNaK, in: *Clauß Peter Sajak* (Hrsg.): Heilige Schriften. Texte – Themen – Traditionen (Paderborn 2014), 15–19

Löffler, Roland: Kultureller Pluralismus in europäischen Curricula? Die Studie der Universität Birmingham und der Wettbewerb »Schulen im Dialog«, in: *Clauß Peter Sajak* (Hrsg.): Trialogisch lernen Bausteine für interkulturelle und interreligiöse Projektarbeit (Seelze 2010), 74–83

Lück, Eckhard/Olga Ziegler: Trialog der Religionen. Stationenarbeit zu Judentum, Christentum und Islam (Hamburg 2013)

Magonet, Jonathan: Abraham – Jesus – Mohammed. Interreligiöser Dialog aus jüdischer Perspektive (Gütersloh 2000)

ders.: Jüdische Perspektiven zum interreligiösen Lernen, in: *Peter Schreiner/ Ursula Sieg/Volker Elsenbast* (Hrsg.): Handbuch interreligiöses Lernen (Gütersloh 2005), 134–141

Malik, Jamal: Abraham im Islam, in: *Zur Debatte* 6/2008, 17–19

Meißner, Volker u. a. (Hrsg.): Handbuch christlich-islamischer Dialog. Grundlagen – Themen – Praxis – Akteure (Freiburg i. Br. 2014)

Mendl, Hans: Religionsdidaktik kompakt. Für Studium, Prüfung und Beruf (München 2011)

ders.: Modelle – Vorbilder – Leitfiguren. Lernen an außergewöhnlichen Biografien (Stuttgart 2015)

ders./Markus Schiefer Ferrari (Hrsg.): Religion vernetzt 7. Unterrichtswerk für katholische Religionslehre an Gymnasien / Lehrerkommentar (München 2005)

Meyer, Karlo: Zeugnisse fremder Religionen im Unterricht. »Weltreligionen« im deutschen und englischen Religionsunterricht, Neukirchen-Vluyn 1999

ders.: Weltreligionen. Kopiervorlagen für die Sekundarstufe 1 (Göttingen 2008)

ders.: Methodische Überlegungen zur Einfühlung in fremde religiöse Traditionen – Chancen, Probleme und angemessene Wege, in: *Herbert Stettberger/Max Bernlochner* (Hrsg.): Interreligiöse Empathie lernen. Impulse für den trialogisch orientierten Religionsunterricht (Berlin 2013), 155–173

ders.: Glaube, Gott und letztes Geleit. Unterrichtsmaterial zu jüdischen, christlichen und muslimischen Bestattungen (Göttingen 2015)

Middelbeck-Varwick, Anja: Theologische Grundlagen des Dialogs aus christlicher Perspektive, in: *Matthias Rohe* u. a. (Hrsg.): Handbuch Christentum und Islam in Deutschland. Grundlagen, Erfahrungen und Perspektiven des Zusammenlebens (Freiburg i. Br. 2014), 1089–1114

dies. u. a. (Hrsg.): Die Boten Gottes. Prophetie in Christentum und Islam (Regensburg 2013)

Micksch, Jürgen: Abrahamische und Interreligiöse Teams (Frankfurt a. M. 2003)

ders. (Hrsg.): Evangelisch aus fundamentalem Grund. Wie sich die EKD gegen den Islam profiliert (Frankfurt a. M. 2007)

ders. (Hrsg.): Vom christlichen Abendland zum abrahamischen Europa (Frankfurt a. M. 2008)

Mitgutsch, Anna: Haus der Kindheit. Roman ^{1}2000 (München 2002)

Möller, Reinhard/Hans-Christoph Goßmann (Hrsg.): Interreligiöser Dialog. Chancen abrahamischer Ökumene (Berlin 2006)

Mohagheghi, Hamideh: Abraham in muslimischer Perspektive. Erfahrungen aus der Praxis in Deutschland, in: *Friedmann Eißler* (Hrsg.): Im Dialog mit Abraham (Berlin 2010), 48–57

dies./Dietrich Steinwede: Was der Koran uns sagt. Für Kinder in einfacher Sprache (München 2010)

Müller, Rabeya: Islamische Perspektiven zum interreligiösen Lernen: Wie »inter-« ist der Islam?, in: *Peter Schreiner/Ursula Sieg/Volker Elsenbast* (Hrsg.): Handbuch interreligiöses Lernen (Gütersloh 2005), 142–148

dies.: Schulen im Trialog. Eine Betrachtung aus islamischer Perspektive, in: *Clauß Peter Sajak* (Hrsg.): Trialogisch lernen. Bausteine für interkulturelle und interreligiöse Projektarbeit (Seelze 2010), 56–63

Naumann, Thomas: Ismael – Abrahams verlorener Sohn, in: *Rudolf Weth* (Hrsg.): Bekenntnis zu dem einen Gott? Christen und Muslime zwischen Mission und Dialog (Neukirchen-Vluyn 2000), 70–89

Naurath, Elisabeth: Mit Grundschulkindern ins Gespräch kommen, in: *Katechetische Blätter* 140 (2015), 108–113

Neuwirth, Angelika: Der Koran als Text der Spätantike. Ein europäischer Zugang (Berlin 2010) *dies.*: Ist der Koran vom Himmel gefallen?, in: *Welt und Umwelt der Bibel* 1 (2012), 11–17

Nipkow, Karl Ernst: Ziele interreligiösen Lernens als mehrdimensionales Problem, in: *Johannes A. van der Ven/Hans-Georg Ziebertz* (Hrsg.): Religiöser Pluralismus und interreligiöses Lernen (Kampen/Weinheim 1994), 197–232

ders.: Bildung in einer pluralen Welt, Bd. 2: Religionspädagogik im Pluralismus (Gütersloh 1998)

Özdil, Ali Özgür: Moscheepädagogik im Islam, in: *Clauß Peter Sajak* (Hrsg.): Gotteshäuser. Entdecken – Deuten – Gestalten. Lernen im Trialog 1 (Paderborn 2012), 20–25

Oz, Amos: Friedenspreis des deutschen Buchhandels. Ansprachen aus Anlass der Verleihung (Frankfurt a. M. 1992)

Päpstlicher Rat für den Interreligiösen Dialog (Hrsg.): »Dialog und Verkündigung«, in: Sekretariat der Deutschen Bischofskonferenz (Hrsg.): Verlautbarungen des Apostolischen Stuhl Nr. 102 (Bonn 1991)

Papst Franziskus: Die Freude des Evangeliums. Das Apostolische Schreiben »Evangelii gaudium« über die Verkündigung des Evangeliums in der Welt von heute (Freiburg i. Br. 2013)

ders.: Enzyklika *Laudato Si'*. Über die Sorge für das gemeinsame Haus. Verlautbarungen des Apostolischen Stuhls Nr. 202 (Bonn 2015)

Pemsel-Maier, Sabine/Mirjam Schambeck (Hrsg.): Keine Angst vor Inhalten! Systematisch-theologische Themen religionsdidaktisch erschließen (Freiburg i. Br. 2015)

Peters, Christoph: Ein Zimmer im Haus des Krieges. Roman (München 2006)

Poya, Abbas: Gestalt des Abraham im Koran und in der islamischen Tradition, in: *Reinhard Möller/Hans-Christoph Goßmann* (Hrsg.): Interreligiöser Dialog. Chancen abrahamischer Ökumene (Berlin 2006), 83–99

Predigten, Ansprachen und Grußworte im Rahmen der Apostolischen Reise von Papst Benedikt XVI. nach Köln angesichts des XX. Weltjugendtags. Verlautbarungen des Apostolischen Stuhls Nr. 169, hrsg. vom Sekretariat der Deutschen Bischofskonferenz (Bonn 2005)

Rabinovici, Doron: Ohnehin. Roman [1]2004 (Frankfurt a. M. 2005)

Rahner, Karl: Das Christentum und die nichtchristlichen Religionen [1]1961, in: *ders.*, Schriften zur Theologie, Bd. 5 (Zürich 1962), 136–158

ders./Herbert Vorgrimler (Hrsg.): Kleines Konzilskompendium. Sämtliche Texte des Zweiten Vatikanums (Freiburg i. Br. 1966)

dies.: Kleines Theologisches Wörterbuch (Freiburg i. Br. 1975)

Raji al Faruqi, Isma'il (Hrsg.): Judentum, Christentum, Islam. Trialog der Abrahamitischen Religionen (Frankfurt a. M. 1986)

Religiöse Orientierung gewinnen. Evangelischer Religionsunterricht als Beitrag zu einer pluralitätsfähigen Schule. Eine Denkschrift des Rates der Evangelischen Kirche in Deutschland (Gütersloh 2014)

Renz, Andreas: Beten wir alle zum gleichen Gott? Wie Juden, Christen und Muslime glauben (München 2011)

ders.: Die katholische Kirche und der interreligiöse Dialog. 50 Jahre »Nostra aetate«. Vorgeschichte, Kommentar, Rezeption (Stuttgart 2014).

ders./Stephan Leimgruber (Hrsg.): Lernprozess Christen Muslime. Gesellschaftliche Kontexte – Theologische Grundlagen – Begegnungsfelder (Münster 2002)

dies.: Christen und Muslime. Was sie verbindet – was sie unterscheidet (München 2004)

Rickers, Folkert: Interreligiöses Lernen, in: *ders./Norbert Mette* (Hrsg.): Lexikon der Religionspädagogik (Neukirchen-Vluyn 2001), 874–881

ders.: Interreligiöses Lernen, in: Jahrbuch der Religionspädagogik, Bd. 18 (Neukirchen-Vluyn 2002), 182–192

Rölleke, Anke: Weltreligionen: Erste Begegnungen mit Christentum, Islam, Judentum, Hinduismus und Buddhismus (Kempen 2013)

Rötting, Martin: Religion in Bewegung. Dialog-Typen und Prozess im interreligiösen Lernen (Berlin 2011)

Rohe, Matthias u. a. (Hrsg.): Handbuch Christentum und Islam in Deutschland. Grundlagen, Erfahrungen und Perspektiven des Zusammenlebens, 2 Bde (Freiburg i. Br. 2014)

Rudolph, Kurt: Juden – Christen – Muslime: Zum Verhältnis der drei monotheistischen Religionen in religionswissenschaftlicher Sicht, in: *Judaica* 44 (1988), 214–232

Rupp, Hartmut/Stefan Hermann (Hrsg.): Bildung und interreligiöses Lernen. Jahrbuch für kirchliche Bildungsarbeit 2012 (Stuttgart 2012)

Safrai, Chana, o.T., in: *Rainer Kampling/Michael Weinrich* (Hrsg.): Dabru emet – redet Wahrheit. Eine jüdische Herausforderung zum Dialog mit den Christen (Gütersloh 2003), 67–70

SAID: Psalmen (München 2007)

Sajak, Clauß Peter: Interreligiöses Lernen im konfessionellen Religionsunterricht? Auf der Suche nach einer katholischen Didaktik der Religion, in: *Religionspädagogische Beiträge* 48 (2002), 83–96

ders.: Das Fremde als Gabe begreifen. Auf dem Weg zu einer Didaktik der Religionen aus katholischer Perspektive (Münster 2005)

ders. (Hrsg.): Trialogisch lernen. Bausteine für interkulturelle und interreligiöse Projektarbeit (Seelze 2010)

ders.: Kippa, Kelch, Koran. Interreligiöses Lernen mit Zeugnissen der Weltreligionen (München 2010)

ders.: Trialogische Religionspädagogik. Neue Perspektiven für das interreligiöse Lernen in der Schule, in: Herder Korrespondenz 65 (2011), 372–376

ders.: Interreligiöses Lernen im schulischen Religionsunterricht, in: *Bernhard Grümme/Hartmut Lenhard/Manfred L. Pirner* (Hrsg.): Religionsunterricht neu denken. Innovative Ansätze und Perspektiven der Religionsdidaktik (Stuttgart 2012), 223–233

ders. (Hrsg.): Gotteshäuser. Entdecken – Deuten – Gestalten. Lernen im Trialog 1 (Paderborn 2012)

ders. (Hrsg.): Feste feiern: Jahreszeiten – Mahlzeiten – Lebenszeiten. Lernen im Trialog 2 (Paderborn 2013)

ders. (Hrsg.): Heilige Schriften: Texte – Themen – Traditionen. Lernen im Trialog 3 (Paderborn 2014)

ders./Ann-Kathrin Muth: Standards für das trialogische Lernen. Interkulturelle und interreligiöse Kompetenz in der Schule fördern (Bad Homburg 2011)

Samir, Samir Khalil: Die prophetische Mission Muhammads, in: Cibedo-Beiträge 2/2006, 4–11

Schambeck, Mirjam: Interreligiöse Kompetenz (Göttingen/Bristol 2013)

dies.: Nachholbedarf im Umgang mit Fremden. Überlegungen zur interreligiösen Kompetenz, in: Herder Korrespondenz 68 (2014), 28–32

Signer, Michael A.: Reflexion. Ein jüdischer Blick auf »Dabru emet«, in: Rainer Kampling/Michael Weinrich (Hrsg.): Dabru emet – redet Wahrheit. Eine jüdische Herausforderung zum Dialog mit den Christen (Gütersloh 2003), 16–30

Schlensog, Stephan/Walter Lange: Weltethos in der Schule. Unterrichtsmaterialien der Stiftung Weltethos (Tübingen ³2011).

Schmid, Hans/Winfried Verburg (Hrsg.): Gastfreundschaft. Ein Modell für den konfessionellen Religionsunterricht der Zukunft (München 2011)

Schmid, Hansjörg u. a. (Hrsg.): Heil in Christentum und Islam. Erlösung oder Rechtleitung (Stuttgart 2004)

ders. u. a. (Hrsg.): »Im Namen Gottes ...« Theologie und Praxis des Gebets in Christentum und Islam (Regensburg 2006)

ders. u. a. (Hrsg.): Verantwortung für das Leben? Ethik in Christentum und Islam (Regensburg 2008)

ders. u. a. (Hrsg.): »Nahe ist dir das Wort ...« Schriftauslegung in Christentum und Islam (Regensburg 2010)

Schmidt-Leukel, Perry: Gott ohne Grenzen. Eine christliche und pluralistische Theologie der Religionen (Gütersloh 2005)

Schmitz, Bertram: Muhammad und Christus als Propheten? Eine religionswissenschaftlich und eine christlich-theologische Perspektive, in: Anja Middelbeck-Varwick u. a. (Hrsg.): Die Boten Gottes. Prophetie in Christentum und Islam (Regensburg 2013), 49–62

Schnebel, Stefanie: Das Projekt Weltethos in inhaltlicher und pädagogischer Perspektive. Einführende Reflexionen, in: Johannes Lähnemann/Werner Haußmann (Hrsg.): Unterrichtsprojekte Weltethos, Bd. 2: Realschule, Gymnasium, Berufsschule (Hamburg 2000), 13–32

Schoeps, Julius (Hrsg.): Neues Lexikon des Judentums. Neuausgabe (Gütersloh 2000)

Schreiner, Peter: Zur Diskussion um interreligiöse Kompetenz. Anmerkungen zu aktuellen Konzeptionen und Projekten, in: *Herbert Stettberger/Max Bernlochner* (Hrsg.): Interreligiöse Empathie lernen. Impulse für den trialogisch orientierten Religionsunterricht (Berlin 2013), 63–72

ders./Ursula Sieg/Volker Elsenbast (Hrsg.): Handbuch interreligiöses Lernen (Gütersloh 2005)

Schreiner, Stefan: Trialog der Kulturen. Anmerkungen zu einer wegweisenden Idee, in: *Clauß Peter Sajak* (Hrsg.): Trialogisch lernen. Bausteine für interkulturelle und interreligiöse Projektarbeit (Seelze 2010), 18–24

ders.: Der Koran als Auslegung der Bibel – die Bibel als Verstehenshilfe des Koran, in: *Hansjörg Schmid/Andreas Renz/Bülent Ucar* (Hrsg.): »Nahe ist dir das Wort ...«. Schriftauslegung in Christentum und Islam (Regensburg 2010), 167–183

ders.: »Der Vater aller Propheten«. Mose als Prophet und die Prophetie des Mose in jüdischer, christlicher und islamischer Tradition, in: *Klaus von Stosch/Tuba Isik* (Hrsg): Prophetie in Islam und Christentum (Paderborn 2013), 13–34

Schröder, Bernd: Abrahamische Ökumene? Modelle der theologischen Zuordnung von christlich-jüdischem und christlich-islamischem Dialog, in: *Zeitschrift für Theologie und Kirche* 105 (2008), 456–487

ders.: Gespräch zwischen Christen, Juden und Muslimen – religionspädagogische Motive und Perspektiven, in: *ders./Harry Harun Behr/Daniel Kochmalnik* (Hrsg.): Was ist ein guter Religionslehrer? Antworten von Juden, Christen und Muslimen (Berlin 2009), 27–53

ders.: »Abraham« im Christentum – eine religionspädagogische Perspektive, in: *ders./Harry Harun Behr/Daniel Krochmalnik* (Hrsg.): Der andere Abraham. Theologische und didaktische Reflektionen eines Klassikers (Berlin 2011), 75–90

ders./Harry Harun Behr/Daniel Krochmalnik (Hrsg.): »Du sollst Dir kein Bildnis machen ...« Bilderverbot und Bilddidaktik im jüdischen, christlichen und islamischen Religionsunterricht (Berlin 2013)

Schuhmann, Olaf: Abraham – der Vater des Glaubens, in: *ders.:* Hinaus aus der Festung. Beiträge zur Begegnung mit Menschen anderen Glaubens und anderer Kultur (Hamburg 1997), 13–60

Schweitzer, Friedrich: Lebensgeschichte und Religion. Religiöse Entwicklung und Erziehung im Kindes- und Jugendalter (Gütersloh [4]1999)

ders.: Abraham als Vater interreligiöser Ökumene? Chancen und Probleme in religionspädagogischer Perspektive, in: *Glaube und Lernen* 28 (2013), 84–101

ders.: Interreligiöse Bildung. Religiöse Vielfalt als religionspädagogische Herausforderung und Chance (Gütersloh 2014)

ders./Rudolf Englert/Ulrich Schwab/Hans-Georg Ziebertz: Entwurf einer pluralitätsfähigen Religionspädagogik (Gütersloh/Freiburg i. Br. 2002)

Sedmak, Clemens/Peter Tschuggnall: Sie haben nur ihre Zeichen. Semiotik – Literaturwissenschaft – Theologie (Anif/Salzburg 1998)

Sekretariat für die Nichtchristen/Maurice Borrmans (Hrsg.): Wege zum christlich-islamischen Dialog [1]1981 (Frankfurt a. M. 1985)

Sekretariat der Deutschen Bischofskonferenz (Hrsg.): Grundlagenplan für den katholischen Religionsunterricht in der gymnasialen Oberstufe/Sekundarstufe II, Bonn 2003

Sekretariat der Deutschen Bischofskonferenz (Hrsg.): Leitlinien für das Gebet bei Treffen von Juden, Christen und Muslimen. Eine Handreichung der deutschen Bischöfe (Bonn [2]2008)

Shell Deutschland Holding (Hrsg.): Jugend 2010. Eine pragmatische Generation behauptet sich (Frankfurt a. M. 2010)

dies. (Hrsg.): Jugend 2015. Eine pragmatische Generation im Aufbruch (Frankfurt a. M. 2015)

Solgun-Kaps, Gül (Hrsg.): Islam – Didaktik für die Grundschule (Berlin 2014)

Specker, Tobias: Hochachtung und Kritik. Das Verhältnis der katholischen Kirche zum Islam heute, in: *Herder Korrespondenz spezial:* Religion unter Verdacht. Wohin entwickelt sich der Islam? (Freiburg i. Br. 2015), 16–20

Stettberger, Herbert/Max Bernlochner (Hrsg.): Interreligiöse Empathie lernen. Impulse für den trialogisch orientierten Religionsunterricht (Berlin 2013)

Stöhr, Martin (Hrsg.): Abrahams Kinder. Juden – Christen – Moslems (Frankfurt a. M. 1983)

ders.: Abrahamische Ökumene? – Leitbild für Theologie und Religionsunterricht?, in: *Saarbrücker Religionspädagogische Hefte* 2 (2006), 3–41

Stosch, Klaus von: Komparative Theologie als Hauptaufgabe der Theologie der Zukunft, in: *ders./Reinhold Bernhardt* (Hrsg.): Komparative Theologie. Interreligiöse Vergleiche als Weg der Religionstheologie (Zürich 2009), 15–33

ders.: Wahrheit und Methode. Auf der rechten Suche nach gemeinsamen Kriterien des rechtens Verstehens heiliger Schriften, in: *Hansjörg Schmid/Andreas Renz/Bülent Ucar* (Hrsg.): »Nahe ist dir das Wort ...«. Schriftauslegung in Christentum und Islam (Regensburg 2010), 244–260

ders.: Komparative Theologie und religionssensible Schulkultur. Plädoyer für eine religionspädagogische Neubesinnung, in: *Gudrun Guttenberger/Harald Schroeter-Wittke* (Hrsg.): Religionssensible Schulkultur (Jena 2011), 343–359

ders.: Dialog der Religionen im Religionsunterricht. Plädoyer für eine religionspädagogische Neubesinnung, in: *Norbert Mette/Matthias Sellmann*

(Hrsg.): Religionsunterricht als Ort der Theologie, QD 247 (Freiburg i. Br. 2012), 325–337

ders.: Komparative Theologie als Wegweiser in der Welt der Religionen (Paderborn u. a. 2012)

ders.: Muhammad als Prophet? Versuch einer christlichen Annäherung, in: *ders./Tuba Isik* (Hrsg.): Prophetie in Islam und Christentum (Paderborn 2013), 145–162

ders.: Komparative Theologie und Religionspädagogik. Versuch einer Replik und Bestandsaufnahme aus komparativ fundamentaltheologischer Sicht, in: *ders./Rita Burrichter/Georg Langenhorst* (Hrsg.): Komparative Theologie: Herausforderung für die Religionspädagogik. Perspektiven zukunftsfähigen interreligiösen Lernens (Paderborn 2015), 279–301

Strolz, Walter: Heilswege der Weltreligionen. Bd. 1: Christliche Begegnung mit Judentum und Islam (Freiburg i. Br. 1984)

Takim, Abdullah: Stellvertreter oder Ebenbild Gottes? Der Mensch in Christentum und Islam, in: *Hansjörg Schmid* u. a. (Hrsg.): Verantwortung für das Leben. Ethik in Christentum und Islam (Regensburg 2008), 46–51

Tautz, Monika: Interreligiöses Lernen im Religionsunterricht. Menschen und Ethos im Islam und Christentum (Stuttgart 2007)

Tosun, Cemal: Interreligiöse Bildung als Herausforderung für die islamische Religionspädagogik, in: *Johannes Lähnemann* (Hrsg.): Visionen wahr machen. Interreligiöse Bildung auf dem Prüfstand. Referate und Ergebnisse des Nürnberger Forums 2006 (Hamburg 2007), 165–178

Troll, Christian W.: Gebet und interreligiöses Gebet aus katholischer Sicht, in: *Multireligiöse Studiengruppe* (Hrsg.): Handbuch Interreligiöser Dialog. Aus katholischer, evangelischer, sunnitischer und alevitischer Perspektive (Köln 2006), 119–122

ders.: Muhammad – Prophet auch für Christen?, in: Stimmen der Zeit 225 (2007), 291–303

ders.: Beten von Christen und Muslimen, in: Stimmen der Zeit 226 (2008), 363–376

Trutwin, Werner: Das Judentum im Religionsunterricht. Rückblick und Ausblick, in: *Reinhold Boschki/Albert Gerhards* (Hrsg.): Erinnerungskultur in der pluralen Gesellschaft. Neue Perspektiven für den christlich-jüdischen Dialog (Paderborn u. a. 2010), 241–253

Thull, Philipp/Hamid Reza Yousefi (Hrsg.): Interreligiöse Toleranz. Von der Notwendigkeit des christlich-muslimischen Dialogs (Darmstadt 2014)

Ucar, Bülent/Esnaf Begic: Begegnungen zwischen christlichen und muslimischen Kindern im Religionsunterricht. Mit einem Bein feststehend und dem anderen ausholend, in: *Hans Schmid/Winfried Verburg* (Hrsg.): Gastfreundschaft. Ein Modell für den konfessionellen Religionsunterricht der Zukunft (München 2011), 94–100

Ulrich, Michael: Juden, Christen und Muslime stehen als abrahamische Religionen vor dem *einen Gott*. Verbindendes und Trennendes auf einen Blick (Berlin [2]2014)

Valkenberg, Pim: Hat das Konzept der »abrahamischen Ökumene« Zukunft?, in: Concilium 41 (2005), 553–561

van der Velden, Frank/Harry Harun Behr/Werner Haußmann (Hrsg.): Gemeinsam das Licht aus der Nische holen. Kompetenzorientierung im christlichen und islamischen Religionsunterricht der Kollegstufe (Göttingen 2013)

van der Ven, Johannes A./Hans-Georg Ziebertz: Jugendliche in multikulturellem und multireligiösem Kontext, in: *Religionspädagogische Beiträge* 35 (1994), 151–167

Verburg, Winfried: Juden, Christen und Muslime machen Schule. Ein interreligiös ausgerichtetes Experiment im Bistum Osnabrück, in: *Stimmen der Zeit* 229 (2011), 3–11

ders.: Interreligiös Schule machen, in: *Katechetische Blätter* 137 (2012), 61–63

Vött, Matthias: Interreligiöse Dialogkompetenz. Ein Lernprogramm für den muslimisch-christlichen Dialog (Frankfurt a. M. 2002)

Wagemann, Gertrud: Feste der Religionen – Begegnung der Kulturen (München 2014)

Westermann, Claus: Genesis, Bd. II (Neukirchen-Vluyn 1989)

Willems, Joachim: Interreligiöse Kompetenz. Theoretische Grundlagen – Konzeptualisierungen – Unterrichtsmethoden (Wiesbaden 2011)

ders.: »Interreligiöse Kompetenz«, wirelex, www.bibelwissenschaft.de/stichwort/100070/

Wimmer, Stefan Jakob/Stephan Leimgruber: Von Adam bis Muhammad. Bibel und Koran im Vergleich (Stuttgart 2005)

Wolffsohn, Michael: Was eint uns, was trennt »die abrahamitischen Religionen« aus jüdischer Sicht, in: Zur Debatte 6/2008, 12–14

ders.: »Lumen Gentium« aus jüdischer Perspektive, in: Zur Debatte 4/2015, 24–25

Yesilada, Karin: Poesie der Dritten Sprache. Türkisch-deutsche Lyrik der zweiten Generation (Tübingen 2012)

Zehner, Joachim: Der notwendige Dialog. Die Weltreligionen in katholischer und evangelischer Sicht (Gütersloh 1992)

Zenger, Erich u. a.: Einleitung in das Alte Testament (Stuttgart/Berlin/Köln 1995)

Zentralstelle Bildung der deutschen Bischofskonferenz (Hrsg.): Grundlagenplan für den katholischen Religionsunterricht in der Grundschule, München 1998

Zentralstelle Bildung der Deutschen Bischofskonferenz (Hrsg.): Grundlagenplan für den katholischen Religionsunterricht im 5. – 10. Schuljahr, München 1984

Ziebertz, Hans-Georg: Religionspädagogik als empirische Wissenschaft (Weinheim 1994)

ders.: Religiöse Identitätsfindung durch interreligiöse Lernprozesse, in: *Religionspädagogische Beiträge* 36 (1995), 83–104

Zimmerli, Walther: Der Prophet im Alten Testament und im Islam [1]1943, in: *ders.:* Studien zur alttestamentlichen Theologie und Prophetie. Gesammelte Aufsätze, Bd. II (München 1974), 289–310

Zimmermann, Mirjam: Interreligiöses Lernen narrativ. Feste in den Weltreligionen (Göttingen/Bristol 2015)

dies.: Feste in den Weltreligionen. Narratives Unterrichtsmaterial für die Sekundarstufe I (Göttingen/Bristol 2015)

Zimmermann, Ruben: Abraham – Integrationsfigur im interreligiösen Dialog? Biblische Grundlagen und Wirkungen im Judentum, Christentum und Islam, in: *Kerygma und Dogma* 53 (160), 160–188

Register